国家社科基金
GUOJIA SHEKE JIJIN HOUQI ZIZHU XIANGMU
后期资助项目

农地流转风险与防范研究

Study on the Risk and Prevention of Rural Land
Circulation

朱强 著

北京师范大学出版集团
BEIJING NORMAL UNIVERSITY PUBLISHING GROUP
北京师范大学出版社

图书在版编目(CIP)数据

农地流转风险与防范研究／朱强著.—北京：北京师范大学出版社，2013.9

(国家社科基金后期资助项目)

ISBN 978-7-303-16824-8

Ⅰ．①农… Ⅱ．①朱… Ⅲ．①农业用地－土地流转－研究－中国 Ⅳ．① F321.1

中国版本图书馆 CIP 数据核字(2013)第 172739 号

营 销 中 心 电 话　010-58802181 58805532
北师大出版社高等教育分社网　http://gaojiao.bnup.com
电 子 信 箱　gaojiao@bnupg.com

NONGDI LIUZHUAN FENGXIAN YU FANGFAN YANJIU

出版发行：北京师范大学出版社 www.bnup.com
北京新街口外大街 19 号
邮政编码：100875

印　　刷：北京京师印务有限公司
经　　销：全国新华书店
开　　本：165 mm × 238 mm
印　　张：20.5
字　　数：350 千字
版　　次：2013 年 9 月第 1 版
印　　次：2013 年 9 月第 1 次印刷
定　　价：45.00 元

策划编辑：姚　兵　　　　责任编辑：姚　兵
美术编辑：王齐云　　　　装帧设计：王齐云
责任校对：李　菌　　　　责任印制：孙文凯

国家社科基金后期资助项目

出版说明

后期资助项目是国家社科基金设立的一类重要项目，旨在鼓励广大社科研究者潜心治学，支持基础研究多出优秀成果。它是经过严格评审，从接近完成的科研成果中遴选立项的。为扩大后期资助项目的影响，更好地推动学术发展，促进成果转化，全国哲学社会科学规划办公室按照"统一设计、统一标识、统一版式、形成系列"的总体要求，组织出版国家社科基金后期资助项目成果。

全国哲学社会科学规划办公室

在问题存在的地方寻求理论创新的空间
（代序）

朱强博士的著作即将出版了，要我写个序，于情于理，我都无法推脱，因为，在他攻读博士学位期间，我是导师。学生找老师写序言，能推掉吗?!

谈到"老师"，我突然想起，人生在世，如果要当老师，还是当博士生的导师好，这是 40 年的教学经历告诉我的。

我满 19 岁教中学，也代过小学的课；29 岁教大学，后来又带了硕士生；在我 59 岁时，朱强博士毕业。

40 年下来，我发现，教中小学重在教"技术"；教博士生重在教"方法"；教本科生、硕士生既要教"技术"又要教"方法"。教"技术"要"手把手"反复"练"，而教"方法"只要"心促心"深入"想"。

作为老师，指导"练"比指导"想"不但操作上要显得难些而且时间上要花得多些。

正因为指导"想"比指导"练"在操作上易些而花时间又少些，故我认为当博士生导师要"好"些！这，对于我这动手能力太差的人感觉尤甚。

然而，细一想来，"方法"也具有"技术性"特征。

记得当初准备写论文时，朱强与我讨论时的对话，就颇具"技术"色彩。

"请问写个什么题目好?"

答曰："在问题中选题目。"

"世界上问题太多，在什么问题中选呢?"

答曰："在研究领域的问题中选。"

"我研究的领域是农业经济管理，在这一领域选什么好呢?"

答曰："作为博士论文，应选该领域的前沿问题。"

"在前沿中选什么呢?"

答曰："热点。"

"在热点中选什么呢?"

答曰："难点。"

如是，根据在"问题"中定"论题"的指导思想，按照在研究"领域"中找问题的工作思路，循着在研究"领域"中找"前沿"、在"前沿"中找"热点"、在"热点"中找"难点"的逻辑思序，一旦"难点"出来了，"难题"也就出来了，而"难题"就是博士生要研究的"课题"。"课题"的恰切的文字表达即"题目"。

如今想来，在"问题"中定"论题"的思想，在"领域"中找"问题"的思路，再在领域的"前沿"中找"热点"、在"热点"中找"难点"的思序，确乎具有某种"思想操作"的"技术性"特质。

论题选定后，朱强博士向我作了如下解说。

在农村经济体制改革不断深入的进程中，农村经济市场化程度不断提高，农村社会主体间信息不完全性和利益不确定性日益增加，我国农村已基本进入风险社会。以农地流转促进农地规模经营为核心的新一轮农地制度创新同样因利益主体之间信息不对称和利益博弈加剧而面临风险。这种风险既来自于内部利益主体对制度创新的不适应，也来自于外部经济环境与制度创新的不匹配。为全面贯彻落实中央有关"加强土地承包经营权流转管理和服务，建立健全土地承包经营权流转市场，按照依法自愿有偿原则，允许农民以转包、出租、互换、转让、股份合作等形式流转土地承包经营权，发展多种形式的适度规模经营"的农地制度创新要求，更加充分地赋予农民有保障的土地承包经营权，进一步坚持和完善以家庭承包经营为基础、统分结合的双层经营体制，既需要我们开展农地流转实现模式的研究探索，也需要我们结合农地流转实践中存在的具体问题开展农地流转管理模式研究和探索。因此，开展农地流转风险与防范研究，既是尊重我国农地流转制度变迁历史逻辑的具体体现，也是促进农地流转健康科学发展的基本要求，也是对以农地流转风险客观存在而否定农地基本经营制度和农地流转论调的有力回应。"农地流转风险与防范研究"正是基于对农地流转风险问题的准确判断和科学态度而得以立项资助，也如评审专家所言"研究农地流转风险与防范具有重要的理论价值和现实意义"。

自 2006 年以来，他根据国家有关农村经济社会发展政策，特别是农地流转制度创新要求，结合现阶段农地流转管理和实践中存在问题，确定了"农地经营权资本化流转研究"和"农地流转风险与防范研究"两大选题进行分阶段的研究，并力求在农地流转实现机制和风险防范管理等领域寻求理论创新空间，探究农民农地承包权益实现和保障的有效路径。通过近年的研究积累，作者基本形成了以资本化形式促进农地流转发展、以风险防范管理保障农地流转发展的理论创新思路，这种创新既体现在对农地经营基本政策制度的维护和坚持，也表现在对我国农地流转理论研究体系的发展和完善，旨在以农地流转风险的客观分析和科学防范促进农地流转市场健康发展。

听了他的解说，我特别强调，写博士论文时，一定要注意：思想要出自自己的脑袋，脑袋要长在自己的脖子上！更重要的是要有理论创新，要有属于自己的东西，这就需要学会：在问题存在的地方寻求理论创新的空间！

论文完成后，他就此向我"报告"了如下内容。

首先，研究基础是在坚持和维护我国农地经营基本制度的框架下展开的，廓清了农地流转风险研究与农地私有化主张的基本界限。作者明确提出并坚持农地流转及其风险与防范研究应该是也只能是在坚持家庭承包经营基本农地制度不变的框架内进行，其目的和宗旨是通过农地流转风险分析与防控研究探索现代农业发展的具体实现路径和保障基础，促进农地流转市场健康发展，并不是以流转风险与现实问题的存在而否定农地流转制度创新和实践，更不是对农地基本经营制度的否定，使之与时下理论界少数专家学者所主张的农地产权私有化严格区分开来。

其次，研究成果是在社会主义市场经济框架内对我国农地流转风险研究的理论化和系统化。当前，我国理论界对于农地流转内涵界定、基本类型划分、农地流转模式及实现问题等方面研究取得了丰硕成果，为推动农地流转理论和农地流转实践发展发挥了重要作用。但随着社会主义市场经济体系不断完善，特别是农村市场经济快速发展，现代金融体系不断完善及其与生产要素紧密融合越来越成为农村经济发展的现实需要。由此衍生的农村要素市场发展及其安全性问题也显得日益突出。农地流转风险与防范研究正是基于农地流转实践需要和制度创新要求所开展的理论研究与探索，以求在社会主义市场经济框架内探究农地经营权的现代实现方式及其安全保障问题，进而实现农民农地权益保障与农地流转持续发展的有机结合、实现农地流转制度创新的预期目标与现实效果的内在统一。从这个视角而言，农地流转风险与防范研究是从研究和解决农地流转实践问题当中所展开的一种理论探索和创新，是对我国现阶段农地流转理论研究的一种补充和完善。

最后，研究关键是基于农地流转与现阶段农村已有或潜在风险，明确了农地流转风险的基本类型。作者认为，农地流转风险并不是一种或几种新类型的风险，而是因为农地流转实践发展中存在的机制体制问题将有可能影响或加剧现阶段我国农村社会已经存在或潜在的农民权益保障、农村市场安全、粮食安全、农村社会、农村生态环境等方面的不确定性。正是基于这种理论思维和现实逻辑，作者运用现代风险理论把我国现阶段农地流转风险划分为农民权益保障风险、流转市场风险、粮食安全风险、农村社会风险、农村生态风险以及农村自然风险等典型类型，并从风险成因、风险形式、风险防控等方面予以分析和证明，使之与传统固有的农业风险区分开来。同时，这种理论思维和现实逻辑，使农地流转风险研究始终根植于农村社会发展实践需要和宏观制度创新需求之中，赋予了所研究理论以说服力和实践生命力。

应当说，在上述三点富有创新意义的理论研究中，都贯穿了"为行动而思想"的创新理论和"为思想而行动"的创新方法。这，是在当下中国的博士论文中未必都能达到的境界！

如果说，上述第二点和第三点贡献，需要的是创新理论与发展理论及使之有效服务实践的理论智慧，那么第一点，则还需要运用理论智慧、辨析理论风云、明确理论方向、区分理论路径、抵制理论错误的政治勇气！

出于我们党基于对历史发展阶段性情势的研判而对阶段性任务的衡定以及在此研判与衡定基础上为应对国际情势而必须作出的战略和策略的考量，我国经济中的"私有"成分仍有其历史的合理性和历史的积极性。

培养马克思主义理论家需要有这样的教育、教学目光。

值得指出的是，"资本化形式"是不是作者设定的"在社会主义市场经济框架内"促进农地流转的唯一形式？如果是，理论与实践的依据何在？如果不是唯一形式，则还有何别的形式？如果还有别的形式，则与"资本化形式"有何差别？再深入一点问，这种"有差别"的别的形式有何风险？如有风险，需怎样防范？

根据朱强博士的研究能力和已有的研究成果，我完全可以说，问题即课题的深度研究，朱强博士需对这些问题和能对这些问题进行深入而有效的研究！

对此，我将和广大读者一样充满期待！充满信心！

牛奇志

2013 年 9 月 11 日夜
于长沙市开福区德雅村

目　　录

第一章 导 论

第一节 研究背景

20 世纪 90 年代以来，我国农业产业化经营和现代农业快速发展，农地承包经营权流转逐渐成为加速和扩大农地规模经营的基本渠道，成为坚持和完善家庭承包经营基本农地制度的主要内容，成为影响和推动农村经济发展方式转变的重要举措。新一轮以加速农地规模经营、满足现代农业发展需要为目标，以租赁转包和股份合作等为基本形式，以农户自愿参与和政府积极推动相结合为主要组织方式的农地经营制度创新已在新农村建设过程中悄然兴起。农地承包经营权流转逐步由农民自发流转演变为国家宏观政策推动的自觉流转，特别是 2008 年《中共中央关于推进农村改革发展若干重大问题的决定》颁布实施以来，我国农村农地流转进一步得到快速发展。据统计，截至 2011 年年底，全国农地承包经营权流转总面积达 2.07 亿亩，占承包耕地总面积的 16.2%，签订流转合同 2258.8 万份，签约率为 60%。尽管我国目前农地流转形式正如农业部副部长陈晓华所指出的那样，仍以农户之间的租赁和转包为主，约占农地流转总面积的 64%，但已不再局限于农户之间。据调查，一些工商企业、农业产业化龙头企业、农民专业合作组织、专业大户等规模经营主体作为农地流转需求方参与流转的规模和范围逐渐增加。[①] 但与此同时，随着农地流转规模扩大、频率加快、范围拓广和农地流转市场发育，由于流转信息不完全、流转产权不完整、流转管理不完善，农地流转风险正如任何一种制度创新所具有的风险性一样不时闪现，农地流转纠纷及所引致的社会矛盾成为影响农村经济发展和社会稳定的重要因素，研究和防范农地经营权流转风险具有重要的理论和实践意义。运用风险理论综合分析现阶段农地流转现状和制度依据，开展农地流转风险与防范研究，既是尊重我国农地流转制度变迁历史逻辑的客观需要，也是促进农

---

① 罗晶：《农地流转在我国已成涌动热流 背后问题亟待关注》，《中国财经报》2009 年8 月 25 日。

地流转科学发展的基本要求，还是创新农地经营制度和农地流转理论的现实基础。为此，研究者认为，回顾我国农地及农地流转制度演变过程、分析我国现阶段农地流转实际、评价农地流转理论研究现状是项目研究的逻辑起点。

一、制度轨迹：从政治禁忌到政策激励

研究农地流转始终绕不开农地产权制度。新中国成立以来，我国农地产权制度经历三次大变迁，形成了三种基本模式：新中国成立后土地改革时期出台的"农民所有、私人经营"农地产权模式，社会主义改造完成后经过人民公社时期所确立的"三级所有、集体经营"农地产权模式，改革开放过程中逐步完善形成的"集体所有、家庭经营"农地产权模式。回顾60年农地经营历史过程，农地制度设计适应宏观环境由计划经济到市场经济发展的需要，经历了由政治禁忌到政策激励的变迁过程，并最终以《物权法》确立了农地承包经营权的用益物权地位。

（一）土地改革时期（1949～1956年）：农民所有、私人经营

新中国成立之后，1950年6月，中央政府颁布了《土地改革法》，该法第一条明确规定："废除地主阶级封建剥削的土地所有制，实行农民的土地所有制。"这表明在这一时期，农民是农村土地完整的产权主体，农民不仅实质上获得了土地占有权，而且《土地改革法》第三十条还规定："土地改革完成后，由人民政府发给土地所有证，并承认一切土地所有者自由经营、买卖及出租其土地的权利。"这说明在这一时期，农民作为土地完整的产权主体，拥有完整的处置权，即有权对自己所有的土地进行自由经营、流转甚至买卖。

（二）人民公社时期（1956～1978年）：三级所有、集体经营

自1956年年底农村社会主义改造全面完成之后，适应计划经济发展需要，经过人民公社时期进一步强化，农地产权发生了根本性变化，即由原来的"农民所有、私人经营"转变为人民公社、生产大队、农村生产小队"三级所有、集体经营"。在"一大二公"宏观制度背景下，"农地流转"作为"资本主义尾巴"被全部割掉，受计划经济制度设计理念影响，而已然成为当时政治话语禁忌。

（三）改革开放时期（1978年至今）：集体所有、家庭经营

1978年，十一届三中全会之后，我国实行了以建立和完善家庭承包经营制为主线的农地产权制度改革。1983年，家庭联产承包责任制开始在全国农村全面推行，当年年底，98％左右的农户实行了包干到户，家

庭承包经营的土地面积占耕地总面积的 97% 左右，"集体所有、家庭经营"产权制度基本确立，实现了土地"所有权"与"使用权"的"两权分离"。改革开放时期的农地制度改革大体经历了四个阶段。

1. **第一阶段**(1978~1983 年)：**生产责任制实施阶段**

这个阶段农地制度经历了从人民公社时期"集体所有、集体经营"到生产责任制、联产承包责任制、包干到户责任制初步确立的制度变迁过程，强调以责任制形式把农民生产积极性从高度计划控制体制的桎梏下解放出来，制度创新效率高度显现，制度创新认同空前统一。

1978 年，十一届三中全会通过的《中共中央关于加快农业发展若干问题的决议（草案）》（以下简称《决议（草案）》）明确提出，"必须首先调动我国几亿农民的社会主义积极性，必须在经济上充分关心他们的物质利益，在政治上切实保障他们的民主权利"。陈锡文认为，这两个"必须"实际上成为我国农村经济体制改革的基本准则和价值导向①，标志着我国农村经济体制改革全面启动。但《决议（草案）》也还存在明显不足，特别是对人民公社体制仍持坚持态度，并认为"三级所有、队为基础的制度适合我国目前农业生产力发展水平，决不允许任意改变"，昭示着《决议（草案）》还没有从根本上改变公有公营的基本农地制度。

1979 年 9 月，十一届四中全会通过的《中共中央关于加快农业发展若干问题的决定》明确指出，"社员自留地、自留畜、家庭副业和农村集市贸易，是社会主义经济的附属和补充，不能当作所谓资本主义尾巴去批判"，规定"人民公社的基本核算单位都有权因地制宜地进行种植，有权决定增产措施，有权决定经营管理方法，有权分配自己产品和现金，有权抵制任何领导机关和领导人的瞎指挥"。

1980 年，《中共中央印发〈关于进一步加强和完善农业生产责任制的几个问题〉的通知》（以下简称《通知》），对生产责任制给予了充分肯定；对农地制度规定，"已经实行包产到户的，如果群众不要求改变，就应该允许继续实行"、"重申不准买卖土地"。这意味着农户只拥有农地使用权，并没有农地所有权。据统计，到 1981 年年底，90% 以上生产队建立了不同形式的农业生产责任制。② 同时，《通知》指出，"毫无疑问，农业集体化的方向是正确的，是必须坚持的"，农地承包制是"进一步巩固集

---

① 陈锡文：《长期坚持党的农村基本政策，稳定完善农村土地承包制度》，《农村合作经济经营管理》2002 年第 12 期。

② 〔美〕德•希•帕金斯：《中国农业的发展(1368~1968 年)》，宋海文等译，上海，上海译文出版社，1984，第 143 页。

体经济、发展农业生产的中心环节。"①

1982年中央"一号文件"《全国农村工作会议纪要》指出，"包产到户、到组，包干到户、到组，等等，都是社会主义集体经济的生产责任制"，"包干到户这种形式……是建立在土地公有制基础上的，农户和集体保持承包关系……它不同于合作化以前的小私有的个体经济，而是社会主义农业经济的组成部分"，"社员承包的土地不准买卖，不准出租，不准转让"。② 根据文件规定，农地所有权归农民集体所有，它给农户提供的预期是农村土地将长期公有而不是私有；在使用权上，文件确定了农户对土地的承包关系，农户拥有相对独立的生产方面使用权；在收益权方面，农户可以从土地生产中获益，但不许农民转让、出租、转包土地。

1983年中央"一号文件"《当前农村政策的若干问题》充分肯定了农业生产责任制"是在党的领导下我国农民的伟大创造，是马克思主义农业合作化理论在我国实践中的新发展"，认为农业生产责任制"扩大了农民的自主权，发挥了小规模经营的长处"，"具有广泛的适应性"。同时，文件还指出人民公社体制要从两个方面进行改造，即"实行生产责任制，特别是联产承包责任制；实行政社分设"。据统计，到1983年年初，实行大包干的生产队达到57.6万个，占当年实行责任制生产队总数的98.3%。③ 以包干到户为主要形式的家庭联产承包责任制的确立，标志着人民公社体制下"三级所有、队为基础"的农地经营制度基本解体。

1978～1983年，农地经营制度变革主要是沿着"群众原创、中央确立"的路径来实施和推进的，在实践中，经历了"包工到组"、"包产到组"、"包产到户"等联产或不联产计酬责任制形式转换，最终确立了以"包干到户"为主体的家庭承包责任制基本框架；在思想认识上缺乏事先设计，经历了从不鼓励甚至反对、意见分歧和争论到认同和推广的过程。1980年，中央允许家庭承包责任制在偏远、贫困地区实行时，事实上绝大多数村社选择了家庭承包责任制；1982年，在全国范围推广实施；1984年，人民公社全面解体。这充分体现了尊重人民群众首创精神的实事求是态度，确立了家庭在农地经营中的主体地位，反映了我国人多地少的基本国情和农业生产力发展要求，满足了广大农民均田和家庭经营

---

① 中共中央文献室编：《三中全会以来重要文献汇编》，北京，人民出版社，1982，第543～544页。

② 宋洪远：《改革以来中国农业和农村经济政策的演变》，北京，中国经济出版社，2000，第18页。

③ 赵阳：《共有与私用：中国农地产权制度的经济学分析》，上海，上海三联书店，2007，第172页。

的农地基本诉求，提高了农民生产积极性，推动了农村经济发展。但这种以集体所有为前提的均包经营方式，所暴露出的经营过于分散、劳动力失业显性化以及集体经济弱化等缺陷，导致了 1984 年、1985 年农业生产波动，农业生产发展实践客观要求进一步创新和完善农地制度。

2. 第二阶段(1984～1992 年)：家庭承包经营制度确立阶段

这个阶段农地制度改革的基本思路是：延长农地承包期限以增强稳定预期、创新农地流转以弥补经营分散不足、提高农地生产效率以缓解人地矛盾、完善资源配置以强化制度激励，并最终形成家庭承包经营制度的基本框架。

1984 年《中共中央关于一九八四年农村工作的通知》明确指出，"土地承包制一般应在十五年以上。生产周期长和开发性的项目，如果树、林木、荒山、荒地等，承包期应更长些。在延长承包期以前，群众有调整土地要求的，可以本着'大稳定、小调整'原则，经过充分商量，由集体统一调整"，同时"鼓励土地逐步向种田能手集中。社员在承包期内，因无力耕种或转营他业而要求不包或少包土地的，可以将土地交给集体统一安排，也可以经集体同意，由社员自找对象协商转包。但不能擅自改变向集体承包合同的内容"。这一方面明确延长农地承包期限，另一方面允许农地使用权流转。

1987 年中共中央政治局通过的《把农村改革引向深入》、1990 年《中共中央、国务院关于 1991 年农业和农村工作的通知》、1991 年《中共中央关于进一步加强农业和农村工作的决定》等一系列文件都明确指出，要使农地承包关系稳定化，延长农民农地承包预期，建立健全家庭联产承包为主的责任制和统分结合的双层经营体制。由于国民经济格局调整，特别是 1984 年和 1985 年农业大面积减产和"卖粮难"等问题出现，我国农业第一次陷入了长达四年之久的经济徘徊，引发了对家庭联产承包责任制的反思和探索，农地制度在"大稳定、小调整"普遍框架内，呈现了不同经营模式的探索和尝试，如以山东平度为代表的"两田制"模式、以机械化集体耕作为特点的苏南模式、以贵州湄潭为代表的"生不增、死不减"模式、以浙南为代表的温州租赁模式、以广东南县为代表的股份制模式。[①] 在农地承包经营关系法律界定上也悄然发生着变化：1986 年最高人民法院颁布《关于审理农村承包合同纠纷案件若干问题的意见》的司法

---

① 赵阳：《共有与私用：中国农地产权制度的经济学分析》，上海，上海三联书店，2007，第 172 页。

解释，明确将承包经营权纠纷界定为一种合同纠纷，并规定了相应的违约责任，认可了农民土地承包经营权的合同债权性质；同年通过并于1988年修正的《土地管理法》第十二条明确规定："集体所有的土地，全民所有制单位、集体所有制单位使用的国有土地，可以由集体或者个人承包经营，从事农、林、牧、渔业生产。承包经营土地的集体或者个人，有保护和按照承包合同规定的用途合理利用土地的义务。土地的承包经营权受法律保护。"这标志着我国农户农地承包经营权从一种制度性劳动义务关系到法制化合同债权关系的转变。

3. 第三阶段（1993～1998 年）：家庭承包经营制度完善阶段

这个阶段农地制度选择和创新的主要思路是：以延长农户承包期为主要内容，进一步巩固农地承包关系，稳定和完善家庭联产承包经营制度，进一步推进农村经济发展。

1993 年，《中共中央、国务院关于当前农业和农村经济发展的若干政策措施》提出：以家庭联产承包为主的责任制和统分结合的双层经营体制是我国农村经济的一项基本制度，要长期坚持，并不断完善；为稳定农地承包关系，鼓励农民加大农业投入，在原承包期到期后再延长 30年；为避免农地承包变动过于频繁和农地分割过细，提倡在承包期内"增人不增地，减人不减地"；在坚持农地集体所有和不改变农地用途性质的前提下，经发包方同意，允许农地使用权依法有偿转让，实行适度规模经营。

1995 年，国务院批转农业部《关于稳定和完善土地承包关系意见的通知》，强调维护承包合同的严肃性，严禁借调整之机侵害承包农户利益；农地调整不能改变农地权属关系。

1997 年，中共中央办公厅、国务院办公厅《关于进一步稳定和完善农村土地承包关系的通知》又一次明确提出，家庭承包关系延长 30 年，集体农地实行家庭承包是一项长期不变的政策。

1998 年，十五届三中全会通过的《中共中央关于农业和农村工作若干重大问题的决定》再一次指出，要坚定不移地贯彻农地承包期再延长30 年的政策，要加大稳定农地承包关系立法。

这一系列政策出台和制度创新基本反映了中央对于农地家庭联产承包经营制度的基本态度和主要思路：一是明确农地承包期 30 年不变；二是提倡承包期内"增人不增地，减人不减地"，降低农地调整频率和调整影响；三是允许农地依法有偿流转；四是主张发展适度规模经营。

4. 第四阶段（1999 年以来）：家庭承包经营制度提升阶段

在改革初期，因农地经营外部性约束削弱、制度激励供给增加和劳动监督成本下降，家庭承包经营制度极大地提高了农业生产效率。农地制度创新所展示的活力正如帕金斯所言："创造性努力同报酬之间的关系最好也好不过农民自己拥有土地的时候。"①然而，随着农村经济体制改革逐步深入，以集体所有、分散经营为主要特点的农地家庭承包经营制度所暴露出的产权缺陷，越来越成为制约农村经济进一步发展的重要内生变量。以农地产权完善为基础增加农民收入和推进现代农业发展的理论思考和制度供给，成为 1998 年以来家庭承包经营制度完善的主流方向，"家庭联产承包经营"改变为"家庭承包经营"。1998 年，全国开展第二轮农村土地承包，稳定和完善家庭承包经营制度成为新阶段农业发展的客观要求，而稳定家庭承包经营，核心是要稳定农地承包关系，稳定农地承包关系关键是界定农地产权。因此，以农地产权界定为基础，着力增加农民收入，加速促进现代农业发展成为这个阶段农地制度创新的最高目标，只不过这个最高目标因各种客观和认识原因确立得稍微迟了一点而已，以至于温铁军等专家发出了"大包干后续引发出来的问题，显得远要比它所已经直接解决的问题来得更为广泛和深刻"②的呐喊。

事实上，随着农村市场经济的发展，集体所有、农户家庭承包经营的农地制度受市场经济冲击越来越大，承包农户由于农地产权分割以及制度赋予农地承包经营权多重功能属性所掩盖的产权归属不明晰，其农地承包权益和保障功能越来越难以实现。特别是在非农产业发展和农村城镇化进程加快背景下，农民财产关系日益多元，农民日渐疏离农地，为日益严重的农地侵蚀现象，尤其是以开发区、城市公共建设用地等各种名义圈地现象的滋生提供温床和可能，以致愈演愈烈，耕地面积大量减少。据国土资源部统计，2001～2008 年，我国净减少耕地面积 9550 万亩，年均净减 1000 万亩；蚕食耕地甚至成为不少地方政府追求政绩、扩充财政来源、进行权钱交易和寻租设租的重要渠道，激化了干群矛盾，恶化了农民与政府关系。2004 年，农地问题成当年农民上访第一大问题。③ 至此，国家自家庭承包经营以来一直刻意回避的农地产权归属和财产权益保障问题因农村经济社会发展客观实际演变而被提上议事日程。以保障和完善农民财产权益为主线的农地制度创新，在农村经济体制改

---

① 〔美〕德·希·帕金斯：《中国农业的发展（1368～1968 年）》，宋海文等译，上海，上海译文出版社，1984，第 143 页。

② 温铁军：《"三农"问题与制度变迁》，北京，中国经济出版社，2009，第 283 页。

③ 樊平：《2004 年农民发展报告》，http://www.e-economic.com/info/1359-1.htm，2005 年 2 月 16 日。

革开放 20 年后通过的《物权法》予以明确和加强，农地承包经营权以立法这种国家意志行为得以保障，理论焦点问题最终以法律形式得以确认，农地流转纠纷通过法律手段得以调解。

二、实践基础：快速发展与瓶颈制约并存

自 1998 年完成第二轮农村土地承包经营以来，我国农村农地流转一方面因现代农业发展和城镇化进程加快、国家政策激励和市场利益引导，以及农民就业渠道和收入结构变化，引致了以高需求、快速度、大范围、多形式为基本特点的迅速发展，实现了由基于血缘和地缘关系的自发流转行为到以利益激励为基本特征的市场流转行为的根本转变，使农地承包经营权得以作为一种特殊生产要素参与农村市场循环；另一方面，由于固有农地产权结构、农民农地意识以及农民非农发展素质等诸多因素影响，农地流转实际发展与制度预期仍存在较大差距，整体上呈现出快速发展与客观制约瓶颈并存的特点。

（一）农地流转快速发展

首先，农地流转需求结构显著优化。农村经济快速增长，市场农业和现代农业稳步发展，农村剩余劳动力大量转移，农业生产经营组织方式发生深刻变革，农地流转需求日益增加，可归结为三种主要形式。第一种是基于承包经营责任制的农地生产适度规模发展需要。一方面，原承包农户源自非农经营发展需要，更容易放弃承包地直接生产经营；另一方面，种植大户和种田能手初步涌现，产生了对农地规模经营的实践需要。流转双方都自觉或不自觉促进了农业和农村经济发展。第二种是基于农业技术发展和现代农业体系的逐步构建，特别是工商资本大量介入，产生了集约化农地经营的需求。第三种是基于非农产业发展的农地流转需求，特别是城市化发展需求。这几种需求较之承包经营初期基于农业生产经营自身实际需要，农户自发组织的互换、转包等简单的、初级的农地流转方式和需求而言，无疑是农地流转需求质的飞跃和发展。

其次，农地流转供求主体实力增强。一是农村经济发展，培育了一批农业专业户和大批农村能人，农地经营能力快速提高；二是社会主义新农村建设战略全面实施，现代工业反哺农业力度加大，大量社会资本进入，为农村经济发展特别是农业投入注入了新的活力；三是国家宏观政策调整，农业补贴和农村社会保障体系建立和完善，农业生产经营环境进一步优化，农业投入风险和农业自身弱质性明显改善，农业经营主体抗风险能力显著提高；四是原承包农户自身经济实力增强，对农地的

认识显著改观，对农地的依赖明显减弱，为深层次土地流转奠定了基础。农地流转双方主体实力大为增强，主体结构进一步优化。

再次，农地流转范围逐步扩大。一是农地流转总量不断扩大，特别是1998年以来，农地流转面积占承包面积总量比例逐年增加。据国家农调队和固定观测点统计数据显示，截至2008年年底，全国流转面积达到1.09万亩，占农户承包耕地总面积的8.9%；截至2011年上半年，全国农村土地承包经营权流转总面积达2亿亩，占承包耕地总面积的16.3%。二是农户农地流转行为市场化倾向越来越鲜明。最初基于耕作、非农发展和规避政策处罚需要的地缘、亲缘流转逐步被市场化流转替代，甚至成为部分农户寻求非农发展的基本生产要素和重要资金来源。

最后，农地流转行为进一步规范。一是政策规范更加明晰，特别是十七届三中全会通过的《中共中央关于推进农村改革发展若干重大问题决定》明确指出："加强土地承包经营权流转管理和服务，建立健全土地承包经营权流转市场，按照依法自愿有偿原则，允许农民以转包、出租、互换、转让、股份合作等形式流转土地承包经营权，发展多种形式的适度规模经营。"这既明确了农地流转和农地流转市场建设的基本要求，也指明了农地流转发展的基本方向。二是农户基于农地经营权的财产权益需求和保护，流转行为法制化程度得到进一步提高。据不完全统计，截至2008年年底，农地流转行为合同化比率达到74.6%，远高出1998年农地流转合约化的31.7%。

（二）农地流转制约因素

首先，流转农地产权残缺性。根据西方制度经济学产权界定，对照我国现行农地承包经营制度，我国农户对农地的产权是不完整的。农户所拥有的农地经营权，充其量只是使用权和部分收益权的集合体，所有权和相当部分处置权还被牢牢地控制在政府手中。① 我国《农村土地承包法》一方面规定"国家保护集体土地所有者的合法权益，保护承包方的土地承包经营权，任何组织和个人不得侵犯"（第九条），"国家保护承包方依法、自愿、有偿地进行土地承包经营权流转"（第十条）；另一方面又规定"农村土地承包后，土地的所有权性质不变"（第四条），"农村土地承包应当遵守法律、法规，保护土地资源的合理开发和可持续利用。未经依法批准不得将承包地用于非农建设"（第八条）。显然，农户农地产权特别是财产权和剩余索取权受到明显限制，其产权结构是不完整的。而这种

---

① 王东京：《中国经济观察》，北京，中共中央党校出版社，2004，第1辑，第7页。

产权制度缺陷明显制约了农户收入增长和农地健康流转。农户对土地没有所有权，就无法获得土地收益；没有受益权，使用权就成为空中楼阁；没有处置权，使用权和收益权就会受到抑制。三权不能有机统一，农户很难选择正确的经营行为，资源配置更难合理。比如同一块地，农户自己经营，年收益800元、转让年收益1000元、政府征用年收益500元，如果产权不完整，农户很难有选择权，也就谈不上根据市场需求作出正确选择，收益权就会大打折扣。特别基于资源控制权力和现行补偿标准的政府土地征用行为，更难保障农户的收益权和转让权。这种产权结构特征是现阶段农地流转不能健康发展的关键因素。

其次，流转农户地位弱势性。由于我国农地制度安排和农地经营的固有弱质特征决定了农户在农地流转中的劣势地位。这种劣势既反映在农户与发包方之间的不平等关系上，也表现在农户与农地转入方之间的地位不对等。一是农户与农地发包方之间因制度安排不尽合理而地位不平等，农地经营权保障欠规范。尽管国家法律明确规定要保护农地承包户合法权益，但由于种种原因特别是寻利驱逐，农地承包过程中发包方随意调整承包土地和违约现象屡屡发生。二是农户与农地转入方之间地位不对等，农户的收益权难以保证。地域分散、整体素质偏低、信息拥有不完全的农户在农地流转中往往面对的是经济实力雄厚、谈判能力强、市场信息占有比较充分的生产大户和经营组织，加之保障制度不健全，农业生产的前期投入大、投资时间长、经营风险高等弱质性被转嫁给农户，农户收益权难以得到保证。这种地位不平等特征也是制约农地流转健康发展的重要原因。

再次，流转主体价值差异性。由于现阶段农地流转缺少合理的补偿标准和利益保障机制，流转双方在价值目标选择上表现出差异性特征。一是农户基于农地经营权—经营收益比较的价值目标选择。农户因承包关系获取的农地经营权是一种数量非常有限、用途非常广泛的稀缺资源，也是现阶段农户生产生活的基本保障之一。作为理性经济人的农户在作出流转行为选择时首先依据的是"经营土地收益 R_1"和"流转土地收益 R_2"的比较，其次是土地经营收益 R_1 与非农经营收益 R_3 的比较。如果 $(R_2+R_3)>R_1$，农地流转就有可能性；如果社会保障体系健全、农户劳动力非农就业充分、政府打击撂荒行为，农地流转供给就会成为现实。二是转入方基于投资成本—收益分析的价值目标选择。农地转入方行为选择的依据就是农业生产总投资（包括农地流转投入）与农业规模经营综合效益（包括国家农业规模生产补贴等）之间的比较。农地流转双方基于经济效益的价值目标选择差异性表现为农地经营权益保护和投资效益之间的博弈，其结果是促进农地流转机制创新和流转市场发育成熟，进而推动农业生产发展。

最后，农地流转调控双重性。农地流转行为需要有成熟完善的利益调节机制予以规范和调控。目前，农地流转调节主要有两种方式。一是市场调节。这是最基础、最主要的方式。基于使用权、收益权、转让权三者统一的农户为保障自身经济收益，依据农地流转市场价格，选择农地是否流转、流转给谁；基于投资—收益分析的农地转入方，根据自身投资规模、农地流转价格选择农地转入对象、规模和数量。市场调节的关键在于形成合理的流转价格，引导农地流转供给和需求。二是政府宏观调控。这种调控主要是通过土地制度安排和宏观土地政策，引导市场行为，纠正市场调节失灵，是市场调节的重要补充。比如，为控制非农农地流转过热引发的宏观经济过热和经济结构失衡，出台了基本农田保护政策和最严格的非农用地审批制度等。这种流转利益调节的双轨制，往往因为政府在农地资源上所特有的占有权、支配权，而演化为政府一家独言的格局，进而影响农地流转健康发展。

三、理论研究：从内涵界定到市场培育

关于农地流转及其模式创新的理论研究，最初是针对因家庭均分承包经营模式所造成的农地细碎分散、规模经营发展受困等问题而提出来的，因现代农业和农民非农就业发展而发展和成熟。国内学者从理论和实践的视角开展了农地制度和农地流转制度研究，形成了大量成果，经历了从流转必要性到流转实际操作设计、由基本内涵界定到市场培育发展研究的转变。概括起来，主要有以下几个方面。

(一)农地流转内涵研究

国内大部分学者普遍认为，所谓"农地流转"是指农地所有权或使用权在不同经济主体之间的流动和转让，除特别说明外，主要是指农地使用权的流转。这是最流行的观点。福建师范大学桂泽发认为，农地流转是指农地使用过程中因所有权或经营权(或两权合为一体)变更而发生的流动、转移现象。[①] 西南财经大学刘芳认为，农地使用权流转就是保留承包权，转让使用权，其实质是在明确土地所有权归集体，稳定农户承包权的基础上，农户将承包土地的使用权以出租、转包等形式进行转让，

---

① 桂泽发：《关于农地流转的思考》，《开放潮》1997 年第 6 期。

从而使一定规模土地能有效集中利用，为实现农业规模化经营奠定基础。① 华中农业大学刘喜广、刘朝晖认为，农地流转确切地说是农地承包经营权的流转，在家庭承包制的制度框架下，农地产权结构被分解为所有权、承包权、经营权，农地流转就是拥有农地承包经营权的农户将土地经营权（使用权）转让给其他农户或经济组织，即保留承包权，转让使用权。② 以高昌海为代表，一些学者从土地概念、属性特点等方面阐述农地流转概念，认为农地流转是指一定时间内，农地与不同业主的结合关系或结合关系疏密程度变更以及社会管制广度和深度的变化过程。③ 以冷崇总为代表，一些学者认为农地使用权流转是农地产权流转的重要内容，是在家庭承包基础上农户之间农地使用权的流动和转让，是农地资产配置过程。④

还有的学者认为，农地流转既包括国有土地产权和集体土地产权内部土地使用权的出让、转让，也包括集体土地向国有土地转移。前者是使用权转让，后者不仅包括产权让渡，而且包括土地利用方式转变。⑤

（二）农地流转制度研究

首先，从农地制度内涵认识农地流转。从内涵来看，农地制度是指在农村经济运行过程中，土地要素与资本、劳动力、技术信息、组织管理以及其他生产资料等农业资源有效配置与优化组合而形成的有机系统，以及保障这一有机系统正常运转所需的相关法律规范与制度体系。⑥ 农地制度是农村社会生产力进步的主要运行载体，是农村各种生产要素有效组合进而转化为现实生产力的有效媒质，在内容上应该包括：农地所有、经营、使用、流转与配置、收益和管理制度。由于我国农地所有权与经营权分离，形成了独具中国特色的以家庭承包制为主体的农地经营制度。⑦ 从农地制度外延及结构来看，农地流转制度是农地制度体系中不可或缺的重要组成部分。农地制度创新无疑会为农地流转及其发展创造良好制度环境。

① 刘芳：《关于农地使用权流转的思考》，《国土经济》2003 年第 5 期。
② 刘喜广、刘朝晖：《农地使用权流转经济学解释》，《山东农业大学学报》2006 年第 3 期。
③ 高昌海、刘世安、符英、刘新平：《略论农地流转的必要性及其内涵》，《海南师范学院学报》2002 年第 3 期。
④ 冷崇总：《试论农村土地使用权流转》，《上海农村经济》1999 年第 4 期。
⑤ 刘甲朋、崔嵬：《中国农地流转研究观点综述》，《经济纵横》2003 年第 6 期。
⑥ 冯继康：《农村土地制度创新主体设计与动力分析》，《山东农业大学学报》2004 年第 6 期。
⑦ 郑景骥：《中国农村土地使用权流转的理论基础与实践方略研究》，成都，西南财经大学出版社，2006，第 219～222 页。

其次，从农地产权制度认识农地流转。国内很多学者从法学和制度经济学角度对农地产权和农地流转进行了分析，指出既要从物权法角度赋予农地完全产权，又要通过立法规范农地流转过程管理。中国经济体制改革研究会副会长迟福林指出，运用法律手段整体配套建设我国农村土地产权体系、土地和土地市场管理制度，已经成为进一步深化农村改革、推进农村经济市场化和完善农村法制建设的重要内容。① 中科院农经所王小映从物权和债权的角度指出农地承包使用权是农地产权的核心，应以法律赋予农民长期而有保障的农地经营权，建构以农地经营权为核心的土地法权体系。② 李扬鉴于我国农地产权制度变革的历史和现实状况，提出要以法制保障农户农地经营权不受侵害。③ 浙江大学钱水苗、唐光权根据浙江省发展实践指出，现行有关农地的法律和制度存在诸多不足，制约了农村经济发展和农地流转，现实需要法理和立法创新。④ 中国政法大学柳经纬指出，农地经营权的债权属性和农地部分权能不健全是制约农地流转和规模经营的主要因素。⑤

此外，还有学者从农地制度与绩效的关系认识农地流转。例如，北京大学姚洋从土地、制度和农业发展关系的角度，对我国农地制度演变、绩效和福利后果，农村不完全市场及其影响，农村集体决策过程以及农地合约中的权力问题，人地关系与李约瑟之谜等方面开展研究并指出，农地制度通过地权稳定效应和资源配置效应对经济绩效产生影响，分析了我国农地制度的社会保障和就业保险功能，并从诱致性和强制性制度变迁分析了农地制度的区域差异，指出了开展农地流转制度创新的重要意义及实现途径。⑥

（三）农地流转基础研究

国内相当多学者从不同侧面对农地流转的客观必然性进行了分析和阐述，进而认识农地流转。冷崇总认为，农地流转是农村经济发展的客观趋势，是农村产业结构和就业结构变化的要求，是农户人口的变动和

---

① 迟福林：《把土地使用权真正交给农民》，北京，中国经济出版社，2002，第1页。

② 王小映：《论我国农地制度的法制建设》，《中国农村经济》2002年第2期。

③ 李扬：《关于农民土地使用权的法律保障问题研究》，《农村经济》2004年第1期。

④ 钱水苗、唐光权：《农地使用权流转法律问题探析——从浙江省的实践出发》，《浙江社会科学》2001年第5期。

⑤ 柳经纬：《农地承包经营权流转制约性因素的法律分析和思考》，《福州大学学报》2006年第3期。

⑥ 姚洋：《土地、制度和农业发展》，北京，北京大学出版社，2004，第29～35页。

劳动力增减的要求，也是规模经营的客观要求。[①] 王利明则认为农地流转特别是农地经营权流转有利于实现土地价值，有利于推动我国农村市场化进程，有利于提高土地效益和利用率。[②]

（四）农地流转方式研究

关于农地流转方式，浙江大学丁关良在这方面作出了积极努力，他根据农地概念和法律特征把农地流转分为四种类型：一是物权性质的农地流转，即原承包人依法将承包经营权转移给他人的行为，包括转让、转包、返租倒包、抵押、互换、赠予、继承等；二是债权性质的农地流转，即原承包人保留承包经营权将农地转移给他人并获取租金等经济利益的行为，包括租赁、托管、代耕等；三是股权性质的农地流转，即原承包人保留承包经营权的前提下将部分权能以出资方式转移给他人的行为，包括以地入股、合作联营等；四是其他性质的农地流转，如农地非农征用等。他还认为"四荒地"因经营权不属于农户，故不纳入农地流转范畴。[③]

（五）农地流转制约因素研究

学术界普遍认为，我国长期实施城乡分治和以工业化为核心的国民经济发展战略，并最终导致了二元社会经济结构的形成，阻隔了城乡生产要素的双向流动，割断了工农协调发展的经济链条，成为农村经济发展和农地合理流转的外部制约因素。具体表现在以下方面。

第一，严格的户籍管理制度限制了农地流转。农地流转的前提是农村剩余劳动力的流动特别是非农转移和转化。逐步消除大城市与小城镇、城市与乡村之间的户口差异，通过农地承包、农地市场流转解决人口与土地关系，既可以改善农民居住环境，促进农村城市化、城乡一体化建设进程，又可以促进农地规模经营，实现农地和人力资源的最佳配置。[④]

第二，残缺的社会保障制度抑制了农地流转。均分式的农地承包最初对于农户而言无疑是一种就业和生活保障，在其他社会保障机制没有完全建立起来之前，要求大多数农户放弃土地经营显然不可能。农地不仅是生产资料，事实上也是生活资料，是农户生活保障的最后防线，农户不会轻易放弃土地。

---

① 冷崇总：《试论农村土地使用权流转》，《上海农村经济》1999 年第 4 期。

② 王利明：《农村土地承包经营权的若干问题探讨》，《中国人民大学学报》2001 年第 6 期。

③ 丁关良：《农村土地承包经营权初论——中国农村土地承包经营立法研究》，北京，中国农业出版社，2002，第 238～239 页。

④ 郑景骥：《中国农村土地使用权流转的理论基础与实践方略研究》，成都，西南财经大学出版社，2006，第 219～222 页。

第三，滞后的乡村管理体制束缚了农地流转。一方面是乡（镇）、村管理体制难以适应农地流转发展要求。2006年农村税费改革之前，乡（镇）、村的管理职能主要是农村税费和提留（三提五统）征收；农村税费改革后特别是农业税取消后，乡（镇）、村管理职能发生了改变，但新的管理体制尚未完全建立，农地流转管理及其配套服务体系还存在诸多不足，客观上制约了农地流转。另一方面是乡（镇）、村干部的有限决策影响了农地流转，特别是乡村干部经常性行政调整增加了农户经营权的不确定性和风险性，直接影响农地流转。[1]

第四，落后的公共服务体系制约了农地流转。一方面，以中介服务、现代物流和连锁经营为核心的现代农村市场服务体系发展相对滞后，影响了农地流转市场主体的培育和发展；另一方面，现阶段农业信息收集、处理系统和农业科技研发、推广服务网络，无论是数量还是质量都跟不上规模农业发展步伐，成为制约农地流转的外在因素。此外，农村金融体系不健全和服务质量普遍不高也是制约农地流转的重要外部因素。

第五，陈旧的农村基础设施妨碍了农地流转。随着近几年政府农业投入逐步增加，农村交通、通信、水利等硬件设施普遍有所改善，但总体上仍然无法满足降低农业生产经营风险的客观需要，成为制约农业规模经营主体进入和农地流转的又一外部因素。这在经济相对落后、粮食生产比重相对较大的中、西部地区表现尤为突出。

专家学者还普遍认为，以机会均等为目标、以人口数量为基数的均分承包经营模式，使得承包农地过于零碎和分散，生产组织化、产品商品化、经营市场化程度都不高，抑制了农户持续发展，阻碍了农地流转。这种农业内部体制障碍主要反映在以下方面。

其一，农地产权不完整。农地流转的基本前提是农户地权完整。但事实上，农户只拥有一定的经营权和部分收益权，处置权基本缺失。钱忠好指出，现行中国农地承包经营权缺乏明晰性、排他性、安全性、可转让性，农户农地经营权能责任利益不对称，其实行性受到限制，国家管理缺乏规范。[2] 农户农地使用权缺少法律规制是农地流转的最大障碍。

其二，农地市场不成熟。严格意义来说，农地市场是农地使用权流转市场。因农地资源商品化、市场化程度不高，以市场配置农地资源机制和环境不尽健全，加之农户基于生活和就业保障的现实需要以及均分

---

[1]　姚洋：《土地、制度和农业发展》，北京，北京大学出版社，2004，第29～35页

[2]　钱忠好：《中国农村土地制度变迁和创新研究（续）》，北京，社会科学文献出版社，2005，第63～65页。

承包所产生和强化的乡土情结、农地习俗和农地依赖，都抑制了农地流转市场的发育和成熟。[①] 朱博文、郭三德等认为，目前我国农地流转缺乏完整的土地测量评级、土地评估等中介组织以及土地信用、土地融资和土地保险等服务机构，土地交易和土地合同管理等制度体系不健全，基本上不能实现跨区域流动。[②][③]

其三，支撑体系不配套。农村土地流转的主要动因和目标在于加速农业规模经营。规模经营必须以完善的农村经济发展社会服务体系为支撑，但现阶段农村社会服务体系严重滞后于农村经济发展和农业规模经营发展要求。农业科技研发推广不能满足农业规模经营的技术需要，农村金融很难满足农业规模经营的资金需求，土地规模经营有效需求难以形成。农村社会保障体系尚不健全，土地保障功能进一步强化，农地供给不足。"有不少地方涉农服务部门已陷入'网破、线断、人散'的境地，农村集体经济组织大多名存实亡，服务功能微弱。"[④]

其四，经营激励不充分。由农业生产的自然区域性、生产周期过长、基础投入过高等自身特性决定的产业弱质性并没有完善的社会保险和保障机制予以降低和减弱，特别是农业规模生产的前期投入门槛和农民自身经济实力不匹配，风险防范机制不健全，农业比较利润过低，是制约农地流转和规模经营发展的自身因素。尹小平、李小群等认为，由于"农业是高风险、低效益产业"[⑤][⑥]，农业风险防范机制不尽完善，一旦出现自然灾害，减产或绝收难以得到有效补偿。例如，2008 年年初南方持续冰雪灾害对农业发展的损害是显而易见的，但损害必须完全由农民自身承担。高风险性和低比较效益很难吸收非农资金、技术进入，抑制了农地流转的范围、速度和规模。

（六）农地流转原则研究

一是要按照"自愿、依法、有偿"原则进行。农地流转是加速农业产业化经营发展的客观需要，对于提高农地资源利用率、提升农业生产力

① 张慎霞、王环、张术环：《当前我国农用地流转问题研究述评》，《山东理工大学学报》2006 年第 2 期。
② 朱博文、杨涛、杨利琼：《农村土地流转中存在的问题与对策》，《南方国土资源》2003 年第 2 期。
③ 郭三德：《克服农村土地流转进程中法律问题》，《前沿》2003 年第 8 期。
④ 杨珂娟：《论社会主义初级阶段农业土地规模经营的具体对策》，《西藏民族学院学报》2002 年第 3 期。
⑤ 尹小平：《改革开放以来我国农民利益仍遭侵害的原因》，《新东方》2001 年第 2 期。
⑥ 李小群：《土地流转的瓶颈探析》，《行政与法》2003 年第 10 期。

水平和农业生产核心竞争力具有重大意义。但必须以农民自愿为基础，尊重农民意愿，不能以行政手段强制推行。有学者主张出台《农村土地流转法》予以规范，保障土地依法流转。①

二是要强调农地流转主要在农户之间进行。陈锡文、管清友等认为，在农村剩余劳动力没有大规模转移之前，必须避免农村出现大资本排挤小农户、农地大规模兼并、大批农户丧失经营地位而沦为雇农等现象，甚至认为，不应当提倡工商资本长时间、大面积租赁农民承包土地，而应当鼓励、支持它们进入农业产前、产后领域，为农民提供社会化服务，鼓励支持对非农土地开发投资。农地流转应主要在农户之间进行。②③

三是通过农地流转形成规模经营后，经营规模要适度。农地产出率和劳动效率是两个不同的概念，鉴于我国人多地少的现实，大多数学者认为通过农地流转形成规模经营时，经营规模要坚持以农地产出率优先，兼顾劳动生产率的原则。在既定资源利用水平和技术条件下，土地经营规模超出一定限度，往往会导致土地产出率下降。因此，规模经营一定要适度，否则难以保障粮食安全。④

四是要充分认识农地使用权流转是一个不平衡的渐进过程。在现有农业生产力水平和农业投入条件下，我国绝大多数地区并不具备大范围农地流转条件。陈锡文指出，推进农地流转必须从实际出发，要以理性的态度慎重对待，切不可一哄而起、齐头并进，以避免农村基本经营制度动摇，应充分认识农地流转是一个不平衡、渐进的过程。⑤

（七）农地流转模式研究

加速农地流转，提高农业生产规模化发展，增加农业收益已成为学术界的基本共识。但对于建立什么样的流转机制、设计什么样的流转模型则众说纷纭，有的主张股份化改造、有的主张证券化推进、有的主张合作经营、还有的建议货币化发展等，可谓见仁见智。其中最具典型性的有农地使用权股份化、商品化和证券化三种构想。

第一种是农地使用权股份化构想。所谓"农地使用权股份化"是将农

① 朱博文、杨涛、杨利琼：《农村土地流转中存在的问题与对策》，《南方国土资源》2003年第2期。

② 陈锡文、韩俊：《如何推进农民土地使用权合理流转》，《中国改革》2002年第9期。

③ 管清友、王亚峰：《制度、利益与谈判能力：农村土地"流转"的政治经济学》，《上海经济研究》2003年第1期。

④ 朱博文、杨涛、杨利琼：《农村土地流转中存在的问题与对策》，《南方国土资源》2003年第2期。

⑤ 陈锡文：《慎重对待农地流转》，《经济研究参考》2002年第7期。

地折股分配给农民个人所有，农民拥有股权、集体拥有经营权、租佃者拥有使用权，使"三权分离"。农民以股权获取股息和红利，分享农地经营收益。农民所持股份可以在集体内部或市场上转让，有利于促进农地流转。这是一种已经付诸实施的模式，具有一定优势。张红宇、刘玫、王晖、石霞、张燕喜等认为，首先，股份化发展重构了农地产权关系，实现了激励和约束的结合；其次，它是一种比较稳妥的改良方法，实现了稳定性和前瞻性的统一；最后，有利于吸收多元主体投资，加速农地流转，提高农业生产力水平和农业经营效益。[1][2] 但石霞、张燕喜等认为，股份化发展在操作层面存在股份难以界定和分配、集体经济组织的法人地位难以实现和保障、农民股权法律保护不够和缺失等不足。[3]

第二种是农地使用权商品化构想。所谓"农地使用权商品化"就是把本属于农地产权的商品属性让渡给使用权，使农地具有商品属性，既不改变农地产权的集体属性，又使农地使用权出让或转让货币化、市场化、规范化、法制化。[4] 一方面，商品化思路能保持与市场经济发展目标一致，加速农村市场化进程；另一方面，农地使用权商品化能直接引导农民增收致富。朱新芳认为，把商品化的农地使用权还给农民，直接增加了远高于现有流转方式的转让收入，进行原始资本积累，积累创业基金。[5] 但使用权商品化也还存在诸如农地转让收入分配、农地使用权获取门槛过高、失地农民持续发展与保障等问题。

第三种观点主张农地使用权证券化。邓大才认为，所谓"农地使用权证券化"就是把农地使用权或者土地所能得到的收益转化成为资本市场上可以销售和流通的金融产品的过程。其实质是为农业生产发展融资。[6] 范恒森则认为："土地证券化，就是以一个自然村拥有的集中连片的土地为一组合，在地籍调查和土地评价基础上根据土地等级，以平价、溢价或折价发行土地证券或土地使用证……土地流转变成为土地证券的供给者和需求者之间的交易关系。"[7]综合两位学者的思想可以看出，证券化

---

① 张红宇、刘玫、王晖：《农村土地使用制度变迁：阶段性、多样性与政策调整》，《农业经济问题》2002 年第 2 期、第 3 期。

② 石霞、张燕喜：《我国农村土地制度改革思路的评析与思考》，《中共中央党校学报》2003 年第 1 期。

③ 同上。

④ 王利明：《农村土地承包经营权的若干问题探讨》，《中国人民大学学报》2001 年第 6 期。

⑤ 朱新芳：《创新一个让农民致富的土地流转模式》，《农村经济》2003 年第 11 期。

⑥ 邓大才：《试论农村土地承包权证券化》，《财经研究》2003 年第 4 期。

⑦ 范恒森：《土地证券化与中国农业发展》，《经济研究》1995 年第 11 期。

思路的优势在于：首先，为农地流转设立了新的载体，增强了流转的灵活性，扩大了流转范围；其次，有利于吸纳业外资金，扩大了农业规模发展基金；再次，有利于提高农地综合利用率，增加农业收入；最后，还有利于提高农业科技含量和机械化程度，促进现代农业发展。但证券化发展必须以土地国有化和农地完全生产资料化为基础，同时专业化操作为一般农民难以接受，难以在近期全面实施。

综上所述，我国理论界对于农地流转这一主题开展了大量卓有成效的研究，也取得了大量成果。特别是对于农地流转内涵、农地流转模式以及农地流转发展中存在的问题的研究显得更加充分，但对农地流转风险与防范研究还显不足。近年来，也有少数专家已从风险角度对农地流转开展了研究，如华中科技大学乡村治理中心的郭亮、河北科技大学的扈红英、重庆大学的耿彩云、天津农学院的刘洪银、重庆社会科学园丁新正等。但这些研究更多的是就某一领域或某种趋势去研究农地流转风险，全面系统分析农地流转及其风险的论述还不是多见。因此，全面开展农地流转风险与防范研究将是对我国农地流转理论研究体系的一个重要补充和完善，也将对我国农地流转制度创新和农地流转市场健康发展产生积极影响。

第二节　研究意义

"三农"问题的根本是农民问题，农民问题的关键是土地问题，土地问题在我国农地所有权确定前提下其核心是土地经营权的保障和实现问题，农地经营权的保障和实现问题在现代农业发展背景下从某种意义上而言就是农地流转及其风险防范问题。农地流转风险及其防范问题随之成为当前农民维权抗争的焦点问题，直接影响农民增收、农业发展和农村社会稳定。[①]

一、更有保障地实现农民承包经营权益

如何赋予农民更有保障的承包权益是推进农村经济社会发展实践中必须解决的重要问题，也是当前我国制定农地流转政策、创新农地经营管理制度的基本价值取向。如果说，延长农地承包期限、规范发包人行

---

① 于建嵘：《当代中国农民维权组织的发育与成长——基于衡阳农民协会的实证研究》，《中国农村观察》2005 年第 2 期。

为、建立严格的农地征用补偿制度等措施是优化农民承包经营权保障的外部条件的话；那么，建立和完善农地流转风险防范机制，则是从建立和完善农民内部激励机制、从农民发展保障的高度来研究农民承包权益的实现问题。现有农地流转理论研究和政策制度实施之所以尚未完全达到预期目标，其中重要的一点就是没有或者是没有完全结合我国现阶段农村经济发展水平和农民收入结构发生变化的基本实际，统筹研究和考虑农民内生保障需求和需要变化之后的风险及其防范问题，即没有完全在风险规避前提下赋予农民承包经营权以生活、就业和发展基础权利内涵。换言之，当农地经营已不再是农民收入主要来源的时候，承包农地对于农民的基本生活和就业保障功能应该演化为农民提高生活质量、从事非农生产的基础保障，农地流转成为一种必然。要实现这种转变，就必须赋予农地承包经营权以财产和资本职能，就应当规避相应风险。因此，研究农地经营权流转风险及防范绝不是否定农地流转和流转政策，而是从更深层次、更有保障的理论视域研究和探索农民承包权益的实现路径，切实保障和维护承包农民权益，实现农业产业结构全面优化，促进农村经济的平稳和较快发展。

二、更全面地完善农地流转理论体系

当前我国农地流转理论是在坚持家庭承包经营基本农地制度不变的框架内展开的，其主要目的和意义是在完善传统家庭承包基本经营制度的基础上，为实现农地规模化经营、促进现代农业发展服务；其研究范围和内容大多囿于农地流转界定、基本类型划分、农地流转模式及实现问题等方面，部分学者虽然也曾就农地产权、农地流转实现模式等方面开展研究，但最终都没能突破农地经营权安全的现代经济实现方式底线，即研究农地经营权参与现代要素市场循环的安全性问题。正是这种农地流转理论研究不足，使得农地流转理论研究很难适应和指导流转实践发展，流转制度预期也很难在现实中得以最终实现。因此，开展农地经营权流转风险及预防研究是进一步完善农地流转理论体系的重要内容。

三、更加快速地促进现代农业发展

国际工业化发展经验证明，当社会进步到工业化初期阶段，统筹城乡社会经济发展已成为应对各种复杂社会局面、解决各类社会矛盾的关键。统筹城乡发展其核心是促进现代农业的发展，加速农业产业化、农村城市化、农民市民化进程。现代农业的主要特点是生产技术化、经营规模化、产业集约化、产品商品化、装备机械化，而现行农地经营制度很难适应这种农地经营规模化需要，也难以满足各要素市场的流动性要求。因此，坚持农地所有制度和基本经营制度不变，以农地流转促进规模经营发展成为我国现代农业发展的独特路径选择。但是仅有物质形态的农地流转还远不足以满足其发展需要，还必须是具有足够流动性且能和其他生产要素配置的资本化、价值化流转。然而，在流转市场匕，风险认识及风险防范就显得必不可少。因此，研究农地流转风险及防范，对于促进现代农业发展无疑具有重要意义。

四、更加有序地优化农地流转外部环境

在现行农地基本制度框架内，增强农地资源流动性、推动农地合理流转既需要农户积极参与以形成有效供给，也需要农地生产投资方自身经济增长和实力增强以形成农地有效需求；既需要内部市场杠杆的自发调节，也需要外部制度安排的自觉规范；既需要农地流转供求主体利益驱动，更需要优化外部环境推动。优化外部环境对于促进农地流转具有特殊意义。农地经营权流转风险与防范研究对于优化流转环境的意义就在于：一是以严格而安全的市场规范和要求，规范所有权代理人（乡村干部）的行为，减少农地流转的外部干预和阻力，挤压公共权力设租寻利空间，最大限度地降低道德风险和逆向选择；二是遵循市场原则，确立统一的农地流转价格标准，完善农地流转机制，维护农民及其利益地位的公平性；三是以市场化模式激励和引进社会资本参与农地流转和农业生产，形成"以工促农、以城带乡"良性运行机制。

第三节　理论基础

一、风险理论

基于对风险及风险管理的极端重要性的认识，国内外企业界和学术界就风险、风险评估、风险管理、风险控制和利用等领域开展了大量研究，产生了大量研究成果，也达成了一些基本共识：只要经济行为人不能准确知道某种决策的结果，即一种决策的可能结果的不是唯一的，就会产生不确定性；当人们能知道决策可能产生的各种结果及各种可能结果的发生概率时，这种不确定性就被定义为风险；人们通过期望效用和期望值效用的比较划分风险偏好类型，即风险偏好者、风险中立者、风

险回避者；人们可通过多元化战略、购买保险、获取更多信息等方式降低风险等。

这些思想认识和理论观点对于我们认识和降低风险起到了积极推动作用。但由于认识角度和研究侧重不同，理论界对于风险的研究虽然深刻，但也缺乏统一，归纳起来主要有以下五种观点。

第一种观点认为，风险是结果的不确定性。例如，莫布雷等人在《保险学》一书中首次提出风险管理概念，并称风险为不确定性[①]；又如，小阿瑟·威廉姆森认为，风险是"在给定的情况下和特定的时间内，那些可能发生结果之间的差异性。如果肯定只有一个结果，则差异为零，风险为零；如果有多种可能结果，则有风险，且差异越大，风险越大"[②]；再如，威廉·夏普在其资产定价模型基础上把风险定义为：该证券资产的各种可能收益率的变动程度，并用收益率的方差来度量证券投资的风险，通过量化风险概念改变投资大众对风险的认识[③]。

第二种观点认为，风险是结果发生的可能性大小，即发生概率。例如，Ruefli 等将风险定义为不利事件或事件集发生的机会[④]；佩费尔认为，风险是每个人和风险因素的结合体，其发生的频率是可以用概率测定的；奈特则认为，"风险是可以测度的不确定性"[⑤]；马科维茨在《投资组合选择：有效分散化》一书中指出，排除可能收益率高于期望收益率的情况，提出了下方风险概念，即实现收益率低于期望收益率的风险，并用半方差来计量下方风险[⑥]。

第三种观点认为，风险是实际结果与预期结果的偏离。例如，我国学者胡宜达和沈厚才根据不确定性的随机性特征，提出了风险度概念，即在特定客观条件和特定的时间内，实际损失和预测损失之间的均方误差与预测损失的数学期望之比，它表示风险损失相对变异程度（即不可预

---

①　A. H. Mowbray，R. H. Blanchard，C. A. Williams Jr：*Insurance*，New York：McGraw-Hill，1995.

②　〔美〕小阿瑟·威廉姆斯等：《风险管理与保险》，北京，中国商业出版社，1990，第79页。

③　〔美〕威廉·夏普、戈登·亚历山大、杰弗里·贝利：《投资学》，北京，中国人民大学出版社，1998，第321页。

④　J. M. Collins，T. W. Ruefli：*Strategic Risk：A State Defined Approach*，Kluwer Academic Publishers，1996：179.

⑤　〔美〕弗兰克·H. 奈特：《风险、不确定性与利润》，北京，商务印书馆，2006，第54页。

⑥　〔美〕哈里·马科维茨：《投资组合选择：有效分散化》，北京，商务印书馆，1996，第241页。

测程度)的一个无量纲(或以百分比表示)的量。①

第四种观点认为,风险是损失发生的可能性及大小。例如,我国学者朱淑珍在总结各种风险描述的基础上,把风险定义为:在一定条件下和一定时期内,由于各种结果发生的不确定性而导致行为主体遭受损失的大小以及这种损失发生可能性的大小,风险以损失发生的大小与损失发生的概率两个指标进行衡量。② 王明涛则把风险定义为:在决策过程中,由于各种不确定性因素的作用,决策方案在一定时间内出现不利结果的可能性以及可能损失程度。它包括损失概率、可能损失数量以及损失易变性等内容,其中可能损失程度处于最重要位置。③

第五种观点认为,风险是其构成要素本身及其外部条件部分或全部变化而引致的不确定性。例如,郭晓亭、蒲勇健等将风险定义为:在一定时间内,以相应的风险因素为必要条件,以相应的风险事件为充分条件,有关行为主体承受相应的风险结果的可能性。④ 又如,叶青等认为,风险的内涵在于它是在一定时间内,有风险因素、风险事故和风险结果递进联系而呈现的可能性。⑤

风险理论对农地流转风险及防范研究的意义在于明确了基本研究思路,确定了基本研究范围,提供了基本研究方法。

二、产权理论

交易费用是新制度经济学的基本概念,产权理论是新制度经济学的核心思想,科斯定理成为新制度经济学的金科玉律。交易费用、产权界定和资源配置被紧密联系在一起,明确产权归属、确定产权边界成为治理经济社会、提高资源配置效率的现代手段。科斯定理指出,产权明确界定是市场交易的前提;如果交易费用为零,传统的新古典经济学所描述的市场机制充分有效,最终结果(效用最大化)不受法律状况影响,外部性得以根治;一旦考虑交易费用,合法权利的初始界定会对经济制度

---

① 胡宣达、沈厚才:《风险管理学基础——数理方法》,上海,东南大学出版社,2001,第116页。

② 朱淑珍:《金融创新与金融风险:发展中的两难》,上海,复旦大学出版社,2002,第177页。

③ 王明涛:《证券投资风险计量、预测与控制》,上海,上海财经大学出版社,2003,第17页。

④ 郭晓亭、蒲勇健、林略:《风险概念及其数量刻画》,《数量经济技术经济研究》2004年第2期。

⑤ 叶青、易丹辉:《中国证券市场风险分析基本框架的研究》,《金融研究》2000年第6期。

运行产生影响，市场机制也因外部性客观存在而失灵。[①] 制度层面的产权界定问题成为经济学研究的重要内容。随后，斯蒂格勒、威廉姆斯、阿罗、诺思等经济大师进一步推动了交易费用理论和产权理论发展，企业产权结构理论、企业性质理论、制度变迁理论、人力资本产权理论建构了新制度经济学理论的基本框架。

产权理论对于农地流转风险及防范研究的启迪有三方面。一是必须确定农地经营权为核心的农地产权边界，这是因为在国家集体控制所有权的前提下，农户通过承包合同获取的只可能是农地经营权，但应该是包括使用、收益、处分甚至部分占有权在内的经营权，农户经营权界定清晰完整是保障农户农地流转供给、农地资源配置合理的基本前提，地权稳定是进行农地长期投资的关键，地权限制越多，投资激励越弱，稳定性越差，流转活动越少。[②] 二是要建立和完善完全信息的农地流转市场，农地流转交易费用产生的根本原因在于流转双方信息不对称，完全信息是降低流转前后交易成本的根本途径。农地流转会造成农地利用方式和农地经营规模变化，进而改变农地生产结构。而目前农地生产细碎分割是各地区发展规模农业、提高农地产出率和农产品竞争力的最大障碍。三是农地流转市场及农地自由交易，往往因外部性而导致市场失灵，造成农地利用动荡。财政部门应支付政府干预以弥补市场缺陷。[③] 因此，农地流转模式创新的努力方向应该放在如何建立统一的流转价格标准、如何充分保障流转双方利益和地位的模式研究，农地经营权资本化是有效方式之一。

三、制度变迁理论

制度变迁理论是新制度经济学的重要组成部分，其代表人物诺思运用产权理论对经济发展史进行研究发现：制度是经济增长的关键因素，一种个人刺激适当有效的制度是促使经济增长的决定因素，即诺思制度决定论。[④] 诺思制度变迁理论可归结为三个方面：有效率的产权结构是

---

① R. Coase："The Institutional Structure of Production"，*American Economic Review*，82，September，1992：713-719.

② A. A. Alchian, H. Demsetz："Production, Information Costs, and Economic Organization"，*The American Economic Review*，Vol. 62，No. 5，Dec.，1972：777-795.

③ G. Feder, D. Feeny："Land Tenure and Property Rights：Theory and Implications for Development Policy"，*The World Bank Economic Review*，1991，5(1)：135-153.

④ D. C. North：*Institutions，Institutional Change，and Economic Performance*，Cambridge University Press，1990.

经济活力源泉；国家决定产权结构，国家要对造成经济增长、衰退、停滞的产权结构负责；意识形态是个人与其环境达成协议的一种节约费用工具，其功能是弱化偷懒和"搭便车"的道德风险。

诺思制度变迁理论对于研究农地流转风险及防范的启示有三。一是要建构一种公平合理、激励投资和发展的农地产权结构，特别是要建立有效监督和激励农地所有权代理人（乡村干部）行为、保障农地承包者利益的产权治理结构。二是在处理渐进式与突进式、诱致性与强制性制度变迁路径选择上，要注意发挥国家和政府在农地流转模式和制度创新中的积极功能，妥善处理正式制度和非正式制度关系。农地产权价值与农地市场功能都有赖于一种制度予以正式明确和强制执行，这种制度既包括法院系统、政策等正式制度，还包括社会规范、信仰习俗等非正式制度。① 三是要重视农地观念、社会心理意识、社会伦理道德、民主法制观念等社会意识形态在农地流转模式和制度变迁中的积极影响。经济发展水平不同，农户对农地的态度，农地流转的认知度、接受度，参与流转的积极性都有所不同。②

四、理性行为理论

理性行为理论（Theory of Reasoned Action，TRA）是研究认知行为最基础、最具影响力的理论之一。这个理论充分分析了动机和信息对行为的影响，并认为个体倾向于按照既获得有利于自己的结果、同时又能符合他人期望的方式实施自己行为。其理论内容是：个体行为在某种程度上可以由行为意向合理地推断，而个体的行为意向又是由对行为的态度和主观准则决定的；人的行为意向是人们准备从事某一特定行为的量度和偏好。行为态度是人们基于一定价值标准和道德原则对从事某一目标行为的判断和选择，外在表现为行为人所持有的正面或负面的感觉、情感和意向，它是由行为人对行为结果的基本信念以及对这种结果重要程度的预期和估计所决定的；行为主观准则指的是人们认为对其有重要影响的人希望自己使用新系统的感知程度，是由个体对他人认为应该如何做的信任程度以及自己对与他人意见保持一致的动机水平所决定的。这些因素结合起来，便产生了行为意向，最终引致行为改变。其理论体

---

① O. E. Willianson："The Economics of Governance：Framework and Implications"，*Journal of Institutional and Theoretical Economics*，140，March，1984：195-223.

② 黄贤金、克江岭：《经济发展、人口增长与耕地资源动态变化研究——以南京市为例》，《城市研究》1999 年第 2 期。

系可简化为：

$$B \sim I = (A_B)\omega_1 + (SN)\omega_2$$

式中：B 是指个体控制行为；I 是指个体行为意向；A_B 是指个体行为态度；SN 是指他人对个体应该行为的主观信念和基本准则（Subjective Norm）；ω_1，ω_2 是标准化系数。[①]

进一步分析，我们可以发现，个体行为态度 A_B 是感知行为结果及对结果预期评价的函数。即：

$$A_B = \sum_{i=1}^{n} (b_i \cdot e_i)$$

式中：b_i 是行为主体关于行为结果 i 的信念；e_i 是行为主体对结果 i 的评价，即行为后果是被看作有利的还是不利的；n 是在模型中的信念数量。

我们还可发现，主观规范是个体的规范性信念以及个体服从规范性信念倾向的函数。即：

$$SN = \sum_{j=1}^{I} (NB_j \cdot MC_j)$$

式中：NB_j 是指规范性信念，即个体认为重要的参考人或群体 j 对其行为产生的合理性认识；MC_j 是指个体服从于参考人或群体 j 的倾向和偏好；j 是指个体所考虑到的参考依据数量。[②]

理性行为理论这个通用分析模型，它明确指出，任何因素都要通过影响主体行为态度和主观准则来间接地影响个体行为，这为我们分析个体行为产生和发展提供了思路和方法。同时，理性行为理论还隐含了一个重要假设，即人具有控制和选择自己行为的能力，是理性的。

自 20 世纪 90 年代以来，产生和发展的农户农地流转行为已成为农村社会发展中越来越重要的经济现象和活动，并逐步成为引导政府安排农地制度和促进农村经济体制改革和发展的重要内容。以理性行为理论为指导，按照行为发生的内在逻辑结构和运动变化规律，正确认识农户农地流转行为，客观分析农户农地流转行为动机、行为过程、行为激励、行为评价以及行为保障是规范农地流转行为管理、促进农地流转市场发展的基本前提和内在需要。从农户流转行为选择来看，农户农地流转行为可由农户农地流转行为意向理性推断，而流转意向又是由农户农地流

①　M. Fishbein, I. Ajzen：*Belief, Attitude, Intention, and Behavior: An Introduction to Theory and Research*，MA：Addision-Wesley，1975.

②　于丹、董大海、刘瑞明、原永丹：《理性行为理论及其拓展研究的现状与展望》，《心理科学进展》2008 年第 5 期。

转态度和农地流转主观准则决定的。流转态度是农户对从事农地流转这一意志行为所持有和表现出的认知水平、情感好恶和价值判断，是由对流转行为结果的基本信念以及对这种结果重要程度的价值判断和理性预期所决定的。流转主观准则是指农户对社会其他主体对流转行为的希望和要求所作的主观价值判断以及行为模式选择和创新的感知程度，是由农户对社会其他主体认为应该如何流转的信任程度以及农户与其他主体意见保持一致的动机水平所决定的。流转态度和流转主观准则结合起来，便产生了流转行为意向，流转行为意向引致了流转行为发生和行为改变。这种线性的流转行为事实上是一个获取信息、形成态度、取得认同、达成意向、付诸实施的连续转化过程。

可事实上，农户总是生活在一定社会环境和特定组织之中，总会受到环境和组织影响。因此，我们一方面可从农户流转行为内部结构和行为产生过程分析农地转出和转入的行为动机、行为抉择、行为实施、行为激励、行为管理以及行为评价等内容[①]；另一方面，我们还可以通过引入情境变量和自我控制等外生变量，分析在组织环境下的个体行为的外部管理干预和环境制约，以提高行为分析研究的科学性和可靠性。

第四节 研究创新

一是在研究逻辑上有所创新，即不只是简单就风险形成一般机理来分析农地流转风险与防范，而是在合理借鉴"产权即经营权论"、"产权即法定所有权论"、"产权权利束论"基础上，通过细分和明晰我国农地产权结构，寻求防范和降低农地流转风险的产权制度逻辑；通过产权市场逻辑界定，客观分析了降低和预防农地流转风险的可能性和必要性，以产权结构分析指出了防范和降低农地流转风险的制度基础。

二是在研究内容上有所创新，即在坚持加速农地流转、促进规模经营、发展现代农业的基本制度框架内，大胆提出了农地经营权流转风险概念，明确了农地流转风险就是在农地经营权部分或全部地转化为可用来实现价值增值和获取更多收益的财产权利的过程中因信息不完全所致农地流转主体预期效益与现实效益之间客观存在的偏离；分析了农地流转风险构成要素，指出了因我国特殊的农地产权结构形式而客观存在制

---

① 朱强：《基于 TRA 理论的农地流转行为研究——以常德市 322 户农户为例》，《湖南科技大学学报》2010 年第 1 期。

度性农地流转风险因素。

三是在研究体系上有所创新，即在研究农地流转风险一般理论基础上，重点分析了六种典型风险与防范，从而打破了纯粹的农地流转风险分析模式，使农地流转风险分析与防范更为具体，实现了理论研究与实践应用的具体结合。

第二章 农地流转风险概述

正如乌尔里希·贝克所言："在现代化进程中，生产力的指数式增长，使危险和潜在威胁的释放达到一个我们前所未有的程度。"①毫不夸张地说，当今世界是一个"除了冒险别无选择的社会"②。风险已成为我们社会经济生活的一个重要组成部分，已渗透到社会的每一个领域和角落，无时不有、无处不在，农地流转也一样正经受着风险的考验。之所以如此，是因为相对社会发展和进步，人们的认识总是有限而滞后的。与其说全面认识事物发展重要，毋宁说认识事物发展的不确定性更为深刻而复杂。准确界定农地流转风险、适时识别农地流转风险、科学管理农地流转风险是促进农地流转健康发展的重要基础。

农地流转风险是指在不完全信息农地流转市场环境里所产生农地流转损失的不确定性。既是对农地流转影响因子不确定性的综合描述，也是对农地流转行为与主观预期偏离的定性解读，还是对损失大小和概率的合理估价。农地流转风险因流转标的的特殊性以及风险事件与风险损失的非对应关系而表现出相对特殊性，但仍然具有一般意义风险的基本特征，风险理论为客观认识和防范农地流转风险准备了认识和思想逻辑基础。特别是西方风险理论已经发展成熟，对于我们认识和防范农地流转风险提供了理论工具。

认识农地流转风险首先必须剖析农地流转风险的结构和构成，研究探索各要素之间基本逻辑关系，进而找到预防、防范和规避风险的突破口和关键。农地流转风险是由风险因素、风险事件和风险损失要素构成，三者之间紧密联系且相互区别。因风险构成的复杂多样性，导致风险种类繁多。根据不同性质，可分为经济损失、政治损失、企业信誉损失等；根据风险的作用时间长短，可分为长期风险与短期风险；根据损失与企业经济联系程度，可分为直接经济损失与间接经济损失；根据损失的可预防程度，可分为可预防风险损失与不可抗拒风险损失。人们对待风险损失的态度往往是注重经济损失，忽视政治损失与企业信誉损失；注重

---

① 〔德〕乌尔里希·贝克：《风险社会》，何博闻译，南京，译林出版社，2004，第15页。

② N. Luhmann : *Risk：A Sociological Theory*，Berlin：de Gruyter，1993：218.

直接经济损失，忽视间接经济损失；强调不可抗拒风险损失，忽视可预防风险损失；强调企业内部风险损失，忽视企业外部风险损失。这些认识往往误导人们对农地流转风险估计不足、预防不力，进而影响农地流转健康发展。

第一节　农地流转风险的基本界定

一、风险界定

理论界对于风险的理解和认识大致有两种：一种把风险理解为不确定性；一种把风险理解为损失的不确定性。如果把风险理解为损失的不确定性，则意味着风险只能表现出损失，并没有从风险中获利的可能，属于狭义风险；而把风险理解为不确定性，则说明风险结果可能是损失、也可能是获利、还可能是无损失也无获利，属于广义风险。一般情况下，投资收益与投资风险成正比，积极进取型投资者更偏向于高风险是为了获得更高的利润，而稳健型投资者则着重于安全性的考虑。尽管已经从狭义和广义的角度定义了风险，但由于对风险的理解和认识程度不同，或对风险研究的角度不同，学术界对风险概念还是有着不尽相同的解释，并不完全统一，归纳起来有七种类型的代表性观点并可以用相应的数学等式表达。①

第一种类型认为，风险是事件未来可能结果发生的不确定性。A. H. Mowbray(1995)称风险为不确定性；C. A. Williams(1985)将风险定义为在给定的条件和某一特定的时期，未来结果的变动；March 和 Shapira(1987)认为风险是事物可能结果的不确定性，可由收益分布的方差测度；Brnmiley 认为风险是公司收入流的不确定性；Markowitz 和 Sharp(1981)将证券投资风险定义为该证券资产的各种可能收益率的变动程度，并用收益率的方差来度量证券投资风险，这种类型风险定义通过量化风险的概念改变了投资大众对风险的认识，并由于方差计算的方便性，在实际中得到了广泛的应用。这种类型观点特别强调风险是未来可能发生的各种结果的变动程度，并认为：结果的变动程度越大，则相应的风险也越大；反之，则风险也越小。其量可用数学式(2.1)表达：

---

① 郭晓亭、蒲勇健、林略：《风险概念及其数量刻画》，《数量经济技术经济研究》2004 年第 2 期。

$$R_X^2 = \sum_{i=1}^{n} [X_i - E(X)]^2 P_i \tag{2.1}$$

式中：R_X^2 代表事件 X 的风险；X_i 代表事件 X 的第 i 种可能结果；n 代表事件 X 可能出现的结果总数；$E(X)$ 代表事件 X 的预期结果；F_i 代表事件 X 第 i 种结果发生的概率。

这种类型观点在特别强调风险是事件可能发生的各种结果的变动程度的同时，还认为，这种变动和不确定性既包括有利的结果变动程度，也包括不利的结果变动程度，且同等重要。正是因为这种类型观点没有区分有利结果和不利结果发生的情况，以致其风险界定与行为理论、效用理论和人们实际风险感受都不相符合，而受到越来越多学者的质疑。事实上，人们在实际经济活动中考虑风险时，更多的是考虑事件负面结果发生的不确定性，而不完全把正面结果的不确定性看成是风险。例如，人们在选择证券投资时，尽管证券投资收益率波动，但如果正向波动越大，意味着投资收益越大，很少有人把证券价格的这种正向波动看作是风险。

第二种类型认为，风险是损失发生的不确定性。J. S. Rosenb(1972) 将风险定义为损失的不确定性，F. G. Crane(1984) 认为风险意味着未来损失的不确定性，Brokett、Charnes、Cooper 和 Ruefli 等将风险定义为不利事件或事件集发生的机会，并用概率进行描述(王明涛，2003)。这种类型的风险观点还可分为主观学说和客观学说两类：主观学说认为不确定性是主观的、个人的和心理上的一种观念，是个人对客观事物的主观估计，而不能以客观的尺度予以衡量，不确定性的范围包括发生与否的不确定性、发生时间的不确定性、发生状况的不确定性以及发生结果严重程度的不确定性；客观学说则是以风险客观存在为前提，以风险事故观察为基础，以数学和统计学观点加以定义，认为风险可用客观的尺度来度量。例如，佩费尔将风险定义为风险是可测度的客观概率的大小，F. H. 奈特认为风险是可测定的不确定性(叶青，2001)。这种类型风险观点认为：风险是因事件各种结果发生的不确定性，而导致行为主体遭受损失或损害的可能性，其量可用数学式(2.2)表达：

$$R_X^2 = \frac{1}{n} \sum_{i=1}^{n} [P_i - E(P)]^2 \tag{2.2}$$

式中：R_X^2 代表事件 X 的风险；P_i 代表事件 X 的第 i 种不利结果发生的概率；n 代表事件 X 不利结果可能出现的概率数目；$E(P)$ 代表事件 X 不利结果发生的预期概率。

这种类型风险观点没有把有利结果发生的情况列入风险范畴，突出研究了不利结果发生的可能性，但仍未能充分考虑并准确计量不利结果发生时所造成损失和危害的大小。

第三种类型认为，风险是指可能发生损失的损害程度的大小。段开龄认为，风险定义可以引申为预期损失的不利偏差，这里的所谓不利是指对保险公司或被保险企业而言的。若实际损失率大于预期损失率，则比正偏差对于保险公司而言即为不利偏差，也就是保险公司所面临的风险（胡宜达等，2001）。Markowitz 基于理论质疑，排除了可能收益率高于期望收益率的情况，提出了下方风险的概念，即现实的收益率低于期望收益率的风险，并用半方差来计量下方风险（周刚等译，1999）。这种观点特别强调风险是因事件各种结果发生的不确定性而导致行为主体遭受损失的大小，并可用数学式(2.3)表达：

$$R_X^2 = \sum_{i=1}^{n} E[X_i - E(X)]^2 P_i \tag{2.3}$$

S. T.

$$X_i - e(x) = \begin{cases} 0, & \text{当 } X_i \geqslant E(X) \\ -[X_i - E(X)], & \text{当 } X_i < E(X) \end{cases}$$

式中：R_X^2 代表事件 $X =$ 的风险；X_i 代表事件 X 的第 i 种可能结果；n 代表事件 X 可能出现的结果总数；$E(X)$ 代表事件 X 的预期结果；P_i 代表事件 X 的第 i 种结果发生的概率；$X_i \geqslant E(X)$ 表示事件 X 实际发生的第 i 种结果优于或相当于预期结果；$X_i < E(X)$ 表示事件 X 实际发生的第 i 种结果劣于预期结果。

很显然，这种观点与第一种观点的差别就在于它克服了第一种观点没有区分有利和不利结果风险的局限性，即当实际出现的结果优于预期结果时（也就是发生正偏离），这种偏离的程度并不被看作是事件 X 的风险；只有当实际发生的结果次于预期结果时（即发生负偏离），这种负偏离才真正引致风险。这种风险的观点较好地反映了行为理论、效用理论要求，也较好地表达了人们在经济活动中对风险的具体主观感受。

第四种类型认为，风险是指损失的大小和发生的可能性。朱淑珍（2002）在吸取有关风险描述经验基础上，把风险定义为：在一定条件下和一定时期内，由于各种结果发生的不确定性而导致行为主体遭受损失的大小以及这种损失发生可能性的大小，风险是一个二维概念，即风险要以损失发生的概率与损失发生的大小两个指标进行衡量。王明涛（2003）在总结有关风险理论的基础上，把风险定义为：在决策过程中，由于各种不确定性因素的作用，决策方案在一定时间内出现不利结果的可能性以及可能损失的程度，它包括损失的概率、可能损失的数量以及损失的易变性三方面内容，其中可能损失的程度处于最重要的位置。这种类型风险观点认为，风险是不利结果发生的可能性和对行为主体遭受损失的严重程度，明确指出了风险是一个二维概念，即风险要以损失发生的概率与损失发生的大小两个指标进行综合衡量，并可用数学式(2.4)表达：

$$R_X^2 = f(P_x, C) \tag{2.4}$$

式中：R_X^2 代表事件 X 的风险；P_x 代表事件不利结果发生的概率；C 代表事件 X 不利结果发生时给行为主体所造成损失的大小；$f(\cdots)$ 代表事件 X 的风险与不利结果发生概率 P_x 以及不利结果发生时所造成损失大小 C 的函数关系。

我们可以看到，第四种类型风险观点较之第三种类型风险观点最大的差别在于：第四种类型风险观点以二维计量思路，综合考虑不利结果发生概率以及不利结果发生时所造成损失大小来界定事件风险，较之后者更全面、更完整。

第五种类型认为，风险是由风险构成要素，即风险因素、风险事件和风险结果相互作用的结果。风险因素是风险形成的必要条件，是风险产生和存在的前提。风险事件是外界环境变量发生预料未及的变动从而导致风险结果的事件，它是风险存在的充分条件，是连接风险因素与风险结果的桥梁，是风险由可能性转化为现实性的媒介。根据风险的形成机理，郭晓亭、蒲勇健(2002)等将风险定义为：风险是在一定时间内，以相应的风险因素为必要条件，以相应的风险事件为充分条件，有关行为主体承受相应的风险结果的可能性。叶青、易丹辉(2000)认为，风险的内涵在于它是在一定时间内，由风险因素、风险事故和风险结果递进联系而呈现的可能性。这种类型风险观点是从风险的构成要素和生成机理来描述的风险，可以使人们清楚地了解到引致某一风险的各种因素及其相互作用的机制和过程，并可用数学式(2.5)表达：

$$R_X^2 = f(R_t, V_t, C_t) \tag{2.5}$$

式中：R_X^2 代表事件 X 在 t 期的风险；R_t 代表事件 X 在 t 期的各种风险因素；V_t 代表事件 X 在 t 期由风险因素引起的风险事件；C_t 代表事件 X 在 t 期的风险结果；$f(\cdots)$ 代表事件 X 在 t 期的风险与风险因素 R_t、风险事件 V_t、风险结果 C_t 之间的函数关系。

第六种类型，利用对波动的标准统计测量方法定义风险。1993 年，以华盛顿为总部的三十国集团(G30)发表了被命名为《衍生产品：实践与原则》的风险管理研究报告，对已知头寸或资产组合的市场风险定义为：

经过某一时间间隔，具有一定工信区间的最大可能损失，并将这种方法命名为 Value at Risk，简称 VaR 法，并竭力推荐各国银行使用这种方法；1996 年，国际清算银行在《巴塞尔协议修正案》中允许各国银行使用自己内部的风险估值模型去设立应对市场风险的资本金；1997 年，P. Jorion 在研究金融风险时，利用"在正常市场环境下，给定的时间区间和置信度水平，预期最大损失（或最坏情况下的损失）"的测度方法来定义和度量金融风险，也将这种方法简称为 VaR 法（P. Jorion，1997）。

这种类型风险观点是运用数理方法来定义风险的，通常是运用一个单一的指标来衡量一项资产或投资的风险，方法不仅简单、方便、直观，而且是一种下方风险测度方法，更符合行为理论和效用理论要求，也更接近于投资者对风险的真实心理感受。正是这种类型风险观点充分考虑了风险决策者所处的环境及具体情况，使风险决策更具有可操作性。这种类型观点的风险可用数学式（2.6）表达：

$$R_X^2 = E(w) - w^*$$
$$= \omega_0(1+r) - \omega_0(1+r^*) \qquad (2.6)$$
$$= -\omega_0(r^* - \mu)$$

式中：R_X^2 代表事件 X 的风险；ω_0 表示资产组合的期初价值；w 表示资产组合的期末价值；r 表示资产组合在持有期间的投资收益率；μ 表示 r 的数学期望值（即概率水平值）；$E(w)$ 表示期末资产组合 w 的预期价值；c 表示设定置信水平；w^* 表示在设定置信水平 c 和持有期间的资产组合最小值；r^* 表示设定置信水平 c 上的资产组合最小收益率。

第七种类型，利用事件不确定性的模糊性和随机性特征定义风险。风险的不确定性包括模糊性与随机性两类。模糊性的不确定性，主要取决于风险本身所固有的模糊属性，要采用模糊数学的方法来刻画与研究；而随机性的不确定性，主要是由于风险外部的多因性（即各种随机因素的影响）造成的必然反映，要采用概率论与数理统计的方法来刻画与研究。根据不确定性的随机性特征，为了衡量某一风险单位的相对风险程度，胡宣达、沈厚才等提出了风险度的概念，即在特定的客观条件下、特定的时间内，实际损失与预测损失之间的均方误差与预测损失的数学期望之比。它表示风险损失的相对变异程度（即不可预测程度）的一个无量纲（或以百分比表示）的量（胡宣达、沈厚才，2001）。这种类型风险观点从不确定性的随机属性出发，用风险损失的相对变异程度这个无量纲的量来给出以损失为前提的风险概念，是一个严密的、精确的数学定义。其逻辑和内涵可用以下数学公式表达：

$$R(t, X) = \sqrt{e[X(t) - X^*(t)]^2 / E[X(t)]} \qquad (2.7)$$

S. T. $\qquad\qquad\qquad E[X(t)] \neq 0$

式中：$R(t, X)$表示 t 时刻事件 X 的风险度；$X(t)$表示 t 时刻事件 X 的风险损失；$X^*(t)$表示对 $X(t)$ 的均方最小线性估计；$E[X(t)]$表示对 t 时刻事件 X 的风险损失的预期。

S. T. 若 $E[X(t)] = 0$，即当预测损失的期望为零时，则直接以预测的均方误差来定义：

$$R(t, X) = \sqrt{E[X(t) - X^*(t)]^2} \qquad (2.8)$$

由式(2.7)、式(2.8)可以看出，预测的均方误差越大，风险度 $R(t, X)$ 也越大，这说明风险度实质上就是风险损失的不可预测的程度；若预测的均方误差再除以风险损失预期 $E[X(t)]$，则进一步说明了风险的相对不可预测的程度；此外，由于运用均方最小线性估计 $X^*(t)$，则说明这种类型风险观点所认为的风险度实质上是在最小线性估计 $X^*(t)$ 条件下的最小风险度。

事实上，上述七种类型代表性风险内涵界定及其数量测度反映了人们对风险的认识不断深化、不断完善的递进过程，其差异本质仍然是基于对"风险即不确定性"和"风险即损失不确定性"的不同理解以及损失或损害的不同计算办法所定义的，只不过有的学者是从质上定义的，有的是从量的方面定义的，有的是从不确定性的内涵确定的，有的是从不确定性的量的特征定义的。尽管风险研究具体内容和侧重千差万别，但随着对风险认识的不断深入和对风险量化研究的不断进展，人们对风险的管理水平将不断提高，风险管理工具不断丰富，其研究思路和方法对于我们研究和把握风险特别是农地流转过程中的风险及其防范都具有积极意义。

二、农地流转风险界定

所谓农地流转风险是指在农地流转市场信息不完全背景下，参与农地流转主体流转行为结果的不确定性，即在农地流转行为发生过程中或发生后，参与主体所遇到损失的可能或危险。因我国现阶段施行所有权和经营权分离的农地产权制度，参与农地流转主体包括：作为所有权主体的乡村集体组织、作为经营权持有主体的农户、流转经营权农地流转需求方。三者因各自在流转行为中的预期目标差异，流转利益关系表现不同，各自对流转风险估计和预期以及实际承担的流转风险也各有差异。从我国现行《宪法》、《土地法》、《民法通则》以及《村民委员会组织法》等法律规定看，农地所有权属于村民集体组织，而现实经济生活中，实际履行所有权主体的是村民集体组织代理人——村干部，这种机构内部契约关系形成的委托—代理关系，往往容易引致村民集体组织代理人——对干部个人败德和逆向选择行为，显然增加了经营权持有者承包农户的农地流转风险；另外，村民委员会作为农村基层自治组织，因各种法律法规授权，在某种意义上，村民委员会实际拥有并代行国家行政权力，这种科层组织管理所形成的委托—代理关系极容易滋生侵权和设租行为，进而诱致农地流转风险。对于集体经济组织而言，则往往因农户承包经营权的快速流转，使得法定所有权因经营权分离及实际流转而虚置化。对于流转农地流转需求方——农地经营者而言，则因农业生产比较效益及自然灾害等客观因素，使得流转收益受损。当然，这仅仅只是从产权结构角度分析说明了农地流转风险客观存在。事实上，在农地流转实践中，因影响农地流转因素的复杂多样性，使得农地流转风险因素要杂得多、风险概率要大得多、风险频率要高得多、风险程度要深得多。

三、农地流转风险的证明——以农户为例

农地流转各参与主体总是基于农地流转风险和收益的不同预期而产生不同选择和行为。对于农户而言，是否参与农地流转，取决于他对农地流转行为的期望效用和期望值效用大小。即在流转行为结果不确定的情况下，农户总是基于已有条件作出最优选择，以最大化其预期效用。

根据冯·诺依曼—摩根斯坦预期效用函数定义，假定农户选择参与农地流转为 $L=[p; w_1, w_2]$，我们可以推导出农户对农地流转的预期效用函数为：

$$E\{U[p; w_1, w_2]\} = pU(w_1) + (1-p)U(w_2) \tag{2.9}$$

式中：p，$(1-p)$ 分别为参与流转 w_1 选择和不参与流转 w_2 选择的概率。事实上，式(2.9)函数还可简略为：

$$E[U(w_1, w_2)] = pU(w_1) + (1-p)U(w_2) \tag{2.10}$$

从式(2.9)和式(2.10)可知，农户期望效用就是在不确定性条件下，农户可能得到参与和不参与选择和行为结果的总效用的加权平均数。也由此可知，农户对于不确定条件下面对风险的选择和行为分析，本质上就是农户追求流转选择和行为的期望效用最大化的行为分析。

另外，我们还可以根据式(2.9)和式(2.10)进一步计算出农户是否参与农地流转 $L=[p; w_1, w_2]$ 的期望值，即：

$$pU(w_1) + pU(w_2) \tag{2.11}$$

由式(2.11)可知，农户参与农地流转的期望值实质上就是是否参与流转不同选择和行为结果下的农户所拥有农地经营权财产性收益量的加权平均数。农户是否参与农地流转的期望值效用大小可表示为：

$$U[pw_1+(1-p)w_2] \tag{2.12}$$

正是因为农户是否参与农地流转选择和行为的期望效用和期望值效用不同，农户对待农地流转风险的态度也不同，进而成为影响农地流转发展的内生要素。传统社会背景下，流转不确定客观存在，相当部分农民表现为风险规避者或风险中立者。可进一步证明如下。

假定在没有风险条件下（即不参与流转的条件下），农户农地经营权收益总量等于是否参与流转的期望值 $pU(w_1)+pU(w_2)$。如果农户认为无风险条件下自己控制农地经营权的效用大于在风险条件下参与农地流转的期望效用，即 $U[pw_1+(1-p)w_2]>pU(w_1)+(1-p)U(w_2)$，农户就会选择放弃流转自己经营农地，成为流转风险规避者；相反，农户就会积极参与流转，以流转收益实现自己所拥有的农地经营权收益，成为流转风险偏好者。如果农户认为，两者效用相同，就会在参与流转和自己经营之间摇摆，成为流转风险中立者，更需要积极政策予以支持和推进。

四、农地流转风险的证明——从需求视角

农地流转需求主要是指龙头企业、农业规模经营者等农业生产经营投资者对转入农地的客观需求。是否参与农地流转对于需求方而言，其本质即是否选择进入或扩大农业生产经营投资。而我们知道，作为理性的投资主体是否选择进入或扩大某项投资行为，首先必须比较分析投资成本和投资效益，只有当预期投资收益大于其投资成本时，投资决策和行为才有可能产生。

假定投资主体参与农业生产经营和其他行业投资经营所需生产成本、管理成本相同并且都能获得社会平均利润，那么，在农业税取消之后需求方参与农地流转的投资成本只包括农地流转直接成本和机会成本两部分。农地流转直接成本就是需求方所支付农地经营权流转价格；农地流转机会成本就是需求方从事等量非农投资所获收益，数量上等于社会平均利润，即当期银行存款利率。需求方参与农地流转总成本可用以下数学表达式予以计量：

$$C_d=C_1+C_2 \tag{2.13}$$

式中：C_d 代表需求方参与农地流转的总成本；C_1 代表需求方参与农地流

转所支付的农地经营权价格；C_2代表需求方参与农地流转的机会成本，数量上等于需求方投入等量资本从事非农投资所获收益。

需求方参与农地流转所获收益，即需求方通过购买农地经营权后从事农地生产经营所获收益。农地流转经营总收益包括生产收益和政策性补贴两部分，其数量可用以下数学表达式计量：

$$R_d = R_1 + R_2 \tag{2.14}$$

式中：R_d代表需求方参与农地流转的总收益；R_1代表需求方通过购买农地经营权从事规模生产经营所获收益；R_2代表需求方因从事农业生产经营所获得政府财政补贴。

由式（2.13）和式（2.14）可知，只有当需求方参与农地流转总收益大于农地流转所耗总成本之时，需求方才有可能参与农地流转和农业生产投资。即：

$$C_d - R_d > 0 \tag{2.15}$$

以上我们只是从数量上分析了需求方参与农地流转的可能性，在市场不确定条件下，其决策能否付诸实施，农地流转购买行为是否事实发生，还取决于需求方对参与农地流转的预期效用和预期效用值大小的判断和思考。同样，我们可以根据冯·诺依曼—摩根斯坦预期效用函数定义，假定需求方选择参与农地流转为$C = [p；U_1，U_2]$，我们可以推导出需求方对农地流转的预期效用函数为：

$$E\{U[p；U_1，U_2]\} = pU(U_1) + (1-p)U(U_2) \tag{2.16}$$

式中：p，$(1-p)$分别为需求方选择参与流转U_1和选择不参与流转U_2的概率。事实上，式（2.16）函数还可简略为：

$$E[U(U_1，U_2)] = pU(U_1) + (1-p)U(U_2) \tag{2.17}$$

从式（2.16）和式（2.17）可知，需求方投资期望效用就是在不确定性条件下，需求方可能得到参与和不参与农地流转的选择和行为结果总效用的加权平均数。也由此可知，需求方对于不确定条件下面对农地流转风险的选择和行为分析，其本质上就是需求方追求农地流转选择和行为的期望效用最大化的行为分析。

另外，我们还可以根据式（2.16）和式（2.17）进一步计算出需求方是否参与农地流转$C = [p；U_1，U_2]$的期望值，即：

$$pU(U_1) + pU(U_2) \tag{2.18}$$

由式（2.18）可知，需求方参与农地流转的期望值实质上就是是否参与农地流转不同选择和行为结果下的需求方所获得农地经营权生产经营收益总量的加权平均数。需求方是否参与农地流转的期望值效用大小可表示为：

$$U[pU_1+(1-p)U_2] \qquad (2.19)$$

正是因为需求方是否参与农地流转选择和行为的期望效用和期望值效用不同，需求方对待农地流转风险的态度也不同，进而成为影响农地流转市场发展的内生要素。传统社会背景下，流转收益的不确定性客观存在，相当部分需求方对于农地流转投资表现为风险规避者或风险中立者。可进一步证明如下。

假定在没有风险条件下（即市场信息完全的条件下），需求方所获农地经营权经营收益总量等于是否参与流转的期望值 $pU(U_1)+pU(U_2)$。如果需求方认为，无风险条件下自己通过购买农地经营权的组织生产经营效用大于在风险条件下参与农地流转的期望效用，即 $U[pU_1+(1-p)U_2]>pU(U_1)+(1-p)U(U_2)$，需求方就会选择放弃参与农地流转和农业投资而从事其他产业经营，成为农地流转风险规避者；相反，需求方就会积极参与农地流转，以农地经营权经营收益实现自身投资效应最大化，成为流转风险偏好者；如果需求方认为，是否参与农地流转效用相同，就会导致需求方投资在农地经营和非农经营之间摇摆，成为流转风险中立者，风险中立者投资更需要积极政策予以支持和激励。

第二节　农地流转风险的构成

农地流转风险与一般资本投资风险一样，都是由风险因素、风险事故、风险损失等要素构成。只不过由于农地流转行为自身属性及内在结构等原因，风险因素内容、风险事故属性以及风险损失大小各有差异而已。

一、农地流转风险因素

风险因素是增加风险事故发生频率的潜在原因，是加深风险损失程度的内在要素。一般而言，构成风险因素的条件越多，发生风险损失的可能性就越大，风险损失程度就越严重。影响风险损失产生的可能忄和程度的风险因素有两类，即有形风险因素和无形风险因素。有形风险因素是指导致损失发生的物质方面的因素。无形风险因素包括道德风险因素、心理风险因素和制度风险因素三种。道德风险因素是指人们以不诚实、或不良企图、或欺诈行为故意促使风险事故发生，或扩大已发生的风险事故所造成的损失的因素。心理风险因素是指由于人们行为上的粗心大意、漠不关心或疏忽等引发风险事故发生的机会和扩大损失程度的因素。制度风险因素是制度设计缺陷或制度不完全所导致农地流转风险的因素。根据农业生产最基本要素、农地产权制度和结构、流转双方主体行为和心理，农地流转的风险因素可划分为：物质风险因素、道德风险因素、心理风险因素和制度风险因素四大类。

（一）农地流转物质风险因素

物质风险因素是指有形的、并能直接影响事物物理功能的因素。这种物质风险因素大体上可以分为两大类：一种是自然因素；一种是农业生产基础设施。

农业生产本身所具有的自然局限性决定了农地经营必然受自然因素影响。这种自然因素既包括气候影响，也包括区域空间布局。例如，气候因素中的冰雹、洪水、干旱等灾害性天气所具有的不确定性将直接导致自然灾害，自然灾害必然影响农地流转经营收益，使其减少甚至绝收。又如，农地资源的空间地域布局所决定的土地自然肥力、光热资源、水文条件、交通地理位置等因素，直接影响农地流转收益。

农业基础设施建设，如水利电力基础设施、区域交通运输设施、人工土地整理、后天土壤肥力提高等有形因素，也有可能是引致农地流转的风险事故、造成农地流转损失的外部物质因素。根据马克思地租理论，我们知道，提高土壤肥力和改善交通条件都是增加级差地租Ⅰ的重要途径。事实上，随着社会主义新农村建设稳步推进、农业科技迅速发展推广以及农业生产基础明显改善，农地经营效率和比较收益不断提高，要远高出流转时计算农地价格所依据的农地经营收入。这对于农地转入经营者而言，显然是一种超出其流转预期收益的投资收益；而对于转出农户而言，农地经营权流转价格则不能再准确反映农地经营权资本收益，使得农户农地经营权益得不到根本保障和实现，这种因物质技术进步因素所形成的农地经营规模效益得不到合理分配就很容易引致农地流转纠纷，引发农地流转事故，如毁约、摞荒等流转风险事故，进而造成农地流转损失，影响农地资源使用效率。

农业科技进步、农产品产量和农地经营效率提高，是实现级差地租Ⅱ的基本渠道。农地经营权转入方对最大化流转收益的追逐，是促进农业科技进步和推广的内在动因。转入方为获取最大化农地经营效益，一方面，总是尽可能降低沉没成本和交易成本，在现行国家宏观保护政策和流转双方利益均衡制约下，不可能无限降低农地流转价格和交易成本；另一方面，在农地经营面积和单位产品价格既定的条件下，转入方只能是通过提高农地生产经营效率实现效益最大化，就必须通过提高农业科技水平改进农业生产手段、优化品种结构、形成规模效益。外部成本节约受限和内在利益追求激励，促使农地经营权转入方不断改进生产技术，推广使用先进技术，促进现代农业发展。然而，农业技术进步推广、生产经营效益提高，就有可能引起农地经营效益分享机制失衡，甚至是生态环境恶化，进而导致农地流转经济、生态和政治风险。

基于以上分析，我们不难理解，农地流转风险物质因素是一个外延非常宽泛的概念，既有自然的，也有人为的；既有制度的，也有技术的；既有宏观的，也有微观的。但凡是有形的、能引致农地流转风险形成的一切因素，都可称其为农地流转物质风险因素。

（二）农地流转道德风险因素

农地流转道德风险因素是指与农地流转行为人道德品质有关的无形因素，即由于个人不诚实、不正直或不良企图，促使风险事故发生，引致农地流转收益受损的原因和条件。例如，有人对其合作流转主体心怀不满，故而蓄意进行违约活动等。根据参与农地流转主体不同，农地流转道德风险因素可划分为：农地经营权持有人道德风险因素、农地所有权代理人道德风险因素以及农地经营权转入方道德风险因素。

农地经营权持有人道德风险因素是指在农地流转过程中，承包农户个人道德品质所引致的农地流转风险，集中表现为流转农户因流转行为失范所导致的败德行为所引致的道德风险。从理论上分析，农地经营权持有人道德风险因素突出表现为承包农户悔约或实际不履行合约，破坏流转双方利益均衡，致使流转行为难以为继。究其根本原因在于承包农户对流转利益失范追逐和过高期望，违约成本低是农户违约普遍的社会温床。农地经营权持有人道德风险主要有两种形式：一是承包农户在农地流转活动中凭借特殊承包资格、经营权持有以及国家政策保护等优势，为最大限度地增进自身效用的同时作出不利于甚至侵犯他人利益的选择和行为，如随意终止流转合同；二是当承包农户不能完全承担已发生的风险后果时，为争取自身经营权益或转嫁风险后果，谋求自身效用和权益最大化所采取的极端自私行为。

农地所有权代理人道德风险因素是指在农地流转过程中，农地所有权代理人即乡村干部个人道德品质原因所引致的农地流转风险。从理论上看，这种道德风险因素是由于流转结果的不确定性以及不完全的、或者限制性合同使负有责任的流转行为者不能承担全部损失（或利益），因而他们不承受他们的行动的全部后果；同样的，也不享有行动的所有好处。显而易见，农地流转包括许多不确定的外部因素，可能导致不存在流转均衡状态的理想预期结果，或者，即使存在短暂的均衡状态，也是没有效率的。基于组织结构所形成的委托—代理关系因双方信息不对称容易滋生代理人道德风险和逆向选择。简言之，农地所有权代理人道德风险因素是指农地所有权代理人——乡村干部利用其拥有的信息优势，采取农地所有权委托人——乡村集体所无法观测和监督的隐性行为或不作为，从而导致的委托人(乡村集体经济组织)损失或代理人(乡村干部)获利的可能性。究其原因在于农地所有权主体虚置，即集体经济组织所有权的履行和实现，总有赖于其代理人——乡村干部行为的具体实现。在委托代理双方信息不对称的情境下，由于委托—代理关系管理失范，或所有权代理人基于对个人或小团体利益的追逐，引致农地所有权代理人道德风险。农地所有权代理人的越权失范行为滋生了大量农地流转纠纷和矛盾。据 2004 年国家统计局统计，农地问题成当年农民上访第一大问题。①

农地经营权转入方道德风险因素是指农地经营权转入方基于自身利益追逐和保护，借其特有的市场、信息、资本等优势，或通过压低农地经营权流转价格攫取农户农地经营权收益，或通过合约不履行、抬高农产品价格等手段转嫁原本应由自身承担的风险和损失，致使农地流转经济社会效益受损的因素。根据"经济人"理论假设，农地经营权转入方为实现个人最大化农地流转收益，一方面，为最大限度降低农地流转沉没成本和交易成本，总是尽可能降低农地流转直接成本特别是农地经营权转移价格，攫取农户农地经营权收益；另一方面，在提高农地产量和缩短生产周期受限的条件下，为最大限度降低农地经营成本和经营风险，总是通过抬高农产品价格、单方面不履行流转合同等方式转嫁自身应承担的风险。当农地流转转入方这种内在利益需求膨胀为苛刻的流转条件和自私行为且超出承包农户承受范围时，农地流转就会停止，农地流转收益无法实现；同样，当农地流转收益不能满足转入方基本投资收益需求时，农业投资规模就会缩小，农地流转规模也会缩小，农地流转市场发育受挫。

从上述分析可以看出，农地流转相关人基于各自利益需求所引致的农地流转道德风险具有内生性、利益性和利己性特点。所谓"内生性"，

---

① 樊平：《2004 年农业发展报告》，http://www. e-economic. com/info/1359-1. htm，2005 年 2 月 16 日。

是指流转相关人对利益与成本的内心考量和算计是引致农地流转风险的最初动因；所谓"利益性"，是指流转相关人对流转利益的获取是导致农地流转道德风险的直接诱因；所谓"利己性"，是指流转相关人因利益驱动导致内心信念和道德素养失衡，进而形成农地流转道德风险的主要原因。

（三）农地流转心理风险因素

农地流转心理风险因素是指引致参与主体承担农地流转风险的非正常心理因素。这种心理风险因素主要通过流转参与主体或消极的、或过于乐观的心态指导处理流转行为和流转后经营活动，从而导致流转风险概率和风险幅度增加。农地流转主体心理风险因素，根据其性质可划分为：流转预期收益过高、流转成本估计不足、心存侥幸而致流转契约不完善、流转行为疏忽大意等非正常心理状态；根据流转主体不同可划分为：农地经营权持有人流转心理风险因素、农地所有权代理人流转心理风险因素、农地经营权转入人流转心理风险因素。

农地经营权持有人流转心理风险因素，是指引致转出农户农地流转风险频率提高和风险幅度增加的非正常心理因素。导致农户心理失常的原因在于流转市场信息不对称、自身对农地流转收益的预期不当、基于亲缘和地缘的流转市场规范性不强。这些非正常心理所形成的风险因素主要表现为：因流转市场信息不对称导致农户被资本方掠夺，最终因农地经营权权益实现保障不够而不情愿参加甚至放弃农地流转，使流转权益受损；因农地流转预期收益估计不当所致农地流转供求双方矛盾，或高估流转收益而待价而沽的高调心态，或流转收益低估而畏缩不前的谨小慎微心理，最终都会影响农地流转及农地经营权价值实现；因亲缘和地缘关系而缺失流转行为规范性认知，滋生流转关注度不够心理或放纵不规范流转行为，导致农地流转合约率偏低甚至农地流转纠纷。

农地所有权代理人流转心理风险因素，是指农地所有者村民集体经济组织代理人即村干部有关并导致农地流转风险频率提高和风险幅度增加的非正常心理因素。乡村干部农地流转心理风险因素滋生的根源在于：委托代理过程中的信息不完全、所有权代理施行过程中的寻租利益驱动。所有权代理人心理风险因素包括：因委托—代理关系信息不对称所致逆向选择和侥幸心理，因代理所有权施行过程中寻租利益驱动肆意变更农户承包关系、伤害农户承包权益行为中所表现出的铤而走险心理，因农户发展不均衡所致对农地规模经营者人为强行阻止农地流转行为中所表现出的嫉富、仇富心理，因急功近利或实用、机械理解国家流转政策而强制推行农地流转行为过程中所表现出的媚态心理等。这些心理因素都将导致农地流转风险频率提高、风险幅度增加。

农地经营权转入人流转心理风险因素，是指引致农地经营权转入人流转风险频率提高和风险幅度增加的非正常心理因素。农地经营权转入人非正常心理形成的根源在于农地流转供求双方信息不对称背景下对最大化流转投资利益的追逐。农地经营权转入方借其与转出农户在市场信息、资本投入、规模经营、产品定价等方面的不对等地位，导致农地转入人在农地流转和经营过程中对预期收益和风险承担所表现出的巧取豪夺攫取农户承包权益、强行转移转嫁流转风险等非正常心理，或强行压低农地流转价格实现其过高流转经营预期收益，或通过采取提高农产品价格和单方面撕毁农地流转合约等不当行为规避和分担经营风险，从而导致农地流转风险。农地经营权转入人的农地流转心理风险因素包括：基于市场信息、资本投资、产品定价等强势地位和对最大化流转利益和农地经营收益追求，滋生的肆意侵害承包农户权益、随意转嫁农地经营风险的自私自大心理；基于实用主义态度对国家宏观政策的选择性利用所滋生的投机心理等。

（四）农地流转制度风险因素

基于我国特有的农地经营权与所有权分离的农地制度背景和现实，农地流转风险因素中增添了制度风险因素。所谓农地流转制度风险因素是指在我国现行农地制度背景下，由于农地产权分配制度、农地流转交易制度、农村社会保障制度缺失等导致农地流转风险频率提高、风险幅度增加的风险因素。从制度作用范围来看，农地流转制度风险因素大体包括农地流转产权制度风险因素、农地流转经营制度风险因素、农地流转管理制度风险因素、农地流转保障制度风险因素等。

农地流转产权制度风险因素是因农地产权制度不完善引致农地流转风险频率提高、农地流转风险幅度增加的风险因素。农地流转产权制度风险因素形成根源在于农地产权不完善，即在农地所有权、农地经营权分配和实现过程中，存在不足和缺失。根据农地产权制度性质，农地流转产权制度风险因素包括：因农地所有权主体虚置所导致的农地流转制度风险因素、因农地经营权界定不清和保障与实现困难所产生的农地流转制度风险因素、因农地家庭承包经营制度与现代农业发展和规模经营需要不适应所导致的农地流转制度风险因素。

农地经营制度是农地制度体系的重要组成部分。农地流转经营制度风险因素是因农地经营制度不完善导致农地流转风险频率提高、农地流转风险幅度增加的风险因素，即由农地家庭承包经营制度不足所导致的农地流转风险因素。农地家庭承包经营制度充分尊重了农民的创造性和积极性，发挥了农民个体劳动效率优势，促进了农业和农村经济发展，增加了农民收入。但随着现代农业发展，农地规模经营扩大，特别是农业产业化发展，这种以家庭为单位的分散经营模式就难以适应了。在家庭承包经营制度背景下，促进农地流转发展，显然存在一定风险，特别是农地经营主体变更、农民承包权益保障和实现，都因制度创新和市场发展而具有一定的不确定性。

农地流转管理制度风险因素是指因农地流转管理制度缺陷引致农地流转险频率提高、农地流转风险幅度增加的因素。农地流转管理制度风险因素产生的根源在于农地流转管理制度缺陷，即农地流转行为发生、实现、管理等环节和层面存在的制度和政策缺陷与不足。按照农地流转行为管理要求，农地流转管理制度风险因素包括：农地流转行为产生管理制度风险因素、农地流转定价制度风险因素、农地流转合同管理制度风险因素等。

农地流转社会保障制度风险因素是指因与农地流转匹配的社会保障制度缺失所产生的农地流转风险因素。我国现代农业发展实践告诉我们：农地规模经营能否顺利推进取决于农地能否快速流转，农地能否快速流转取决于农村劳动力能否顺利转移，农民发展出路问题的解决是加快农地流转发展的基础和前提。解决农民出路很大程度上有赖于配套的社会保障制度是否健全。因此，健全社会保障制度既是保障农地流转发展的社会基础，也是降低农地流转风险的重要渠道。

二、农地流转风险事件

风险事件也称风险事故，是指造成生命、财产损害的偶发事件，是酿成事故和损失的直接原因和条件。风险一般只是一种潜在的损失威胁，而风险事件的发生使潜在的损失威胁转化成为现实的损失。风险事件是损失的媒介和导火线，即只有通过风险事件的发生才能导致损失或损害，潜在的风险因素就成为事实损失或损害。

风险因素和风险事故两者之间关系十分紧密，只有在风险损失已经形成的条件下，风险因素才转化为风险事件，潜在风险外化为事实风险，两者的本质差异就在于它是否直接造成损失。对于同一事件来说，如果它是造成损失的直接原因，那么它就是风险事件；而当它仅仅只是造成损失的潜在原因时，它还只是风险因素。比如，在"地震发生——引发海啸"和"核泄漏——造成人员伤亡"这个事故中，"地震"只是潜在风险因素，海啸和核泄漏才是直接风险事故，近 7000 人死亡、2 万多人失踪……就是风险损失；而在"发生地震——造成人员伤亡"这个事故中，"地震"就成为直接造成损失的风险事故。根据风险事件发生原因，风险事件可分为三大类：第一类是由于自然条件发生变化所致风险事故，即偶然的、引致风险损失的灾害性自然条件剧变事件，如地震、台风、洪水、冰雹等；第二类是政治波动所致风险事故，即突发的、偶然的能引致风险损失的政治事件，如"9·11 事件"导致金融危机和损失、中东军事冲突导致经济发展危机；第三类是经济变革或波动导致风险事故，突发的、偶然的能引致风险损失的经济事件，如美国次贷危机导致金融危机等。

农地流转风险事故是导致农地流转损失的直接原因和条件，即促使农地流转风险因素转化为农地流转损失的直接事件。根据其发生原因，农地流转风险事故分为三大类：第一类是由于自然条件剧变所致的农地流转风险事故，如干旱、洪水、台风等恶劣天气事件造成农地流转转入方农地经营损失；第二类是由于社会变革或政治事件造成的农地流转风险事故，如恶性哄抢规模经营者事件造成流转农地经营损失，又如恶意改变流转农地用途所致粮食安全损害，再如过度开发利用农地资源引致农业生态风险等；第三类是由于经济改革或经济环境发生变化所致的农地流转风险事故，如因取消农业税导致已发生农地流转合同纠纷，如已发生农地流转因政府补贴政策调整所致农地流转纠纷，还比如因城市化进程加快和农地资源价格上涨引发农地流转纠纷等。

农地流转风险事故因风险因素的复杂多变而显得复杂多样。根据风险事件的可测程度，农地流转风险事件分为可预见与不可预见意外事件；根据风险事件的可控程度，农地流转风险事件分为可避免与不可避免意外事件；根据风险事件发生的时空序列，可分为流转前、中、后意外事件，"前"是指流转决策风险，"中"是指农地流转信息等风险，"后"是指农地流转执行风险；根据风险事件性质，农地流转风险事件可分为自然意外事件、社会意外事件、经济意外事件、政策性意外事件和技术性意外事件等。

三、农地流转风险损失

（一）农地流转风险损失的界定

依据风险管理基本原理，农地流转风险损失是指农地流转中因非故意的、非预期的、非计划的一个或多个事件导致农地流转经济和社会价值的减少或灭失，是多种损失的综合。一般分为农地流转直接损失和农地流转间接损失两种形态。农地流转直接损失是指风险事故导致的农地财产性收益或流转农地经营收益财产收益的损失，也可称为农地流转实质损失；农地流转间接损失则是指由农地流转直接损失引起的其他损失，包括农地流转额外费用损失、农地经营收入损失和农地流转主体责任损失等。准确把握农地流转风险损失，应该注意以下三点。

第一，农地流转风险损失是可以防范和避免的意外损失。之所以说是意外损失，是强调风险损失的不确定性，是区别于生产经济生活中常见的如误工、废品等可计量损失的非预期性损失。另外，也正因为风险损失是风险事件直接作用所导致的损失，所以，农地流转风险损失防范的关键在于预测、预防、防止农地流转风险事件发生或阻止恶性事件结果形成。预测是通过对农地流转风险因素的分析、认识和测度，变意料之外为意料之中；预防是在预测的基础上，预先采取措施遏制潜在危险因素转化，做好农地流转风险防备和应对设计；防止是通过对可避免的农地流转风险事件进行全面管控，在萌芽状态制止风险事件发生，规避风险。

第二，农地流转风险损失是综合性损失。之所以将农地流转风险损失定义为由一个或多个风险事件引起的多种损失的综合，是为了进一步强调风险损失构成的复杂性。换言之，因农地流转市场不确定性以及风险事件与风险损失的高度相关性，使得农地流转风险损失复杂多样。农地流转风险损失既包括农地流转双方在正常条件下出现的、财产权益或生产经营收益产量减少或因流转合约终止对经营者造成损失等，也指出乎意料的有关损失。农地流转风险损失种类同样复杂多样。根据损失的性质，可分为经济损失、政治损失、信誉损失等；根据损失的影响时间长短，可分为长期损失与短期损失；根据损失与主体经济联系程度，可分为直接经济损失与间接经济损失；根据损失的可预防程度，可分为可预防风险损失与不可抗拒风险损失。人们对待风险损失的态度往往是注重经济损失，忽视政治损失与信誉损失；注重直接经济损失，忽视间接经济损失；强调不可抗拒风险损失，忽视可预防风险损失；强调企业内部风险损失，忽视企业外部风险损失。我们在认识和防范风险损失中必须高度重视。

第三，农地流转风险损失是特定时空范围的损失。之所以特别强调农地流转风险损失是"特定时空"范围的损失，是因为农地流转风险事件的发生只是产生风险损失的必要条件，而不是充分条件。换言之，只有风险事件发生，不一定会产生风险损失，如果预防措施得力，不仅不会导致风险损失，相反还会获得风险收益。这告诉我们：农地流转风险不仅不可怕，而且可以规避甚至可以变害为利，而农地流转风险规避成功与否的关键在于准确预测、主动预防、积极防范、适时干预。

（二）农地流转风险损失的特征

根据风险因素和风险基本构成要素理论，综合农地流转发展实际，农地流转风险损失虽然因其流转标的、流转复杂程度等原因表现出一些特殊属性，但基本具备一般风险损失的各种特点。概括起来，有以下五个方面。

第一，农地流转风险损失的可预见性。即农地流转风险损失和一般意义的风险损失一样，是可以预测的。从理论上说，任何风险事件都因风险因素引致发生，都会有先兆，只要我们能及时采集这些先兆信息，综合分析处理，就会发现事物发生变化的一般规律，进而指导人们对农地流转风险事件的发生作出准确及时的预测预报，变意料之外为意料之中，及时选择风险预防措施和策略。另外，在农地流转实践中，同样由于风险事故的不确定性和人们有限理性等主客观原因，风险承担主体还不可能及时预测预报全部意外事件。此外，由于农地流转标的即农地经营权的特殊性以及农地生产经营的自然周期性使得农地流转风险还在一定时空范围内表现出一定程度的规律性和周期性，更有利于风险预测和防范。

第二，农地流转风险损失的可预防性。即农地流转风险损失的可预测性使得农地流转风险损失具有一定的可预防性。换言之，人们可以根据对未知意外事件可能发生及引起损失的预测，指导风险承担主体一方面采取有效得力措施，防止有害意外事件发生；另一方面，龙头企业等经营主体也可预先做好应变准备，即使意外事件客观发生也可最大限度降低风险损失、化险为夷甚至变风险为效益。当然，预防只是降低风险损失的一个重要环节，由于很多风险事故的不可抗拒性和不确定性，还需要风险承担主体多方式化解风险、降低甚至避免风险损失。

第三，农地流转风险损失的可分担性。即依据农地流转风险共担原则，可以在不同风险承担主体之间合理分配风险损失，以最大限度预防和降低农地流转风险损失。

第四，农地流转风险损失发生的偶然性。即农地流转风险损失往往是因偶然事件在瞬间发生，给风险承担主体以突然袭击，猝不及防。这就要求风险承担主体积累风险防范经验和良好的应对突发事件的心理素质，处变不惊，沉着应对，将可能化不利为有利，获得更大风险收益。

第五，农地流转风险损失的共生性。即农地流转风险与农地流转收益共处一体，相互依存、相互转化，往往伴随风险增大，风险收益会同步增大。如果农地流转双方能够正视风险，积极预防，敢于承担风险，则有望获得较高风险收益；反之，如果风险预防不当，则可能使风险损失转化为实际损失，风险承担者必须妥善处理和防范农地流转风险，变风险为机遇，促进农地流转发展。

（三）农地流转风险损失的一般类型

从一般意义上而言，农地流转风险损失主要分为两大类四种形式。第一类是直接损失，也就是农地流转实质损失；第二类是间接损失，包括农地流转额外费用损失、农地流转收入损失和农地流转责任损失三种形式。

农地流转实质损失是流转交易双方由于农地流转中风险事故所造成的直接价值损失，是流转主体直接价值的减少和灭失。由于农地流转风险事故的多发复杂性使得农地流转实质性损失呈现多元化表现形式。对于流转供给方农户而言，这类损失既包括因信息不对称所致农地流转价格风险、农地经营财产权益实现风险，也包括因流转双方经济社会地位不对等所致流转合约不履行带来的损失等；而对于农地流转需求方规模经营者而言，这种损失既包括因农地经营比较效益所致的投资损失，也包括因农地流转供给方不履行合约所致的收益损失等。

农地流转额外费用损失指农地流转主体为了证明农地流转风险损失索赔成立而支付的费用，诸如检验费用、拍卖遭损货物的销售费用等。保险人仅是在保险财产确有损失、赔案确实成立的情况下，才对此项费用予以负责。额外费用不得加在保险货物的损失金额内以达到或超过免赔率（额），但若是根据保险人的指示而进行的检验所产生的费用，则不论损失是否达到了免赔率，保险人概予负责。

四、风险构成要素之间的关系

风险是由风险因素、风险事故和风险损失三者构成的统一体。关于风险因素、风险事故和风险损失三者关系的理论有两种：一是海因里希（H. W. Heinrich）的骨牌理论；二是哈同（W. Haddon）的能量释放理论。虽然他们都认为风险因素引发风险事故，而风险事故又导致损失，但这两种理论的区别在于侧重点不同。前者强调风险因素、风险事故和风险损失这三张骨牌之所以倾倒，主要是人的错误所致；后者则强调之所以造成损失，是因为事物承受了超过其能容纳的能量所致，且物理因素起主要作用。因此，从动态时序理解三者关系：我们可以把风险因素、风险事故和风险损失三者的关系组成一条因果关系链条，即风险因素的产生或增加，造成了风险事故的发生，风险事故的发生成为风险损失的直接原因。从静态理解三者之间的关系：风险因素是引起或增加风险事故发生的机会或损失幅度的条件，是风险事故发生的潜在原因；风险事故是造成生命财产损失或损害的偶发事件，是造成损失的直接的或外在的原因，是损失的媒介；损失是指非故意的、非预期的和非计划的经济价值的减少。正确认识风险构成因素之间的关系及内在规律是研究风险、防范风险、规避风险的基础和前提；在全面认识风险发生机理的同时，认识风险的作用链条对于预防风险、降低风险损失有着十分重要的意义。

第三节　农地流转风险的特征

农地流转风险与其他风险一样，具有存在的客观性、利益的损害性、发生的不确定性、可测定性和发展性等特点。

一、存在的客观性

农地流转风险存在的客观性是指风险是不以人的意志为转移的、独立于人的意识之外的客观存在。例如，洪水、地震、台风、车祸、战争等会对人的生命和财产造成巨大的破坏；尽管随着科学技术的进步，人类认识、管理和控制风险能力增强了，对自然灾害、意外事故、决策失误等风险可以进行有效地控制，但是，从总体上说，由于受制于对风险及其运行规律的认识上的局限性，仍然不可能真正消除各种影响人类生命和财产安全的风险，而只能在一定时间和空间条件下降低风险发生的频率和损失幅度。风险是不可能完全排除和彻底消灭的。准确认识农地流转风险的客观性，有助于我们客观地、实事求是地认识农地流转中风险及其发生的规律，估计风险，进行风险管理，把风险造成的损失减少到最低程度。风险的客观性孕育和决定了保险存在必然性。

二、利益的损害性

风险与人们的利益密切相关。农地流转风险的损害性是风险发生的后果的损害性，所以，凡是已发生了的风险都会给人们的利益造成损害。

损害形式多种多样，经济上的损害（或称损失）可以用货币进行衡量；人身损害虽然不能用货币衡量，但一般都表现为所得的减少、支出的增加，或者两者兼而有之，最终还是表现为经济上的损失（当然亦有精神上的损害）。

三、发生的不确定性

虽然风险是客观存在的，但就某一具体风险而言，它的发生是不确定的、是偶然的，即风险发生的时间、地点和状态是事前不可预见的、是一种随机现象。例如，风险发生的不确定性表现在：一是空间上的不确定性，风险的现实存在决定了任何经济组织和个人都无法事先确定某种风险的发生地点。以火灾为例，总体来说，所有的建筑物都面临火灾的危险，并且也必然有些建筑物会发生火灾，但是具体到某一栋建筑物，什么时间发生火灾，则是不确定的。二是时间上的不确定性，风险运行的特殊性决定了任何经济组织和个人都无法事先确定某种风险的发生时间。比如，我们不能确定地震一定会在某时发生；又如，人总是要死的，但是何时死，在健康状况正常的情况下是不可预知的。三是损失程度的不确定性，比如台风区、洪涝区，人们往往知道每年或大或小要遭受台风或洪水的袭击，但是人们却无法预知未来年份发生的台风或洪水是否会造成财产损失或人身伤亡及其程度如何。认识农地流转风险发生的不确定性，能指导我们从科学的角度认识和研究风险，避免唯心和消极地看待风险，运用积极、科学的方法评估和控制农地流转风险。

四、可测定性

风险的不确定性说明风险基本上是一种随机现象，是不可预知的，其发生是偶然的，但这是就个别风险或单位而言。就风险总体而言，大量风险事故的发生是必然的，往往呈现出明显的规律性。根据数理统计原理，随机现象一定服从于某种概率分布。也就是说，对一定时期内特定风险发生的频率和损失率，是可以依据概率论原理加以正确测定，即运用统计方法去处理大量相互独立的偶发风险事故，把不确定性化为确定性。风险管理学通常运用概率论和大数法则分析大量相互独立的偶然发生的风险事故，从而比较准确地测定风险发生的规律，并可构造出损失分布的模型。最典型的要算生命表，生命表是反映人的死亡过程和死亡规律的统计表，它表明死亡对于个体来说是偶然的不幸事件，但是通过对某一地区人的各年龄死亡率的长期观察统计，就可以准确地得出该地区各年龄别稳定的死亡率，从而测定出各个年龄别的人群的死亡率，生命表就是根据这一原理编制的。西方学者通过对人身伤亡的风险事故的统计分析，测算出一个人在一年中遭受意外伤害的概率为 1/3、在家受伤的概率为 1/80 等。风险的可测定性，为保险费率厘定奠定了科学基础。

五、发展性

运动带来了人类社会的变化和发展，运动是人类社会永恒的规律。风险也在运动过程中因时间和空间等因素的不断地变化而有所发展与变化。各种风险正是在不断运动过程中实现新的变化，发展成为新的风险。人类在创造和发展物质资料生产的同时，也创造和发展了风险。尤其是当代高新技术的开发与应用，使风险的发展性更为突出。同样，在人类认识、研究和控制风险的过程中，由于外因和内因的相互作用，各种风险在运动过程中不断变化，形成了与原有的风险不同的新的状态，表现为风险量的增减、风险质的改变、原有风险的衰减和新的风险的产生。例如，盲目砍伐森林、破坏草场导致了土地沙化，形成了沙尘暴。

风险的发展性还表现为在一定条件下可以转化。这种转化表现在三个方面：一是风险量的变化。随着人类对风险认识的增加和风险管理方法的完善，某些风险在一定程度上得以控制，降低了其发生的频率和损失程度。二是某些风险在一定的空间和范围内被消除。比如，像天花等疾病已经在一些国家被消灭。三是新风险产生。比如，向太空发射卫星，把风险拓展到外层空间；建立核电站带来了核污染的可能，等等。承认风险的发展性、变化性，就是要求我们应该从运动和发展的角度出发，去认识、衡量风险，在变化中分析风险形成和运动的规律，科学、全面地建立控制风险的机制。

第三章　农地流转风险一般管理

　　新生事物发展总不会是一帆风顺的，总会遇到各种各样的阻力和非难，以致成为一种曲折性前进、螺旋式上升；任何一种制度创新都是社会资源、社会权利、社会利益的再调整分配过程，总会伤及极少数人的利益，总会让少数人感觉到有切肤之痛，总会有人极力粉饰旧体制的合理与荣光。同时，制度创新总是以现有条件基于合理逻辑对未来事物发展的预期，总要经受各种不确定因素的考验。换言之，只要不确定性存在，风险就有存在可能。正如马克思在分析商品二重性时指出，纷繁复杂的商品形式也正是"这些形式包含着危机的可能性，但仅仅是可能性"①。以经营权资本化推进我国农地流转及其发展，同样会遭遇这种尴尬和两难处境。然而，任何力量都无法逆转历史的向前发展趋势。

　　事实上，风险总是不以人们的意志为转移而客观存在，并始终贯穿于事物发展全过程、始终渗透到社会各方面，只不过是过去我们不曾相识，或者是似曾相识却又无法控制。规避风险并利用风险是一个持续博弈过程，是新旧力量此消彼长的较量过程，是破旧立新、不断适应的过程。现阶段，我国农地经营权资本化流转虽然具备了各种现实条件，但同样会遇到各种阻力，如旧习惯势力残余影响、旧体制时滞惯性作用、既得利益者人为阻挠以及其他未知因素等，不一而论。正视风险可能，认识风险利害，选择风险规避，促使风险转变，不因风险畏缩不前，不因风险讳疾忌医，才是辩证唯物论者的科学态度。

　　客观分析农地经营权资本化流转过程，因自然约束和农业产业的固有特性，自然风险还在一定范围内存在，甚至会造成巨大损失；因信息不完全和不确定性所形成的经济风险大量存在；因决策有限性和趋利避害的价值取向性所导致的制度风险在一定范围存在；因市场优胜劣汰、因资源有限和占有、因个体能力水平差异等所导致政治风险的可能性依然存在；因片面生产效率观念、生产技术局限、资本利益最大化、社会监控不力等导致的农地流转生态风险也在相当范围内存在。然而，这都不应该是否定，至少不是全盘否定农地经营权资本化流转制度创新的依

---

　　①　《马克思恩格斯选集》，北京，人民出版社，1995，第二卷，第154页。

据和理由。一方面,风险只是一种风险事件是否发生以及发生后果如何的预期和可能性分析,在风险事件发生之前,人们可以通过完善市场信息、加强风险预测和风险管理监控等措施予以调整和规避;另一方面,我们还应该认识到,风险与机遇并存,往往风险越大,机会越多,发展越快。

第一节　风险理论的启示

西方风险理论发展脉络和风险管理理论研究成果,为我们认识和加强农地流转风险管理提供了思路和借鉴。

第一,风险之所以客观存在,是因为不确定性客观存在。这种不确定性存在是因为信息不完全,当然也包括信息资源占有不对称情形。这种不确定性包括风险事件是否发生的不确定性、发生时空的不确定性、发生状况的不确定性以及发生结果严重程度的不确定性。尽管不确定性客观存在,但可以进行测度,即以概率描述其实际发生可能性的大小。这告诉我们,我们可以通过计量不确定性大小,比较风险实际发生概率,并选择相应决策。

第二,风险是由风险因素、风险事件和风险结果三个相互联系、依次递进的因素构成并相互作用的结果。风险因素是指可能引致风险的客观诱因,是风险存在的必要条件和前提基础;风险事件是指由于外部性环境变量发生对于决策者而言不可控制的变动而使得风险因素转化为实际风险结果的事件,是风险存在的充分条件,是风险管理和控制的核心部分。由此可见,风险实际发生需要经历一个连续变化过程,需要一定外部条件变化予以催化,我们可以通过风险监控和管理化解风险因素、消除风险可能、降低风险成本。

第三,风险是一种对不确定性及其结果的预期,人们基于承担风险与获取收益比较,而表现出不同风险偏好,提高人们决策能力和风险利用水平。特别是可以通过合理利用冯·诺依曼—摩根斯坦效用函数,定量分析风险承担成本与承担风险预期效用之间的对比关系,指导人们作出风险决策。

第四,风险及风险因素尽管客观存在,但只要我们认真甄别,区别对待,合理取舍,就可以提高风险规避和风险利用能力,优化行为决策。在纷繁复杂的决策环境中,我们可以通过风险识别、风险评估加强风险管理,进而控制风险、规避风险甚至利用风险。

第二节　农地流转风险的基本划分

农地经营权资本化流转行为选择如同任何经济行为选择一样面临诸多风险。为了更加清晰地认识农地资本化流转行为所面临的风险，结合研究需要，我们选择了从农地流转行为一般意义上所面临的风险分析到各流转主体具体利益所面临的风险分析的研究技术路径，进而对农地流转风险进行了一般意义风险和典型意义风险两种类型划分，其根本宗旨在于剖析风险存在的客观原因和寻找风险管理的基本措施。

一、农地流转风险的一般分类

一般而言，农地资本化流转行为风险主要是指影响流转行为能否正常发生以及流转行为有可能造成的损失，如农地流转自然风险、市场风险、农地过度集中风险等。换言之，农地流转风险可以从不同角度进行划分，根据项目研究需要，我们主要按照农地流转风险性质、农地流转风险产生原因以及农地流转风险危害对象进行划分。

第一，按照风险性质可划分为流转纯粹风险和流转投机风险。所谓流转纯粹风险是指农地资本化流转行为和决策只会带来损失的情况。从理论上分析，农地资本化流转行为及其过程中并不会存在纯粹风险，这是因为流转双方都具有不同程度的理性判断能力，不会在毫无利益可得的情况下选择和施行流转行为。所谓流转投机风险则是指流转行为既可能获得收益，也可能带来损失的情况。在这里，事实上包含了三个相互联系且依次递进的问题，即：选择农地资本化流转行为是获利、是蒙受损失，还是二者兼而有之；如果是两种可能性同时存在，那么究竟是获利多、还是损失大；又怎样使得获利最大而损失最小，即最大限度降低风险。例如，农地资本化流转既有促进农地经营规模发展、实现农业规模经济的收益，但也面临农地经营规模过度集中、剥夺农民基本生活保障的风险。

第二，按照风险引致因素划分为农地资本化流转自然风险、社会风险和经济风险。农地资本化流转自然风险是指由自然因素所造成的风险。众所周知，在现阶段农业生产技术条件下，农业生产的生物性、周期性以及地域性等特点决定其仍然受到自然条件的刚性约束，洪涝、干旱、地质剧变、爆发性生物疾病等自然性灾害都是制约甚至毁灭农业发展的客观因素。农地资本化流转社会风险是指参与农地资本化流转的个人或团体及其过失、不当和故意行为导致对社会和农地资本化流转造成损害的风险。例如，少数村组干部依据其作为所有权代理人的特殊地位在农地资本化流转中所实施的寻租行为将直接损害农户承包权益；又如，少数长期、大量占有农户承包农地的规模生产者，不履行流转合约，而对农户造成利益损害；再如，少数规模经营者出于自身利益需要，擅自改变流转农地用途，而造成对国家粮食安全的风险等。农地资本化流转经济风险是指农地流转活动过程中，因市场因素影响或者管理经营不善导致对流转双方经济损失的风险。例如，个别农地流转规模经营者因生产经营管理不善，致使农民既失地又失权，承担流转成本，伤害农民利益；又如，农地规模经营者依据上年度农产品市场价格组织农业生产，而当年市场价格大幅下跌，导致农地流转双方利益受损。

第三，按照风险致损对象可划分为农地资本化流转财产风险、责任风险和信用风险。农地资本化流转财产风险是指行为发生导致各种直接或间接的财产损毁、灭失或者贬值的风险。农地资本化流转责任风险是指按照流转合同规定，流转主体因某种作为或不作为导致对方财产、权益损失，行为人所负经济赔偿责任的风险。农地资本化流转信用风险是在农地资本化流转市场中，因生产经营、个人发展等所发生的信用关系中，借款人因各种原因未能及时、足额偿还债务或银行贷款而违约的可能性，发生违约时，债权人或银行必将面临因为未能得到预期的收益而承担财务损失的可能。

第四，从风险形成机理划分，还可以划分为制度风险和非制度风险。所谓农地资本化流转制度风险是指资本化农地流转制度设计和执行过程中自身所存在的由于其功能出现偏差而产生的风险，具体表现为制度本身与相关的其他正式制度或非正式制度之间的冲突和矛盾。制度风险的客观根源在于随现实环境变化而出现的制度变革以及制度设计者自身的有限理性，其中专家式认识是制度风险的主观中介，最典型的农地流转制度风险是农地流转制度安排所带来的农户农地承包权益实现与保障风险、农民政治权益保障风险等。所谓农地流转非制度风险是指农地流转行为过程中不确定因素所引致的风险，包括农地流转所带来的粮食安全风险、环境生态风险、农业生产经营风险等。

二、典型意义的农地流转风险分析

根据风险构成因素和损害可能性综合分析，农地资本化流转行为实施过程中除因不确定性所致一般管理意义上的风险之外，还因流转主体价值和利益差异、社会管理和保障机制以及宏观政策制度等因素所导致的在农地流转中具体表现出的农民承包经营权益实现与保障风险、农地流转中的自然风险、农地流转中的市场经营风险、农地流转中的责任风险、农地流转中的粮食安全风险、农地流转中的制度风险、农地流转中的生态风险等几种典型意义风险。

第一，农地流转中的农民承包权益实现与保障风险。农民承包权益的实现与保障是每一次农地制度创新最关注的核心问题，这是因为在现阶段承包农地依然是农民最基本、最现实的保障形式和手段，也是农民非农化发展的重要基础。推进农地经营权资本化流转，同样首先要面临而且必须解决这个问题，其解决方式和效果直接关系整个农地制度创新能否成功。从外部环境看，实现与保障农民承包权益一要靠制度规范、保证、支持，二要靠市场调节、提高、发展。正是基于这种思路，本书设计了农地经营权资本化流转这一制度创新路径。但由于市场信息不完全、主体地位不对等、发展基础不牢实、制度保障不健全等原因，在农地经营权资本化流转这一制度创新和实施过程中，还面临多种考验，特别是农民承包权益实现与保障的考验。要经受起考验，就必须妥善解决制度创新施行过程中可能出现的农民"失地"、"失权"、"失业"风险问题。"失地"、"失权"风险主要有两种情形。一种是指承包农民以农地经营权投资入股参与股份公司、股份合作组织或农业产业化龙头企业经营，因经营不善破产导致"失地"、"失权"。从民法学角度而言，农民自以地权入股之日起，就已被股份公司或股份合作组织绑架，因为按照我国《公司法》和《破产法》规定，农民农地经营权折价入股投资后因股份公司和合作组织破产而被作为清偿债务资产处置，农民永久失去农地和农地经营权。[①] 另一种是因农地及农地经营权市场定价所引致的"失地"、"失权"风险。农地经营权资本化后，农地经营权价格是引导农地流转的重要传感器，它将会引导大量工商资本进入农业生产经营领域，这一方面促进了农地规模经营和现代农业发展，另一方面，也客观上为工商资本高价收购地权、囤积农地提供了机会和空间，使原本可以长期受益的财产权利演变为一次性买卖，使得承包农民面临"失地"、"失权"风险。"失业"风险既特指作为农民就业基本渠道保障的农地经营权流转出去之后、农民就业出路没有根本解决之前，所出现的失业状态；也泛指农民在农地流转过程中即使解决了就业问题但因市场竞争等原因所致失业，使农民

① 林旭：《论农地流转的社会风险及其防范机制》，《西南民族大学学报》2009 年第 8 期。

陷入进城无业、回乡无地的尴尬境况。"失业"风险因农地经营规模提高、劳动力资本节约而必然客观存在。按照我国现有人均耕地面积 1.5 亩、单位劳动力经营规模 30 亩计算，每 30 亩土地就有 19 人面临非农就业选择问题。庞大的农村劳动力就业需求和缺口，显然在现有农村经济水平条件下是难以在农业内部满足的。因此，加快农业产业结构调整、提高农民创业就业能力就显得十分必要。

第二，农地流转市场风险。农地经营权资本化流转其最大优势就在于与市场特别是资本市场建立了直接联系，使农地资本直接参与资本市场大循环，实现生产要素最优配置，促进现代农业发展。显然，参与市场循环和竞争就必然会存在各种形式的市场风险。对农地资本化流转行为产生影响的市场风险主要来自农地资本化流转市场和农地经营市场的市场风险。流转市场风险产生的根源在于流转市场信息不完全。农地资本化流转市场风险主要有三种情况：一是价格风险，即在长期动态变化的流转价格与瞬时交易价格之间的差异，差异越大、风险越大，更容易对农民承包经营权变现造成伤害；二是交易风险，即由于交易信息不完全所导致的交易缔约、合约履行等方面存在的风险；三是竞争风险，即在流转交易中因竞争对手或新加入者影响造成交易难以实现或价格不合理等。经营市场风险是指农业生产过程中，产供销各环节所存在的不确定性以及由于战略选择、产品价格、营销手段等经营决策所导致的未来收益不确定性。一般分为财务的和非财务的两大类。非财务性风险包括生产风险和产品风险。生产风险既包括由于农业生产周期所引起的生产决策失误风险，也包括农业生产种子、技术等风险；产品风险主要指因生产周期、经营者偏好所引致的产品不能适应市场需要带来的风险。财务类风险包括采买、应收款变现、存货变现以及资本结构等风险。

第三，农地流转与粮食安全风险。尽管国家通过基本农田保护制度、最严格的征地审批制度保障农地"红线"不突破，维护国家粮食安全。但由于农地基本制度执行中存在的变相改变农地用途、过度征用农地等种种原因，使国家粮食安全受到威胁。其风险因素主要来自三种不正常利益驱动。一是地方利益和部分官员政绩利益驱动。地方干部实行任期考核制来，部分官员为在短时期内实现地方发展，往往把注意力放在快速提高 GDP 总量、树立形象工程方面，以满足升迁需要；同时，以分税制为核心的财税改革以来，地方财权和事权不匹配，部分地方不得不通过"圈地"、"卖地"，大搞所谓"土地财政"，以缓解地方建设资金紧张局面；另外，由于城乡土地价格差异，客观上为地方低价整地、高价卖地提供了寻利空间，甚至有个别官员为中饱私囊，而不惜弄虚作假、设租招租。这样使得耕地面积急剧下降，威胁粮食安全。二是由于农业生产经营比较效益过低，规模经营者违规改变或变相改变流转农地用途，或出租赚取租金，或以发展都市农业、观光农业为名从事非农经营，甚至有的从事房地产开发，既损害农民承包权益，更直接威胁国家粮食安全。三是部分村干部作为农地所有权代理人受自身利益驱动，或随意调整承包农地，或在农地流转谈判中联合工商资本侵害和剥夺承包农户权益，蚕食耕地。

第四，农地流转与农村社会风险。农地流转所致农村社会风险是指因农地流转所致农村社会个人或团体的失范行为（包括过失行为、不当行为及故意恶意行为），或不行为使社会生产及人们生活遭受损失的不确定性，是一种引发社会矛盾、危及社会秩序和社会稳定的潜在可能性。伴随农村社会发展方式的转变和现代农业兴起发展，我国农村进入高风险社会发展时期，同样将面临新兴市场化国家所遭遇的"中等收入陷阱"、"贫困陷阱"、"人口陷阱"的挑战，经济增长回落或停滞、民主乱象、贫富分化、腐败多发、过度城市化、社会公共服务短缺、就业困难、社会动荡、信仰缺失、金融体系脆弱等诸多社会风险和矛盾不同程度存在，农业发展固有的资源、环境、人口、投资、消费等经济发展动力和条件保障约束进一步突出，农村社会风险和社会矛盾进一步显现，成为我国全面加强社会主义新农村建设和构建和谐社会的内生障碍。现阶段，我国农村社会风险突出表现在农民利益损失、社会信用危机、社会阶层两极分化、价值观念偏离、农村居民边缘化等方面。

第五，农地流转与农村生态风险。农地流转所致农村生态风险是指因农地流转特别是农地规模经营主体基于自身利益追求所致农村生态环境破坏风险。根据农业生产的组织方式、污染成因以及作用机理，现阶段我国农村生态环境风险大体上可以分为现代种植业引致生态风险、现代养殖业引致生态风险、居民生活引致生态风险、工业企业引致生态风险、城市污染扩散引致生态风险以及基础设施建设引致生态风险六大类。

第六，农地流转与农业自然风险。农地流转自然风险是因农业生产自然风险所引致的风险，不是因为实施农地资本化流转过程而产生的，也不是实施农地资本化流转过程中才出现的，但这种风险是不以人们的意志为转移而客观存在，确实会对实施农地资本化流转行为产生影响。作为理性的投资者首先会客观分析其行为和决策的各种消极影响和可能，而自然灾害的客观存在必然会影响投资者的投资预期。换言之，在人们还没有足够能力抵御自然灾害的现有条件下，自然灾害会对农地规模经营者的投资产生抑制。同时，无论是自然农业生产还是规模农业生都要受到农业产业特性约束，如生物性、地域性、周期性等，而这些与自然条件有着天然密切的关系，更会加重灾害风险的投资预期。另外，农业生产经营规模化发展，使原本在一定地域大众集体承担的偶然的风险转嫁到了少数规模生产者身上，使是自然灾害风险受损对象更集中，风险强度更深。

第三节　农地流转风险管理预防

农地流转风险客观存在，其原因既有自然的、也有人为的，既有经济的、也有社会的，既有政策的、也有机制体制的，既有客观的、也有主观的，但我们不能因为风险存在就放弃农地制度创新；否则，促进农地规模经营和发展现代农业就会成为空谈，新农村建设、和谐社会创建也只能成为美好愿景，因为土地是社会经济发展最基本的、必不可少的生产资源和要素，其使用制度创新具有很强的乘数和辐射效应。正确应对农地流转风险，重点在于加强风险管理，并针对农地流转风险特点建立科学防范机制，使风险控制在可控制限度内，把损失降低在可承受范围内，降低改革成本，减小社会震荡。

一、农地流转风险管理的基本步骤

风险管理本身就是一个投资过程。农地流转过程中的风险管理者要在做好风险识别、评估预测基础上采取有效措施控制和规避风险，实现以最小代价、最低成本最大限度降低风险损失的风险管理目标。

首先，做好农地资本化流转风险识别。这是做好农地资本化流转风险管理的基础和前提，要求风险管理者要通过实地调研、财务分析、生产流程分解等方式全面了解和掌握农地资本化流转过程各种风险及风险可能性。

其次，要做好农地资本化流转风险预测和评估。即风险管理者要系统分析和研究已掌握的统计资料、风险信息及风险性质，利用现代科学方法和手段对农地资本化流转风险进行估算、衡量，进而确定各种风险的频度和强度，为适当选择风险处理方法提供依据。

最后，选择恰当的风险处理措施。综合比较现期成本与潜在风险损失，合理选择风险处理措施或组合。常用风险处理措施有风险预防、风险回避、风险转移和风险自留等。在实践中，风险管理可以是单一的决策或制度举措选择，也可能是多重选择或制度措施组合选择。

二、建构农地流转风险防范长效机制

一般意义上的风险管理只是为我们加强农地资本化流转风险管理提供思路，更深层次、更具体有效的是要根据农地流转风险特点建立和完善农地流转风险防范长效机制。

第一，建立和完善城乡一体化的农村社会保障体系，化解农民承包权益实现与保障风险。只要是农民就业和发展出路没有得到根本解决，农民承包农地仍然是现阶段甚至是今后相当时期内农民生存、就业和发展的基本保障，只不过是在经济不同发展阶段其保障功能重点略有差异而已。只要承包农地对于农民生存、就业、发展仍有保障功能，农地资本化流转中农民"失地"、"失权"、"失业"风险就一定存在。建立和完善农村社会保障体系既是促进农地资本化流转、加快现代农业发展的重要措施，也是解决农地资本化流转风险的重要手段。一是坚持城乡社会保障同步发展理念，着力消除城乡二元经济结构对农村社会保障的各种壁垒和障碍，加快户籍制度和用工标准等方面改革，推进产业政策、财政政策、信贷政策和就业政策与农村社会保障制度协调发展，实现城乡居民社会保障的机会平等和身份统一。二是注重强化城乡社会保障的兼容与互补，稳步推进城镇保障向农村延伸，积极探索和建立以最低生活保障、养老保险、医疗保险、社会救助等为主体的农村社会保障体系并使之互通衔接，使分散的保障项目融合为一个有机统一的保障系统，逐步缩小城乡之间的社会保障差距。三是充分发挥公共财政支持农村发展的功能，稳步提高农村社会保障支出在中央财政总支出中的比重，逐步建立起享受标准随经济发展相应增长的机制，切实解除农民参与农地资本化流转的后顾之忧，让农民在流转得效益、保障得实惠、规模求发展的过程中切实感受到以经营权资本化为核心的新一轮农地制度创新的必要性和科学性，增强改革信心和发展动力。

第二，进一步完善基本农田保护和最严格的土地使用制度，确保国家粮食安全。一是设立独立的农地保护机构，落实严格的耕地保护制度。实践证明，仅仅依靠行政命令和组织服从原则，抑制地方土地财政冲动和农地非农化进程，无疑是事倍功半。建立垂直管理的、独立于地方政府之外的、职责明确、监管有力的农地保护监管机构有利于克服由于信息不对称所导致的逆向选择和道德风险①，有利于排除干扰并动员和组织全社会力量参与耕地保护，有利于建立防止公权参与圈地甚至设租寻租的长效机制。二是严格落实中央关于农地流转的"三个不得"规定，建立惩防结合、以防为主的农地用途管制机制，施行地方党政一把手农地用途管理问责制。三是在现有粮食补贴制度基础上，从城镇建设用地使用权出让收益中划出专款，设立粮食安全基金，用于专项补贴基本农田改造、粮食作物品种培育等农业科技研发，着力提高粮食产量。四是促进粮食生产规模化、现代化。国家要针对粮食生产风险较大、比较效益较低的实际情况，在进一步加大粮食生产补贴、种粮大户贴息贷款政策支持的基础上，制定粮食生产产业政策，完善粮食生产服务支持体系，提高粮食生产抗风险能力；合理引导社会资本和技术资本参与农地流转，促进粮食生产规模化、集约化发展，提高粮食生产产业化程度，加速粮食生产现代化进程。

第三，优化农业产业结构，加大农民就业创业扶持，消除农村剩余劳动力转移和就业风险。一是继续实施"阳光工程"，加大对农村剩余劳动力转移培养，提高就业创业技能，增强市场适应能力；二是加大农业产业结构调整，积极支持乡镇企业发展，大力发展农村第三产业，增强就业吸纳能力，创造就业机会；三是改革现行户籍管理制度，消除农业剩余劳动力转移的制度屏障，关心农民工生活福利和子女教育问题，保障农民工与城市居民相同的基本国民待遇；四是大力发展农村劳动力就业服务中介组织，搭建就业服务平台，强化就业市场信息服务，畅通就业信息渠道，加强就业指导；五是将失地进城农民纳入城镇社区管理和就业服务范围，给予他们与城镇下岗职工同等就业机会、税费减免、贷款扶持等政策；六是鼓励失地农民自谋职业、自主创业，政府协调金融机构，优先提供信贷资金，并在工商、税收及各项行政事业性收费等方面给予最大限度的减免，激发失地农民从事个体私营经济的积极性②；七是推动农业产业化经营发展，充分发挥龙头企业在优化农业产业结构、提高生产组织化程度、增加农民收入、促进农民本地就业等领域的积极作用；八是采取担保、贴息、入股、保险等方式优化农业农村投资环境，引导社会工商业投资农村和农业，推动合作经济组织和农业产业化组织

---

① 吴次芳、杨志荣：《经济发达地区农地非农化的驱动因素比较研究：理论与实证》，《浙江大学学报》2008年第7期。

② 崔智敏：《土地流转中的失地农民问题及其对策》，《特区经济》2007年第5期。

的发展，增加就业机会，增强农村剩余劳动力吸纳能力。①

第四，加强农村基层组织建设，优化农村治理结构，降低农地资本化流转的制度风险、市场风险和政治风险。一是以扩大民主为核心加强农村基层组织建设，完善农村治理结构，充分发挥农民在农地资本化流转中自主决策、市场主体作用，通过健全决策机制、优化组织资源、规范代理人行为遏制设租寻利等不当行为，从源头上消除制度和政治风险；二是切实转变乡镇政府职能，着力建设服务型、经济型政府，扭转农地资本化流转中决策越位、管理缺位、监管错位局面，以制度建设、规范管理、合理引导，从管理机制体制上预防和规避制度风险、市场风险和政治风险；三是加强集体经济组织、新型合作组织、中介服务组织、农民自组织建设，提高自身发展能力和农民组织化程度，优化农地资本化流转服务，以优良的公共产品、完善的市场服务、缜密的组织协调从市场服务上降低市场风险损失；四是加强以财政金融、教育文化、科技创新为重点的农村公共服务体系建设，建立和完善农地流转风险预警机制，增强市场主体处理风险能力。

第五，加大农业基础投入，完善农业基础设施，增强防范和规避农地流转自然生态风险的能力和水平。灾害性天气、频繁的地质灾难使得农地经营自然风险迅猛增长，风险频率加快与风险幅度加深同时发生，究其原因是农业基础设施薄弱，农业公共产品供给能力不强，抗自然灾害能力明显下降。这已引起国家高度重视。自 2004 年以来，中央连续以"一号文件"形式出台推进农业发展重大举措，始终把加强农业基础设施建设作为推动现代农业发展的核心内容之一。比如，中央根据近年来我国频繁发生的严重水旱灾害造成的重大生命财产损失所暴露出的农田水利等基础设施十分薄弱等问题，2011 年以"一号文件"形式出台了《中共中央、国务院关于加快水利改革发展的决定》，明确指出："促进经济长期平稳较快发展和社会和谐稳定，夺取全面建设小康社会新胜利，必须下决心加快水利发展，切实增强水利支撑保障能力，实现水资源可持续利用。"在实施过程中必须坚持五大原则："一要坚持民生优先。着力解决群众最关心最直接最现实的水利问题，推动民生水利新发展。二要坚持统筹兼顾。注重兴利除害结合、防灾减灾并重、治标治本兼顾，促进流域与区域、城市与农村、东中西部地区水利协调发展。三要坚持人水和

诸。顺应自然规律和社会发展规律，合理开发、优化配置、全面节约、有效保护水资源。四要坚持政府主导。发挥公共财政对水利发展的保障作用，形成政府社会协同治水兴水合力。五要坚持改革创新。加快水利重点领域和关键环节改革攻坚，破解制约水利发展的体制机制障碍。"事实上，这也是指导农业基础设施建设的基本原则，更是降低农业流转自然风险的指导思想和基本思路。

第四章 农地流转与农民权益风险

在传统农业向现代农业发展进程中，单个分散的家庭经营模式必然会被规模化经营替代，要将农地流转市场培育成为沟通农民与市场进而实现其承包权益的桥梁和纽带，但由于农业产业弱质性、农民组织方式的先天缺陷性以及农地流转信息不对称性，决定了农民在市场转型博弈中的弱势地位。这种弱势既表现为流转价格决定话语权的弱势，也表现为农地财产权益及剩余索取权益实现的弱势，还表现为谈判地位不对等性及违约责任追偿的高成本性。弱势地位成为引致农民承包权益实现与保障风险的内生因素。农民承包权益风险既可从广义的承包权力角度理解，也可从狭义的承包权力深度层面理解。广义农民权益风险首先表现为承包农地及附着之上的承包财产利益等经济权益丧失的风险，其次表现为就业保障和养老保险等社会权益丧失的风险，同时还表现为依赖于农地而存在的政治话语权丧失的风险；狭义农民权益风险则包括产权结构变动风险、产权主体规模变动风险和产权主体代表变动风险。究其根源既有现存制度缺失特别是农民承包农地产权不完整性和不完全性的影响，也有非农利益主体特别是工商资本参与农地流转和从事农业生产经营逐利性驱动的原因，还有各利益主体不完全信息博弈的影响。因而，防范农民权益风险的重要举措在于完善农地产权制度保障、建立农地流转信息平台、规范农地流转主体行为、健全农民权益保障机制。

我国是一个农业大国，"三农"问题是我国经济社会发展中的重要问题。农民问题是"三农"问题的首要问题，而农民问题的关键是土地问题，土地问题的核心是所有权归属和经营模式选择问题。在传统经济条件下，土地历来是农民安身立命之本，是农民获取生活资料的重要来源和就业基本保障。在工业化初期的当代中国，9.28 亿农民仅拥有 192364.7 万亩耕地，众多的农业人口与稀缺的耕地资源构成了尖锐的矛盾，且有愈演愈烈之势。一方面，由于城镇化发展、退耕还湖还牧、自然灾害、农业结构调整等原因，仅有的耕地资源还在逐年减少。据有关方面的统计：1997～2010 年，耕地面积减少 1.6 亿亩，其中建设占用 4500 万亩，生态退耕 6000 万亩，灾毁 2500 万亩，农业结构调整占用耕地 3000 万亩。另一方面，由于流转信息不对称、流转行为失范等原因，农民承包农地及承包权益还在面临各种蚕食。当今中国农民正要面对的一个更为严峻的现实：相当一部分农民正经受着从不同途径大规模地失去他们赖以安身立命的承包农地，并且伴随他们承包农地的流失，还在流失诸多权益。当然，这绝不是以农地流转为核心的新一轮农地制度创新的制度预期，但由于诸多主客观因素影响，农民权益风险成为农地流转实践中已出现或潜存在的隐患，成为影响农地流转健康发展和制约农地流转市场完善的重要因素。研究农地流转的农民权益风险内涵、存在根源以及防范措施对策具有十分重要的理论和实践意义。

第一节   农地流转的农户权益风险界定

权益从法律角度而言，是指受法律保护的权力和利益。"权力"既包括民主权力，也包括政治权力；"利益"既包括显性的物质利益或经济利益，也包括隐性的社会、环境等利益。而从会计学的角度而言，权益是指产权收益，包括所有权益和债权权益。因此，我们可以从两种角度来理解农地流转权益及风险。从广义角度看，农民农地流转权益构成主要有三个方面：一是指法定意义上的权力和利益——农民对农地承包经营权，即农民对农地的占有权、使用权、收益权、处置权；二是指由农地承包经营权给农民带来的衍生的政治权利，如知情权、参与权、谈判权、决策权、申诉权等；三是指由农地承包经营权给农民的保障功能所衍生的社会权利，即就业保障权、生活福利保障权和养老保障权。相应地，广义的农民农地流转权益风险就是指农民在农地流转过程中农地经营承包权实现与保障的不确定性，以及由此衍生的与农民农地承包经营权相联系的一系列权利和权益不确定性的总称，具体包括农地承包经营权风险、农民政治权益风险和社会权益风险。而从狭义层面看，农民农地承包经营权权益风险则是指农民进行农地流转等经济活动所引致的财务风险。① 对应地，狭义的农民农地流转权益风险主要包括产权结构变动风险、产权主体规模变动风险和产权主体代表变动风险。我们正确理解农地流转权益及风险含义必须把握两点：一是产生权益风险的事件和原因

---

① 权益风险可分为产权主体财务关系变动风险和产权主体财务活动风险两类。产权主体财务关系变动风险是指由产权结构、规模等因素变动所引起的财务风险；产权主体财务活动风险主要是指产权主体资本经营活动，尤其是指产权资本运营活动所引起的财务风险。

是经济活动中的资本经营活动，即以农地承包经营权流转行为为基础的农地产权变动；二是产生权益风险的经济活动主体是所有者或产权主体，即作为承包经营权持有人的农民。

综上所述，我们全面分析和理解农地流转活动所引致的农民权益风险，既要从广义层面分析农地流转活动对于农民在政治、经济和社会方面的权力与利益风险，也要从狭义的角度研究探讨农民在参与农地流转过程中所引致的产权结构变动风险、产权主体规模变动风险和产权主体代表变动风险。概言之，农地流转中农民权益风险是指农地流转活动所引致的农民权力和利益风险，其风险事件是以农民农地承包经营权折价所参与的社会资本循环活动；而风险主体是农地承包经营权持有人或产权主体即承包农户。为研究方便，本章所研究的农地流转中的农民权益风险，专指因农地流转活动给农民所带来的各类权益不确定性或损失不确定性所致风险的总称。

第二节　农民权益风险种类

根据上述界定，我们基于农民农地流转权益的内涵和外延将农地流转风险分为两大类别六种类型：一类是广义层面的农民权益风险，包括政治权益风险、经济权益风险和社会权益风险三种类型；一类是狭义角度的农民权益风险，具体包括产权结构变动风险、产权主体规模变动风险和产权主体代表变动风险三种类型。

一、广义农民权益风险

（一）政治权益风险

这里所研究的农民政治权益风险，是指农民参与农地流转活动因承包权转移所引致的农民对农地流转的知情权、参与权、谈判权、决策权、申诉权等一系列政治权益及损失的不确定性风险。

我国《农村土地承包法》第三十三条规定，土地承包经营权流转应当遵循平等协商、自愿、有偿的原则，任何组织和个人不得强迫或者阻碍承包方进行土地承包经营权流转。《农村土地承包法》第三十四条规定，农地承包经营权流转的主体是承包方。承包方有权依法自主决定土地承包经营权是否流转和流转的方式。简言之，农地承包经营权流转必须建立在农民自愿的基础上，并且农民在承包期内拥有对承包农地的自主经营权、使用权、收益权和流转权，任何组织和个人不得强迫农民流转土地，也不得阻碍农民自愿依法流转土地。《农村土地承包法》第三十六条规定，土地承包经营权流转的转包费、租金、转让费等，应当由当事人双方协商确定。流转的收益归承包方所有，任何组织和个人不得擅自截留、扣缴。换言之，我国现行法律和政策赋予了农民参与农地流转的知情权、谈判权、决策权、申诉权等一系列政治权益。

法律赋予的上述政治权益因农民参与农地承包经营权流转而有损失的不确定性风险。无论是传统农业还是现代农业发展，农村土地都是农民和农村集体赖以存在和发展的基本载体，作为这个集体成员的农民，天然地享有成员权，在家庭承包经营制度框架内，承包农地成为体现农民集体成员权以及相应政治权益的重要基础。同时，农民的诸多政治权益度量也都直接或间接地与所拥有的承包农地及数量相关，比如，现阶段我国政府对农民的技术、资金、农资等方面的政策性支持都是以承包农地为基础计量的，失去了承包农地，就有失去了获得这种政策性支持机会的风险可能。另外，农民作为承包农地产权持有人，还需要以承包农地为基础通过村民自治的民主投票和监督行动来制衡村级公共权力。因流转失去承包农地的农民也就自然失去了对村民自治的热情，也就失去了对民主政治权利的追求。此外，承包农地又是农民行使其他公民权利的基础，失去了承包农地，农民那些与农地密切相关的文化、教育等方面的权利的实现就会受到极大的限制。可见，农民以承包农地为基础所拥有的生存权、经济权、就业权、财产权以及政治文化、教育等方面的权益均都有可能因农地流转而受到不同程度的损害和影响。最后，基于既得利益和最大化流转利益诉求，也有可能诱使承包农民对转出农地是否按照国家"三个不得"规定组织生产经营实施有效监督，使得承包农地受到破坏性开发利用，进而影响农民最终承包权益及衍生的政治权益完整性和完全性。

谈判权作为一项与农民参与农地承包经营权流转密切相关的政治和经济权利，是指农民在农地流转中自愿确定承包农地是否流转、流转多少、如何流转以及流转价格如何的自主权利，即常说的农民所拥有的与农地流转需求者讨价还价的话语权，是农民政治权益的重要内容，直接决定农民参与农地流转态度及流转收益预期，对于农民参与农地流转具有十分重要意义。然而，在现阶段农村农地流转中，农民这种权利由于流转信息环境较差、流转约束不强以及乡村集体及其代言人村干部的寻租行为，很难得到实现和保障。众所周知，现阶段农村集体经济组织作出行为决策，通常有两种形式：一是组织村集体的所有成员进行决策，这是一种民主的形式，典型方式是票决制，然而在我国农村大部分地区因政府和村集体组织干预，这种集体决策方式往往很难实施或是流于形式；二是村集体代表即村干部做主，由他们拍板定决策，这种决策方式在我国农村绝大多数地方仍占主导地位，这种决策方式对于农地流转的影响，突出地表现在村干部"代表"农民，甚至取代农民与农地流转需求者进行谈判的资格和地位。本应由农民自主决定的农地流转，因政府和村集体组织等行政力量干预，使得农民不能完全按照"自主、自愿"原则和预期利益诉求参与承包农地流转。农民的主体性地位无法保障，农民的谈判地位自然也就受到抑制甚至完全丧失，农民意愿得不到尊重，农地流转就不会健康发展。事实上，从我国现阶段工业化初、中期国民经济发展综合水平来看，每年城市新增就业岗位最大容量也就在 1000 万个左右，对于满足近 9 亿农民非农就业需要，显然是微不足道的。因此，我国现阶段农地流转不只是简单的规模问题，而是在于流转机制必须可持续发展。十七届三中全会通过《中共中央关于推进农村改革发展若干重大问题的决定》以来，有些地方政府和农村集体干部简单地甚至是断章取义地理解中共中央和国务院有关"加强土地承包经营权流转管理和服务，建立健全土地承包经营权流转市场，按照依法、自愿、有偿原则，允许农民以转包、出租、互换、转让、股份合作等形式流转土地承包经营权，发展多种形式的适度规模经营"精神，把农地流转片面地理解为或事实上理解为就是农民农地经营权收入变现，忽视了承包农地对于绝大多数农民所具备的生活来源和就业机会的基本保障功能，忽视了"自愿、有偿原则"这个根本前提，也忽视了"稳定和完善以家庭承包经营为基础、统分结合的双层经营体制"这一本质要求。尽管地方政府和乡村集体组织最初是基于"推动资本下乡、发展专业大户基础上的规模经营和推动农民合作、发展农民专业合作社"的认识和思路，推动农地流转发展，可能在一定时期和范围促进了农村经济发展，但如果长期忽视农民自愿原则和利益诉求，把强力推进农地流转作为促进地方和农村经济发展的手段，甚至把推进农地流转规模、速度作为干部工作能力考核内容，其长期后果必然是导致大量农民既"失地"又"失权"，甚至陷经济贫困的境地，成为引发农村矛盾冲突和群体事件、危及农村社会稳定的重要原因。因此，中央农村工作领导小组办公室主任陈锡文同志在接受《财经》记者采访时指出："从根本上说，农地流转的规模必须与农民向非农产业转移的规模相适应。"显然，如果地方基层政府或农村集体组织一厢情愿地直接推动农地流转，甚至作为农民"代表"直接与农地流转需求者谈判，农民农地承包经营权和参与农地流转的谈判权和谈判资格就会丧失，农民政治权益诉求就不可能得到"更加有效保障"，就会陷入风险境地。如果地方基层政府或农村集体组织的代言人即乡村干部基于追求小团体或个人利益推进农地流转，就更具危险性，农地流转就有可能成为影响农村农地经营基本制度稳定性的诱因，甚至有可能成为乡村干部设租寻租的借口，农民在农地流转中的"主体性地位"就会受到威胁，农民所拥有的农地经营权及其衍生的相关政治权利就会受到威胁，农民权益风险系数将更加增大、风险危害将更加严重。

众所周知，"权"和"益"是无法分离的，"权"的丧失导致"益"的受损。如何合理有效保障农民在农地流转过程中的农地承包经营权益、妥善处理家庭承包经营基本制度与现代农业规模经营需要之间的关系应该是当前和今后相当时期内推进农地制度创新的出发点和落脚点，充分尊重和保障农民在农地流转过程中的话语权、主体性地位和谈判地位，才可能从根本上保障农民参与农地流转权益，才能从制度设计上杜绝强迫流转、利益分配不当等不良事件发生，也是有效规避农民权益风险的制度基础。

（二）经济权益风险

这里所研究的经济权益风险，是指因农地流转行为引致的农民农地经营权收益、农地财产权收益及农地增值收益的损失和不确定性风险。从我国现阶段农地流转实践和制度设计层面分析，农民参与农地流转活动，有可能引致农民经济权益损失和不确定性风险。

首先，农地流转补偿标准大多是参照农地征用标准，即规定为具有不确定性的"前三年农地经营收益"的若干弹性倍数，导致农户农地经营权实际收益、部分财产权收益及农地增值收益计算和补偿标准混乱，为村集体和个别村干部攫取农民农地流转收益提供了制度空间。据我国《土地管理法》第四十七条第二款规定，"征收耕地的补偿费用包括土地补偿费、安置补助费以及地上附着物和青苗的补偿费"。征收耕地的土地补偿费，为该耕地被征收前三年平均年产值的六至十倍；征收耕地的安置补助费，按照需要安置的农业人口数计算，需要安置农业人口数按照被征收耕地数量除以征地前被征收单位平均每人占有耕地数量计算，每一个需要安置的农业人口的安置补助费标准，为该耕地被征收前三年平均年产值的四至六倍。但是，每公顷被征收耕地的安置补助费，最高不得超过被征收前三年平均年产值的十五倍。此种弹性补偿标准价值与流转信息不对称，客观上为地方政府在农地流转中寻租提供了一定的"操作"制度空间，很容易使之成为或变相成为乡村集体经济组织或干部侵害农民农地承包权益的工具。据朱克亮、罗伊·普罗斯特曼、杰夫·瑞丁格等人对我国十七省农村地权所做调查和统计数据显示，有 11.4％的情况为乡村干部直接说"这是上面的命令"，农民没有别的选择，只能同意；有 14.0％的情况是乡村干部给农民做思想工作或施加压力达成的；还有 41.7％的情况是干部和老板一起到农民那里做工作而达成的，其中也有相当一部分农民属于"被流转"行列。三类加总起来有 67.1％的情况存在着明显地违背农户自愿原则的问题。①

其次，将补偿程序定义为"集体所有"、"集体处置"的制度设计为村集体蚕食农户农地流转收益提供了制度便利。我国现行的《土地管理法实施条例》对这些补偿费的权属及分配办法亦作出规定，《土地管理法实施条例》第二十六条第一款明确规定，"土地补偿费归农村集体经济组织所有；地上附着物及青苗补偿费归地上附着物及青苗的所有者所有"。土地补偿费归村集体所有。村集体有权以村民会议或村民代表会议的形式，决定征地补偿费的分配和使用。村集体可以将该收入用于开办集体企业，发展公益建设；可以分配到各户；可以分配给被征用承包经营土地的村民。地上附着物及青苗补偿费归地上附着物及青苗的所有者所有。实践中，用地者在预算出三大补偿费金额后，将地上附着物、青苗补偿费连同其他费用一并支付给村集体，由村集体再行处理。对于安置补偿费的归属，《土地管理法实施条例》第二十六条也有明确规定："需要安置的人员由农村集体经济组织安置的，安置补助费支付给农村集体经济组织，由农村集体经济组织管理和使用；由其他单位安置的，安置补助费支付给安置单位；不需要统一安置的，安置补助费发放给被安置人员个人或者征得被安置人员同意后用于支付被安置人员的保险费用。"安置补助费俗称"劳力安置"，是对具有劳动能力而失去劳动对象的农民的生活安置，具有很强的人身性，但安置补助费的金额多寡、支付标准并不受被征土地多寡因素的影响，其标准更多地考虑受安置农民个体因素。

最后，部分土地流转形式设计也有造成农民经济权益流失的风险。按照我国现行法律规定，农地流转主要有出租、转让、租赁、返租倒包、入股等形式，由于流转信息不对称、流转行为欠规范、流转制度设计不合理等原因，现行规定主要流转形式也有可能引致农民权益风险。例如，"返租倒包"形式就是乡村组织向承包农户支付一定租金，重新收回农户

---

① 朱可亮、罗伊·普罗斯特曼、杰夫·瑞丁格等：《中国十七省地权调查》，《新世纪周刊》2012 年 2 月 28 日。

承包农地使用权，再将农地租赁给外来公司、大户或是在一定投资后再将其"倒包"给本村的部分农户。这种流转方式在通常情况下都会存在租包价格"剪刀差"，即村里以较低的"返租"价格收回农民农地承包经营权，再以较高的租金价格"倒包"出去，从中牟取租金差额。也正是这种价格剪刀差的利益驱动，使得"返租倒包"形式容易出现伤害承包农民权益情况。一方面，乡村组织和干部有可能不惜动用行政力量，直接或间接强制性要求农户"返租"承包农地；另一方面，因"返租"规模越大，获租金价格总差额就越大，进一步刺激村组织和村干部不断扩大"返租"规模，为"倒包"公司、大户大规模获取流转农地提供便利，甚至成为"官商勾结"伤害承包农民经济权益的工具。另外，由于农地承包权与经营使用权并没有严格的法律界定，人们在实践中往往容易混淆二者的区别和差异，以致成为或事实上成为部分地方村集体和村干部随意变更农民农地承包关系，甚至取消农民农地承包资格权的借口，致使农民权益受损。此外，"返租倒包"形式更为普遍的做法是，在农民向集体租出承包农地使用权后，虽然在名义上还保留着承包权，但已失去直接经营承包农地权利，其永久的承包经营权转化为有限的收益——租金。尽管从形式上来看，农民因"反租倒包"失地只是一种承包农地的权利转换，而并非真正意义上的完全丧失，但当我们注意到这种形式农地流转的低租金、长期限的特征时，农民变相失地的实情就显现了。①

（三）社会权益风险

社会权益风险，是指因农地流转所引发的农户承包农地所赋予的生存、就业、养老保障等一系列社会权益的损失和不确定性风险。

承包农地是我国农民基于农村集体成员资格，通过承包经营方式所获得的、赖以维持生活和就业的基本生产生活资料。按照《农村土地承包法》等现行法律规定，我国农民作为所属农村集体经济组织成员，具有按照承包时人口数量承包经营集体农地的资格和权力。这种成员权和承包资格权构成了农民权益基础，由于历史传统和我国现阶段经济和生产力发展水平特点决定，农地承包经营权还衍生出我国农民所特有的生存权、就业权和养老保障等社会权益。

按照国际人权公约规定，生存权就是相当生活水准权。《世界人权宣言》第二十五条第一款规定，"人人有权享受为维持他本人和家属的健康和福利所需的生活水准，包括食物、衣着、住房、医疗和必要的社会服

---

①　白呈明：《农民失地问题的法学思考》，《人文杂志》2003 年第 1 期。

务"。由此可见，生存权不仅指个人的生命在生理意义上得到延续的权利，而且指一个国家、民族及其人民在社会意义上的生存得到保障的权利；不仅包含人们的生命安全和基本自由不受侵犯、人格尊严不受凌辱，还包括人们赖以生存的财产不遭掠夺、人们的基本生活水平和健康水平得到保障和不断提高。简言之，生存权既包括生命安全与生命延续权，也包括基本生活保障权。目前，我国政府人权白皮书所主张的"生存权"的主要内容为温饱权，这既体现了国际人权公约所规定的相当生活水准权的要求，也体现了我国人民生存权的实际要求和标准，仅仅是温饱标准，尚未达到国际人权公约所规定的相当生活水准标准。承包农地是我国农民目前最基本的生产生活资料，农地经营仍然是我国农民获得生活资料来源、维系生命安全、实现最低生活保障、解决温饱问题的基本手段。因此，现阶段我国农民农地承包经营权从这个意义上就具有了国际人权公约所确定的生存权属性。而不合理的农地流转制度安排和不规范的农地流转行为就有可能使农民生存权受到威胁，面临被侵害和损失风险。

我国《宪法》第四十二条明确规定："中华人民共和国公民有劳动的权利和义务。"确定了劳动就业权是我国公民的基本权利之一。但由于经济发展水平、劳动者素质和就业诉求差异影响，市场经济条件下的劳动就业权，还只是一种"限定就业权"，具体包含两重含义：其一是自由工作或就业的权利，即平等就业权和自由择业权；其二是请求提供有报酬的工作机会的权利，又称就业保障权。由此不难看出，我国公民享有平等就业机会、自主择业和请求就业保障权利。从我国目前城乡经济发展水平所决定的就业承载能力和提供机会来看，从事农地经营和农业生产仍然是大多数农民的现实选择，相应地，农地承包经营权附着了一定意义上的就业保障权能。尽管这种保障和就业方式不一定能完全反映劳动者就业诉求，也不一定是充分就业，甚至不是全社会劳动力资源最优先配置选择，但事实证明，农地经营从客观上解决了农村劳动力安置和农民就业基本保障问题。正如刘易斯所指出的，不发达国家农业生产经营不一定是有效率的，甚至边际效率为零或负数，但却是最有效的，解决了农民就业问题和农村社会稳定问题。显然，在没有完全解决农民就业和非农发展机会的前提下，过度或强制性流转农民承包农地，就有可能伤害农民就业权，使之面临风险。

社会保障权又称福利权，是宪法赋予我国公民的一项基本权利，即公民要求国家给予物质帮助得以免于经济匮乏并尊严地生活的权利。换言之，公民有权要求国家通过立法来承担和增进全体国民的基本生活水准，保障个人和家庭在遭受意外伤害、失业危险、疾病困扰和进入老年后能维持一定的固定收入并提供其他各种补助。尽管近年来，我国政府在延续农村"五保"、社会救助等传统社会保障制度基础上，着力推进了农村最低生活保障、新农合医疗保障、重大疾病救治保障以及养老保险等一系列社会保障制度和措施，但总体来看，仍然处于一种非规范化、非系统化状态，家庭保障和承包农地保障仍占据主导地位。特别是在我国农村承包农地保障功能弱化、"4-2-1"家庭结构保障能力减退、老年化社会进程加快背景下，现有农村社会保障体系还不能足以满足农民实际需求。显然，加快农地流转一方面能满足现代规模农业发展需要、提高利用效率和效益，但同时也在弱化农民承包农地社会保障功能，使农民农地社会保障权益处于风险境地。

二、狭义农民权益风险

所谓狭义的农民权益风险，主要是指农地流转过程中农民承包经营权产权权益风险，包括产权结构变动、产权主体变动以及农地流转过程中所形成的委托—代理关系变动所引致的农民权益风险。事实上，市场化的农地流转实质上是一种产权结构变革过程。加速以农地流转为核心的农地产权制度创新进程，首先必须严格按照 2008 年中央"一号文件"《中共中央、国务院关于切实加强农业基础建设进一步促进农业发展农民增收的若干意见》的规定，"建立土地承包权登记制度，确保农村承包经营权证到户，完善土地流转合同、登记、备案等制度；培育多种形式适度规模经营的市场环境，促进城乡一体化发展"，理清"登记→确权→农地流转→流转市场→城乡一体发展"制度逻辑，逐步建立"归属清晰、权责明确、保护严格、流转顺畅"的农地产权制度。而在这场农地产权制度变迁过程中，农民农地承包经营权将面临农地产权结构变动风险、农地产权主体规模变动风险和农地产权主体代表变动风险。

（一）产权结构变动风险

我国《宪法》、《农村土地管理法》等法律法规明确规定，我国农村承包土地实行"集体所有、家庭承包"、"统分结合、双层经营"的产权制度和经营模式。根据这一规定，承包农地所有权归农村集体所有，农户通过与集体签订承包责任合同获得农地承包经营权。这种产权结构既反映了社会主义公有制的基本要求，也符合我国地少人多的实际，对于提高农业生产效益和农地资源使用效率、促进农村经济发展产生了深远意义。

正如《中共中央关于推进农村改革发展若干重大问题的决定》（以下简称《决定》）所指出的："以家庭承包经营为基础、统分结合的双层经营体制，是适应社会主义市场经济体制、符合农业生产特点的农村基本经营制度，是党的农村政策的基石，必须毫不动摇地坚持。"正因为如此，《决定》还对家庭承包经营和统一经营的今后发展方向和思路提出了具体要求："家庭经营要向采用先进科技和生产手段的方向转变，增加技术、资本等生产要素投入，着力提高集约化水平；统一经营要向发展农户联合与合作，形成多元化、多层次、多形式经营服务体系的方向转变，发展集体经济、增强集体组织服务功能，培育农民新型合作组织，发展各种农业社会化服务组织，鼓励龙头企业与农民建立紧密型利益联结机制，着力提高组织化程度。"另外，为进一步加快农地规模经营，适应现代农业发展需要，《决定》要求，"加强土地承包经营权流转管理和服务，建立健全土地承包经营权流转市场，按照依法自愿有偿原则，允许农民以转包、出租、互换、转让、股份合作等形式流转土地承包经营权，发展多种形式的适度规模经营"；鼓励"有条件的地方可以发展专业大户、家庭农场、农民专业合作社等规模经营主体"；强调"土地承包经营权流转，不得改变土地集体所有性质，不得改变土地用途，不得损害农民土地承包权益"。显然，《决定》既强调坚持"家庭承包经营为基础、统分结合的双层经营体制"这一基本农地产权和经营制度，也体现了以加快农地流转适应现代农业发展需要的农地产权制度创新思路。在农地流转和农地流转市场发展过程中，原来"集体所有、家庭承包经营"的农地产权结构模式演变为"集体所有、家庭承包、规模主体经营"的农地产权结构模式。简言之，就是农地流转使农地产权结构由原来的所有权与承包经营权两者分离，演变为所有权、承包权和经营权三者分离。这种产权结构变化一方面适应了农地规模经营和现代农业发展需要，提高了农地资源使用效率，无疑具有积极意义；但另一方面，由于农民产业弱势地位、流转信息不完全、集体组织干预等主客观因素影响，使得农民的承包经营权益变得更为不确定，进而陷入风险境地，需要特别关注和防护。

　　农地产权结构变动风险首先表现为因产权关系更为复杂，使得农民权益不确定性增加，即由"集体—农民"之间承包关系演变为"集体—农民"承包关系加上"农民—规模经营主体"委托—代理关系。概言之，在信息不完全背景下，代理人"规模经营主体"的失德行为和逆向选择会增加委托人农民的权益风险。现阶段比较多且能较好维护农民权益的流转方式是农地经营权折价入股形式，即农民以地权股份获取承包经营权收益，进而在此基础上构成"农民—规模经营主体"委托—代理关系。这种委托—代理关系因农民自身素质、谈判地位弱质性以及信息不完全性，使得规模经营主体在履行流转契约时往往凭借自身优势，或基于对生产经营效益及利润最大化追求，在农地流转博弈过程中，由于监管机制不健全和监管成本过高，而出现逆向选择甚至败德行为，有时还与集体组织联合侵吞农民利益，农民权益陷入风险。

其次，农地流转产权结构变动风险表现为农地流转价格确定存在空间弹性甚至是不确定性，因为农地流转价格确定主要还是依据《农村土地管理法实施条例》所确定的弹性补偿标准。一方面，弹性补偿标准缺乏刚性统一补偿尺度，为村组织和政府在农地流转过程中设租寻租提供了制度空间；另一方面，政府基于财政资金外部压力和财政收入政绩内在驱动，在农地流转特别是征地实践中，总是千方百计地、尽可能地降低农民补偿标准甚至不惜侵害农民权益，以达到"低价获取、高价出让"的目的。据朱可亮、罗伊·普罗斯特曼和杰夫·瑞丁格等人对中国十七省农村调查显示：64.7%的失地农民获得了一次性的现金补偿，有12.8%的失地农民获得了分期支付的补偿，有9.8%的失地农民只得到了补偿承诺但补偿资金并没有到位，还有12.7%的失地农民没有得到任何补偿甚至是补偿承诺。另外，调查数据还显示，即使是已得到一次性补偿的农民平均实际获得补偿金额只有每亩18739元，仅占政府出卖土地的实际平均价格的0.24%（政府出卖价格为平均每亩778000元）。应该可以说，我国现阶段巨大的土地增值收益（平均价格净差额为每亩7761261元）都已被政府占有，农民权益保障存在着很大的不合理性。这种不合理性最关键因素还是在于产权结构变动及相应监管约束机制缺乏，其最终后果是农民权益被侵害进而陷入风险境地。此外，这种不合理的政府补偿标准和流转价格"剪刀差"直接影响和诱致农村内部农地流转价格的决定和执行，为规模经营主体侵占或变相侵占农民权益提供了制度和政策依据，如果加上农村集体组织和乡村干部的寻租行为，将更加剧农民权益风险。

（二）产权主体规模变动风险

农地流转产权主体规模变动是指农地承包经营权由农民单一持有人主体向多元规模经营主体变化的过程和趋势。这变化过程是通过农民参与农地承包经营权市场化流转而实现的。具体而言，就是农民以农地承包经营权为财产资本参与农地规模经营，使农地产权主体规模由原来的"集体组织—承包农民"的模式演变为"集体组织—承包农民—规模经营者"模式，农地承包经营权主体规模从数量和质量两方面扩展。从数量上看，产权主体由原来的"所有者—集体、经营者—承包农户"逐步演变为"所有者—集体、经营权持有者—承包农户、经营权使用者—规模经营者"，规模经营主体成为农地经营实际主体，农民成为规模经营组织股东和经营权持有人，传统农地经营模式逐步被现代农业增长方式取代；从质量上看，农地经营市场化发展加快，规模经营主体在市场和社会上影响力进一步增强，同时，也使得流转双方力量更加失衡，加之维权成本过高，甚至出现侵吞农民承包经营产权现象，农地矛盾将有加剧可能，农民权益因产权主体结构变化和规模扩张将面临风险。概言之，农地流转产权主体规模变动风险是指因农地流转活动所引致的农民农地承包经营权保障的不确定性，或者说是农地承包经营权将有被侵害的可能性，农民权益面临被损失的风险。

首先，农地产权主体规模变动风险表现为偏离流转主体利益预期风险。农民能否参与农地流转的本源动力在于其预期流转收益是否大于农地自我经营收益。从理论分析来看，流转后的规模经营收益一般要大于流转前的分散家庭经营收益，因此，农民的预期假设是成立的。这既是农民之所以选择并参与农地流转的关键动因，也是绝大部分支持农地流转的学者的理论依据，还是政府推进农地流转制度创新的逻辑基础。可事实上，我国现阶段农地流转发展速度较慢，既有农地对于农民的基本保障功能远没有退出的原因，更重要的是由于产权主体规模扩大、产权链延长，农地流转价格和规模经营收益分配不合理所致农民承包经营权收益不确定性和权益损失风险。换言之，农地流转产权主体规模风险是由事实上存在的农地流转价格和规模收益分配不合理现象所引致的。

其次，农地产权主体规模变动风险表现为偏离流转制度设计预期的风险。我国现阶段所推进的新一轮以农地流转为核心的农地产权和经营制度创新的基本逻辑和预期是：在坚持集体所有、家庭承包基本经营制度不变的基础上，鼓励农民多种方式参与农地流转，提高农地经营规模，满足现代农业发展需要，以增强农业自我发展能力、实现城乡统筹发展。制度设计的前提是保障农民农地承包经营基本权益，其核心是增强农业自我发展能力，其目标是从根本上改变二元经济结构、实现城乡统筹发展。这种制度实施虽然在一定程度上实现了促进农地流转发展的基本预期，但由于农地流转主体双方地位和信息不对称、农地流转监管机制不健全等机制体制原因，特别是产权主体规模扩大以后，农民承包权益保障并没有取得理想的效果，特别是农地流转价格决定、规模经营收益分配等方面还存在明显不足，这种不足直接决定了农地流转制度制定和实施将存在不确定性和偏离制度预期的风险。

一方面，从流转主体双方个体来看，我国现阶段适应市场化发展需要的农地流转形式主要是农地经营权租赁和折价入股，这在经济发达的沿海地区更为明显。但无论是租赁还是入股，农民所面对的都是相对成熟资本，其规模经营主体不管是市场信息占有还是谈判地位都明显占优势，并伴随规模经营主体规模扩大，优势更为明显，对资本利润的要求越高，农民农地流转定价权益及规模经营收益不确定性增强，甚至将遭受侵害，使现实农地流转行为结果偏离农民收益和政府制度预期。

另一方面，从农地流转集体经济组织来看，我国农村现阶段并没有专门的农地流转管理机构，对农地流转及其规模经营主体的管理仍然主要由具有准行政管理职能的农村集体组织实施，并且其实现方式是由其代言人——村干部具体负责组织。目前，大多数的农村集体事务和农地流转缺乏公开性和透明性，农地流转管理绩效并不理想，农民对由村集体代表组织的农地流转既缺乏监管知识，也缺乏监管手段，使得农村集体经济组织地位和影响不仅不会削弱，反而会进一步加强，因为有组织的农地流转交易成本肯定会低于分散的单个农民进行的农地经营权流转和交易。这虽然一方面可以避免单个农民因缺乏交易信息和交易知识而导致利益受损；但另一方面，由于目前对农村集体和村干部的监管不仅缺乏体制保障，而且缺乏监管主体，如果不能妥善解决农村集体组织农地流转监管机制和主体缺位的问题，农地流转和农地产权制度改革，将可能会变成农村集体经济组织甚至少数村干部攫取公共利益的工具，成为个人牟取私利的手段。这显然将引致农地流转偏离农地流转制度和产权改革预期。

再次，农地产权主体规模变动风险表现为偏离流转成本分担预期的风险。农地流转成本是指在农地流转过程之中原本应该由流转双方共同承担的交易成本和沉没成本，要么计算在农地流转价格之中，要么计算在流转后规模经营收益分配之中。从农民个体本身来看，流转成本是以农地经营权收益数量为基础计算的，包括流转交易成本和流转沉没成本。交易成本是指流转信息收集、流转合约签订和履行的费用；沉没成本则是指农民农地经营权流转收益补偿农地自我经营收益后，在就业和再就业过程中所应承担的支出。但因农地规模经营主体在农地流转价格决定和规模经营收益分配过程中的绝对优势：一方面，最大限度压低农地流转价格，最大限度降低流转交易成本和沉没成本，直接损害农民农地流转收益；另一方面，在会计账户上没有体现农地流转价格动态变化，或是把自身应承担的农地流转交易成本和沉没成本直接一次性或多次重复计算在农地规模经营的生产费用之中，而不是分年度分摊成本，以达到转移成本的目的，间接或变相侵吞农民流转收益。因此，如果不从农村社会公用事业建设保障机制改革、不从新型农村集体经济改革等制度变革保障条件、不从流转规模经营主体监管机制入手，农地流转和产权制度改革可能会因为其社会成本无法有效分解而难以为继。

最后，农地流转将促进农地经营规模化、集约化发展和农地产权主体规模扩张，其附属产物是必然导致农村大量富余劳动力出现，富余劳动力的就业转移和安置将成为农地流转和农地产权改革的一个重要成本。正因为如此，1992年李录堂曾指出，农地流转发展首先必须以解决农民就业和发展出路为基本前提。而在现阶段我国农村现有的自我社会保障体制和条件下，仅仅靠农民自身努力是根本无法解决就业以及由此衍生的医疗、养老等社会保障问题的。加之我国现阶段经济和生产力发展水平决定了非农产业还缺乏为农村富余劳动力提供充分就业机会的能力，就是原来城市已吸纳的农村富余劳动力也因产业结构调整升级而无法适应新产业发展要求，将再次面临失业风险。因此，如果不从农村社会保障机制、农民就业和权益保障机制等方面综合推进农地流转，大批农村富余劳动力将面临"失地"、"失权"、"失业"风险，成为影响农村乃至全社会稳定大局的隐患。但现实中，农地流转之前和规模经营之后都并没有完全解决好农民就业出路和安置问题，即使是进城农民的承包农地流转，也因为农民自身就业能力和社会就业供给保障机制局限，而出现不稳定或风险因素。近年来，在沿海经济发达地区产业结构调整、升级、转型过程中，一方面出现大批新升级企业和产业大闹"民工荒"，另一方面却是国家和政府不得不花大力气支持大批进城务工农民"返乡创业"。很显然，这主要是农民工就业成本分摊机制不合理造成的，特别与城市用工企业和农村规模经营主体"管用"而"不管育"的不合理用工和人才培养机制高度相关。这种以农民和政府为主的人力资本培育成本分担机制，既不符合社会经济发展规律要求，也明显偏离了农地流转和农地产权制度改革社会成本分担预期。

（三）产权主体代表变动风险

研究农地流转过程中产权主体代表变动风险，首先必须研究分析农地流转过程中农地产权主体代表结构关系及变动过程。所谓"产权主体代表"是指产权权利主体持有人的代表或委托代理人。既言及"主体代表"就必须在"委托—代理关系"理论框架下，研究产权主体及其代表或委托代理人之间的关系。具体到我国现阶段农地产权结构中的产权主体代表，由于农地所有权和经营权分离，农地产权主体代表也相应地包括农地所有权主体代表和农地经营权主体代表。现阶段我国农地所有权属于村集体、经营权属于承包农户，因此，我国农地产权主体及代表关系就包括村集体与村集体代表或代理人、农户与农户代表或代理人之间的关系。按照现行我国农村社会管理体制和组织结构，村集体与村集体代理人之间的关系就是村集体与村干部之间的关系，是一种行政机制管理关系；而农户与农户代理人之间的关系则主要是由于农地流转后所形成的农户与规模经营主体之间的关系，是一种经济业务管理关系，在自给自足的传统农业经营模式下是不存在的。换言之，只有当承包农户以农地经营权折价作为投资资本参与农地流转和农地经营时，才有可能形成承包农户与规模经营主体之间的委托—代理关系。进一步说，农户在选择除"出让"方式外的其他现代农地流转方式特别是股份合作方式参与农地经营权流转时，因其代理人的不端行为选择，导致农民权益出现不确定性和损失可能性。因为研究主题原因，这里不单独研究村集体与村干部之间委托—代理关系及其代理人变动风险。

农民农地流转产权代表变动风险主要表现为在农地流转过程中，农民以农地承包经营权入股参与农地规模经营，因规模经营主体在农地流转价格确定及规模经营收益分配过程中借其信息和决策优势所致的农民收益的不确定性和利益损失。按照委托—代理关系一般逻辑分析，农地流转产权代表变动风险的根源在于农地规模经营主体在农地流转交易博弈中的逆向选择和败德行为。拨米和米恩斯等经济学家对委托—代理关系的研究认为，委托人与代理人在激励与责任方面出现不一致性或者矛盾时，加之经营管理信息不对称，代理人有可能背离委托人的利益或不忠实委托人意图而采取机会主义行为，发生道德风险和逆向选择，于是随之而产生的委托—代理关系监管机制及成本问题，将抑制委托—代理关系的良性运行。事实上，在农地流转中形成的委托—代理关系，是一种基于农地经营权流动所形成的、多方委托人委托同一代理人的委托—代理模式，由于委托人之间信息不完全，代理人可以相机压低农地流转价格，使农地流转价格形成陷入"囚徒困境"，农民农地经营权流转定价权益首先陷入不确定性。另外，由于委托人与代理人之间的信息不完全，代理人基于投资利益和代理人利益最大化激励，加之缺乏农地流转委托—代理关系基本监管机制，代理人同时也是投资人，其在农地流转博弈中总是会千方百计追求和实现自身利益最大化，农民农地产权权益特别是规模经营收益权益同样将陷入风险境地。

第三节　农民权益风险成因

农地流转所致农民权益风险其根源在于现行农民农地承包经营权本身存在产权缺陷、农地流转市场信息不完全和农地流转过程行为不规范。其根源表现在农地产权缺陷、既得利益驱动和市场博弈失衡三个方面。

一、产权缺陷是农民权益风险的制度之源

目前，我国有关土地承包经营权流转的立法以 2002 年颁布的《农村土地承包法》为核心，该法详细规定了土地承包经营权流转的原则、方式、程序、争议解决途径等，并取消了若干不合理的限制。例如，《农村土地承包法》第三十七条规定："采取转让方式流转的，应经发包方同意；采取转包、出租、互换或者其他方式流转的，应当报发包方备案。"即将发包方的批准权仅限定在土地承包经营权"转让"这一种方式上，基本消除了流转过程中的各种人为障碍，特别是《物权法》的颁布实施，使农地承包经营权具备了用益物权的基本特征，使其流转得到了法律上的保障。

为了贯彻落实《农村土地承包法》，农业部于 2005 年 1 月 19 日颁布了《农村土地承包经营权流转管理办法》，最高人民法院于 2005 年 7 月 29 日发布了《关于审理涉及农村土地承包纠纷案件适用法律问题的解释》。这些法律文件为进一步规范农村土地承包经营权流转行为、维护流转双方当事人合法权益、正确处理农村土地承包经营权纠纷提供了更直接的依据。2007 年 3 月 16 日，《物权法》颁布，在第三篇"用益物权"中，第十一章规定了土地承包经营权，这意味着我国正式从法律上确立了土地承包经营权的物权属性，为更开放的流转奠定了充分的法理基础。

2008 年，中共中央第十七届三中全会通过了《中共中央关于推进农村改革发展若干重大问题的决定》，明确指出"允许农民以多种形式流转土地承包经营权，发展适度规模经营"；2012 年，温家宝同志在十一届全国人大五次会议政府工作报告中明确提出，土地承包经营权、宅基地使用权、集体收益分配权是法律赋予农民的财产权利，任何人都不能侵犯。以上的这些法律、法规和政策，对土地承包经营权流转进行了诸多创新和规范，一定程度上完善了我国的农地流转制度，为今后农村土地流转的法律规制留下了广阔的空间。但是，这些规定多为原则性、方向性的指导，并且都是包含于旨在稳定和完善家庭承包经营权的立法中，

没有制定专门针对土地承包经营权流转的统一法律文件。就目前来说，由于流转农地所有权制度和流转行为及管理制度的缺陷问题，制约了农地流转健康发展，引致了农民农地流转权益风险。

第一，流转农地所有权主体虚置。我国《宪法》规定："农村和城市郊区的土地，除由法律规定属于国家所有的以外，属于集体所有。"这里的"集体"当然是指全体农民集体。但"集体"在词义上是一个泛指的概念，无法具体落实到个人，因此在实践中自然会出现集体的代言者。目前，在农村土地的使用管理上，这个代言者往往为县（镇）、村、村民小组三级组织交叉担任，实际上并未建立起一个独立的农民集体组织，由此导致了农村土地所有权主体的虚位。

这种主体的虚置，给农地承包经营权的流转造成了重重困难。因为从物权的角度而言，产权明确是产权交易的前提，没有明确的权利主体，相关的物质利益就会成为"搭便车"的目标。农地所有权县（镇）、村、村民小组三级所有的分属制度和相互制约，既使农地所有权权属和管理更为混乱，也容易滋生农地流转监管纠纷，并且给农民参与农地流转无形中套上了三种"紧箍咒"，成为引致农民权益风险的产权制度之源。

第二，农地流转行为和管理不规范。我国农村农地流转自20世纪80年代末、90年代初就已开始出现，经历了自发萌动、政府允许、政府促进等发展阶段，但目前绝大多数地区至今尚未建立起一套系统规范的流转制度和管理办法。首先，流转缺乏登记管理制度和程序。不动产登记有公示和公信力的作用，能降低交易的信息搜寻成本、减少各种权属纠纷，是不动产行使和保护的重要保障。同样，登记是农地承包经营权生效的要件之一，是农地承包经营权取得、行使、保护的前提。遗憾的是，尽管2008年中央"一号文件"《中共中央、国务院关于切实加强农业基础建设进一步促进农业发展农民增收的若干意见》明确要求，"建立土地承包权登记制度，确保农村承包经营权证到户，完善土地流转合同、登记、备案等制度；培育多种形式适度规模经营的市场环境，促进城乡一体化发展"，但我国农地登记制度还不统一，往往政出多门，如我国法律规定：集体土地所有权、集体建设用地使用权由国土资源部门登记，而农地承包经营权则由农业管理部门登记。农地承包经营权登记更加不规范，随意变更承包关系在经济不发达地区还非常普遍，甚至有的地区以财政困难、经费不足为由，不印发或扣押农民农地承包经营登记证书；还有些地方村委会肆意延迟、收回农民承包农地或以农户不愿意交工本费为由而扣发证书，致使承包农民权利无法得到有效保障、农地承包经营权流转不畅等诸多问题，这无疑对农地承包经营权的取得、使用、保护非常不利。其次，流转行为缺乏书面合同。由于法律知识贫乏、维权意识相对淡薄，很多农民进行农地流转仅凭口头协商，无任何书面合同，甚至没有向集体备案。一旦出现不支付租金、不兑现收益分成等情况，或农地流转需求方将农地经营权自行再转让、农地经营权发生权属纠纷时，就难以从法律和行政规章角度进行处罚。这种情况在我国非常普遍，即使是在经济发达地区也同样存在。比如，据广东省农业厅的一份调查显示，农业大县博罗县的长宁镇，从 2000 年 10 月至 2011 年 4 月，累计发生 437 宗农村农地流转，其中只有 247 宗流转签订了正式合同，签约率为 56.52%，其中租赁流转方式的签约率有 86%，而转包、互换等农民相互之间流转形式的签约率只有 6.8%，缺乏最基本的手续，流转程序很不规范。最后，农地流转过程监管服务机制缺乏。农地流转监管既需要流转双方的相互制约，即流转合同管理，也需要第三方监管服务，既保障流转双方基本权益，也约束双方流转履约行为，还仲裁调解流转双方矛盾纠纷。但在我国现阶段，这种以监管服务为基本责任的管理机构和组织大多是以农民自愿组织的、对双方缺乏法律约束力的各种协会为主，健全的流转中介服务和完整的政府管理服务还相对缺乏，既表现为主体缺乏，也表现为制度缺乏，在一定程度上助长了农地流转不规范行为选择，也是农地流转农民权益风险的制度诱因。

二、利益驱动为农民权益风险的直接诱因

《中共中央关于做好农户承包地使用权流转工作的通知》明确指出，"农地流转的主体是承包农户，土地主要通过市场机制流转，流转的收益应该全部归农户所有"，"不提倡工商企业长时期、大面积租赁和经营农户承包农地"。明确规定了农地流转主体、流转机制、流转收益归属以及注意问题等范围，对于积极稳妥地推进农村农地流转健康发展具有重要意义。但在农地流转实践中，农地流转市场化发展经常遭受行政干预，特别是地方政府和村集体干预。他们之所以热衷于农地流转，根本原因在于利益的驱动。一方面，在农地征用和出让过程中，攫取巨额农地出让"剪刀差价"。1994 年，我国实施分税制后，土地出让金收入基本划归地方政府管理，由于征地计划价和销售市场价之间的巨大利益"剪刀差"，驱使地方政府热衷于经营土地，并把土地出让收入作为财政收入的主要来源，实施以"土地财政"为基调的发展战略。丰厚的土地出让金收入，诱使地方政府通过滥征、强征农民承包土地，压低土地补偿和农民安置

标准，直接侵害农民农地承包权益；村集体组织"东施效颦"，乐于流转，同样是因为农地流转中的利益驱使，千方百计寻找寻租机会。据统计，2010 年 11 月至 2011 年 11 月，各地共纠正侵害农民土地承包权益的行为6554 起，涉及土地 7.14 万亩；纠正非法占用农村集体土地的行为 1.44万起，涉及土地 10.99 万亩。① 村干部在农地征用、农地租赁、拆迁安置等集体资金分配上自由裁量权过大，缺乏有效监督，导致大量资金被村干部个人占有、中饱私囊。另一方面，在农业经营用地流转过程中，村组织越俎代庖，官商结合，联合攫取农民权益。有部分地方的村组织和村干部或以支持农业产业化龙头企业发展为名，代替农民整体出租承包农地；或以引进农业开发项目为由，强迫农民流转承包农地；或假借国家加速农地流转政策之名，行强制推进农民承包农地流转之实，其中虽然有以加速农地流转、促进农村经济发展的初衷，但也不乏借农地流转之名获寻租之利的案例。2012 年 4 月，广东汕尾市陆丰纪委对原乌坎村党委、村委共八名成员实行集体"双规"处理，其中一个重要经济原因就是在保障农民经济利益方面，存在农地出让收入村民直接得益很少、一些企业应上缴的农地租金没有及时收取、与港方合作结算中造成集体资产流失等问题。这只是近年来，我国农村村组织和村干部在农地流转中非法攫取农民权益的一个典型案例。2007 年，农业部、国土资源部、国务院纠风办等七部、办、委联合开展了全国农村土地突出问题专项治理行动，明确了八大检查内容：（1）检查农村土地延包后续完善情况，依法纠正农民土地承包经营权不落实、土地承包经营权证发放不到户、土地承包合同未签订到户的问题；（2）检查承包期内收回和调整农民承包土地的情况，依法纠正违法收回和调整农民承包地的问题；（3）检查农村土地承包经营权流转，依法纠正强迫承包方流转土地承包经营权、截留扣缴承包方土地流转收益的问题；（4）检查农村土地承包经营方案、土地征用补偿及分配、农村机动地和"四荒"地发包的公开和民主管理情况，依法纠正侵害农民权益的问题情况；（5）检查农村土地承包档案管理情况，依法纠正农村土地承包档案管理混乱的问题；（6）检查农民土地问题信访情况，依法纠正属地管理责任不落实、职能部门不作为、干部作风简单粗暴的问题；（7）检查农村土地征占情况，依法纠正和查处违法违规批地用地、以各种名义变相征占农民土地问题；（8）检查其他侵害农民土地权

---

① 周英峰：《我国查处农村基层干部违法违纪案件 5.85 万件》，http://www.ce.cn/cysc/agriculture/gdxw/2012/07/t20120107-21097522.shtml，2012 年 1 月 7 日。

益的问题，依法维护农民的土地权益。通过专项整治，全国共查处违规违法案件 3.1 万多件、其中立案查处了 2.6 万多件，涉及承包土地 330 多万亩，纠正了违规违法用地和损害农民土地权益行为；通过专项治理，进一步规范了农地流转行为和程序，打击了各种违法违规流转行为，维护和保障了农民合法权益。但从整体上看，专项治理还只是一种外部治理机制，与建立合理规范有序的农地流转长效机制还存在差距。

三、博弈力量失衡为农民权益风险的社会根源

促进农地流转健康发展，其关键在于维护与保障农民在农地流转博弈中的农地经营权和农地收益权权益。在这场博弈中，农民首先面对的是以农地"所有者"和集体经济管理者身份出现的村集体组织，是个体权益与公共权能之间的较量；其次面对的是以农地流转需求者和农地规模经营投资者身份出现的农地规模经营主体，是农民与资本和信息之间的比拼。显然，农民无论是与村集体还是与规模经营主体之间展开博弈，都是一场力量失衡的博弈，特别是在公共资源、生产要素、流转信息等方面，农民都不占有任何优势。

第一，农民与村集体博弈的地位劣势决定权益保障面临风险。按照博弈论的基本观点，博弈双方只有处于同等条件、平等地位的环境中，博弈才有可能找到最好的均衡点；否则，博弈均衡是很难实现的。但在我国现有乡村管理体制机制和农地产权结构模式框架下，村集体所拥有的公共权力成为其参与农地流转博弈的最大优势，被管理者身份的农民虽是农地承包经营权的实际持有人，但在面对强大的农地"所有者"的村集体时，农民法定承包经营者的优势就不再明显了。尽管农民可以也曾通过集体上访来表达自身的利益诉求，但是这种表达方式的过高成本要求和利益诉求认同处理的时滞特点，并没有从根本上改变农民在与村集体博弈中的弱势地位；尽管农民还可以也曾通过联合组建维权组织，如区域农地流转协会组织等来强化博弈地位和资本，但现阶段这类组织几乎不存在，即使有少量的合作组织也往往因为对外融资难、维权成本高和运转效率低等原因，难以帮助农民实现博弈地位的根本转变。由以上分析可看出，村集体拥有的博弈优势远远大于农民所拥有的。农民在与村集体组织这种绝对的"以弱博强"的博弈环境下，出现农民"不博而输"现象就是再正常不过的，具体在农地流转中，村集体及其代理人——村干部完全有可能借公共权力干预农民参与农地流转行为决策和选择，甚至渗透到流转价格决定、流转方式选择和流转数量确定等各方面和各环

节，基于个人既得利益和寻租便捷，在流转的形式选择中，村集体和村干部还特别偏好"返租倒包"等完全由村集体推动和组织实施的流转模式。因为这种模式选择，可以使村集体及代理人村干部的寻租欲望得到最大化满足，而且也是最利于单赢的博弈环境。另外，农民与基层政府的博弈类似于农民与村集体的博弈，不同的是政府拥有更为雄厚的"政治资源"。在这种资源的作用下，政府甚至可以通过制定地方行政规章、出台相关政策等方式强行征用农民承包土地，还可以压低征地补偿和安置费用，致使农民承包农地权利和收益双重流失。确切地说，农民与基层政府在土地问题上很难构成博弈关系，因为与村集体博弈一样，农民根本就不具备与基层政府博弈的条件，同样是处于"不博而败"的状态。当基层政府决定征用土地时，农民基本不具有"说不"的资格和流转条件谈判的权利。因此，农民在基层政府和村集体强力推进的农地流转过程中，特别是在政府基于所谓"公共需要"的农地征用过程中，在强大的"政治压力"胁迫下，农民农地承包经营权益损失也就成了"顺理成章"之事。

第二，农民与规模经营主体博弈的资源劣势注定权益维护面临风险。农民在农地流转中面对的博弈对手是以农地流转需求者和农地规模经营投资者双重身份出现的农地规模经营主体。作为需求者来说，规模经营主体对于农地流转价格、流转需求数量等信息相对农民而言，更为完全；作为规模经营投资者来说，其经营目标是实现投资回报最大化，在流转投入、流转路径选择等各方面都会"精打细算"，极有可能基于利润最大化追求而伤害农民权益。在现阶段农地流转缺乏相关信息采集、处理和发布机构的背景下，农民农地需求信息来源非常有限，容易造成农地流转供给者和农地流转需求者数量和地位不对等的现象，尤其是现阶段农地流转中存在的"多个委托人与同一代理人"之间的委托—代理模式，往往会造成农地流转供给者即流转农地农民数量远远大于农地流转需求者即规模经营主体数量以及农地流转供给大于需求的假象，这种假象容易为规模经营主体打压农地流转价格提供便利，进一步使农地流转在供求信息和流转地位不对等条件下进行，进而干扰农地流转交易公平和价格决定。另外，规模经营主体为节约农地流转交易成本特别是与多个分散的农民谈判的成本，规模经营主体往往更愿意直接与具有寻租动机的村集体组织及其代理人村干部联合起来，推进农地流转，使官、商双方各自凭借农村公共管理权力、农地流转信息和规模经营资本优势，假借行政干预和市场调节相结合的手段，联合成整体强势推进大宗农地流转。一方面，是大部分规模经营主体基于节约农地流转谈判和交易成本，最大限度降低流转交易风险，而与乡村集体经济组织合作推动农地流转；另一方面，是极少数不法规模经营主体通过官、商结合，并千方百计压低农民农地流转价格及农地规模经营收益农民承包权分配比例，降低农地流转直接成本。这种建立在不合理机制上的流转双方主体博弈，进一步把农地流转过程中的农民推向"权"、"益"双重风险境地。

第四节　农民权益风险的防范措施

一、健全农地流转的制度体系

农地作为一种稀有不可再生资源，其使用和管理迫切需要完整制度体系予以约束和调控。按照制度经济学基本理论，制度设计最优目标在于最大限度抑制"搭便车"者。近年来，为保障承包农民权益和国家粮食安全，国家先后制定实施了以确保 18 亿亩耕地红线为基调的、最严格土地使用管理政策制度，在相当程度上保护了耕地面积和农民权益。同时，为促进农地流转、加快现代农业发展，国家也出台了一系列促进农地流转、规范农地流转行为的政策制度。例如，2008 年，十七届三中全会通过的《中共中央、国务院关于推进农村改革发展若干重大问题的决定》明确要求，"加强土地承包经营权流转管理和服务，建立健全土地承包经营权流转市场，按照依法自愿有偿原则，允许农民以转包、出租、互换、转让、股份合作等形式流转土地承包经营权，发展多种形式的适度规模经营"，但"土地承包经营权流转，不得改变土地集体所有性质，不得改变土地用途，不得损害农民土地承包权益"。这对于促进农地流转发展、流转行为的规范具有重要意义。但相对我国农地流转发展需要和实际而言，促进和保障农地流转健康发展的制度供给相对不足，特别是在农地产权归属、流转过程管理方面尤为明显。加强农地流转制度建设、规范农地流转行为、保护农民权益是我国现阶段促进农地流转发展的重要措施。

第一，进一步完善农地产权制度。一是修改完善《宪法》、《民法通则》、《农村土地承包法》等基本法典中有关农地产权规定规范，明确村民小组是农村土地集体所有权主体，进一步界定村民小组及其代理人的权能边界，淡化行政管理职能，强化社会管理和服务，严格按照界定的责权利办事。二是制定《农村土地承包经营流转法》，明确农民农地承包经营权的独立财产权身份，并允许依法继承和流转，规范农地流转格式合同，明确流转双方当事人的权利和义务；从法律上赋予农地承包经营权月益物权地位，在不改变农地用途的前提下，农民对承包农地拥有具有排他性的决策权、经营权、收益权和处置权；进一步明确农村农地承包经营权流转的主体是承包农民，承包农民有权自主决定农地承包经营权是否流转以及流转的数量和形式，不得以任何理由特别是不得以"少数服从多数"为由强迫农民流转农地。

第二，建立和完善农地流转过程管理制度。一是尽快出台《农村土地流转监督法》，明确监察主体和范围，规定监察程序和内容，强调监察职能及处理办法，特别要明确对行政违法行为应承担的法律责任，明确农地流转监察部门的监察权能和失察责任，强化农地流转监察，严格执法，尽可能地从法律源头堵住有可能伤害农民权益的制度漏洞；二是制定颁布农地流转行为规范，具体规定农地流转原则、办法、程序、合约内容和方式、双方权利和责任等内容，加强对农地流转过程和合约履行的监控和管理；三是建立和完善政府、社会中介对外发布农地流转有关信息制度，破除农地规模经营主体对农地流转需求信息的垄断，完善农地流转市场定价机制；四是从法律规定上破除农地征用价格和征用地拍卖价格"双轨制"，实现农地资源配置市场化，切实贯彻落实"农地流转收益全部归承包农民"的制度，建立和施行农地征用补偿和安置动态标准，保证农地流转价格合理，维护农民经济和社会权益。

第三，建立和完善农地流转后管理制度。一是制定出台农地规模经营收益分配指导性意见，切实保障以地入股、股份合作农民在农地规模经营收益分配中的地位和比例；二是制定出台农地流转农民就业安置指导性管理办法，强化规模经营主体和政府机构在流转农地农民就业安置中的社会责任和义务，妥善解决农地流转以后的农民就业和发展出路问题；三是进一步完善流转农地农民"返乡"就业创业扶持制度，加大"返乡"农民就业安置中央转移支付力度，保持农地流转和规模经营的稳定性。

二、建设分权制衡的现代政府

毫无疑问，在农地流转这样一个不完全竞争市场的发展进程中，政府的宏观调控作用和手段对于保障农地流转市场发展具有十分重要的意义。问题的关键在于如何有效发挥政府的积极引导作用，克服行政干预过多等不足。从当前我国农地流转实际情况和政府作用情况看，在农地流转过程中，政府职能作用主要存在两大问题。一是政府漠视市场调节作用，行政干预过多，甚至强行推进农地流转。十七届三中全会以来，国家多项政策都曾提及和鼓励农地流转，少数地方政府错误理解中央政策，忽视农地流转"农民自愿"原则，甚至出台专门政策人为强行推进农地流转发展，个别地方还把促进农地流转作为干部和单位绩效考核的依据和内容。二是少数政府官员在农地流转管理中存在侵害农民利益行为。1994年分税制改革以后，有些地方特别是经济欠发达的中西部地方政府大搞"土地财政"，利用土地价格"双轨制"，通过强行征用和高价拍卖攫取农地流转价格"剪刀差"，肆意侵夺农民农地承包权益，甚至不惜撕毁农民承包合同，随意收回农民承包农地。为纠正政府在农地流转中的违规行为，充分发挥政府在农地流转中的规划、调控、指导、监督和服务职能，完全有必要通过政治体制改革进一步完善政府职能、规范干部行为。

第一，加强服务型政府机关建设。一是切实转政府职能，把政府从具体经济事务中解脱出来，促使政府由"万能管治型"向"有限服务型"转变，加强政府法制化建设，增加政府政务公开透明度，按照"有所为、有所不为"原则，在充分发挥市场在资源配置中主导作用的基础上，以高效管理与优质服务来弥补市场"失灵"等不足。在具体农地流转管理事务中，就是发挥政府在农地流转中规划设计、市场指导、过程监督和社会服务的作用，扮演好第三方角色，特别注意加强农地流转信息收集、甄别、发布工作，协调流转双方利益矛盾，保护农民农地流转权益。二是建立和完善对行政权有效制约的权力制衡机制，充分发挥党内民主监督、社会舆论和群众监督、人大问责监督以及法律监督等积极作用，使行政权力置于有效监督之下，规范政府和干部行为，对违规和侵权等不良行为及时举报和曝光，对违法犯罪行为要严厉惩处，逐步建立惩防结合的监督教育机制，切实维护和保障农民权益。

第二，加强服务型干部队伍建设。毛泽东曾指出，"政治路线确定之后，干部就是决定的因素"[1]。在实践工作中也反复证明，干部队伍能力素质如何既影响党和国家路线、方针、政策的贯彻落实，也影响政府在人民群众中的形象，加强干部队伍建设对于党和国家各项事业发展具有重要意义。一是加强学习型机关组织建设。通过政策宣讲、集中学习提高机关干部对党和国家有关推进农村工作发展的路线、方针、政策的政治理解水平，在应对和解决农村和农地流转中各种复杂问题中提高干部

---

① 《毛泽东选集》，北京，人民出版社，1991，第二卷，第526页。

实践执行能力，逐步培育一支以共同愿景凝聚组织力量、以团队学习强化目标指引、以心智模式转变推进思维创新、以自我超越完善内部激励、以系统思维改进工作模式的创新型干部队伍。二是树立正确的农地流转政绩观念和干部考核评价标准。促进农地流转发展、培育农地流转市场无疑是当前完善农地产权结构的基本大政方针，也是促进现代农业发展的客观需要，但如何树立正确的农地流转评价标准和干部政绩观念是保障农地流转健康发展的重要因素。破除农地流转评价"唯速度论"影响，建立以流转绩效为核心的综合评价机制，有利于干部树立正确的农地流转绩效考核观念，引导干部把主要精力从推进农地流转速度发展转移到提高农地流转服务质量上来；有利于防止干部因不尊重市场经济和农业生产规律而使"好心办坏事"的悲剧在农地流转实践中反复上演；有利于建立从政策引导、公共服务等方面突出和保障农民权益的农地流转机制。三是加大农地流转中违纪违规行为查处力度，净化干部队伍。农地资源的稀缺性、社会需求的无限性，如果公共权力失去有效监控，极容易诱导掌握公共权力资源的干部滋生农地流转腐败现象。从农地流转实际来看，特别是从 2007 年七部、办、委联合开展的全国农村突出土地问题专项整治行动以及各级纪检监察部门的执法情况来看，绝大多数乡村干部腐败案件都与农地资源利用有关。因此，尽管国家已实行"最严格的土地使用制度"，但仍有必要从基层具体管理运行层面进一步健全农地资源使用监控机制，加大对违纪违规行为查处力度，净化干部队伍，切实保障承包农民权益。

三、培育农地流转的市场机制

加快农地流转市场发展，就是按照"依法、自愿、有偿"原则，允许农民以转包、出租、互换、转让、股份合作等形式流转土地承包经营权，发展多种形式的适度规模经营，实现农地流转市场化、法制化，并通过市场化、法制化发展促进和保障农民承包权益。当前，农地流转中出现侵害农民权益行为，大多与农地流转市场发展不完善、信息不公开、条件不平等、资源配置不合理密切相关，只有通过农地流转市场发展，建立和完善市场配置农地资源机制，才能从根本上解决农民权益保障问题。

第一，建立市场化农地流转定价机制。保障农民在农地流转中的权益，首先是保障合理的农地流转价格。衡量农地流转价格是否合理，一是看价格是否反映成本要求，二是看价格是否反映市场供求程度和水平。农地流转成本对于承包农民而言，主要指农民自我经营农地的净收益。

如果农地流转价格低于自我经营收益，农民是怎么也不会自愿参与农地流转的。另外，农地资源是一种非常稀有的不可再生资源，社会需求量非常大，并且随着经济发展水平提高和城市化进程加快，农地流转价格从理论上分析，在市场环境中应该是无限上升的。而我国现阶段农地流转价格，大多是参照农地征用补偿标准执行的。即使是完全按照农地征用补偿标准执行，也只是考虑了农地流转成本，而没有真正反映农地需求程度或供求关系的要求和水平，对于保障农民权益而言，是不完全的。如果其中还掺杂了政府和官员意志，农地流转价格合理性和农民权益保障就更不确定了。因此，以市场需求为导向，建立合理的农地流转定价机制，以合理的价格引导农民参与农地流转，以合理的价格实现和保障农民合法权益，将是我国农地流转定价机制改革的基本走向。

第二，培育市场化农地流转供求机制。农地流转供求机制可以调节农地经营权的价格以及农地规模经营生产需求与供给的方向和规模；农地流转供求结构的变化能调节农地经营生产结构和城乡农地资源消费结构的变化，其作用与农地流转价格机制作用一致。培育农地流转市场化供求机制，一是必须使农地流转供求关系能够灵活变动，允许农地流转供给与需求在时间、空间、方向、程度等方面有适度偏离，不人为固化供求关系，并在供求关系变动中实现供求相对均衡。换言之，就是按市场要求，以合理的流转价格引导农民参与流转，培育农地流转供给；以合理价格为基础，以投资绩效为重点，引导农地流转需求变化，进而实现农地流转供求均衡。二是强化市场引导和价格指示器作用，实现农地流转数量、价格公开透明，淡化行政干预，解除农地流转价格和供求中的二元体制约束，特别是解除城乡用地价格"剪刀差"所引致的城乡农地流转供求失衡。三是充分发挥供求机制在农地流转总量、结构、空间、时间等方面的调节作用，实现农地资源与农业经营资本等生产要素的有效配置。

第三，引进市场化农地流转竞争机制。有市场就有竞争，竞争是一种优胜劣汰手段，是实现部门之间资源合理化配置的重要机制。竞争包括农地流转供给方之间、农地流转需求方之间、农地流转供给和需求方之间的竞争。竞争的目的和意义在于以最富有活力的方式实现生产要素之间的合理配置。对于农地流转供给者农民而言，竞争的目的在于以最合理的价格实现农地经营权权益最大化。竞争机制形成和发挥作用的条件有三个：一是主体独立，能自主决策；二是双方利益激励明显，积极性高；三是拥有良好的外部环境。相应地，对于农地流转双方而言，引过农地流转竞争机制，就是要做到：一是改革完善农地产权制度，保障农地流转双方成为独立的经济实体，并能自主决定是否参与农地流转以及农地流转的数量和价格；二是改革完善农地流转利益保护机制，确保农地流转双方基本利益，完善利益内部激励机制，增强双方参与农地流转的积极性和主动性；三是优化外部环境和条件，建设一个结构配套、功能齐全的市场体系，促进要素合理流动，使竞争双方生产要素实现最优配置，实现流转双方利益最大化。换言之，通过引入竞争机制，实现优胜劣汰，保障生产要素最优配置，进而实现和保障流转双方权益最大化。

四、完善农村社会保障体系

促进农地流转发展，保障农民权益的另一个重要社会基础是农村社会保障体系完善，让农民没有后顾之忧。农村社会保障体系对于农地流转的意义在于以最好的保障体系弱化农地对于农民所特有的生活和就业保障功能，减轻农民长期形成的对于承包农地的依赖。也正是这种依赖的不断减轻和农村社会保障体系的逐步完善，农民才有可能参与农地流转，农民权益才能得到全面保障和维护。农村社会保障体系大体可以分为两大类：一类是农民基本生活保障体系；一类是被征地农民和农民工就业发展保障体系。

农民基本生活保障体系是以农村最低生活保障、新型农村合作医疗、农村医疗救助、农村养老保险、农村"五保"供养和农村优待抚恤、自然灾害生活救助等为主要内容的农村社会保障体系；被征地农民和农民工社会保障体系主要指被征地农民补偿和就业、农民工就业和参与城镇居民社会保障为主体的社会保障体系。通过中央财政转移支付和政策试点实行，我国农村社会保障体系有望实现加快发展，农民基本生活和权益得到基本保障。

农村最低生活保障制度基本建立。这项制度是在传统农村社会救济制度上的创新，自 20 世纪 90 年代中期试点以来，逐步得到推广。2007年，国务院印发了《关于在全国建立农村最低生活保障制度的通知》，加快了这项制度的建设步伐。目前已全面覆盖有农业人口的县（市、区），正向应保尽保迈进。截至 2011 年年底，全国农村纳入低保对象 5298.28万人，比 2005 年年底增长 551.04%。农村低保平均保障标准由 2005 年的月人均 74.83 元，提高到 2011 年的 140.29 元，增长了 87.48%；月人均补助水平由 2005 年的 28.37 元，提高到 2011 年的 100.07 元，增长了

252.73％。2006～2011 年，农村最低生活保障标准平均增长率为 11.40％，比同期 CPI 平均上涨幅度高出 8.03 个百分点。①

新型农村合作医疗覆盖范围不断扩大。个人缴费、集体补助、政府资助相结合的新型农村合作医疗制度，于 2003 年开始试点和推广，到 2008 年年底已全面覆盖有农业人口的县（市、区），参合农民达 8.15 亿人，参合率为 91.5％，提前两年达成目标。全国累计 15 亿人次享受到补偿，补偿基金支出 1253 亿元。其中有 1.1 亿人次享受到住院补偿，11.9 亿人次享受到门诊补偿，对 2 亿人次进行了健康体检。参合农民次均住院补偿金额从试点初期的 690 元提高到 1066 元。②

探索建立农村养老保险制度。我国从 20 世纪 90 年代开始农村养老保险试点，后因客观条件制约而停顿。2009 年 9 月，国务院发布了《关于开展新型农村社会养老保险试点的指导意见》，提出到 2020 年前实现全覆盖。近年来，随着经济和社会发展水平的提高，一些地方开始探索不同形式的农村养老保险制度。目前，有关部门正按照党的十七届三中全会关于建立个人缴费、集体补助、政府补贴相结合的新型农村社会养老保险制度要求，研究推进新型农村社会养老保险制度建设的指导意见。截至 2011 年年底，新型农村社会养老保险试点扩大到全国 40％的县，全国共计 3.58 亿人参加新型农村社会养老保险。③

农村救灾能力不断提高。我国农村自然灾害多、受灾地域广、受灾人口多、损失比较重。近年来，随着救灾应急响应、灾民生活救助、灾后恢复重建、备灾减灾、社会动员等机制的逐步建立和完善，农村救灾能力不断提高，历年救灾工作扎实有效，特别是夺取了抗击低温雨雪冰冻灾害和汶川地震灾害的胜利。2008 年，紧急转移安置灾民 2682.2 万人，救济灾民 8000 多万人次。

农村社会福利事业逐步发展。20 世纪五六十年代，各地相继建设了以集中供养农村孤老对象为主的敬老院，一些地方还兴建了集中供养在乡老复退军人的光荣院。近年来，在认真履行政府责任的同时，积极引导社会力量举办农村社会养老机构，农村社会福利事业逐步发展壮大。

---

① 中华人民共和国审计署：《2012 年第 34 号公告：全国社会保障资金审计结果》，http://www.audit.gov.cn/n1992130/n1992150/n1992379/n3071301.files/n3071602.htm，2012 年 8 月 2 日。

② 民政部：《快讯：农村医疗救助制度建立以来累计直接救助 2024.1 万人次》，http://npc.people.com.cn/GB/28320/152280/152287/9176243.html，2009 年 4 月 22 日。

③ 李朴民：《2011 年新型农村社会养老保险试点扩大到全国 40％的县》，http://www.gov.cn/2011lhft/1/content_1819545.htm，2011 年 3 月 8 日。

截至 2008 年年底，全国农村敬老院有 29452 个，收养孤老、孤残、孤儿 158.1 万人；光荣院有 1336 个，收养 4 万人。另外，不断提高在乡老复员军人、带病回乡退伍军人补助标准，农村优待抚恤工作进一步加强。逐步改善农村残疾人服务设施，给生活困难的农村老党员发放定期补助，春节向农村困难群众发放了一次性生活补贴。

农村"五保"供养制度继续完善。20 世纪 50 年代，我国开始建立以保吃、保穿、保住、保医、保葬为基本内容的农村"五保"供养制度，这是新中国第一项农村社会保障制度。改革开放以来，农村"五保"供养制度不断完善。2006 年修订了《农村五保供养工作条例》，使这项制度实现了从农民互助共济向政府财政保障为主的重大转变。2008 年年底，全国农村"五保"对象有 543.4 万人，基本实现了应保尽保。

农村医疗救助制度建设顺利推进。农村医疗救助是政府对患病且无力就医的贫困农民的医疗费用给予适当补助的制度。这项制度从 2003 年年底开始推行，进展比较顺利，目前已全面覆盖有农业人口的县（市、区）。农村医疗救助制度建立以来，累计直接救助 2024.1 万人次，累计资助 9458.3 万人参加新型农村合作医疗。

被征地农民社会保障工作扎实推进。近年来，进一步规范了被征地农民社会保障的对象范围、资金来源和待遇水平，实行了社会保障资金不落实不得批准征地、同地同价和先保后征的措施。截至 2008 年年底，有 1300 多万被征地农民得到了不同形式的社会保障。

农民工社会保障工作得到显著改善。目前，我国农民工总数约为 2.3 亿人，其中在城市就业的约 1.4 亿人，与用人单位有劳动关系的 7000 多万人。截至 2008 年年底，全国有 2400 多万农民工参加城镇企业职工基本养老保险，4200 多万农民工参加城镇基本医疗保险，4900 多万农民工参加工伤保险，1500 多万农民工参加失业保险。[①]

---

① 李学举：《国务院关于农村社会保障体系建设情况报告》，http://www.ce.cn/xwzx/gnsz/gdxw/200904/22/t20090422_18880834_1.shtml，2009 年 4 月 22 日。

第五章　农地流转与市场风险

随着农地流转市场化发展，因市场信息不完全性和市场机制运行的不确定性必然导致农地流转的市场及经营风险。农地流转市场信息不完全性主要表现为农地供给方对农地流转需求信息了解的不全面性。农地流转市场机制运行的不确定性首先表现为农地流转定价的不确定性，即农地流转价格不能全面准确反映农地流转成本和农地流转市场供求关系，换言之，农地流转价格形成具有明显时滞特点，当期价格不能准确反映未来长期价格水平的变化和发展趋势。其次，农地流转市场机制运行的不确定性表现为农地流转市场供求关系的不确定性，既包括农地流转供给的不确定性，即农民是否参与农地流转以及流转数量多少除受流转价格影响之外，还与农民收入结构、农地观念、流转意愿强度以及非农发展需要等因素紧密相关；另外，还受规模经营者投资愿望、投资激励和投资能力影响，特别是在农村金融体系还不十分发达的条件下，更为明显。再次，农地流转市场机制运行的不确定性表现为市场竞争风险，特别是承包农民与规模经营主体之间"多对一"的委托—代理模式，既可能导致农地流转供给方即承包农民之间的恶性流转竞争，也为规模经营主体侵害承包农民权益提供了制度可能。最后，农地流转市场风险还表现为因农地流转所引致除市场机制之外的、对农民权益造成损害的可能性。如农地产权风险、利益失衡风险、市场过度波动风险、市场交易环节风险，等等。农地流转市场风险的内生根源在于农地流转信息不完全和供求双方的有限理性决策，也包含有农地流转外部制度特别是农地流转过程监管制度供给不足等因素。防范农地流转市场风险，一方面，从农地流转内生要素入手，完善农地流转信息搜集处理和发布机制，鼓励充分竞争，提高流转双方决策能力和水平，避免有限决策；另一方面，以完善农地流转外部激励和管理机制为保障，通过完善农地产权制度、协整利益矛盾、规范流转行为、加强市场监管等措施实现预期制度目标。

第一节　农地流转市场及市场机制构成

农地流转市场能否健康发展，关键取决于三个要素。一是农地承包经营权能否成为具有自身独立价格的生产要素参与市场循环，尽管我国有关政策已经允许和鼓励农地经营权可以以多种方式参与市场流转，但农地承包经营权还没有从法律上成为独立的财产权，即使是《物权法》也只是将农地承包经营权界定为用益物权，农民并没有相对独立的处置权和剩余控制权。同时，我国《担保法》还明确规定农地承包经营权不能作为独立的抵押物，事实上也没认可农地承包经营权的独立财产权地位。二是农民能否真正成为农地流转独立主体，即农地流转供给方，从我国现有社会保障体系、农民就业渠道、收入结构和水平、非农发展出路等方面来看，农民对承包农地的保障功能依存度还非常高。因此，无论是承包农民主观愿望还是供给能力都还相当有限，特别是在经济欠发达的中西部地区更为明显，农地流转在一定程度上还存在有效供给不足。三是农地规模经营主体能不能完全形成。从现阶段农业比较效益、农村金融体系、工商资本反哺农业机制体制等方来看，农地规模经营主体还只是局限在农业内部的农业产业化龙头企业、种植大户等层面，其需求也是有限的，买方市场还没完全形成。

农地流转市场能否真正发挥其在农地资源与其他生产要素配置中的基础作用，关键在于建立完善的农地流转市场机制，即农地流转价格机制、农地流转需求机制、农地流转竞争机制能独立地运行，并实现农地资源与农业资本等生产要素的合理有效配置。为全面研究农地流转市场风险的内涵及防范措施，这里有必要先研究农地流转机制的构成和特点。

一、农地流转供求机制

我国农地流转市场运行的基本目标：弥补家庭承包经营基本制度不足，以农地流转促进农地规模经营和现代农业发展，实现农地资源的最优配置和有效利用。根据农地资源自身特性和现阶段农地资源开发利用技术，我们不难发现，农地流转需求与其他商品需求的不同特点：一是农地流转需求在一般情况下总是随着规模经济发展而不断增长的；二是在现有技术水平条件下（事实上，很难想象出在什么条件下人们不需要农地资源支持）农地流转需求具有不可替代性；三是投资带动性强，通常情况呈正比关系；四是农地流转需求目的具有多样性。

农地流转供给特点则表现为：自然供给是刚性的，因为农地资源是不可再生的，所以总量是一定的；而农地的经济供给则是富有弹性的，一般情况下价格越高，供给数量越多。供求机制反映价格与供求关系的内在联系。当需求大于供给时，价格上升，从而刺激供应；当供给大于需求时，价格下降。农地流转供求总是处于不平衡状态，即使出现平衡，也只是暂时的或结构性的，因为相对农地需求而言，农地供给总是有限的。因此，建立农地流转供给和需求引导机制是必要的。我国现阶段施行的"最严格的土地使用制度"、"确保18亿亩耕地红线"和"允许多种方式自愿流转"政策，一方面是为了控制非农用地、握紧经济投资过热"闸口"，另一方面是鼓励农地流转，促进农地规模经营，满足现代农业发展需要。这种制度设计从整体上基本实现了其预期目标，农地流转频率加快、范围扩大。但由于农地流转价格机制及其配套机制问题，农地流转供给相对不足。据农业部统计，截至2008年年底，全国农村农地承包经营权流转面积1.09亿亩，占农户承包耕地总面积8.9%，其中转包54%、出租26.2%、转让6.2%、互换4.4%、入股4.4%、其他4.8%[①]；2009年年底，全国农村农地承包经营权流转面积1.5亿亩，占全国承包耕地面积12%[②]；截至2011年上半年，全国农村农地承包经营权流转总面积2.07亿亩，占承包耕地总面积的16.2%，签订流转合同2258.8万份，签订率为60%[③]。

二、农地流转价格形成机制

在市场机制运行中，价格及形成机制对资源配置起到至关重要的作用。农地流转价格是促进农地流转市场健康发展的核心要素，是反映农地流转交易状况的"晴雨表"，客观揭示了农地流转供求关系。农地流转价格最本质的作用就是引导农地资源与其他生产要素实现合理配置，提高社会经济效率和效益。因此，农地流转价格应当通过市场竞争机制来形成，进而引导供求关系。农地流转价格对农地流转供给者来说，是调节农地流转供给规模、时间、方向的信号；对农地流转需求者而言，则是改变农地流转需求和规模经营投资方向和规模的信号；对国家宏观调控而言，是有效调节农地流转供求关系的信息和手段。农地流转价格机制成为连接农地流转市场主体和交换关系的桥梁，通过农地流转价格机制作用，使得农地资源在农地经营者之间合理流动，按照不断变化的农地流转市场需求重新组合，保证农地经营权和农地资源的最优配置。根

---

① 朱隽：《农业部：土地流转过程中必须处理好四对关系》，《人民日报》2009年8月2日。

② 陈小林：《农村土地流转后的问题及对策研究——基于承包方视角的调研分析》，《南方农村》2011年第2期。

③ 余晓洁、赵超：《全国土地承包经营权流转总面积2.07亿亩占比16.2%》，http://news.xinhuanet.com/legal/2011-12/28/c_111325688.htm，2011年12月28日。

据价格机制的形成和适用条件，建立一个完整系统的农地流转价格形成机制，应该包括：第一，农地流转主体拥有完整的价格决定权，允许其根据市场自主确定农地流转价格，承包农户应具有较充分的农地处置和农地流转价格决定的权利。第二，形成了完善的农地流转价格信息传导机制，使农地流转价格信息透明、公开，使其能够为政府、企业和农户决策提供服务。第三，形成了相对完善和独立的农地流转中介服务组织体系，拥有比较充分的流转服务选择。

三、农地流转市场竞争机制

市场竞争包括买卖双方之间、买方之间、卖方之间的竞争。在完全竞争市场条件下，任何人都不能垄断或长久地主宰市场价格。从理论分析看，由于农地流转供给的有限性和不可替代性，使得农地流转市场的竞争应该比其他任何商品市场的竞争更加激烈。建立和完善农地流转市场竞争机制，第一，要消除农地流转活动中各种垄断因素，如地方政府保护、流转信息隐匿等，促进流转竞争公开、公平、合理。第二，确保农地流转市场主体地位的平等，不论农地流转投资者是本地的、国内的，还是外地的、国外的，是国家、集体还是个人，都应当享受平等的待遇，包括平等享受各种优惠政策。第三，要强化竞争关系的社会协调。只要有竞争，就必然出现优胜劣汰，这就需要竞争双方依法守法，同时，也需要完善的包括经济司法和经济仲裁在内的公共服务体系，以调解和处理农地流转主体利益矛盾和冲突，协调和维护公平、公正的市场竞争关系。

第二节　农地流转市场风险及类型

Barnereta 将市场风险定义为：由于环境因素导致能否赢得竞争优势的不确定性，因不确定性结果有可能是收益，也有可能是损失，因而可以划分不同风险人群。也有观点认为，市场风险是指当市场价格向不利于自己的方向发展时所造成的资产收益的减少和负债成本的增加。还有观点认为，市场风险是由于市场交易中风险因素的变化和波动，可能导致所持有投资组合或金融资产产生的损失。市场机制内部风险和流通性风险是市场风险的重要内容。事实上，市场风险是指交易标的资产价格变动给交易主体带来损益的可能，即市场主体在从事交易活动时因对市场预期的差别而导致的风险，它在市场经济活动中随时随地都存在，因而属于常规性风险。农地流转市场风险主要指在农地流转交易中，因风险因素变动所引致流转交易主体的权益和资产损失。从农地流转行为过程及农地流转市场结构来看，农地流转市场风险主要包括市场机制内部风险和流转过程风险。农地流转市场机制内部风险又包括农地流转市场价格风险、农地流转市场竞争风险、农地流转市场供求风险；农地流转过程风险则主要包括农地流转产权风险、农地流转利益失衡风险、农地流转市场过度波动风险、农地流转行为风险和农地流转监管风险。

一、农地流转市场机制内部风险

农地流转市场机制内部风险是指农地流转市场调节运行机制内部要素发生变化所引致的农地流转主体权益损失。主要是指因为市场机制在实际运行过程中所具有的不确定性带给流转主体利益损失的可能。从农地流转市场机制内部构成来看，农地流转市场机制内部风险主要有农地流转市场价格风险、农地流转市场竞争风险和农地流转市场供求风险。

（一）农地流转市场价格风险

农地流转市场价格风险是指农地经营权市场流转价格的不确定性及波动所造成的流转主体资产或权益损失。

根据影响农地流转价格波动的因素不同可以将农地流转市场价格风险划分为不同类型。一是农地流转供给性价格风险，即承包农民基于预期收益和权益保障需要而改变实际供应流转市场的农地经营权数量所导致的农地流转价格波动及主体利益损害。二是农地流转需求性风险，即农地规模经营主体基于投资收益预期和农地流转市场价格预期而改变对农地流转需求所导致的农地流转价格变动及主体资产和权益损害。三是宏观性价格风险，即由宏观经济因素和环境变动引起的农地流转价格波动及对主体权益损害。四是政治性价格风险，即国际、国内政治局势变化以及由国际政治事件所引起的国际关系格局变化致使国内经济形势变化所引致的农地流转价格波动及主体利益损害。五是政策性价格风险，即国家的政策制度调整所引起的农地流转价格波动及流转主体权益损害。六是自然条件变化的价格风险，即季节、气候、生产周期等自然条件变化所引致的农地流转价格波动及主体利益损失。七是突发事件价格风险，即生产生活中所遭遇自然灾害、流行疾病等突发事件所引起的农地流转价格波动和流转主体利益损害。

根据农地流转市场价格策划和管理监控不同，也可以将农地流转价格风险划分为不同类型。一是农地流转定价不当风险，既包括确定的农地流转价格不能被流转市场特别是潜在流转市场接受的风险；也包括过分突出农地经营权流转自身价格，忽视农地流转市场均衡利益最大化准则而导致农地流转难以实现的风险。二是农地流转价格僵化风险，即农地流转价格按照统一模式和标准一成不变，不能灵敏地反映农地流转市场环境变化和农地流转需求动态变化的风险。三是农地流转价格定位不当风险，特别是在农地流转供给方之间的价格竞争中，个别农民农地流转定价不当，容易引起同行或需求方报复的风险；同时，也包括农地流转定价与国家政策甚至是国家法律法规相冲突的风险。四是农地流转价格执行风险，即在农地流转过程中因委托代理一方逆向选择或道德风险而使原来所确定或约定的农地经营权价格难以执行和实现的风险。

（二）农地流转市场竞争风险

在农地流转市场竞争中，流转主体参与竞争的基本动机和目标是实现农地流转收益最大化，但不是所有竞争者的预期利益目标都是能够实现的。无论是从理论分析还是市场竞争实践都足以说明，农地流转市场竞争本身也会使农地流转竞争主体面临不能实现其预期利益目标的危险，甚至会蒙受利益损失。这种现期既得农地流转利益与预期农地流转利益目标发生背离的可能性，就是竞争主体面临的农地流转市场竞争风险。在农地流转市场竞争中，不确定性因素跟一般商品市场竞争一样很多，尽管每个竞争主体都期望实现其预期利益目标，否则，就不会参与竞争，但绝不会是每个竞争主体都能成功，必然会是一个优胜劣汰的过程。

按照成熟规范的市场竞争机制要求，有效的农地流转市场竞争应该满足三个必要条件：一是农地流转竞争必须是公平公正的；二是农地流转竞争必须是相对充分的；三是农地流转竞争必须是有序的。但从我国现阶段农地流转市场竞争实践来看，无论是竞争主体地位，还是竞争激烈程度，还是竞争行为管理，都还与完全市场竞争机制要求存在较大差距，这也正是我国农地流转主体必然会承担农地流转市场竞争风险的体制机制原因。

农地流转市场主体在竞争中面对的风险可以区分为两大类：一类是自然或社会风险，即由于自然灾害、个人或社会团体的失当行为，如水灾、旱灾、流转违约等，所带给农地流转市场竞争主体的权益损失；另一类是经营风险或市场风险，即农地流转主体在农地流转与农地规模经营投资、生产和销售等市场经济活动中，都会因为决策依据的信息不完全、决策手段不完善、决策执行不及时和不充分，以及竞争加剧等原因而蒙受经济损失，形成经营风险或市场风险。

农地流转市场竞争风险大小和程度主要取决于三个基本因素：一是市场竞争规模，即农地流转竞争双方投入的竞争力量和成本越大，竞争规模越大，农地流转市场竞争风险就越大；二是市场竞争程度，市场竞争的激烈程度主要表现为竞争主体在争夺流转市场交易对象、交易规模和投资效率等方面的抗衡状态，农地流转市场竞争越激烈，竞争双方所面临的风险就越大；三是市场竞争方式，市场竞争方式是竞争双方在竞争时所采取的手段和策略，一般可以划分为价格竞争和非价格竞争两类。一般来说，价格竞争比较激烈，特别是竞争双方轮番竞价，更容易使价格偏离市场均值，造成竞价双方损失。这对于"多对一"农地流转模式下的农民其风险更为严重。

（三）农地流转市场供求风险

农地流转市场供求风险是指农地流转市场供求关系变动给流转主体带来的权益损失风险。市场是瞬息万变的，农地流转市场上的农地供给与需求的数量和结构也处于不断变化之中，而供求关系的变化必然造成农地流转价格的波动，而价格的变动又进一步影响供求关系变化。农地流转价格变化具体表现为农地流转交易价格的变化以及由此影响的农地规模经营产品价格的变化，这种价格变化将可能会导致农地流转投资（对于农民而言，是农地经营权资产；对于规模经营主体而言，是农业经营资本投资）的实际收益偏离预期收益。从理论分析看，这种流转主体收益偏离将导致农地流转市场供求双方决策和行为选择出现比较糟糕的情况：一种情况是对于承包农民而言，因为收益偏离，要么基于流转价格上涨预期而观望惜地，要么因为价格下降而拒绝参与流转，使得农地流转市场供给严重不足，都将致使农地规模经营主体预期农业投资资本闲置，造成农业生产资源浪费；另一种情况是对于农地规模经营主体而言，在流转博弈中，要么因为农地流转交易价格上涨导致生产经营成本增加而减少农地流转需求，缩小生产经营规模，抑制农地流转发展，要么基于农地流转交易价格下降预期迅速扩张农地经营投资，最终因农民流转供给不足，致使规模经营资产闲置。

当然，在实践中，农地流转市场供求变化除因农地流转价格变化影响之外，农地流转市场供求还将受到国家宏观政策环境、农业生产经营比较效益、农产品市场价格、投资人风险偏好、农地流转行为及管理等因素影响，农地流转市场供求风险更为复杂多变。

二、农地流转过程风险

所谓"农地流转过程风险"不完全只限定于流转交易过程中存在的风

险，而是泛指由农地流转行为发生过程所引致的除市场机制内部风险以外的其他风险，具体包括：产权风险、利益失衡风险、市场过度波动风险、流转交易环节风险和流转市场监管风险等类型。

（一）产权风险

"产权清晰，归属明确"是市场交易的前提和基础，由于市场不仅是市场主体交易行为的过程，也是一个制度机制的运作过程，更是一个财产权利结构的动态转换和组合的过程。这个过程的展开和拓展是以产权界定为基础不断深化的。一方面，市场交易需要有分工和交换，而分工则意味着对资源的排他性占有与支配；交换意味着这种占有、支配与收益具有可转让性，产权正是将这两个方面有机融合在一起使得市场交易有序展开与发展。另一方面，产权制度也是市场得以延续的必要条件，市场本是一把"双刃剑"，它需要一定的规则体系支撑，需要一个宽严适度、价值中立、能够适应市场、防范和化解市场风险的有效法律制度环境。而这一制度环境的核心就是界定产权、确认权属。因为如果市场交易的客体产权界定不清或者归属不明，市场交易的行为及相应的权力运行就会处于不稳定的状态，市场的这种不确定性也使得市场主体的交易预期难以实现，市场交易的结果也因此变得不确定，市场交易的风险就不可避免。

科斯认为："如果没有这种权利的初始界定，就不存在权利的转让和重新组合的市场交易。""一旦考虑到进行市场交易的成本……合法权利的初始界定会对经济制度的运行效率产生影响。"[1]而在当前农地流转市场中，我国农村土地产权虽有分割和界定，但主体是不明确的，特别是所有权主体——"村集体"更加模糊含混。随着农村土地经营制度改革不断深入，同一块地在所有、承包、经营、处置等环节出现多元财产权益主体。因此，农地经营权进入市场流转，必须明确界定土地所有权、承包权、使用权（经营权）、处置权、收益权的内涵、外延、单位，重点抓好所有权、承包权、使用权（经营权）"三权"的确定和分权，包括权利的内容和有效范围，与权利相对应的责任、义务和利益，以及获得权利的资格、条件和程序，使各种权利主体依权而动，使农村土地产权关系有效正常运行。

1999年1月1日起实行的《土地管理法》第八条规定，"城市市区的土

---

① 〔美〕R. H. 科斯等：《财产权利与制度变迁》，胡庄君译，上海，上海三联书店、上海人民出版社，1994。

地属于国家所有。农村和城市郊区的土地，除由法律规定属于国家所有的以外，属于农民集体所有；宅基地和自留地、自留山，属于农民集体所有"。2003 年 3 月 1 日实行的《农村土地承包法》第十二条规定，"农民集体所有的土地依法属于村农民集体所有的，由村集体经济组织或者村民委员会发包"；第九条规定，"国家保护集体土地所有者的合法权益，保护承包方的土地承包经营权，任何组织和个人不得侵犯"。这些规定明确了三点：一是农地所有权属于村集体，村集体经济组织和村民委员会将农村集体所有土地发包给集体内部农民；二是村集体农民依法承包集体土地，对承包地享有经营权；三是国家依法保护这两种权利，禁止任何组织和个人侵害这两种权益。

"农民集体所有"是一个非常模糊的概念，具体归属并不明确。理论界之所以对"农地所有权主体"界定有争议也主要集中在这一点。韩俊认为："虽然法律规定农村土地归村民集体所有，但在集体所有制下，谁真正拥有土地，实际上并不明确。"他认为，农民并没有实际拥有农地所有权而使得农民承包权益受损。其实，从我国现阶段客观存在的、数以千万计的失地农民来看，应该足以说明农地产权风险问题客观存在，伴随农地流转频率加快和范围扩大将更加明显而复杂。罗丹（2004）等人认为，农业用地的所有权表现为两个层次：农民集体的所有权和国家所拥有的终极所有权，即国家拥有从宏观上对土地市场进行调控的权利，国家必须牢牢把握土地、信贷两大"闸口"，实际上也表明了国家对农村土地实际拥有终极所有权。而在现实政策和农地流转中，人们在理解农地所有权时，并没有那么复杂，或者事实上认可了同一流转交易标的农民承包农地没有分属于两个或两个以上主体，否则，很难理解产权的排他性。这也是我国农村现阶段农地流转中客观存在的实际情况。当然，进一步明确农地所有权、承包经营权的实际主体就更有实践价值和必要。

巴泽尔（1997）认为："个人对资产的产权由消费这些资产、从这些资产中取得收入和让渡这些资产的权利或权力构成。"[①]其实，这三项可以分别理解为使用权、收益权以及转让权。巴泽尔进而认为，"转让权是权利的互相转让"，即产权的交换过程，这更容易受到政策法规的限制。他暗示在这三项权利中，转让权是实现收益权的前提和资源优化配置的关键。相对于巴泽尔的含蓄表达，周其仁（2004）则明确指出："在组成产权的三项权利中，转让权起着更加关键的作用。理论上，得到清楚界定的

---

① 〔美〕Y. 巴泽尔：《产权的经济分析》，上海，上海三联书店、上海人民出版社，1997。

转让权一定包含着清楚的使用权和收益权。"他认为，农地转为非农地的权利，即转让权没有属于农民，这是农地"产权的残缺"。的确，《农村土地承包法》明确规定，不允许农民私自将农地转为非农地。其实，我们可以将产权残缺看成产权模糊的一种，但对于农地的产权，难道仅仅是产权模糊吗？这似乎并不能解释失地农民问题，恰恰是农地产权这种模糊和国有企业、乡镇企业的产权模糊并没有实质差异或独特性。

尽管《农村土地承包法》规定农业用地属于农村集体所有，但《农村土地承包法》第十七条规定，承包方"维持土地的农业用途，不得用于非农建设"；第三十三条规定，"土地承包经营权流转应当遵循以下原则……不得改变土地所有权的性质和土地的农业用途"；第六十条规定，"承包方违法将承包土地用于非农建设的，有县级以上地方人民政府有关行政主管部门依法予以处罚"。因此，尽管农地属于集体所有，农民有承包权，但前提是农民将土地用于农业用途，流转也仅限于农业用途。如果用于非农建设，则视为非法，当然也无所谓的承包经营权。尽管《农村土地承包权》在第九条中规定，"国家保护集体土地所有者的合法权益，保护承包方的土地承包经营权，任何组织和个人不得侵犯"，但国家对土地承包方权益的保护主要集中在保护农村土地的农业用途。在农业用途范围内，农村土地产权的使用权、收益权和承包经营权都属于农民，这使得在农业内部，土地资源配置更加合理，从这个角度看，尽管农地所有权主体模糊，但使用权、收益权和承包经营权是合理的。

值得指出的是，如果不考虑增人增地、减人减地等制度因素，我们认为，如果只研究农地农业用途时，农地产权其实并不模糊。因为，尽管村集体有名义上的所有权，但农民享有长时间的承包权，并且这个承包期限是永久的，农民享有农地涉及农业用途时的使用权、处置权。因此，真正享有剩余控制权的仍然是农民，故我们可以认为农民实际上享有对农地农业用途的所有权。而一旦涉及非农用途时，必须要将集体所有的土地征用或征收为国有，国家再将其使用权转让给土地使用者。《土地管理法》第四十三条规定，"任何单位和个人进行建设，需要使用土地的，必须依法申请使用国有土地"；第二条规定，"国家为了公共利益的需要，可以依法对土地实行征收或者征用并给予补偿"。因此，我们可以这样说，涉及非农用途时，农地的产权实际上并不属于村集体，对农民而言，使用权是被禁止的，只要国家有农地非农用途的使用权，农民对农地的收益权也就没有，更谈不上转让权、处置权和剩余索取权。此时，农地的产权实际上属于国家，我们也可称其为农地全民所有权。

为什么涉及非农用途时，农地所有权属于国家？我们的思路沿着 Grossman 和 Hart(1986)对所有权的定义进行，他们认为，企业或一项资产的所有权实际上是一种控制权，表现为对剩余权利(residual rights)的控制，即剩余控制权，而不是传统意义上的剩余收益权(residual claim rights)。剩余收益权是剩余控制权派生的。也许农民失地后，被允许分得部分土地增值收益，如某些地区在征地中，根据合同，土地使用企业将一部分分红金额给予村集体或农民，但村集体对该土地的非农用途并没有多大决策权。既然所有权表现为一项控制权利，而农民对农地的非农用途并没有任何控制权利，因此，涉及非农用途的农地的所有权并不属于农村集体。非农建设用地必须使用国有土地，而国有土地包括城市土地和集体农业用地变为国有土地的部分。随着非农建设的大幅增加，国家对农村集体用地的征用或征收也开始大幅增加。在征地过程中，征多少地、征哪块地、以什么价格征地，农民并没有话语权，地方政府代表国家说了算。国家征用原村集体土地后，再将使用权转让给土地使用者，不管是通过公开协议出让，还是招标拍卖、入股、租赁等，都是地方政府代表国家在实际操作。因此，凡涉及农地的非农用途时，国家实际上享有所有权，即剩余控制权。依据同样的逻辑推理，我们也可以认为，凡涉及农地农业用途时，农民实际拥有农地所有权，即享有剩余控制权。

由此可以推定，我国农地所有权的特点并不是"模糊产权"(ambiguous property rights)，而是"二元产权"(dual property rights)，这是农地产权之所以区别于乡镇企业、国有企业的产权的主要方面。国有企业的产权是国家所有，乡镇企业的产权是集体所有，但农地产权要区分农业用途和非农业用途：涉及农业用途时，农民实际享有所有权；而涉及非农用途时，国家享有所有权，地方政府代替国家行使这种权力，当然地方政府需要支付"合法"的报酬，但这个报酬由地方政府说了算。

由于农业用途和非农用途二者是竞争性的，所以二者不能共存。如果在农地农业用途转化为非农用途过程中的交易价格决定都是市场化的，农业用途和非农用途流转将不存在矛盾，农地二元所有权特征也很具有合理性，那么农民失地问题也将迎刃而解。问题的关键是两种不同形式的流转价格并不都是市场协商与谈判而决定的，农地征用或征收价格即农地征用补偿和安置标准是由法律强制规定的一个价格，并不完全反映市场要求，这为农地非农用途侵犯农业用途埋下伏笔。以此推断，农地产权风险就会因农地流转市场交易而客观存在。

（二）利益失衡风险

根据我国现阶段农地产权结构特点，决定了在农地流转制度安排体系中，存在着四个层次的农地流转供给相关人：中央政府、地方政府、村集体组织和承包农民。四种主体在农地流转因各自流转动机、价值目标、行为选择的差异性而表现出不同的欲望和利益需求。正是这种不同欲望和利益需求的驱使，加之各相关人在农地流转中的不同影响而容易导致形成非均衡利益关系，使得农地流转面临利益失衡风险。

中央政府是城镇建设用地的所有者和农村土地最终调控者，它从全国经济社会发展需要的宏观角度来看农地流转问题，它不仅考虑农地流转的经济效益，还要考虑农地流转对国家粮食安全和生态环境的影响等社会和生态效益，因此，中央政府具有强烈的农地保护倾向，主张实行最严格农地管理制度和农地流转管理制度。

各级地方政府是城镇建设用地的经营者和管理者。它既是农地城市流转收益的最大利益获得者，理论上也是农地流转的直接引导者和监管者，但迫于区域经济发展需要和财政严重不足双重压力，表现出强烈的农地流转城市化倾向。简言之，总是希望将尽可能多的农地转化为城市用地，具有攫取更多的农地非农流转租金的内在欲望和动机，往往假借促进农地流转之名而行促进农地"农转非"之实，甚至圈地、卖地，攫取农户承包权益。

村级集体组织是农地所有者，可自身无法充分行使所有权，而是通过委托—代理关系赋予村干部——村集体的领导者、代表者具体实现农地所有权能，无形中也赋予了村干部在农地流转中的特殊地位，即村干部在大批量农地流转中拥有充分信息知情特权和直接决策权能，往往容易促使村干部基于自身既得利益而在农地流转中与工商资本、农地规模经营者、政府部门形成背离承包农户利益的外部利益链条，加之现行村民自治组织村民委员会代言人——村干部监管机制不健全，容易产生农地流转设租寻租行为，特别是在现行城乡用地价格不统一的背景下，在农村集体土地被征用为国家所有的过程中，村干部具有农地出卖收入分配、机动地承包、"四荒地"拍卖等相当多的决策权。在农地城市流转过程中，村干部拥有对征地补偿费的管理权和使用权，同时，农民对村干部的监督约束力也比较弱小，致使他们可以从中牟取私利，从而具有进行农地城市流转的动力。

农民是农地承包经营者。首先，在征地过程中，农民得到的经济补偿偏低，有时甚至不足以弥补农民的经济损失；其次，农民享有农地的经营权和收益权，农地农用对农民具有社会保障功能；最后，在农地城市流转过程中，农民只是被动的参与者，决策权几乎为零。因此，农民具有较强的农地保护倾向，更加关心农地流转及权益。

在农地流转过程中，农民作为农地流转主体，完全可以自愿决定是否流转、以何种形式流转、流转多少，但是由于地方政府基于既得利益追逐往往"越俎代庖"，罔顾农民的意愿，甚至随意改变农地承包关系，强制推进农地流转，从而产生了与农民的利益博弈。在两者的博弈中，由于地方政府拥有公共行政权力，甚至不公正地执行相关政策法规，他们在博弈过程中容易取得优势。有数据显示，在某些地区近期查处的村干部涉嫌经济违法违纪案件中，90％都发生在农地流转过程中。由于地方政府的权力没有受到法律与民众的有效制约，他们认为，农地流转离不开行政干预，让农户自愿流转会"阻碍"农地规模经营和现代农业发展进程，还指责农民落后、保守、不懂市场，致使一些地方农地流转从"自愿流转、正面引导"演变为"权力干预、强力推进"。

因此，农地流转过程中农民利益受损风险，主要是发生在农民与地方政府和村干部利益博弈的过程中，是由于地方政府和村干部作为"代理人"设租逐利所造成的。地方政府和村干部作为农地流转的推动主体，取代了承包农民作为农地流转主体的地位，侵害了承包农民的承包农地处分权，出现了一系列诸如"强制推行农地流转"和"克扣农民农地流转收益"等问题，使得承包农民的承包农地财产权在农地流转中受到侵害。

由于长期生产方式的影响，农民一直处于权利贫困境地，导致农民的维权观念比较淡薄。同时，农民的市场经济行为能力十分有限，在市场主体意识尚未全面形成的情况下，他们无法对这种政府干预形成有效约束，致使其在农地流转中的维权力量薄弱，在与地方政府利益博弈过程中往往利益被侵占。正像美国学者 R. H. 托尼所描述的那样：单个的小农生活在齐脖子深的水中，稍微有一个细小的波浪就会将他们淹没。

尽管当前农村社会主义民主政治建设和精神文明建设不断加强，但是由于农民是一种分散化、边缘化的弱势群体，加之各种法律法规及相关政策知识较少，还不足以能通过法律武器与政府和村干部失范行为进行有效抗争进而维护自己的合法权益，在农地流转过程中不能以公平的身份参与。面对被滥用的公权，农民也还没有完全意义上的、属于自己的维权组织，加上农村土地在名义上属集体所有，农地流转的定价权实际操持在地方政府手中，这又进一步放大了政府滥用行政权力的行为取向，农地流转利益失衡风险便有了制度根源。

（三）市场过度波动风险

对农民而言，农地流转在很大程度上把农地承包经营权纳入了市场化轨道，他们开始面对农村大市场。他们的收入不再像以前自我经营农地那么具有确定性和可预见性，以前是在确切知道生产资料和农产品价格的情况下进行生产和经营决策的，而现在收入主要来源于对农地经营权的未来投资，这些在很大程度上是未知的，充满了不确定性。例如，农地入股的合作经营给农民带来了实惠，但其中可能存在的风险也无法回避。因为"入股"就意味投资，农地流转就成为了一种市场行为，既然农民是股东，农地流转后就形成了新的委托—代理关系，代理人逆向选择和道德风险决定了农地流转风险客观存在。从民法意义上来说，从农民承包经营权入股一开始，他们的农地承包经营权就已经和农地规模经营主体一道承担生产经营风险。如果农地规模经营主体经营不善，农民农地经营权股份面临转让甚至拍卖的风险。如果规模经营主体是公司，就要按《公司法》的规定，转让股份。如果公司倒闭，按照《破产法》的规定，债务人必须用现行资产清偿所有债务。这意味着作为股东的农民，其农地承包经营权资产就将永远地失去。如果我们不能从根本上解决农地经营权保障问题，农民农地流转供给愿望和能力就很难培植起来，没有有效供给，农地流转市场就无从发展。

从现实中的大宗农地交易结果来看，也基本验证了上述结论：一是农地竞拍投资者非常少；二是农地竞拍价格往往也就是竞拍底价。以湖南长沙为例，2010 年只有一笔农地拍卖交易实现增价。这笔交易是，2010 年 6 月，受浏阳市林地林木流转中心委托，浏阳市大围山镇永幸、泥坞、田心村 5700 亩林地流转项目在长沙土地流转管理服务中心交易。它的起拍价为 415 万元，流转年限为 42 年。经过现场竞价后，成交价为 421 万元，增价 6 万元。但总体上看，当前的长沙农地价格上升空间不大，业内人士告诉记者，"目前来说，基本上是直接起步价就拍掉了，一般来的竞拍者只有一个"①。

农地流转市场交易不旺，除了农地本身的自然属性外，还有来自政策和制度层面上的困惑。农村农地承包经营权的流转价值计算大多是以农民种地的经验收益来判断和计算的，有的甚至是以某种具体农作物生产经营收益为基础核算农地流转价值。具体做法是，单位面积农地经营收益减去劳动力、化肥、种子等生产经营成本后的实际收益，按照即期

---

① 袁诚：《湖南农地流转之困》，《新金融观察报》2011 年 1 月 10 日。

市场价格折合成相应作物数量作为流转价格，并随该作物的市场价格波动浮动。以稻谷生产为例，根据历年平均收成，一亩地大概能够产1000斤稻谷，农民通常将400斤作为必需生产成本，剩下的600斤稻谷作为每年农地承包经营权的价格。由于农地流转市场化程度不高，流转农地收益不确定性风险增加，农地经营权价值被低估，农地流转价格总是"提不起来"。

"现在粮食价格相对低，投入成本又这么高，如果流转之后，还是种稻谷的话基本上没什么收入。"在长沙已经流转的土地上，承租人开始多样化经营，比如种红薯、搞粉丝加工、种茶叶、种蔬菜等，纯粹种粮食的只有袁隆平农业高科技股份有限公司（简称隆平高科）种植的高精稻谷。市场上稻谷价钱一斤为一两元钱，但隆平高科凭借技术优势生产优质的精稻米，一斤甚至可以卖到十几元钱，以普遍超出市场价格的优势"鹤立鸡群"。

难以回避的问题是，在现行的农地政策背景下，长沙在农村农地流转交易的试点出现诸多困惑，"有行无市，找不到流转的人"、"农地价格提不起来"等发展困境接踵而至。与此同时，在农地流转的承租人的利益保障和建设过程当中，先后出现的经营渠道单一、农民进城创业和承租人农业开发融资难等问题将再次摆在人们面前。

《农村土地承包法》第十条规定："国家保护承包方依法、自愿、有偿地进行土地承包经营权流转。"同时，《农村土地承包经营权流转管理办法》第十五条规定："承包方依法取得的农村土地承包经营权可以采取转包、出租、互换、转让或者其他符合有关法律和国家政策规定的方式流转。"结合各地实际，总结起来，农地承包经营权流转主要有转让、互换、转包、出租、入股等几种典型方式（见表5-1）。

表 5-1　不同农地流转方式的特点及风险分析

流转类型	基本定义	主要特点	存在风险
转包	承包人将部分或全部土地承包经营权以一定期限转给新的承包人，仍由承包方对集体履行原承包合同规定的义务，受让人按转包合同对原承包人履行义务	是一种合同债权行为；达成合作交易成本、信息成本及执行成本比较低	容易受受让人短视行为影响，因预期收益与实际收益偏离影响而合作稳定性较差

续表

流转类型	基本定义	主要特点	存在风险
出租	承包方将部分或全部土地承包经营权以一定期限租赁给他人从事农业生产经营，承包方收取租金，并保持对集体经济组织的承包关系，履行承包合同义务	出租与转包从本质上看没有区别，需要花费大量的时间搜寻农地流转信息	达成合作的信息成本与契约成本较高。缺乏有效沟通手段和平台，使直接交易成功的概率较低
转让	土地承包经营权的部分或全部一次性转移给第三方，原承包合同解除，由集体经济组织与第三方重新签订承包合同	市场化程度较低，流程复杂，契约履行成本较大	执行成本较大和影响社会稳定
互换	承包方之间为方便耕种或者各自需要，对属于同一集体经济组织的地块进行交换，同时交换相应的土地承包经营权	市场化程度较低；主要基于地缘关系流转	解决纠纷的监督、执行成本巨大
入股	农地承包经营权以折股方式与其他生产要素结合，组建土地股份制或股份合作制企业，凭其所拥有的股权参与分配并共同承担风险	市场化程度较高，能有效促进土地规模经营；增加了合作的交易成本	埋下了缺乏法律保护易产生经济纠纷的隐患；对入股农民的生存权造成威胁

　　尽管国家近年多次出台政策激励农地流转发展，鼓励农民多种形式参与农地流转，但不管是哪种流转方式，农地经营权流转都将面临市场波动风险。这种风险既来源于农地流转市场本身，也来源于农地流转后经营产品市场。从农地流转本身来看，一方面，农地流转供给面临价格和经营收益分配风险，市场供给明显不足；另一方面，农业生产经营比较效益比较低，农地流转需求不旺，加之农村金融服务等农业经营保障体系不健全，更难以刺激需求。从农地规模经营产品市场来看，农产品价格面临下降趋势，至少相比国际市场没有上涨空间，而相对应农业生产资料市场价格将随着石油、煤炭等能源价格上涨而大幅上涨，进一步挤占了农地规模经营利润空间，农业生产经营比较效益的不断下降，将挤出农地规模经营投资，农地经营权流转风险进一步加剧。

（四）市场交易环节风险

农地流转市场交易环节包括农地流转交易对象信息收集与选择、农地流转交易合约签订、农地流转合约履行、农地流转违约责任追偿等方面。在我国现阶段农地流转实践及相关制度体系背景下，农地流转各市场交易环节都客观存在一定风险。

第一，农地流转交易对象信息收集和选择风险。由于普遍缺乏农地流转中介服务组织和农地流转公共信息服务平台，农地流转市场供求信息得不到有效沟通，特别是需求信息更为不对称，引致了农地流转交易对象信息收集和选择风险。现阶段我国农地资源利用出现了两种"怪现象"：一方面，有的地方农民大面积"撂荒"，也不愿意花高成本搜集农地流转信息，导致无人投资经营；另一方面，有的地方农地规模经营主体因规模扩张急需农地，却找不到可供给资源。加之农地资源流动性极差，使得我国现阶段农地流转资源紧缺与相对过剩并存，影响了农地资源与生产要素的有效配置，降低了农地综合利用效率和效益。

第二，农地流转合同签订风险。由于现阶段我国尚未制定出台规范的农地流转格式化合同，加之农民缺乏相关政策法律知识和维权意识，在农地流转过程中，农民要么不签订书面农地流转合同，要么容易被不法"商人"钻空子，导致农地承包经营权权益受损。同时，由于农地流转合同缺少统一规范，使得农地流转价格确定极易偏离市场均值，更容易被"亲缘"、"地缘"等因素操控，间接地导致了农民农地承包经营权流转收益不高，降低农地流转参与积极性，影响农地流转供给和市场发展。

第三，农地流转合同履行风险。正是在规范化格式合同缺乏的情况下，容易导致农地流转合同履行困难，存在风险。一方面，作为农地流转市场供给方的承包农民，容易受农产品市场价格上涨、与其他农民农地流转价格差异、返乡就业等因素影响而违约，使农地流转合同难以履行，造成农业投资损失和风险；另一方面，作为农地流转市场需求方的农地规模经营主体，在因农地经营产品价格下降、农地生产经营管理不善等因素致使投资收益下降的条件下，更容易凭借农地流转市场需求信息、农业生产经营投资等优势，单方撕毁农地流转合同，最终让农民完全承担农地流转合同不履行风险。

第四，农地流转违约责任追偿风险。正是因为农地流转合同签订和履行风险客观存在，在农地流转行为社会监管机制不健全的条件下，特别是在农地流转"多对一"、"弱对强"的委托—代理模式中，农地流转市场主体都将面临和承受违约责任追偿风险。一方面，如果是农民违约，农地规模经营主体面对的是众多分散的、合同标的小的利益主体，追偿成本无疑很高，加之"法不责众"、"同情弱者"的法制社会心态，使得违约责任追偿难以成功；另一方面，如果是农地规模经营主体违约，众多分散的、合同标的小的农民面对的是强势的利益主体，违约责任追偿组织成本很高，同样使得违约责任追偿难以成功。

此外，农地承包经营权在我国现阶段农村，不仅是承包农民有限的基本生产资料，而且是农民获得生活来源和就业渠道的基本保障。在农地承包经营权市场化流转中，如果农民农地承包经营权由于各种原因而丧失，在自身既没有新的就业渠道和其他生活资料的来源、社会又没有相应的保障制度给予援助的条件下，极有可能导致农民在农地流转中"失地"、"失权"、"失利"、"失业"，进而致使农民陷入绝对贫困化境地，危及社会安全和稳定。同时，由于农业生产经营中存在着严重的信息不对称，如果信贷、保险、社会救助等保障机制不健全，一旦遇到自然灾害，农民极有可能被迫将农地承包经营权低价流转以渡灾荒；而到了正常年份，农地承包经营权的流转价格可能会随农地经营收益提高而提高，致使受灾农民很难回购农地承包经营权。这必然会加剧土地兼并与集中，导致许多社会问题。① 尤其在农民人口还占大多数且农村社会保障体系还不很完善的条件下，那是非常可怕的社会风险。

（五）市场监管风险

由于农地流转信息不对称、农地流转市场"失灵"、农民农地流转市场观念不强、利益博弈主体力量不均衡等主客观因素影响，政府对农地流转市场的监管成为理论和现实需要。由于政府所具有的有限性决策特点使得对市场机制运行实行必要管制的政府也不可避免地存在非理性管制问题，而且政府的非理性管制和决策比市场调节"失灵"造成的损害后果更为严重。现代经济学认为，政府在很大程度上也是一个"经济人"，也具有追逐自身最大化利益的动机和倾向。换言之，政府本身也存在自利性。所谓政府自利性，是指政府具有自我服务的倾向和寻求自身利益最大化的属性。政府的自利性属性包括三个层次：官员利益和政府部门利益和政府组织整体利益。社会实践反复证明：在缺乏有效社会监督的情况下，政府自利性将产生严重后果：一是导致公共政策的制定丧失公正性，当自利性发生恶性膨胀之后，政府可能会从自身利益出发而不是

---

① 李荣：《农地流转的上海样本：源头规范 先调解后仲裁》，《半月谈（内部版）》2012年第3期。

从方便群众的角度出发来考虑问题，进而制定有利于自身的公共政策，并使这种为自身利益从社会中攫取财富的手段"合法化"；二是增加了公共政策执行的选择性和随意性，即在公共政策执行过程中表现出明显的选择性：对其本身有利的政策就不遗余力执行，对自身不利的政策则"绕行"或相互拖延推诿，使公共政策不能真正体现国家意志和广大人民群众的利益诉求；三是在自利动机的引导下，政府很容易把行政权力当作获取利益的工具，忽视其义务和责任，出现一系列设租、寻租现象。

政府及官员的自利属性及其行为实施使农地流转面临市场监管风险。这种风险主要表现为：一是基于寻利目的假借政策要求直接推进农地流转发展，致使流转行为失范，不能真正反映承包农民利益诉求；二是对农地流转市场行为进行直接干预，甚至官商结合，封锁农地流转需求信息，联合侵占流转农民利益；三是在流转方式选择上表现出明显偏好，如更多倾向于"返租倒包"、"成片流转"等形式，以满足政府和官员在流转中的最大化寻利动机；四是当农地流转主体出现"违约"或在侵害农民利益行为处理中，假借公共利益和农地规模经营需要，更加倾向于维护规模经营主体利益，忽视流转农民利益诉求和保障。

第三节　农地流转市场风险防范

关于农村农地流转发展，政府和学界都更关注和看重农地流转对于促进农地规模经营和保障农民承包权益等内容，即更关注农地流转的即期收益。而对农地流转市场风险研究探讨的比较少。事实上，在市场经济发展环境里，农村农地流转同样是一种市场行为，作为市场行为的农地流转收益与市场风险是对称的。因此，在研究和促进农地流转发展过程中，同样应该重点研究和慎重考虑农地市场流转中的风险并制定相应的应对措施。我们前面研究发现，农地流转市场风险主要源自于农地流转市场内部机制不健全和农地流转流通过程监管不力，因此，我们应该从完善农地流转市场机制和加强农地流转流通环节监管等方面去思考、提出并制定防范农地流转市场风险的基本思路和措施。

一、完善农地流转市场机制

农地流转市场机制是指通过农地流转主体之间的相互竞争实现农地经营权与生产要素合理配置的机制，主要由农地流转价格机制和农地流转供求机制和农地流转竞争机制三大部分组成，三个组成部分既相对独立又彼此联系，并通过"价格—竞争—供求—价格"相互竞合、相互制约、互为条件的循环过程实现农地经营权及农地资源与农业资本、农业科技等生产要素的有效配置，提高农业生产要素的使用效率和效益。完善农地流转市场机制的关键在于建立能适应生产要素最优配置需要、能有效规避和解决市场"失灵"等问题的运行机制，具体内容就是要进一步完善农地流转价格机制、供求机制和竞争机制，并通过良好的市场运行机制实现市场要素最优配置，促进市场发展。

（一）完善农地流转价格机制

农地流转价格机制是农地流转市场机制中最基础、最核心的部分，也是最敏感、最有效的部分，直接影响供求机制、竞争机制的运行和作用。农地流转价格机制由农地流转价格形成机制和价格协调机制两大部分组成。因此，完善农地流转价格机制的关键在于完善价格形成机制和协调机制，充分发挥价格在农地流转中传递信息、配置资源、分配利益以及提高农业核心竞争力的引导作用，合理调节农地流转市场供求和竞争关系。

第一，完善农地流转价格形成机制，保障农地流转主体经济决策权益。农地流转市场化发展，首先是价格形成机制的市场化，即充分发挥价格在配置资源中的基础作用。一是转变农地价格决策主体，把农地流转价格决定权赋予农地流转市场主体，发挥农地流转市场主体在流转定价中的主导作用。具体来说，就是要解决价格决策主体归属问题，即"由谁定价问题"。按照一般商品价格形成理论，商品价格水平由生产成本大小、利润率高低和市场供求关系紧张程度等因素决定，而对生产成本、利润和供求信息企业才是最清楚的，因此，一般商品价格是由企业决定的。农地流转价格决定事实上就是流转标的的价格形成，而农地流转标的是农地承包经营权，其本身并不是劳动产品，按照马克思劳动价值论观点，农地承包经营权本身并不具有价值，当然也不应该有作为价值表现形式的价格，之所以会有农地流转市场价格，是因为农地承包经营权是有限资源且具有收益能力，其价格便成为流转主体出售或购买这种有限资源及收益能力的收益预期。因此，农地流转市场价格实际上也就成为了流转主体对农地承包经营权未来收益的预期估价。具体对于现阶段承包农民而言，农地流转价格水平是承包农民对农地承包经营权对于现阶段自身生活来源和就业保障水平的估计；而对农地规模经营主体而言，则是对农地规模经营投资收益的评价。二是转变农地流转价格形成方式，即解决"怎样定价问题"。到底是由市场主体定价，还是由政府定价是解决"怎样定价问题"的前提和基础，从上述分析看，农地流转价格决策主体应该是流转主体。由此可以推定，农地流转价格形成方式应该是供求双方要价和应价的博弈过程，即由双方按讨价还价的方式确定具体流转价格，而不是由政府以政策或法律手段和形式直接规定价格。三是转变价格调控机制，即解决"价格水平监管问题"。由于市场机制在资源配置过程中，因外部性、市场信息不完全等原因导致了市场"失灵"，具体表现为资源配置过程因市场过度波动而造成资源浪费，加之流转主体之间信息和实力不对等，因此，政府在农地流转价格形成过程中，应该以公共权力资源为基础加强对价格水平进行调控，通过价格调控解决因收益分配不公等造成的市场和社会不稳定问题。价格监控具体实现方式有两种：一种是制定出台指导性价格，引导流转市场主体合理定价；另一种是加大对农地流转价格不正当竞争行为特别是价格垄断行为的惩治力度，维护农地流转市场主体特别是农民的权益。

第二，完善农地流转价格调节机制，发挥价格在农地资源配置中的基础作用。价格在市场中的协调作用是以价格围绕商品价值上下波动来实现的，即以非均衡的现实价格反映商品内在价值和消费者偏好，并进而调节资源在不同部门分配，实现生产要素最优化配置。具体到农地流转市场价格来说，农地流转市场价格总是不足以能完全满足供求双方的价格偏好，其根源在于市场行为的不确定性和市场信息的不完全性。正如任何产品任何时候的某一个具体价格都只是反映某一供求变化时刻的消费者需求和企业家判断一样，农地流转市场价格之所以能对农地流转市场起到协调的作用，也正是在于农地流转市场不可能存在有完全能反映供求双方预期的理想价格。试想假如我们要求农地流转价格能准确地反映每个流转市场主体的计划或行为的改变，那样的价格必然是瞬息万变的，我们很难想象这种价格形成意义和调节作用，农地流转市场价格的形成需要一个相对稳定的"均衡"状态，但如果以此要求价格能完全反映市场主体计划或行为的改变，那就意味着否定价格的存在和市场本身。换言之，人们对价格的理解和把握在于对这个市场符号对于市场主体的行为选择方面，即人们总是在基于自身利益最大化满足的基础上追求一种理想价格，进而调节市场主体的市场行为和价值判断。完善价格调节机制关键在于最大化发挥价格本身市场"纠错"功能，而不是否定价格甚至否定市场。或者说，农地流转市场价格的"准确性"体现在它能反映农地流转主体行为的变化，反映农地资源的稀缺性。但是价格的"准确性"不是通过绝对的唯一价格，而是通过无数商品之间相对价格的"比较"体现出来的，因此，对农地流转主体来说，最重要的是相对合理价格的确定和水平高低。当然，我们强调发挥价格的市场调节功能，并不是不排斥政府在发展经济上的有所作为，那就是促进竞争，促进市场价格的形成，服务于农地流转主体的价格发现与决定。

完善农地流转市场价格协调机制，一方面，要加强农地流转市场价格监测，建立和完善农地供求动态管理机制，定期发布农地供求信息和价格波动信息，增强流转主体价格判断和发现能力；另一方面，建立和完善农民自组织，增强农民谈判和维权要价能力，满足农民流转利益需求，保障农地流转市场供给稳定，降低农地流转市场价格波动性。

（二）完善农地流转供求机制

农地流转市场供求机制是调节农地流转市场供给之间、需求之间以及供求之间矛盾，并使之趋于相对均衡的机制，供求机制与价格机制、竞争机制相互作用、相互制约，并通过共同作用构成完整的市场机制运行系统。供求关系受市场价格和竞争影响，而供求关系变动，又能引起市场价格变动、加剧市场竞争。

农地流转市场供求机制是通过调节农地流转市场供给、市场需求以及供求双方矛盾关系，在灵活、适度的市场供给与需求背离中实现农地流转市场供求相对均衡，进而促进对农地流转市场整体均衡。

农地流转市场供求机制的具体作用主要表现在四个方面。一是调节总量平衡：当供不应求时，价格上涨，投资增加；当供大于求时，价格下跌，一部分商品或商品一部分价值得不到实现，迫使投资减少，实现供求总量均衡。二是调节结构平衡，即通过市场价格"看不见的手"促使生产要素在不同部门之间合理流动，实现生产要素合理配置和经济结构平衡。三是调节空间平衡，即通过供求和价格机制促使统一大市场内各区域余缺调剂，互通有无，使总量平衡和结构平衡在空间布局上具体落实。四是调节时间平衡，即以供求和价格调节引导和鼓励农地规模经营主体通过生产技术创新、存储保鲜技术进步等方式从事跨季节、跨时令生产经营，减少农业生产经营季节约束，缓解供求时点矛盾。

首先，建立和完善保障农民权益的农地流转市场供给机制。农地流转供给与一般商品供给是完全不同的。从农地流转供给标的载体——土地的自然属性来看，是一种区域分布固定、几乎没有流动性、数量既定、稀缺的不可再生资源；从其法定社会属性来看，是承包农民的生活来源和就业的基本保障。因此，农地流转市场供给能否形成的内部先决条件是承包农民参与农地流转预期收益，即流转价格和规模经营收益分配收入的总和，至少能满足其基本生活和就业需要。另外，因农地数量既定，农地流转市场供给也不可能像一般商品一样可以人为增加或扩大。事实上，一方面，我国政府多次出台政策鼓励农民多种形式参与农地流转，制度激励农地流转市场供给增加；另一方面，严格规定并施行"最严格的土地使用制度"和农地流转"三个不得"，引导农地流转市场需求，调节供给方向和规模。从实际效果来看，这些政策和制度都对农地流转市场供给实施了有效调控，但美中不足的是，到目前为止没有像明确农地征用补偿和就业安置补助标准那样，明确具有指导意义、直接影响农地流转市场供给的农地流转价格上、下限及其计算办法，以价格导向的农地流转供给市场调节机制尚未完全形成。因此，有必要进一步完善以市场定价为基础、政府服务监管为保障的农地流转市场供给机制。另外，还要通过政府引导、农民自组织等方式提高农地流转市场供给主体组织化程度，改变现有的"多对一"的农地流转委托—代理模式，克服分散的、小规模的农地流转市场供给主体之间市场需求信息占有不平衡等不足，防范农地流转市场需求主体利用甚至故意分化供给主体等失德行为。

其次，建立和完善促进规模农业发展的农地流转市场需求机制。农地规模经营主体既是农地流转市场的需求者，也是农地规模经营的投资者，这明显区别于一般商品需求者。作为农地流转市场的需求者和消费者，其参与流转的目的在于最大化满足消费效用，即以最低价格购买最大数量的流转标的以满足消费欲望；而作为农地规模经营投资主体，其目的在于获得最大化投资效益，即希望出售商品价格最高、生产成本最低。因此，完善农地流转市场需求机制，就是建立需求激励与约束相结合的需求机制。一方面，通过建立和完善合理的农地流转定价机制，保护和激励需求；另一方面，通过加强农地规模经营用途管制和规模经营收益分配管理，引导需求规模和方向，保障流转农民基本权益和农地资源使用效率与效益。

最后，建立和完善均衡发展的农地流转市场供求机制。正因为农地流转标的和要素市场的特殊性，决定了农地流转市场供求机制不可能完全由市场自发调节，更需要政府服务予以规范和保障。因此，完善农地流转市场供求机制，就是从供给和需求两方面入手，建立和完善以市场调节为主、以政府调控为辅的农地流转市场供求机制。"以市场调节为主"就是在允许农地流转市场供给与需求在一定时空、范围的适度背离基础上，通过市场调节实现供求之间动态的相对均衡；"以政府调控为辅"就是对农地流转市场供给与需求方向、规模予以引导和约束，实现农地沉转市场供给与需求在总量、结构和时空上的相对均衡。

（三）完善农地流转竞争机制

市场竞争是市场经济的必然产物，农地流转市场竞争是促进农地流转市场发展的基本保障。农地流转市场竞争机制是农地流转市场机制的基本组成部分，是实现农地流转及农地经营优胜劣汰的基本手段。完善农地流转市场竞争机制就是建立保障和规范农地流转市场良性竞争运行机制。

赋予农地承包经营权财产权地位，切实保障承包农民在市场竞争中的独立主体地位。这是因为只有农民能够独立地根据农地流转市场状况去选择和决定是否参与农地流转、以什么价格水平流转、农地流转规模大小、流转对象是谁，市场竞争才有可能展开。而保障农民市场决策独立性的关键在于其农地承包经营权是否是剩余控制权，即独立的财产权。在现有村集体所有、所有权与经营权分离的农地产权结构模式下，就必须赋予农民更加充分而有保障的财产收益权。但我国现行法律体系中，尽管《物权法》确定了农地承包经营权的用益物权地位，但农民农地承包经营权财产权地位并没有完全或者说是在实践中并没有完全予以明确，特别是现行有关法律如《土地管理法》和《农村土地承包法》等，还存在与《物权法》相抵触的规定，这是长期制约我国农地流转及其市场发展的内生制度因素。

事实上，也只有承认和明确农民农地承包经营权的财产权地位，才有可能使农地承包经营权持有人和需求者通过市场竞争实现资源有效配置，才能在规模集约经营中获取相应利益，才有可能进一步激励农地流转供求，促进流转市场发展。换言之，只有承认流转主体双方在农地流转中享有相应剩余索取权和合法经济利益，才能有效调动流转双方参与市场竞争的主动性和积极性，才会形成流转主体的内在激励，进而激发农地流转市场竞争动力。而解决这个问题的关键在于要培育和形成一个结构配套、功能齐全的市场体系，保障优化农地流转市场竞争的良好外部宏观环境。因为只有在这样一个规范有序、竞争充分的环境中，农地产权资本和农业产业资本进入退出才不受阻，流转竞争才能完全展开。随着社会主义市场经济的建立和发展，竞争机制显示的作用日益明显。完善农地流转市场竞争机制，实行优胜劣汰，将成为我国农地流转制度体系改革的重要内容。

二、加强农地流转市场流通管理

（一）明晰农地产权归属

明晰集体土地产权的法律界定。国家法律虽然明确规定农村集体土地实行三级所有，但农地产权的界定实际是比较模糊的。首先，村农民集体所有土地和村内农民集体经济组织所有土地区分不清，法律规定属于村农民集体所有土地已经分别属于村内两个以上农村集体经济组织的农民集体所有的，由村内各该农村集体经济组织或者村民小组经营、管理，使人产生村内农民集体土地双重所有的误解；其次，法律规定对集体经济组织的概念未作阐述，各地情况千差万别，如一些地区没有乡（镇）集体经济组织，有些地方既有村民委员会和村民小组，也有合作社、农工商公司等经济组织，实际产权主体确认操作难。产权边界的模糊性给土地产权纠纷带来隐患，可能导致流转成本的增加，而产权主体虚置给土地的行政干预提供契机，强制流转和借机寻租的现象时有发生。在法律上进行重新界定，明晰集体土地产权主体和产权代表，显得非常必要和迫切。建议在法律上明确各级主体的产权界区，尤其是村农民集体和村内农民集体的产权边界没有交叉和重合，在此基础上，明确农民集体土地的产权代表是农民集体经济组织的，而不是乡镇政府、村民委员会或村民小组，并对农民集体经济组织的内涵和组织形式给予界定。在组织形式上，引入土地股份制重构农民集体土地产权主体相对是比较合适的。农民获得土地股权，土地的农民集体所有得到真正体现，农民集体经济组织代表集体拥有实物形态的土地处置权，按照市场机制优化配置土地资源，从而较好地避免土地虚置和实际产权代表的管理权和所有权职能重叠带来的诸多问题。

消除集体土地产权的法律歧视。法律上对农村集体土地产权与城市用地不公平的歧视性政策是比较明显的，例如，《土地管理法》明确规定，国家因公共利益需要可以采取征地的方式将农民集体土地转为国有。而且事实上，由于公共利益的内涵缺乏明确界定，征地范围肆意扩大的现象屡见不鲜。又如，《土地管理法》规定，农村集体建设用地的范围只能局限在集体内部，或是农民兴建住宅，或是乡镇企业用地，或是集体公共设施和公益事业用地，集体建设用地的流转范围既包括原集体建设用地用途改变或闲置等原因造成的被动流转，如乡镇企业破产或兼并后的建设用地处置等，也包括基于公共利益需求新增建设用地的征收、征用等。但总体来说，同属于我国土地公有制的两种形式——国家所有的城市用地和农村集体所有的农村建设用地，土地权利所有和权益分配是不平等的，国家作为农地终极所有者，其权利凌驾于集体权利之上，集体土地所有者并没有完整的农地处置权。正是由于法律对农民集体农地产权的歧视性政策，极大阻碍了集体建设用地使用权的合理流转，要么造成集体建设用地长期处于固化僵硬的低效率配置状态，要么滋生大量集体土地的隐性交易。市场经济条件下，集体建设用地流转是大势所趋，要促进流转市场合理发展，规范市场运作，就必须给予集体农地产权与国有土地产权平等的法律地位，从法律和产权源头消除对集体土地的产权歧视。因此，明确国家征地范围，尤其是对征地前提条件——公共利益内涵要在法律上进行明确界定，减少征地制度对农民集体土地权利的侵犯；取消集体建设用地使用权取得主体资格的法律限制，对集体建设用地的流转不应该硬性禁止，而应该从规划审批和用途管制等方面加以规范，在城乡土地价格统一框架内，促进农地流转和流转市场发展。

（二）协整农地流转利益关系

农地流转收益分配关系和方式因农地性质不同而不同。目前，我国农地性质大体可分为四类：一类是农业生产经营用地，这是最主要的；一类是农村居民宅基地；一类是农村集体建设用地；一类是"四荒"地。尽管我国现行法律和政策也曾对农民承包农地、农民宅基地等类型农地流转收益处置办法作出了不同性质的规定和要求，如《农村土地承包法》和《中共中央关于推进农村改革发展若干重大问题的决定》就明确规定了，允许农民按照自愿有偿原则开展农地承包经营权流转，农民是流转主体，是农地流转收益的主要受益者，但由于农民承包农地产权界定不明确，农地流转收益经常受到公权干预和影响。特别是对于农村集体建设用地、未承包"四荒"地等流转收益的具体分配比例并没有具体规定，使得这些类型农地流转利益分配关系比较混乱、矛盾比较集中，进一步增加了农地流转风险。这里以流转利益矛盾最集中的农村集体建设用地为例具体分析说明农地流转利益关系协调问题。

从现阶段我国农地产权结构来看，农村集体建设用地使用权流转的主体可分为：以农村集体组织为代表的农村集体土地所有者，以乡镇企业、国有企业、民营企业、集体农民、个体工商户等为代表的集体建设用地使用者，以及以地方政府为代表的集体土地管理者三类。农村集体建设用地使用权流转收益应该按照合理比例在三大主体之间进行分配；否则，都会影响农地流转和各主体的积极性，进而使流转陷入混乱无序状态。事实上，近年来，部分地区出现农民采取上访、集体围攻政府等过激行为阻挠农村集体建设用地征收行为的现象，其核心因素是农民对部分地方政府通过低价征用、高价转出牟取暴利的行为的直接反抗，大量土地隐性流转的发生则是集体或用地者间接扩大流转收益比例的博弈行为。按照地租理论，土地所有者应该享有绝对地租，而级差地租则应该按照所有者、使用者和管理者对土地的投资比例进行流转经营收益分配。一般来说，农地流转收益的具体分配办法应该是：农村集体土地所有者的收益通过建设用地使用权的初次流转获取；农村集体建设用地使用者的收益通过非农业生产经营或者农地使用权的再次流转获取；管理者的收益主要通过对各流转环节征税的形式获取。而农地流转收益的具体分配比例有赖于流转价格的评估以及政府税收标准的制定。现阶段，我国部分地区开展农村集体建设用地使用权流转收益分配的试点，提出了一些具体收益分配标准。例如，江苏省苏州市政府在农村集体建设用地使用权初次流转中按最低保护价征收 30％ 的农地流转增值收益，再次流转中按增值 30％ 收取增值收益。又如，安徽省则统一规定集体建设用地使用权流转过程中按照流转价格的 10％ 向流转供给方征收土地增值收益。尽管这些比例及确定时所提供的依据的科学性有待商榷，但无疑对于未来政策制定具有参考价值，应该从国家层面通过加强宏观政策研究，颁布统一的流转收益分配标准测算办法。事实上，我国对于农村集体建设用地流转收益分配和管理也曾出台了指导性意见。例如，十七届三中全会通过的《中共中央关于推进农村改革发展若干重大问题的决定》，明确提出要"逐步建立城乡统一的建设用地市场，对依法取得的农村集体经营性建设用地必须通过统一有形的土地市场，以公开规范的方式转让土地使用权，在符合规划的前提下，与国有土地享有平等的权益。"这无疑是为农村集体建设用地流转提供了政策保障。农地流转过程的收益分配，对促进农地流转发展和规范流转管理具有直接导向和制约作用，应当在流转制度安排及管理运行中予以充分考虑，以确保集体建设用地的流转规范运行。

一方面，政府应该通过财政的转移支付、直接投资及税收优惠的方式加大对农村基础设施的投资规模，将几十年来农业支持国家工业化战略发展需要的数以千亿计的巨额财富反哺农业发展，用于投资包括改善乡村道路、完善农田水利建设，改造农村供电、通信、生活饮水条件，改善农村金融环境等基础设施建设上，增加农地及其流转价值，为实现农地规模经营、促进现代农业发展、加速农地承包经营权流转市场培育创造良好的外部环境，为增加农民在农地流转中的财产性收益提供全面保障。

另一方面，针对农业生产的比较收益过低、风险大制约土地流转的问题，通过提高农业补贴、增加对农民的小额贷款及建立农业风险防范机制等方式，对规模经营的农户及企业实行政策倾斜。为农地规模经营者解除后顾之忧，促使其不断增加扩大农地经营规模，提高资本和技术在农地规模经营投资中的比例，变粗放经营为规模化、集约化经营管理，提高农地的单位产出水平和生产要素使用效率，实现农业的可持续发展。

另外，从微观层面看，农民农地流转收益主要是通过参与流转收益的分配所取得的即期收益和远期收益。在当前的农地流转制度安排下，农地流转政策能否达到预期目标，很大程度上取决于作为农地承包经营权主体的农民是否能够合理地分享农地流转的收益，并通过各种制度设计实现农民农地流转即期收益和远期收益与农地生产经营之间均衡，使农民充分分享农地规模化经营成果。

即期收益，是农民在农地承包经营权流转过程中所获得扣除交易成本后的农地流转当期净收益。即期收益按照收益类型可以分为物质性和非物质性收益。非物质性收益，主要包括因农地流转对于农民从事农业生产经营所节省的时间成本和农业生产经营便利。物质性收益在不同类型流转模式下，表现形式也不尽相同，如转包和出租获得的是租金，转让获得的是出让金，而农地入股获得的是规模经营分红利，不管哪种形式，从数量上都应该高于农民从事农业生产经营收益，否则，农民会选择自己经营；从本质上来说，这些收益可以看作承包期内承包经营权收益变现所获取的地租。因此，即期收益能否被合理分享，关键取决于农地流转评估定价机制是否完善合理，是否能按照流转农地的肥力、区位、规模等因素合理定价，使农流转价格与农地经营权实际价值基本一致，尽可能避免农民权益受损。

远期收益，是农民农地承包经营权流转后农地因资源有限和未来需求扩大之间矛盾所产生的未来增值收益，这部分收益也应该通过合理的方式让农民享受，这是因为承包农地是当前我国农民为数不多的、获取生活来源和就业保障的基本生产资料。因此，如何既加快农民农地承包经营权市场化流转，又不至于使农民在一次性流转后失去对承包农地未来增值的收益权，成为我国新一轮农地及农地流转制度创新的重点和难点。基于此，我国经济发达地区在进一步完善农地承包经营权入股流转模式基础上，还在积极探索其他农地资本化流转模式和途径。例如，有的地方积极推行"以土地换社保"模式促进农地流转发展，还有的地方则通过建立"农民土地合作社"维护流转农民权益，促进农地流转等。

农地承包经营权流转本质上是政府、村集体、农地流转双方经过多方博弈达成合作的过程。合作能否达成取决于如何通过有效地降低合作成本使合作收益最大化并保证合作收益能被各方合理地分享。

（三）规范流转市场行为

发展农地流转中介，完善流转市场配套服务体系。市场中介是市场发展走向成熟和完善的重要标志，促进农民农地承包经营权流转，要充分借鉴城市国有土地市场的发展经验，积极发展为农地流转提供价格评估、政策咨询、委托代理、合同公证等服务的中介组织。农地经营权流转的中介机构要按照市场规律要求，按照"自愿合作、自主经营、自负盈亏"的原则，不断壮大自我发展能力。同时，国家还可以通过制定有效激励政策措施积极支持和保障农地流转中介组织发展。例如，实行税收减免和人才培养等，鼓励流转中已经在农村自发形成的中介组织发展壮大，积极促进城市已发展成熟的中介服务组织向农村的业务扩展。同时，要尽快出台对农村土地中介机构的管理办法，如机构资质认证、人员资格审查、业务收费标准等，保证中介机构的规范运作。

建立有形流转市场，规范建设用地流转的市场运作。农地流转有形市场是指进行土地交易的固定场所，通过健全交易规则，提供配套服务，形成农地承包经营权公平、公开和公正交易的市场环境。建立集体农地经营权流转有形市场，通过提供固定的交易场所，办理各种相关登记手续，公开发布市场供求信息、委托代理各项交易事务等，能够更好地方便市场流转，规范市场运作。鉴于集体建设用地的竞争经营性特点，建立集体建设用地有形市场是很有必要的。目前，城市国有土地使用权的有形交易市场已经基本形成，集体建设用地使用权流转可以充分借鉴有关经验，在建立有形市场过程中具体做好以下内容：一是管理部门要高度重视，发挥主导作用，农村集体积极参与，加强协调配合；二是要明确业务范围，重点抓好集体建设用地尤其是乡镇企业用地使用权的初次流转，促进土地使用权的公开交易；三是要科学管理，规范有形市场的运作，例如，实行交易程序、信息和收费标准的公开，建立交易许可和预报制度等，防止暗箱操作、欺行霸市或违法交易的行为。

（四）完善市场监管机制

2009年中央"一号文件"重申了十七届三中全会关于建立健全土地承包经营权流转市场的规定。"土地承包经营权流转，不得改变土地集体所有性质，不得改变土地用途，不得损害农民土地承包权益"，这些限定为政府对市场监管提供了必要依据。对农地流转进行市场监管，各国政府都比较关注，这里选取具有代表性的几个国家，考察其有特色的政府对农地市场监管方式，以期为中国土地承包经营权市场建设及政府监管制度的建构提供借鉴（见表 5-2）。

表 5-2　国外典型农地市场监管模式比较

监管模式	所有权结构	监管特点	监管手段
美国：自由式政府监管	私人所有、联邦政府所有、州政府所有	准完全竞争性市场，监管力度小，政府一般不予干涉	使用经济手段和法律手段
日本：严格式市场监管	土地私有制	调查制度，规定限制区域，实行许可证制度进行管理。目标明确、范围宽泛	行政手段为主：交易许可制、交易申报制、监视区制、空闲地制度
英国：古典式市场监管	名义上为国家所有	从宏观和微观两个层面对市场进行监管	使用指导性计划、法律、经济政策等手段
法国：综合式市场监管	两种经营制度：一种是所有者直接经营；另一种是租佃经营	方式多样：相关法律；国家专门设立土地事务所；政府作为供给者对土地市场进行调控	综合使用法律手段、经济手段、行政手段

由表 5-2 比较分析可知，无论是自由市场经济国家还是政府主导型市场经济国家，都采用经济、法律和行政手段对土地市场进行宏观调控与管理。不同的是，各国三种手段选择和组合方式上各有侧重和偏好。有些国家将重点放在法律、法规层面；有些国家将重点放在农地供给方面，即政府严格控制农地供给量，通过价格杠杆实现对土地市场的调控和监管；有些国家则注重在土地交易之前，综合考虑各种因素，制定规划对土地用途作出明确的规定；有些国家则强调政府管理方式，通过政府自身所具有的优势，对农地流转市场进行监督管理。与国外相比，我国农地流转制度安排及农地流转市场监管既有一般共性特征，同时，我国农地承包经营权流转及其市场建设管理也有特殊性。

第一，特殊的农地所有权性质。我国农村土地绝大部分属于集体所有，农地流转市场也是在坚持这种土地性质和基本经营管理制度的基础上培育形成的。而其他国家无论是在土地私有制基础上自然形成流转市场，还是国家通过征购、占有后建立完善流转市场，西方国家的土地制度发展都是以自由契约关系为基础，因而政府监管的力度比较弱，而我国主要依靠的是在政府管制制度下把土地无偿分配给农民，或者低价出售给农民，在规模化经营条件下形成流转市场，都是通过先明确农地产权，再通过市场流转，实现资源配置。事实上，我国农地流转是建立在所有权与经营权分离产权制度基础之上、政府引导和农户自愿基础上的流转，明显区别于西方以私有制为基础的农地买卖过程和市场。

第二，特殊的农地产权分割形式。国家既要保证农村土地的集体性质，又要调动农民的积极性，在所有权实现与经营权获取之间设定了一种其他任何国家都不曾具备的新权能——承包权，并严格规定只有集体组织成员在本集体组织中才可能拥有的承包资格权。因此，我国农村产权基本制度是统分结合的双层经营管理模式，这种产权模式决定了我国农地流转并不是所有权的流转，而是承包经营权的流转，是集体所有权基础上经营权规模化实现形式之一，这应该是我国独具特色的农地流转市场模式。

第三，特殊的农地社会性质。农地是农民的最后保障线，也是农民的生命线，农地在我国现阶段还发挥着农民基本生活来源和就业双重社会保障作用。农民还没有完全纳入城乡统筹的社会养老保障体系，在社会保障建设滞后的情况下，基于农地规模经营需要所推进的农地承包经营权流转及其市场建设，也是我国农地流转市场建设管理的特殊性之所在。

第四，特殊的政府行为偏好。我国市场经济体制是从计划经济逐步转变而来的，政府及其官员带有浓厚的行政偏好，习惯或热衷使用行政手段，而不习惯使用经济、法律的手段。市场经济运行机制尚不健全、农民弱势、产权弱化等，这都是国外农地流转与政府监管所没有遇到的问题。

鉴于此，我国农地流转市场的建立和发展，是完全不同于西方国家以私有产权为基础的农地买卖市场，当然不能简单照搬照抄国外模式，而应该立足国情探索农地流转市场建设和监管模式。

第六章　农地流转与粮食安全风险

"国以民为本，民以食为天，食以安为先"，粮食安全是保障国家社会稳定和安全的基本条件，事关国计民生。从近年粮食生产情况来看，尽管粮食总产量连续多年增长，但粮食结构性不足、粮食生产环境恶化、粮食质量安全事故却连续出现，已成为影响我国公众心理和社会稳定的安全隐患之一。根据联合国粮农组织（FAO）2009 年对"粮食安全"所下的定义，粮食安全主要包括粮食供应数量、粮食供应质量以及居民粮食获取能力三个方面，而更加强调粮食获取能力。而影响粮食安全的因素很多，目前公认的因素主要包括农地产权制度安排、农地开发与管理、粮食市场供求和价格机制、国家粮食安全战略与政策、农业技术与作物品种改进以及自然灾害等。

我国现阶段粮食安全风险主要表现为粮食供给总量、粮食供给结构、粮食供给质量、居民粮食获取能力特别是贫困地区居民粮食获取能力等方面所存在的不确定性。粮食供应总量不确定性主要是指因耕地面积减少、自然灾害、粮食生产技术滞后、粮食生产比较效益偏低及粮食生产投资不足等影响，引致粮食市场供给不足；粮食结构不确定性是指因居民粮食消费结构变化、自然生产条件决定粮食生产结构、粮食生产比较效益驱动等因素所导致的粮食和食物结构不合理或供给结构不合理；粮食供给质量不确定性主要指粮食生产生态环境恶化、农药化肥使用不合理、粮食品种改良特别是转基因产品生产等所导致的粮食安全风险；居民粮食获取能力是指居民支付能力不足、区域粮食生产结构不合理、粮食市场供给不足所导致的居民获取粮食能力不足。

农地流转之所以会导致或加剧粮食安全风险，主要是因为农地流转规模经营主体基于自身投资增值需求进行粮食生产与非粮食生产项目选择、粮食生产品种结构选择、粮食生产要素投入与生态环境保护关系处理；另外，自然灾害因单一规模生产而使损失范围集中和损失强度增强，导致粮食供给总量不足、供给结构不合理、供给产品质量不高、粮食生产环境恶化、粮食获取能力减弱等粮食安全风险。特别是伴随农地流转及其规模经营过程中所出现的农地流转"非农化"和"非粮化"、特色农业生产经营以及片面追求粮食产量和总量的传统农地经营绩效评价机制和

理念，既影响粮食数量结构安全，也影响了粮食质量安全；既影响粮食
安全宏观保障机制，也影响粮食生产微观主体生产经营积极性；既影响
粮食生产比较效益，也影响粮食生产生态环境。防范农地流转过程中的
粮食安全风险关键在于严格约束流转农地粮食生产用途管理、增加流转
农民收入、增强粮食获取能力、加强粮食生产安全管理。

第一节　粮食安全风险的内涵与根源

一、粮食安全及风险的含义

粮食有多种概念。狭义的概念是指谷物类，主要有稻谷、小麦、玉
米、大麦、高粱等。广义的粮食是指谷物类、豆类、薯类的集合。一般
情况下，我国大多采用国际通行的广义的粮食概念，相应地，这里研究
的粮食安全及风险也是广义上的粮食安全及风险。

"粮食安全"的概念最早是由联合国粮农组织在 1974 年世界粮食大会
上提出来的，认为粮食安全是指"保证任何人在任何地方都能得到为了生
存和健康所需要的足够食品"。1983 年 4 月，联合国粮农组织又对粮食
安全概念进行了第二次界定，认为粮食安全是指"确保所有的人在任何时
候，既能买得到又能买得起他们所需要的基本食物"。1996 年 11 月，世
界粮食首脑会议对粮食安全概念作出了第三次表述，即"让所有的人在任
何时候都能享有充足的粮食，过上健康、富有朝气的生活"。第三次对
"粮食安全"的概述包含了三个方面的内容：要有充足的粮食供给，要有
充分获得粮食的能力，以及以上两者之间的良性互动。真正的粮食安全
是粮食供给和粮食需求的良性互动，是根据粮食的有效需求进行有效的
供给，而不一定是粮食过剩，不是越多越好。2009 年，联合国粮农组织
对粮食安全的概念又作了重新阐述，更加强调人们的粮食获取能力，即
认为粮食安全是指所有人在任何时候都能够在物质、社会和经济上获得
足够、安全和富有营养的粮食，来满足其积极和健康生活的膳食需要及
食物喜好。联合国粮农组织同时还指出家庭粮食安全则是在家庭层面应
用这一定义，侧重的是家庭个体成员，是微观层面的粮食安全。1986
年，世界银行也给粮食安全下了定义：确保所有人在任何时候都能得到
足够的食物来维持有活力的健康的生活。美国经济学家 Valdes 在 1981
年、Badiane 在 1988 年将粮食安全界定为缺粮国家或这些国家的某些地
区或家庭逐渐满足其标准消费的能力。Maxwell 和 Frankenberger 认为

营养安全是粮食安全的基本要求，营养不足是粮食不安全的直接表现。我国学者对粮食安全给出了多个定义：吴志华认为粮食安全是指一个国家（或地区）为保证任何人在任何时候都能得到与其生存与健康相适应的足够食物，而对粮食生产、流通与消费进行动态、有效平衡的政治经济活动；李瑞锋、肖海峰等认为粮食安全的终极目标是个人或家庭粮食安全；江东坡、娄源功等认为家庭或个人粮食安全问题是一个在实现了国家或地区粮食安全以后，低收入或贫困人口的粮食安全是否得到保障的问题。

综上所述，关于粮食安全的概念，国内外专家学者给出了各有侧重点的不同的表述。但是，无论哪种观点，都有一个共同点，那就是既要确保粮食供应充足，又要确保任何人在任何时候都有能力得到足够的粮食，而这正是粮食安全的本质。为此，本章所界定的粮食安全，主要包括三个方面内涵：从数量保障的角度，要求人们既能买得到，又能买得起基本需要的粮食和食品；从质量保障的角度，要求粮食和食品营养全面、结构合理、卫生健康；从社会发展保障的角度，要求获取粮食过程中在注重总量和结构保障的同时，还要注重生态环境的保护和资源利用的可持续性。简言之，粮食安全是指为确保任何人在任何时候既有充足的粮食供应又能够在物质、社会和经济上获得为了生存和健康所必需的、足够的、既安全又有营养的食物，其本质是既要保证粮食供应充足安全，又要确保每个人都有能力得到足够的粮食，还要保障社会持续发展。

粮食安全的定义被界定后，与之相对的"粮食不安全"就是粮食安全风险，是指保障粮食安全的不确定性，主要包括三个关键点：一是宏观上粮食是供应总量不足、供给结构不合理的风险；二是微观上人们没有足够的能力获取为了生存和健康所必需的足够的有营养的食物的风险；三是所提供粮食的质量上不安全、可能危及人们的身体健康的风险。

二、影响粮食安全的因素

影响粮食安全的因素较多。从目前现有文献来看，理论界对于粮食安全问题的研究主要是从宏观上研究影响粮食供给的因素，亦即从数量上研究，大体可归结为产权因素、市场因素、耕地因素、政策因素以及自然因素等方面。

（一）产权制度与粮食安全

诺斯在制度经济学理论中认为，制度是经济增长的源泉，产权是一种重要的制度安排，产权制度本身不能增加要素资源，但是可以改变生产要素配置的环境和相对价格。具体对于农地产权而言，农地产权制度安排通过对农业生产要素的有效配置，从而影响农业发展的方向、速度和效率，进而影响粮食安全产生。理论界很多文献也论证了产权制度对粮食安全的影响。如林毅夫测算了我国 1978～1984 年制度变革对农业产出的影响，结论显示从生产队体制向家庭联产承包制转变的制度创新促使产出增长了约 46.89%。麦克米兰根据中国 1978～1984 年农业增长情况，得出产权制度对粮食增加的作用占一半以上。[①] 因此，积极的产权制度能促进粮食增产，从而为粮食安全打下基础。

（二）市场机制与粮食安全

市场机制可以导致粮食安全问题，有学者称之为市场性粮食安全问题，是指粮食生产经营者对粮食市场价格变化的反应而作出不同投资选择所诱致的粮食安全问题，可分为三种类型：一是粮食产业整体的比较效益低于经济作物、农产品加工和工商业而导致粮食生产经营投资不足所诱致的粮食安全问题；二是粮食产业阶段性的低价格所误导的粮食安全问题，粮食生产大多是以上一年度市场价格作为参照依据进行投资和生产决策的，如果上一年度的粮食价格比较低，农民就会相应减少粮食生产而改种其他经济作物，导致粮食供给不足引发粮食安全问题；三是国内外大量投机性资本介入粮食市场，如买空卖空、囤积居奇等，进一步加剧粮食安全问题。现在国内外非生产性投机性大资本过多，通过市场投机行为导致粮食安全问题的可能性是不能排除，也不容忽视。

另外，我们从粮食的价格弹性缺乏的角度分析，也可以得知市场性粮食安全风险存在这一结论。粮食的需求价格弹性和收入价格弹性都很低，对于消费者而言，粮食都是必不可少的生活必需品，需求量变化与市场价格和收入变化没多大关系；对于生产者而言，需求弹性小就会形成我们通常所说的"增产不增收"和"卖粮难"现象，造成粮食市场失灵，进而扭曲粮食市场价格信号。而价格信号扭曲又常常与粮食生产和交易等经济活动的外部性交织在一起，造成"谷贱伤农"。因此，仅仅依靠市场机制调节是不可能完全有效地保障粮食安全的，价格信号扭曲和导向滞后有可能误导农民生产投资决策，抑制农民种植粮食的积极性，减少粮食种植面积，进而危及粮食安全。

（三）耕地减少与粮食安全

在市场经济和城市化快速发展过程中，我国农地大量被非农占用，

---

① 乔榛、焦方义、李楠：《中国农村经济制度变迁与农业增长》，《经济研究》2006 年第 7 期。

耕地面积迅速减少。与此同时，"先补后占"的农地征用政策并没有得到很好的贯彻落实，复耕面积也逐年减少，在耕地占用没有得到土地复耕充分补偿的同时，数量有限的复耕面积质量也明显下降，直接导致耕地面积大量减少。据统计，我国非农建设用地增加面积约 60％ 来源于耕地直接占用，从 1986 年到 2008 年的 23 年间，我国耕地净减少 2.95 亿亩。耕地数量减少引致国家粮食安全出现风险。根据许多的研究，2010 年，发达国家人均粮食达 700 公斤，我国人均只有 420 公斤，扣除工业原料和种子粮等后，人均仅为 192 斤左右。[①] 不但粮食总量安全面临挑战，粮食结构也出现风险。以原产于我国的大豆为例，20 世纪 90 年代前，我国一直是大豆的纯出口国，自 1996 年开始我国已经逐步演变成为世界上最大的大豆进口国，仅 2009 年的进口量就已经达到了 4255 万吨；与此同时，我国大豆自给率由 2000 年的 60％ 下降到 2009 年的 26％。据联合国 2010 年发布的粮食安全风险报告显示，我国被列为"中度风险"预警的国家之一，排名第 96 位。根据国土资源部负责人 2011 年 1 月 7 日在全国国土资源工作会议上披露的数据，2010 年国内土地出让金总额达 2.7 万亿元，同比增幅 70.4％。[②] 如果耕地数量和质量得不到控制和保障、种粮积极性得不到保护、单位面积粮食产量得不到进一步提高，我国粮食安全将有可能从"中度风险"向"高度风险"演变。另外，还有更为严重的问题是由于耕种指数过高和农村生态环境恶化，导致耕地肥力明显下降，粮食边际产量难以提高。根据中国农科院土肥所调查，华北、东北以及南方地区土壤的速效磷和速效钾含量分别低于标准水平的 50％ 和 25％。因此，要确保国家粮食安全，首先必须按照"三个不得"的要求严格控制流转农地的用途，确保 18 亿亩耕地面积红线不突破，并在此基础上提高和改善耕地质量，扩大高产良种种植面积。

（四）粮食政策与粮食安全

相当长时期以来，我国对粮食及粮食生产加工品，实行控制最严格的"统购统销"和"凭票供应"的计划政策，这既受制于生产能力不足的客观现实，也是关乎国计民生和政权稳定的头等大事。随着我国经济体制改革的深入，粮食流通、加工政策逐步放宽，尝试着实行以市场调节为主的管理运行机制。不管是计划调控还是市场调节，粮食政策对于一个国家的粮食安全都将产生深远影响，这主要由粮食产品的特殊属性所决

---

① 许蕾：《确保 18 亿亩耕地红线不变，确保 13 亿人口粮食安全》，《中国产业》2011 年第 8 期。
② 《粮食"中度风险"拷问土地红线》，《国际金融报》2011 年 1 月 10 日。

定的。一方面，粮食是一种价格和收入弹性都非常小的特殊商品，它的使用价值具有不可替代性，同时在生产中具有弱质性，决定了粮食的供给与需求不能完全依靠市场来调节，需要政府进行宏观调控，需要对粮食进行补贴，促进粮食生产，保证国家粮食安全。另一方面，粮食是一种准公共产品，具有外部性，即私人成本（收益）与社会成本（收益）不一致的情况。而对于外部性的矫正，可利用产权、法律法规、经济手段来调控解决，粮食补贴就是一种解决外部性的经济手段，即由政府通过调整粮食价格与边际私人成本之差或政府通过调整边际私人成本与边际社会成本之差，而直接或间接地给予粮食生产者或农产品消费者以财政支持的各种干预措施的总和。正因为如此，我国在取消农业税、减轻农民负担基础上，主要通过以"农机具补贴"、"良种补贴"和"种粮直补"等粮食生产补贴为主体的粮食政策来激励和增加粮食生产，防止"谷贱伤农"，确保国家粮食安全。

（五）自然灾害与粮食安全

自然灾害可以使粮食减产甚至绝收，导致粮食安全问题。许多学者就自然灾害对我国粮食生产的影响进行了分析。廉丽姝根据山东省1961～2000年气象与粮食产量资料，利用统计分析方法，研究了农业自然灾害对粮食产量的影响，研究结果表明：自然灾害是造成粮食单产波动的主要原因。[1] 马九杰等认为，自然灾害对我国粮食综合生产能力具有显著影响，我国目前的农田水利设施薄弱、抵御自然灾害的能力相对不足，制约了粮食生产综合能力的提升。[2] 龙方认为，粮食总产量波动率和成灾率存在显著的负相关关系，且相关系数较大。[3] 由此可见，自然灾害已成为影响粮食生产、危及国家粮食安全的重要因素。因自然灾害所致粮食安全问题，可以分为三类：第一类是大范围或全国性灾害导致的粮食问题，如全国大多数地区大多数粮食产品生产遭受了洪涝等自然灾害而导致粮食的大范围减产；第二类是某一局部地区因为自然灾害导致粮食减产的区域性灾害导致的粮食安全问题，据统计，我国每年因区域性自然灾害所造成的粮食损失就多达百亿公斤；第三类是产业性灾害导致的粮食安全问题，比如小麦、水稻、大豆、玉米等大宗粮食作物

---

[1]　廉丽姝：《山东省气候变化及农业自然灾害对粮食产量的影响》，《气象科技》2005年第2期。

[2]　马九杰、崔卫杰、朱信凯：《自然灾害风险对粮食综合生产能力的影响分析》，《经济问题》2005年第4期。

[3]　龙方：《粮食安全评价指标体系的构建》，《求索》2008年第12期。

因为气候、病虫等灾害而致使某类粮食生产减少和产品短缺，从而影响粮食供给结构，导致粮食安全问题。

第二节　农地流转与粮食安全风险

农地流转后由于农地规模经营主体粮食生产经营规模化、集约化、专业化、科学化、现代化程度显著提高，在增加粮食产量、优化品种结构、提高产品质量和附加值的同时，因规模经营较大程度上提高了农地资源利用效率和效益，有利于保障粮食安全；然而，由于规模经营主体的投资逐利性和粮食生产经营管理监控机制缺失，也有可能扩大粮食安全风险，甚至造成新的粮食安全风险。换言之，在农地流转机制不健全、流转农民生活就业出路没根本解决之前，农地流转将有可能导致粮食风险扩大。农地流转过程中所存在的粮食安全风险主要表现为：第一，流转农地的"非农化"和"非粮化"，大量减少耕地面积和粮食种植面积，减少粮食的产量，导致宏观上的粮食供给不足，引致粮食供给安全风险；第二，农地被流转后，流转农民失去农地保障从而失去获取食物的能力，出现微观上的粮食获取能力安全风险；第三，农地流转也可能导致粮食生产环境恶化和粮食质量安全问题，出现质量上的粮食安全风险。本章将从这三个方面来分析和阐述农地流转过程中所产生的粮食安全风险。

在此需要特别说明两点：第一，粮食安全在我国现阶段虽然得到了相当大的缓解和控制，但由于人口基数大、耕地面有限且不断减少，粮食安全问题将还在相当长时期存在，甚至因自然灾害爆发、耕作失误等原因而表现突出；第二，农地流转特别是农地"非农化"和"非粮化"发展，有可能加剧和扩大粮食安全风险，但绝没有以此否定农地流转的意思或取向，而是基于更加完善农地流转制度体系的目的来客观分析现实农地流转存在的不足和问题，以期更加完善地推进农地流转制度创新和农地流转市场发展。

一、农地流转与粮食供给数量风险

农地流转过程中粮食生产数量的减少不是指粮食单产的减少，而是指粮食总量的减少。换言之，农地流转和规模经营主体基于农业生产投资收益比较，有可能导致经营主体通过改变土地用途和作物种植结构，甚至转产转向，以提高投资收益，相应地，由于粮食种植面积减少，从而减少粮食生产总量，造成粮食供给数量不足风险。

（一）粮食供给数量风险的表现

第一，农地流转中农地用途"非农化"。在城市化发展进程中，世界各国家都存在农地"非农化"问题。加拿大在 1966～1986 年，在被监测的 70 个城市集中区就有 30 万公顷农地被开发为城市用地；日本 1950～1979 年，城镇化占用的优质耕地为 133 万公顷。我国自改革开放以来，大量的农地也被"非农化"。① 据资料显示：1978～2004 年，全国共有 470 多万公顷耕地变为非农用地，大约每年有 29 万多公顷农地非农化。2011 年，全国耕地面积约为 18.26 亿亩，比 1997 年的 19.49 亿亩减少 1.23 亿亩，中国人均耕地面积由 10 多年前的 1.58 亩减少到 1.38 亩，仅为世界平均水平的 40%。② 根据《全国土地利用总体规划纲要》，2000～2030 年，我国城镇化导致的农地非农化还将超过 363.33 万公顷，这是城市化进程中的必然现象。我国的农地非农化主要是政府在起主导作用，其基本途径是国家首先征用农村集体所有的土地，将土地所有权转为国家所有，然后再由地方政府（农地产权的实际控制者）代表国家以划拨（计划配置，并采用划拨价或协议价）或出让（市场化配置，并采用招标、拍卖价）的方式将土地使用权转给城市用地者（包括非营利性单位和营利性单位），由此完成农地向城市用地的转化过程。有资料显示，全国只有四分之一的建设用地采用了招标、拍卖的市场化方式出让，其余约四分之三的土地仍然沿用的是行政划拨、协议出让等计划配置方式。因此，城镇化过程中农地过度非农化现象严重。不少地方被征用的土地存在严重的产业空心化问题。根据国土资源部等五部委的联合监察报告显示，在 2004 年全国共 6741 个开发区的清理整顿中，遭遇撤并整合的开发区就达到 4735 个，撤并率高达 70.2%。③ 2008 年，国土资源部在全国土地执法百日行动中，清查三类土地违法案件 3.17 万件、违规违法用地 336.4 万亩。④ 2011 年，国家审计署对 10 个省（市）扩内需投资项目审计发现，13 个负责中央投资项目建设的单位、3 个地方政府投资项目和

① 王定祥、李伶俐：《城镇化、农地非农化与失地农民利益保护研究——一个整体性视角与政策组合》，《中国软科学》2006 年第 10 期。
② 黄应来、林山等：《我国耕地面积仅约为 18.26 亿亩逼近最低要求》，《南方日报》2011 年 2 月 25 日。
③ 王定祥、李伶俐：《城镇化、农地非农化与失地农民利益保护研究——一个整体性视角与政策组合》，《中国软科学》2006 年第 10 期。
④ 王立彬：《全国土地执法百日行动清查违规违法用地 336.4 万亩》，http://news.xinhuanet.com/newscenter/2008-04/14/content_7975207.htm，2008 年 4 月 14 日。

2 个社会投资项目违规占用土地 8256.8 亩，其中耕地 2753.89 亩。① 另外，据中国社会科学院发布的《2005 年中国社会蓝皮书》预测，农民失地引发的社会矛盾已成为困扰中国社会稳定的首要问题，2004 年在全国 130 多起农村群体性突发事件中，就有 87 起是因农民失地引发的冲突。这表明，中国农村土地非农化问题是值得关注和研究的重大现实问题。

　　尽管国家对农地流转的管理非常严格，出台了很多措施，明确要求要确保"牢牢守住 18 亿亩耕地"这条红线，但并没有完全达到政策预期效果。针对农地流转中的农地非农化，中央政府也加强了管理。十七届三中全会强调，农地承包经营权的流转中必须坚持"三个不得"，其中一个就是要做到"不得改变土地的用途"。但在实践中，一些部门和个人利用农地流转手段，非法地改变农地的用途，牟取部门和个人利益。一方面，由于集体土地产权关系不明晰，实践中农民作为农地流转权利主体的地位形同虚设，农地流转的利益主体被虚化，农地流转的控制权实际上仍主要集中在少数乡镇和村集体干部手中。一些干部打着发展现代农业、促进规模经营的幌子，违背农民的意愿强制将农民承包农地进行流转，滥用"返租倒包"或入股等方式将农地集中，作为公用建设用地出售或统一修建标准厂房用于招租，借此增加地方财政收入或牟取私利。另一方面，一些工商企业借着从事农业规模经营的幌子，通过农地流转获得大面积的农地后，擅自改变农地用途修建厂房。这不仅违背了农地流转制度的初衷，也使大面积耕地被破坏，给国家的粮食安全留下隐患。如果守不住 18 亿亩耕地这一底线，我国粮食安全将难以得到有效保障，进而危及国家与社会的安全和稳定。

　　第二，农地流转中农地经营"非粮化"。即使农地用途没有"非农化"，但农地经营"非粮化"现象也可以危及粮食安全。我国农地流转后"非粮化"现象比较普遍，特别在经济发达、农地资源紧张的地区更加突出，影响了粮食生产，减少了粮食产量，将对我国粮食安全会造成很大的威胁。

　　近年来，我国农地流转快速发展，促进了农业生产方式转变，但在农地流转中也出现了较为严重的"非粮化"现象，许多原本种植粮食的农地被流转后，转变为养殖业、花卉业、生态农业、观光休闲农业。资料显示：吉林省延吉市农村流转的农地中用于粮食作物种植的面积仅占流转总面积的 60.2%，用于经济作物和蔬菜种植的占 35.5%，还有 4.3%

---

① 中华人民共和国审计署：《10 省（市）扩大内需投资项目建设管理和资金使用审计调查结果》，http://www.gov.cn/zwgk/2011-03/25/content_1831321.htm，2011 年 3 月 25 日。

另作他用。农地流转后"非粮化"现象的程度依据农地流转需求方的不同而不同：农户对农户流转的农地基本上还是用来种粮食，但农户对协会、农户对企业、农户对种养殖大户流转的土地，多数出现了农地"非粮化"趋势，并且这一趋势还在加快。以无锡市为例，据资料显示，在流转的农地中，农户之间流转的农地 10.3 万亩，占总流转农地面积的 17.5%，基本没有改变农地经营用途，以种粮为主；农户流转给镇村、企业和种养大户的农地面积有 48.6 万亩，占总流转农地的 82.5%，大多从事设施农业，基本上改变了农地原有种粮用途。各个地区的发展程度不同，农地"非粮化"情况不同。广东、福建、江苏、浙江、天津等发达省市农地"非粮化"程度要超过其他省市，茶、桑、笋、果、丰产林等经济作物的种植代替了粮食种植，逐渐成为农地流转后农地经营主流。只有在内陆中西部地区，特别是西部地区农地流转后"非粮化"程度还比较低，但同时，也因为粮食生产经营比较效益偏低，农地流转收益率相应降低，也在一定意义上损伤了农民参与农地流转的积极性。加之，现有国家种粮补贴政策执行中是以耕地面积作为基本计量标准，并没有真正对粮食生产大户产生激励作用。因此，进一步改革农地流转制度和补贴政策，也是今后农地流转制度创新应高度重视的问题。

事实上，我国粮食产量与消费量之间还存在比较大的缺口，大约每年的缺口为 500 亿斤。我国人均消费量低于发达国家，只有美国的一半。而且，目前每年的人均产量比 20 世纪 90 年代后期有所降低。如果任凭农地流转中的"非农化"和"非粮化"发展和蔓延，我国必将出现粮食供给严重不够，威胁国家粮食安全和社会发展稳定。因此，精心设计农地流转制度和流转后的经营管理将成为我国今后农地流转制度创新中的重中之重。

(二)粮食供给数量风险的根源

地方政府利益驱动。地方政府在推动农地流转发展过程中，往往把地方经济利益摆在首位，有的为实现政府和个人的利益，不顾全局，强制进行农地征收和流转，造成耕地减少、粮食供给减少。在我国现有的体制下，GDP 仍然是考核政府和干部的最重要的指标，发展经济成为政府的主要目标。而农业经营产品附加值低，GDP 贡献率低，积极发展农业的经济效益远不如组织农地资源开发来得快、来得多。因此，不少地方政府大搞"土地财政"和"土地 GDP"，甚至不惜牺牲农业进行招商引资，以低价甚至无偿的提供土地为优惠条件来引进资金，加快工业发展，扩大区域国民生产总值总量。同时，政府为了增加财政收入，不惜违规操作，隐瞒农地征用或虚报补偿土地数量，以牺牲农民利益和粮食安全为代价，大肆圈地、卖地，将耕地变为商业用地，增加地方政府财政收入。[①]

管理制度体系残缺。关于农地流转，国家尽管出台了很多支持政策，但还没有出台与农地承包经营权流转配套的法规来约束流转农地开发利用方式，也没有对农地流转规模、农地流转程序、农地流转风险以及农地流转责任及其追究等作出系统规定，特别是对土地流转后的用途没有作严格的限制，这将减少种粮的面积，影响粮食产量。同时，不少地方政府出台政策，鼓励土地流转，并用于发展蔬菜、果苗、花卉、畜禽和特种养殖等高效农业项目，并给予一定的财政补贴。这对农村干部、群众有一种误导作用，致使农地流转后出现"非粮化"，减少粮食产量，从而可能导致粮食风险的出现。

农产品价格"剪刀差"。从新中国成立开始，我国工农业产品价格就存在着"剪刀差"，农产品的价格远远低于工业产品价格，致使很多农业生产者弃农从商，从负面激励了农业用地改为商业用地的现象发生。另外，农产品之间内部价格差异客观存在，同等单位粮食作物的价格远低于同等单位经济作物的价格，使得原本种粮的土地在流转后变更为养殖业、高效经济作物种植业、生态观光农业、都市农业用地等。犹如"抽水机"式的工农产品"剪刀差"的客观存在，一方面抽走了大量农业自我发展资金，降低了农业投资能力和生产能力，酿成粮食风险；另一方面，形成了转嫁工业发展负担的社会思维定势，以牺牲农业发展壮大工贸经济，削弱农民和农村发展能力，以致农业生产产能严重不足，并最终导致粮食安全风险和社会不公。

农业比较效益偏低。粮食作为商品，需求弹性较低，容易出现我们通常所说的"增产不增收"，其附加值也非常低。而进行"非粮化"，改种经济作物或改为养殖，其收益可以倍增。在湖南某县的一些村调研中发现，养鳖、鳝鱼、泥鳅以及种植花卉经济作物的每一亩产出效益是水稻种植的 20 倍。而养殖业需要成片才有效益，也就是我们经济学所说的规模经济。因而，在利益的驱使下，临近几个村的很多农民以参股分红，或以租赁的形式把土地流转过去，发展特种水产品养殖业和特种经济作物种植业。[②] 其他地区此类现象也较普遍，据资料显示，在江苏省赣榆

---

①　王莉：《保证粮食安全的系统性分析》，《天津大学学报》2009 年第 5 期。

②　侯胜鹏：《基于粮食安全视角下的土地流转分析》，《湖南农业大学学报（社会科学版）》2009 年第 4 期。

县墩尚镇银河村，养泥鳅一亩产出效益是水稻种植的 30 倍，很多农民都把农地流转出去供养殖户养殖泥鳅，除获得固定的流转费外，还在企业打工挣工资，也有些农户自己从种水稻改成了养泥鳅，由协会负责收购和销售。全镇 9800 个农户，有 6000 户被协会组织起来养泥鳅，全镇耕地 3.4 万亩，流转农地进行养殖达 2.1 万亩，产值 12 亿元，农民人均纯收入从泥鳅产业就增收 5470 元，占比为 68.6%。①

二、农地流转与农民获取食物能力的风险

在农村社会保障体系尚未完全形成的条件下，我国农民承包农地依然充当了农民基本生活来源、农民就业等社会保障功能。正如温家宝同志所指出的：土地是农民最大社保，流转不能强迫命令。农地进行流转后，农民实际上就失去了农地的承包经营权，如果流转机制不合理，也会相应地致使农民丧失承包农地所担负的社会保障功能。如果是在没有任何其他收入和农民发展出路没有完全解决的前提下，流转费用开支完后，农民就失去了基本生活来源，甚至连获取基本生存所需粮食的能力都有可能丧失。

（一）承包农地所承载的社会保障功能

我国城乡"二元化"经济社会结构和"城乡分治"社会经济管理格局至今尚未完全改变，农民社会保障基础差、体系不健全，自我发展和保障能力相对弱小，承包农地实际已成为农民最基本、最安全的社会保障。现行家庭承包经营制度让每位集体组织内部农民无论男女性别差异、能力水平高低和年龄大小，都可以凭借集体成员身份获得一份赖以生存的承包土地，从而获得相当大程度的生活保障、就业保障和养老保障等。

第一，生存保障。农民在自己的土地上从事农业生产，可以获得生存所需要的粮食、副食等生存物质并从中获取其他必需品，以保障生命最基本的需要，这是农民从承包农地中得到的最基本保障。

第二，就业保障。农民通过承包拥有自己的土地，对自己的承包农地进行耕种经营，也就意味着处于就业状态，并获得一定的劳动报酬。换言之，农民只要拥有承包农地，就意味着就业，这是农民承包农地中获得的就业保障效用。

第三，养老保障。承包农地作为农民重要的生产资料，在农民自己

---

① 易小燕、陈印军、王勇：《耕地流转中的"非粮化"问题研究》，《农民日报》2012 年 2 月 14 日。

可以耕种经营的时候，承包农地就具备了就业保障功能而存在；而当年老丧失劳动能力时，承包农地通过继承等方式可以转移到子女或其他人手中，以获得一部分养老收入，充当了养老保障功能。承包农地所具有的这种养老保障功能对于缺乏家庭资助以及社会保障的农村老人来说，非常重要，是获得基本生存所需的重要依据和基础，并实现农村老有所养。

第四，失业保障。伴随着现代化、工业化和城市化的推进，大量的农村剩余劳动力开始向非农产业转移。由于城乡"二元结构"的存在，在转移的过程中，这部分农民难以加入到城镇社保体系，无法均等地享受城市产业工人所享有的失业保险等相关待遇。为了规避市场经济的社会风险，农民将持有这部分土地，土地充当了农民工的失业保障功能。

（二）农民获取食物能力的风险

2008 年，十七届三中全会通过的《中共中央关于推进农村改革发展若干重大问题的决定》明确指出，在稳定和完善农村基本经营制度的基础上，按照依法自愿有偿公正的原则，允许农民以出租、转包、转让、互换、股份合作等形式流转土地承包经营权，发展多种形式的适度规模经营。但是农民在很多情况下仍处于弱势，农民的权力与利益远没有得到有效保护。首先，农民承包农地"被流转"现象严重。为了达到某种目的，地方政府和村委会违背农民意愿、侵害农民土地承包经营权，造成农村土地"被流转"。[①] 比如，地方政府为了发展当地经济或者为了某一政绩工程，强迫农民将农地流转给大的种植户或者大企业。其次，农民的农地承包权益难以保障。在农地流转实践中，政府干预过多，农民自愿有偿原则得不到很好保障，外出务工就业农民的承包农地被强行收回、依靠行政命令强行调整农户承包期内承包农地或承包期限、利用职权变更解除农地承包合同内容等侵害农民承包权益的现象时有发生；农民对于农地流转的知情权、参与权、监督权难以得到真正保障。再次，农民农地承包经营权收益容易受损。由于流转双方力量不均，农民信息不全，加上农民理性认知和谈判能力不足、自我保护和维权意识相对较差，造成流转成本高、收益低，而这部分损失更容易被转嫁到承包农民，直接损害农民权益。最后，农地流转定价不合理也是伤害农民权益的重要原因。农地流转价格如何决定、决定在什么水平，直接影响农民农地承包权益。而在现实的流转中尽管农地流转价格取决于双方协商的结果，但

---

① 陆福兴：《谨防违背农民意愿的农地"被流转"》，《农村经营管理》2010 年第 4 期。

由于农民获取信息能力、谈判能力等不足，而导致农地流转定价的随意性很大，农户农地流转权益容易受到在组织结构、经济地位上居于优势地位的政府和规模经营主体的侵害。此外，由于农地承包经营权的财产性和商品性不明确，缺乏历史价格，在多对一农地流转过程中更容易造成农地流转价格人为低估现象。这使得农地流转中，利益被农地流转需求方及其他优势主体所侵占，农民农地流转所得的利益远远小于市场通行价格，农民利益受损严重，有的甚至永远失去"承包权"、"经营权"和"保障权"。

在农村社会保障体系尚不完备的条件下，农民对于农地流转的风险认识和估计不足、对农地流转后的生活和发展出路考虑不周，农民得到的一次性补偿流转收入难以满足农地承包经营权流转后生活和发展需要。因此，在没有根本解决农民生存和发展问题前提下，如果农地流转内部机制不能很好地处置好农民基本生活和就业保障，就有可能导致农民在农地流转中失去基本生存保障、就业保障、失业保障和养老保障。不难想象，在流转农民没有解决生存和就业出路的条件下，当有限的流转收入开支完后，农民的生存和生活就会出现困难，就会降低农民获取食物能力，从而导致国家粮食安全风险，并最终影响社会稳定。

事实上，四川、重庆等地农地流转制度改革实践也已证明：政府推进农地流转发展，首先必须妥善解决农民发展出路。从现有文献资料来看：在川、渝等地区农地流转中，因没有从根本上解决农民生存和发展出路，仍在不同程度上损害了农民承包权益，特别是农地转让收益或征地补偿标准偏低，流转后农地规模经营收益分配、农地增值收益预期与分配等方面更为明显，直接影响了农民生存发展和粮食获取能力。根据川、渝等地现行征地补偿安置办法，流转农地的土地补偿和安置补助费最高标准为 2.0 万元/人，有的地方还只有 1.8 万元/人。而根据《四川省2011 年国民经济和社会发展统计公报》显示：2011 年，四川省农村居民人均收入为 6128.6 元，农村居生活消费支出为 4675.5 元；城镇居民人均可支配收入为 17899 元，城镇居民生活消费支出为 13696 元。以此计算，流转农民每人获得的农地流转补助仅相当于 2011 年当地城镇居民一年的可支配收入，也只相当于农村居民 2011 年纯收入的 3 倍。如果按照2011 年农村居民人均生活消费支出 4675.5 元计算，流转农民的流转收入只能维持 4 年左右的生活；如果按照 2011 年城镇居民人均消费支出13696 元计算，仅能维持 1 年多点的生活。很明显，如果考虑物价上涨因素和城乡居民收入增长幅度，其补偿补助标准更显得偏低。另外，我们还可以假设，如果将每人 2.0 万元补偿补助全额直接代替农民进入社保，按流转农民平均 50 岁、预期寿命 72.6 岁计算，每月只能领到 70 多元的养老金，远低于当地近郊现行最低生活保障费 180 元和城市中档养老金 500 元的水平。其他地区类似的例子很多，如川西北部某县，300 户农民将耕地流转给规模经营主体，时间长达 21 年，每年每亩租金仅 300 公斤稻谷，物价涨幅未考虑计入流转补偿价格。① 过低的补偿标准和未来收入估计，直接影响农民参与农地流转的积极性，也将影响农民生存和生活保障。

另外，我们还可以从经济发达地区的苏州来看，情况大体也是如此。虽然苏州大部分地区实行了股份制农地流转，农民可以通过土地规模经营的收入获得一定的分红和收入，可是农民的生活目前来说还是比较艰苦。以车坊地区为例，车坊地区补偿标准分为四个部分：被抚养人（16 岁以下）不享受国家和乡镇补偿；劳动力（男性 16～46 岁、女性 16～36 岁），共发放补偿 2000 元，发放两年；退养人员（男性 46～60 岁、女性 36～55 岁），每月 249 元；保养人员（男 60 周岁、女 55 周岁以上）国家规定每月 220 元、乡镇补贴 40 元，每月发放 260 元。② 这些数据都充分地说明了农地流转后农民的基本生存生活状况并没有得到实质性改变，有地区和个人生活状况还有可能恶化，所获得的流转费用难以维持基本的生存，获取足够有营养食物存在困难，出现了我们微观上所说的粮食危机，也导致了一系列矛盾和事件的发生。据中国社会科学院发布的《2005 年中国社会蓝皮书》预测，农民失地引发的社会矛盾成为了困扰中国社会稳定的首要问题。2004 年，在全国 130 多起农村群体性突发事件中，就有 87 起是因农民失地引发的冲突。农地流转收益严重低估，加之社会保障不健全，将恶化流转农地农民生存发展环境，减弱农民获取食物能力，诱发微观主体粮食安全风险。因此，只有把农民农地承包经营权流转与农民基本生活保障、就业出路、土地增值收益分配等统筹考虑，探索推广以农地承包经营权资本化为基础的农地流转模式，不断完善政府引导和监管，广泛吸收社会资本参与，才有可能促进农地流转市场健康发展，也才有可能较好地解决农民收入增加问题、农业规模经营问题以及农村社会稳定和发展等问题，进而从根本上解决农民获取粮食能力不足问题。

---

① 闫威：《重庆农地流转遭遇三难题》，《中国经济时报》2005 年 3 月 4 日。
② 魏秀云：《城镇化背景下的农地流转政策探析——以苏州市为个案》，苏州大学 2007 年硕士论文。

三、农地流转与粮食质量保障风险

（一）农地流转后粮食质量风险的表现

农地流转在促进农地规模经营发展的同时，如果政府对农地规模经营管理监控不到位，将增加粮食质量保障的不确定性，甚至导致粮食质量恶化，造成粮食质量和可用数量风险。粮食质量风险因风险事件不同，大体可划分为化学性污染、物理性污染、生物性污染、本底性污染和技术性污染等类型风险。尽管这些污染和风险可能在传统的、分散的家庭经营中就已经存在，并非完全是因为农地流转所直接造成的，但因为农地流转和农地规模经营，使这些污染和风险表现得范围更为集中、程度更为深化、后果更为严重。另外，原本在家庭经营模式中更易控制的环境污染和品质质量等问题，因规模生产而变得更为复杂和不可控。基于此，我们仍然把这类不确定性归结为农地流转对于粮食质量安全保障带来负面影响的基本内容和主要表现形式，并予以分析说明。

所谓"化学性污染风险"，是指在粮食生产、储藏和运输过程中不合理使用化学合成物质而对粮食质量安全产生危害的可能性。例如，在农作物病虫害防治过程中使用超标禁用农药，或过量、过频使用农药所造成的有毒有害物质残留污染；在粮食储藏及储藏环境保护中，使用的化学物质所造成的粮食污染等。因化学有机污染物的慢性长期摄入所造成的潜在食源性危害已成为人们关注的焦点，常见的化学污染有农产品农药残留超标、动物食品兽药残留超标、食用生物制品真菌毒素、农产品加工过程中形成的某些致癌和致突变物以及工业污染物，如人们所熟知的二噁英等。化学污染对人类的损害可分为三大类：一是环境荷尔蒙类损害，即对人类生育和男女性别比例的影响。据日、美等 20 个国家的调查表明：未来 50 年男子的精子数量将减少 50％且活力明显下降，主要是由于有害化学品进入人体干扰了雄性激素分泌，导致雄性退化所造成的。二是致癌、致畸、致突变化学品类损害。据有关研究表明：约有 140 多种化学品对动物有致癌作用，其中确认对人的致癌物和可疑致癌物就有 40 多种；人类 80％以上的肿瘤病例都与化学致癌物污染有关。三是有毒化学品污染类损害。据中科院生态所的调查，目前我国受镉、砷、铬、铅等重金属污染的耕地面积近 2000 万公顷，约占耕地总面积的 20％；全国每年就因重金属污染而减产粮食 1000 多万吨，另外被重金属污染的粮食每年也多达 1200 万吨。重金属污染所致土壤环境质量下降特别是这种污染进入食物链后，不仅影响农产品安全、食品安全和农业的可持续发展，甚至将影响农产品出口贸易、环境外交以及国家的生态安全。①

所谓"物理性污染风险"，是指在粮食耕作、收获和加工运输过程中，或因操作行为不规范，或因生产加工工艺技术水平制约，或因场地不足等原因，不慎混入有毒有害杂质，所导致的粮食杂质超标和污染。粮食物理性污染大体可分为三种类型：一是来自粮食生产、储存、运输、销售过程中的污染物，如粮食收割时混入的草籽、粮食储藏容器存在的杂物、食品运销过程中的灰尘及苍蝇等；如现阶段农村粮食在公路路面晒干过程中容易混入沥青、车辆轮胎橡胶颗粒等有毒物质；如农业机械化种植和收割过程中，容易被石化油污染等。二是粮食放射性污染，粮食作物先天具有的流散性、热特性以及吸附性等特点，使得粮食在生长过程中有可能因吸纳和吸收空气、土壤和灌溉水中的放射性核素所致粮食产品放射性污染，特别在放射性物质开采、冶炼、生产、应用比较多的地区，风险更大。三是不法商人在粮食中掺假使假，如粮食中掺入的杂质等，人为造成粮食的物理性污染。

所谓"生物性污染风险"，是指自然界中各类生物性因子对粮食质量安全产生的危害，如致病性细菌、病毒以及毒素污染等。在规模化经营中，大量种子储存、大批生化制剂使用，如预防不当将导致毒品毒素污染，特别是外来物种引进后，生物性污染表现更为明显。粮食生物性污染主要可分为种质、微生物、寄生虫、昆虫及病毒污染等类型。一是粮食种质污染，主要指粮食种子生产、保存和使用过程中出现的基因、病毒等污染导致粮食产品污染。二是粮食微生物污染，主要有细菌与细菌毒素、真菌与真菌毒素，出现在食品中的细菌除包括可引起食物中毒、人畜共患传染病等的致病菌外，还包括能引起粮食腐化变质并可作为粮食受到污染标志的非致病菌。三是粮食寄生虫和虫卵污染，主要是指病人、病畜粪便间接或直接通过灌溉水体或生长土壤污染进而造成的粮食污染。粮食昆虫污染主要包括粮食中生产、储藏、运输过程中因甲虫、螨类、蛾类等昆虫活动所造成的粮食污染。四是粮食病毒污染，主要包括肝炎病毒、脊髓灰质炎病毒和口蹄疫病毒，在粮食生产、保存、运输等环节中所造成的粮食污染。

所谓"本底性污染风险"，是指在粮食产地环境中的污染物对粮食质量安全产生的污染的风险，包括粮食产区地理环境中的水、土、气污染所造成的粮食污染风险。根据污染渠道可分为本底土壤污染风险、本底

---

① 郑风田：《我国农村污染为何那么严重？》，《文汇报》2012 年 6 月 19 日。

水污染风险和本底空气污染风险。这里以土壤污染为例，简要说明本底性污染风险对粮食质量风险的影响。土壤污染是指通过各种途径进入土壤的污染源数量和速度超过了土壤容纳和自我净化能力，进而使土壤性质、组成及性状等发生变化，破坏土壤自然生态平衡，并导致土壤自然功能失调、土壤质量恶化的现象。据统计，我国受污染耕地约有1000万公顷，有机污染物污染农田达3600万公顷，主要农产品的农药残留超标率高达16%～20%；污水灌溉污染耕地216.7万公顷，固体废弃物堆存占地和毁田13.3万公顷。每年因土壤污染减产粮食超过1000万吨，造成直接经济损失约200亿元。①

所谓"技术性污染风险"，是指在农业科技推广应用中，因技术背景不足、技术水平缺陷以及技术不当使用，导致粮食生产质量问题。比如，现阶段讨论最多的转基因技术及产品的推广，虽然现阶段还没有科学依据能证明转基因会直接造成粮食质量安全，但美国科学院的相关研究报告，已初步证实转基因技术对于粮食生产的危害性存在可能。为此，国务院2012年2月公布的《粮食法（征求意见稿）》也明确规定："转基因粮食种子的科研、试验、生产、销售、进出口应当符合国家有关规定。任何单位和个人不得擅自在主要粮食品种上应用转基因技术。"技术型污染既包括技术本身不完善所致污染危害风险，也包括技术推广使用环节中因技术背景不足、技术应用能力缺乏所致危害风险。

（二）农地流转后粮食质量风险的根源

农地流转对于促进农地规模经营、解决粮食生产效率过低问题，无疑具有积极意义，但由于农业生产力水平偏低、农业生产比较效益不高、农地流转成本分担机制不合理等原因，原本制度预期的高效、集约的农地规模经营，因投资主体利益驱动、农产品质量标准和监管不健全、农业科技发展水平不高、农业生态环境恶化等原因，农地规模经营特别是"非农"、"非粮"化规模经营发展，将有可能危及粮食数量和质量安全。

第一，规模经营投资利益驱使。农地流转后，获取最大限度的投资收益成为农地流转需求方——农地规模经营主体的最大目标。从行为经济学角度看，农地流转需求方由于"有限理性"，使得其生产经营具有理性行为与非理性行为并存的特点。一方面，农地流转需求方作为"经济人"，最大化投资利益是其核心价值追求，他们总是在环境外部约束和内部经济激励的最大限度内，尽可能地提高现有资源使用效益，降低和节

① 熊严军：《我国土壤污染现状及治理措施》，《现代农业科技》2010年第8期。

约成本，实现经济收益最大化；另一方面，农地流转需求方生产行为中也存在着许多非理性行为，为了追求经济效益最大化，容易忽视环境生态保护和农产品的质量安全，很难自觉保障农地规模经营经济效益、社会效益、生态效益统筹提高。农地流转需求方要实现经济目标，必须在生产过程中根据边际成本等于边际收益这一效率条件，对物质生产要素的使用数量和结构组合进行调整，合理配置生产要素，提高各种物质生产要素利用效率，提高投入—产出比率。同时，在生产过程中大量地采用高科技，以提高作物产量、改善作物品质、降低生产成本。为了达到既定的经济目标，随着农业规模化经营和农业集约化水平的提高，农业投入明显增加，随之化肥、农药等农用化学品的使用数量迅速增加、使用频率加快、使用周期缩短，致使粮食产品农药残留含量超标，也使得农业环境污染日趋严重，生态环境质量退化，农产品安全性的问题日趋严重。另外，农地流转后，农地流转需求方因农地经营规模增加，企业化运作能力加强，生产资料的使用增加，工业废弃物和农业产业化经营垃圾也不断增多，因过高的治理成本和规模经营主体既得利益保护而使农村环境污染源增加。如污水、垃圾、燃料燃烧等生活污染，如化肥、农药流失造成的种植业水体污染，如废水、废气、固体废物等养殖业污染，如农产品加工和乡镇企业发展中非法排放所带来的重金属污染等。这些污染降低了农业生产所需水源、土地、空气的质量，破坏了粮食生产生态环境平衡，必然会影响粮食质量的安全性。

第二，粮食质量安全意识薄弱。粮食质量安全问题是近年来为社会所广泛关注的热点问题之一，直接关系国家粮食安全和人民群众身体健康。粮食质量安全问题涉及粮食收购、储存、运输活动和政策性粮食购销活动中粮食质量与原粮卫生监管等各方面，其中原粮质量卫生安全是成品粮和粮食加工品质量卫生安全的保障，是加强粮食质量安全建设的源头和根本。近年来，国家在加强粮食数量安全保障的同时，也注重加强粮食质量安全监管长效机制建设，先后制定出台了《食品安全法》、《农产品质量安全法》、《粮食流通管理条例》、《中央储备粮管理条例》等相关法律法规，明确了粮食生产质量标准，全面实施"一把手"责任制和粮食安全信息报告制和通报制，粮食生产主管部门积极履行监管职责，在认真做好粮食质量安全日常监管工作方面也取得了很好的成效，在一定程度上保障了国家粮食质量安全。但由于长期以来制约我国粮食安全的是总量问题，形成了人们更加关注粮食生产总量安全保障的习惯思维，相对忽视了粮食质量安全保障，粮食质量安全也是因近年粮食生产过程中出现了的质量问题才引起广泛重视，粮食质量安全社会意识相对淡薄，生产者自觉维护和消费者自我保护意识还比较落后，粮食经营主体对农产品质量安全问题尚未达成共识。在农产品质量安全维护与管理的实践中，还存在很多问题，特别是经营主体参与层次普遍不高，大多是被动地参与，参与方法运用尚不充分，农户的参与深度还存在不足。另外，国家和政府对于粮食质量安全管理方面也大多停留在信息提供性质或咨询性质的管理，粮食安全生产方面的知识普及范围不大，绝大多数的生产者、经营者和消费者自觉保障和维护粮食质量安全意识不强。特别是在农地流转后，粮食生产规模经营主体基于自身投资收益考虑，所生产的粮食产品主要是用来销售的商品，在市场价格和生产成本既定的前提下，更关注粮食产量提高，就有可能忽视对质量的要求，而不像流转前种植的部分粮食需要自用而注意粮食质量问题。

第三，粮食生产科技运用不当。现代科学技术发展与应用是一把"双刃剑"，从经济学角度看，它具有明显的正外部性和负外部性双重特性，即在促进经济社会发展的同时，也给人类社会发展带来科技灾难甚至是毁灭性灾难。[①] 农业科技发展与应用也不例外，即先进现代农业技术在促进粮食产量增加和粮食质量提高的同时，也有可能导致粮食质量安全风险。在此，以"转基因技术"为例，分析农地流转后农业科技发展运用对粮食质量安全的影响。

转基因技术是一项顶尖级的现代农业生物工程技术，对于增加农业生产能力、节约农业生产成本、集成农业生产要素配置、转变农业发展方式、优化农业种植和品种结构、解除季节和气候等自然约束、提高农业供给能力等各方面都具有积极推动作用，但同时也带来了一些科技灾难，如生态环境问题、食物品质安全问题等。美国著名经济学家、地缘政治学家威廉·恩道尔在其著作《粮食危机》中揭露了围绕粮食问题正在进行的一场不为多数人所察觉的阴谋：以孟山都公司为代表的小部分美英"精英分子"，不仅通过转基因种子推广和项目资助的形式意欲达到控制整个世界粮食产业链条和市场、追逐超额垄断利润的目的；而且还以转基因技术作为一种新的生物战形式，达到种族灭绝和人种改良的目的。美国科学院研究表明，转基因食品的风险主要存在于：转基因食品的过敏性、基因污染、转基因食品的毒性、转基因食品的抗生素抗性、转基

---

① 王冬雪：《转基因食品安全 or 不安全？——转基因技术与转基因食品》，《食品安全导刊》2010 年第 5 期。

因食品的营养品质改变、产生抗生素耐药性细菌，等等。尽管专家、学者对转基因技术是否对粮食产品质量有负面作用还存在着争议，但是有一点已形成共识：转基因肯定是存在风险的，尽管风险究竟有多大目前还不能科学举证。为此，2010 年 3 月 1 日，我国 100 多名学者联名上书全国人大，要求立即停止转基因水稻和玉米商业化生产；与此同时，60 多名海外学者联合发布题为《我们关于转基因水稻、玉米商业化种植问题的意见书》的公开信，这些联名学者一致认为，农业部相关部门为两种转基因主粮颁发安全证书，意味着转基因水稻和玉米将开始商业化生产经营，中国也将成为世界上第一个种植转基因主粮的国家，而转基因产品主粮化的生物安全存在不确定性，并由此带来商业化生产后的经济安全存在不确定性、绿色优势也存在不确定性，更大的忧虑在于转基因作物商业化生产后的不可逆性，将安全性仍然存在广泛争议的转基因食物主粮化，有可能危及民族与国家安全。①

但是由于投资和商业利益的驱动，特别是农地流转后，农地规模经营主体从事转基因粮食种植和经营的可能性明显增加。一方面，从事转基因粮食产品生产经营对于规模经营主体个人来说，明显利大于弊，可增加产量、提高投资效益，但对社会副作用较大。用经济学的语言来说，就是出现了外部负效应，边际私人效应大于边际社会效应、边际私人成本小于边际社会成本。种植户为了自己的利益忽视了转基因粮食的消极因素，而大加推广使用。另一方面，土地流转后，农地流转需求方的种植面积扩大，种植户无论是在经济能力，还是在技术的掌握能力方面都有很大的增强，这使得转基因粮食的种植成为可能。转基因的推广使用将有可能危及我国人民的身体健康，给我国食物质量安全带来风险。

粮食产品自身特点造成粮食质量恶化。粮食产品本身及其生产的特点决定了粮食质量容易恶化。特别是随着农地流转，种粮的目的发生了变化，粮食的商业化有所增强，这使得粮食质量本身及其生产的特点愈易显现。

首先，是粮食质量安全的后验性。粮食的鲜嫩程度、汁的多寡、香味口感、味道等特征，以及粮食是否存在抗生素、激素、农药残留等质量安全的品质需经消费后才能体验到，而且不同的人因个人感觉并不一样。有一些农产品质量安全的品质，即使消费后也不能感觉到它的品质的好坏，粮食质量安全有具有典型的后验性。这使得粮食种植户不关心

---

① 于洋、司辉清：《转基因食品的安全问题》，《中国食物与营养》2009 年第 2 期。

粮食的质量，存在农药超标等质量问题的粮食照样销售，加剧了粮食质量的恶化。

其次，是农产品质量安全的不可控性。农业生产的最基本特征是自然再生产与经济再生产的有机交织，农业生产的对象是有生命的动植物和微生物，其生长发育离不开特定的土地、温度、光、水、热气等环境和条件，因此，农产品生产过程是复杂的生命活动过程。土地有其特殊的重要性，是农业生产中不可替代的最基本的生产资料，与此同时，农业生产受自然环境的影响较大，具有周期性和较强的季节性。这些特点就决定了影响农产品质量的要素很复杂，不同的品种，同一品种不同的生长环境，同一品种、同一生长环境采取的不同的栽培与饲养措施，其农产品的质量和安全品质都是不一样的。因此，与工业品相比，农产品质量安全具有不可控性，其不可控因素更多，粮食的质量安全难以保障。

最后，是农产品质量安全的相对性与动态性。农产品质量安全是相对的，是基于一定的科学基础的，以科学的风险分析为基准，在特定的阶段，相对于一定的科技水平，农产品质量是安全的。另外，随着时间、地点和消费群体的不同，也存在着不同的安全和不安全的标准，食品安全与否一定程度上取决于消费者的主观评价。同时，农产品质量安全又是动态的，随着现代科学技术水平的不断提高，原来被认为是安全的东西也会变成不安全，一些高新技术的发展也会带来新的食品安全问题，如利用转基因技术所生产的转基因农产品其安全性也有待于进一步研究，因此，农产品质量安全也是不断发展的，又具有动态性，永远在安全和不安全之间寻求一个动态平衡点。

第三节　农地流转与粮食安全风险防范

粮食是一个国家最重要的战略物资，粮食安全关系到国家与民族的生存与发展。对于我们这样有着 13 亿人口的国家，粮食安全尤为重要，因此，我们必须千方百计保证粮食安全，消除粮食安全风险。

一、保护流转农地的粮食生产用途

第一，提高粮食价格，加大粮食补贴。不断地完善粮食价格形成机制，理顺粮食与经济作物、工业产品的比价关系，逐年提高粮食收购价格和粮食保护价水平，制定政策要消除或平衡种粮与高效农业之间的效益"剪刀差"，让种植大户获得最大的利益。同时，建立因功能差异所导致的比较利益损失补贴机制，使传统粮食产区获得相应的因为粮食种植而丧失的比较利益，提高种粮积极性。在维持目前的普惠制粮补水平的基础上，加强对惠农补贴和其他强农资金的整合，加大对粮食生产者的补贴力度，种粮大户按其规模化种粮面积或提供的商品粮数量进行"累进"奖励或补贴，使得产粮越多的大户得到的单位补贴比例越多，确保土地流转后规模种植收益更大，以保护流转农地的用途。

第二，规范土地流转，确保农民的权利。规范当前的土地流转合同，积极引导土地流转双方签订书面协议，必须严格按照相关的法律法规和政策的规定，签订农地流转合同，规范和完善农地流转合同内容及格式，尤其对流转后的土地用途在合同中进行界定，确保农民的利益。另外，要规范政府与村社及其干部参与土地流转的行为，严格把好土地流转操作程序关，必须充分尊重农民的意愿，杜绝以任何名义强迫、包办和改变土地的用途，明确农户在土地转让中的主体地位。

第三，实施分片管理，确保农地的种粮用途。在土地流转中，逐步建立规范的农村土地流转程序，设计统一格式的协议书，明确双方的权利和义务，完善流转合同的档案管理，加强流转过程监督和流转后土地用途的监管，尤其要加强主粮区的管理，杜绝土地用途的改变。为了防止有些种植户以调整农业产业结构、发展高效农业为借口，改种经济作物或发展休闲产业，政府应颁布政策，规定农业结构调整及土地流转中农业资源的配置必须首先保障粮食安全，应该取消粮食产区发展高效农业的政策。划分粮食产区与非粮食产区，实施分片管理。对粮食产区，只能发展粮食生产，禁止发展其他产业。在现有的"不得改变农业用途"这一土地流转原则限定的基础上，在粮食产区增加一条粮田产区不能改变种粮性质的规定。

第四，鼓励农地流转，扩大规模效应。引导离乡农民或兼业农民把土地经营权流转给种粮大户、种田能手或粮食产业化龙头企业，进行集中开发，规模化经营，政府对种粮大户在提供信息服务、技术咨询、政策指导、信贷扶持、农业保险等方面给予全方位支持，以提高粮食单位产量，增加粮食供给，最大限度地减少粮食风险。

第五，搞好耕地规划，落实耕地保护责任制度。保护耕地是中央政府与地方政府的共同职责，而且地方政府才是耕地保护的直接责任者。但现实中地方政府往往没有履行耕地保护的职责，反而为了加速发展区域经济，积极开发建设用地，成为耕地破坏的实施者。因而，要搞好耕地规划，落实耕地保护责任制度，完善耕地登记制度，尤其是地方政府应切实承担起保护耕地的责任，层层落实省级、市级、县级、乡镇各级地方政府的土地利用规划；将各级政府辖区内现有耕地登记造册，尤其是对基本农田的位置、数量进行登记，完善农田基本信息；各级土地管理部门切实实行耕地和基本农田定期审查统计制度，确保耕地和基本农田总面积，保障粮食种植面积和生产能力。

二、增强流转农民的粮食获取能力

第一，制定合理、公正的农地流转价格。建立合理的价格市场机制，包含流转价格的市场机制（农地流转供需双方按照市场需求自主定价）、流转价格的调控机制（合理定级估价制度）、价格服务机制（市场中介组织、建立土地交易信息网等），以确保农地流转价格合理、公正，让农民转让农地时尽可能地获得更多的收益，以维持其基本生活。

第二，完善失地农民的社会保障。由于农民的社会保障不完善、非农收入的不稳定，目前社会保障功能不完善，没有将社会保障功能从土地中剥离出来的条件，因而土地充当了就业、失业、最低生活保障和养老等社会保障功能，无论是对留在农村的农民还是进城的农民工都是如此。因此，政府应积极完善农村社会保障，开拓农民获得社会保障基金的多元化融资渠道；政府和企业（或者土地的农地流转需求方）应鼓励农民以土地资金投资入股，参与龙头企业的生产经营，获得就业保障；引导农民自愿投保，采取国家、企业和农民共同分担社会养老基金；统筹社会事业保险，为农民提供最基本的生活费用。以此来保证农民有获取基本食物的能力。

第三，加快农民市民化步伐。农民愿意进行土地流转的一个重要条件在于，在土地之外有着稳定和较高的经济收入、稳定的生活来源与保障。为此，应积极推进城镇化水平，有效促进农村剩余劳动力的转移，使农民真正地市民化，享受城市基本的保障权利，解决他们的住房、就业、子女入学等问题，保障农村劳动力稳定的就业机会和基本的生活保障，才能促使农民有信心有底气地进行土地流转，具备离开土地后的生存能力。

三、加强流转后粮食质量安全管理

针对农地流转后粮食质量安全问题存在加剧的可能性，应加强农地流转后的粮食质量安全生产的管理。

第一，加强粮食质量的管理。国家应建立监测制度，监测粮食产地环境、农业投入品和粮食质量安全状况，确保上市粮食质量安全符合国家有关标准和规范要求；要建立和推行粮食质量安全产地标识制度、追溯和承诺制度；要积极推行粮食生产体系认证。转变管理方式，管理方式由过去重事前审批转变为事前、事中和事后的全过程监管；管理手段由过去的以行政手段为主转变为以法律手段、经济手段为主。加强对收购粮食的质量检测，对粮食销售供应市场的粮食质量进行检测，在粮食上市前，对粮食中重金属、化学农药、化学肥料等有毒物质残留状况进行全面检测，保证粮食产品的各项指标符合国内的食品卫生标准或相应地区的有关标准，不符合粮食产品质量的不准进入市场。采取生产基地、批发市场、超市、农贸市场和消费单位相结合的方式，开展粮食农药残留等有毒有害物质残留检测，检测结果以适当的方式公布，确保消费者的知情权和监督权。

第二，严格把关农业投入品管理。农地流转后，种植户会加大农业投入，加大了粮食质量安全风险，而确保粮食安全的重要手段是从源头杜绝伪劣的农业投入品。按照法律法规，建立健全农业投入品市场准入制度，定期向社会公布禁用、限用农业投入品品种和目录，严格执行农药禁用和限用目录，控制限用农药的使用。加快农业投入品结构调整与优化，淘汰高残毒农业投入品品种，推广高效低残毒品种，科学合理地使用农业投入品。加强对农业投入品市场的监督管理，严厉打击制售和使用假冒伪劣农业投入品行为。

第三，推广无公害粮食生产过程。在品种选择上，推广优质、高产、高抗粮食品种；在病虫害防治上，大力推广生物农药和生物防治技术，控制粮食中的农药残留不超标；在科学施肥上，采取有机肥为主、化肥为辅，氮、磷、钾平衡配方的施肥技术，有效地克服和控制粮食硝酸盐累积；在收割中，推行合理的收割方式，防治有害物质混入粮食中。

第四，实行粮食质量与粮食价格挂钩制度。对农药或重金属超标的粮食，杜绝销售并实施销毁；对达标的粮食按照粮食的营养、有害物质的含量等标准进行定价，并出台制度使之常规化，以培养粮食生产者的质量意识，确保粮食安全。

第七章　农地流转与农村社会风险

正如德国著名社会学家乌尔里希·贝克在《风险社会》一书中所言，当今的人类社会生活在"文明的火山上"①，他由此首次提出风险社会理论，并指出现代风险社会与古典工业社会是人类社会现代化进程中的两种社会形态。正处于经济社会深化发展、政治改革深入推进、社会结构深刻转型和利益格局深刻调整的当代中国，具有"蝴蝶效应"的风险事件屡发不止，"制造的社会风险"犹如幽灵般无时不有、无处不在，既源自天灾，也源于人祸，既具显性，又深具隐性，既笼罩局部，又波及全局，呈现出复杂多变、领域宽泛、积聚爆发式等特征。正如德国著名社会学家卢曼所言，我们现在所面对的社会是一个"除了冒险别无选择的社会"②。

同样，我国农村社会正经历着从传统家庭农业社会向现代规模农业迈进的关键时期，原有传统农业经营模式和城乡分治社会管理机制也在经受着深层次变革，社会矛盾和社会风险呈现出多元叠加和共生特点，内部体制改革和激烈巨变的社会环境使得农村社会风险因素急剧增加，农村社会进入高风险频发时期。③ 特别是在坚持"家庭承包、统分结合"的农地经营制度与模式不变的前提下，以农地流转和农地流转市场发展推进现代规模农业发展过程中，同样必将遇到新旧农地观念、新旧农地经营机制、新旧社会结构交替变革所引发的各种社会冲突和风险。事实上，在农业发展方式由传统小农经营模式向现代规模农业发展过程中，农民失业问题、农村社会诚信问题、农产品安全生产问题等农村社会风险正处于高发期。而这些社会冲突和矛盾产生的根源就在于农地经营制度和方式变革创新过程中的利益关系调整失衡和利益主体行为失范。因此，稳定农村社会的关键就在于稳定农地基本经营制度，切实维护好、保障好、实现好农民农地承包经营权。正因为如此，十七届三中全会强调：继续解放思想，必须结合农村改革发展这个伟大实践，"以新的理念

---

① 〔德〕乌尔里希·贝克：《风险社会》，何博闻译，南京，译林出版社，2004，第13页。
② N. Luhmann：*Risk：A Sociological Theory*，Berlin：de Gruyter，1993：218.
③ 韩俊、秦中春、崔晓黎等：《农村社会发展进入高风险时代》，《中国经济报告》2007年第9期。

和思路破解农村发展难题";坚持改革开放,必须把握农村改革这个重点,"在统筹城乡改革上取得重大突破";推动科学发展,必须加强农业发展这个基础,"为经济社会全面协调可持续发展提供有力支撑";促进社会和谐,必须抓住农村稳定这个大局,"为实现国家和社会的长治久安打下坚实基础"。

农地流转发展是在坚持"家庭承包、统分结合"的农地经营制度前提下实现现代农业发展的客观需要,是在解决好农民基本生活保障、就业发展出路条件基础上实现的农地经营模式转变和农地经营制度创新。"一个制度前提"和"一个条件基础"是保障农地流转和农地流转市场能否健康发展的关键所在,是农地经营制度创新的出发点和着眼点,是各级政府贯彻中央政策、服务农地流转发展的关键点和落脚点。但由于传统农地观念惯性、农地流转信息不完全、农地产权主体和经营主体之间利益矛盾等多方面原因,使得我国农地流转制度创新变革和实施实践过程中,诱发了诸多社会风险。我国农村现阶段因农地流转引发的社会风险主要表现在农民利益保障缺乏、农民和规模经营主体诚信失德、农村社会阶层分化失度、农村社会心理失衡、农村社会主体行为失范等方面。

第一节 农村社会风险的内涵及根源

一、农村社会风险的内涵

(一)社会风险的内涵

所谓社会风险是指由于个人或团体的失范行为(包括过失行为、不当行为及故意恶意行为),或不行为使社会生产及人们生活遭受损失的不确定性,是一种引发社会矛盾、危及社会秩序和社会稳定的潜在可能性。换言之,社会风险只是一种在特定环境中引发社会危机的可能性。但这种可能性一旦变成了现实性,社会风险就转变成了社会危机,对社会稳定和社会秩序都将产生灾难性的影响。由此可见,社会风险其本质是一种人为风险,任何社会利益相关主体包括个体、组织乃至政府的行为和决策是风险的直接或间接来源。现代社会之所以会产生和存在社会风险,一方面,是因为社会主体结构越来越呈现个性化发展特点,在社会信息占有不完全、社会信息披露不充分的背景下,社会主体基于自身利益最大化需求所作出的行为或不行为选择和决策其本身就具有不确定性,并且这种不确定性的内容和范围呈不断扩大化发展趋势,同时,个体高度理性与社会综合治理有限理性之间的选择目标差异直接增加社会秩序和稳定的不确定性；另一方面，由于现代高新技术的迅速发展使得社会系统结构复杂化、运行高速化，社会复杂系统的每一个节点上，都可能由于个体行为选择目标偏离系统整体目标而给整个系统带来风险，从而使得社会风险快速增加、快速扩展。另外，社会管理机制不完善，特别是传统管理模式与现代社会发展之间的不匹配，更容易引发主体利益和预期期望目标差异，进而增加社会风险。

当代中国，社会结构正经历着由传统农业社会向现代工业化社会中期转变，社会矛盾日益突出，社会主体利益及行为选择目标差异越来越大，滋生了大量社会矛盾和不确定性，社会风险的累积对社会稳定和社会秩序构成了相当大的潜在威胁，从而也对构建社会主义和谐社会提出了严峻挑战。

我们要正确认识和把握社会风险的内涵及其本质特点，及时防范和规避社会风险，必须注意以下几点。

第一，从风险来源看，社会风险是一种因社会主体(包括个体和团体)行为选择和决策所引致的社会内生的人为风险。换言之，社会风险是社会主体行为选择和决策与现有社会政治经济文化制度、社会环境、社会组织等正常运行的规范和要求所共同作用的结果。而自然"人化"程度的提高，使得风险的内生特点更加明显。

第二，从风险后果看，社会风险是一种具有明显延展性的风险。也就是说，社会风险具有易扩散、易激化、易衍生的特点，其影响对象可以从个别群体扩大到更多群体，乃至全人类；其影响空间可以从一个地区到一个国家，甚至超越了地理边界和社会文化边界的限制，成为全球性风险；其影响时间是持续的，既可以影响当代社会稳定，也可以影响到后代社会发展。

第三，从风险管理看，社会风险同样具有可计算和可预测性，是一种可评价风险。因为社会风险主要是社会主体决策和行为所致实践结果与预期目标之间的偏离，是主体行为选择和决策的危害性后果发生的可能性。正如贝克所言，风险是"一种应对现代化本身诱致和带来的灾难与不安全的系统方法。与以前的危险不同的是，风险是具有威胁性的现代化力量以及现代化造成的怀疑全球化所引发的结果。它们在政治上具有反思性"。他还认为，风险是"预测和控制人类行为未来后果的现代方式"，而这些后果是"彻底的现代化产生的意料之外的后果"。风险已经"成为了政治动员的主要力量"，成为一种造成传统政治范畴过时的话语体系。①

第四，从风险防范看，尽管大部分社会风险后果严重，但随着人们对社会风险的认识、评价与管理水平提高，社会风险实际发生概率明显下降，是一种可防范风险。换言之，尽管社会风险因素不断增加，但并不一定意味着我们生活的社会环境就会变得更糟糕。因为，一方面，社会风险完全可以被我们认识、预测、评价和防范；另一方面，也正因为社会风险事实发生后果的严重性，而警示人们在行为选择和决策时变得更为理性，总是自觉或不自觉予以规避。因此，问题的关键不是回避风险因素，而是规避和减少风险损失。换言之，在现有传统的风险计算方法和经济补偿方法无法从根本上解决社会风险问题的时候，需要通过提高社会集体反思能力来建构应对风险的新机制。具体到我国现阶段而言，就是要通过建构"党委领导、政府负责、社会协同、公众参与"的社会管理格局，实现社会风险的整体管理、系统管理、协同管理和合作管理。

(二)农村社会风险的内涵

农村社会风险是指农村社会主体个人或团体，如农民、农村集体经济组织、农业产业化龙头企业以及农地流转规模经营主体等，行为选择和决策所引致的农村社会主体利益损失可能，以及因此危及农村社会结构、农村社会秩序和农村社会稳定的不确定性。农村社会风险是一种内生的人为社会风险，并因农村社会发展转型和各利益主体理性行为选择而大量显现，成为我国现阶段农村社会管理的重要内容。特别是伴随着市场经济发展、工业化和城市化的快速推进，农村社会结构发生了深刻变化，相比于改革开放前，城乡利益关系、农村不同社会阶层间的利益关系更加复杂，农村利益主体冲突及由此产生的农村社会矛盾也在加剧，从而使我国农村社会发展总体进入高风险时代。② 我国农村进入风险社会后，农村社会风险由传统农业社会模式下的单一性自然灾害风险，逐步演变为现代农村社会各因素综合作用所引致的多元化的内生人为风险，农村各社会主体行为选择和决策对农村社会风险产生具有决定性意义。

我国现阶段农村社会主体大体可分为两大类：一类是农村社会个体，如农民、从事农业生产投资的工商企业主、规模经营种植大户等；一类是农村社会组织或团体。为研究方便，这里主要分析承包农民、农民组织(包括传统自发组织、新型合作组织和农业产业化经营组织等)、农村

---

① 〔德〕乌尔里希·贝克：《风险社会》，何博闻译，南京，译林出版社，2004，第13页。

② 韩俊、秦中春、崔晓黎等：《农村社会发展进入高风险时代》，http://www.sina.com.cn，2007年9月27日。

集体经济组织(包括乡村集体组织和乡镇企业)、农地规模经营者(包括种植大户、工商资本和农业产业化龙头企业等)和地方政府组织等在农村社会风险形成中的地位及所受影响。这些个体和组织(或团体)在农村社会发展中各自作用和影响不同,行为选择模式和行为决策方式也各有差异,但都有可能对农村社会发展产生影响,成为引发农村社会风险的主体性因素。

处于农村社会最底层的农民,既是农村社会风险形成的始作俑者,也是农村社会风险的实际直接承担者。一方面,由于传统社会治理结构、自身能力素质特点以及所从事产业的先天弱质性,决定了我国现阶段农民仍然是社会弱势群体。而在社会风险分担过程中,往往越是弱势人群,抗风险能力越差,越易于受到风险冲击,风险脆弱性程度越高;反过来,风险脆弱性越高,抵御风险能力就越弱,遇到风险就越多,受到风险打击也越大,因而风险影响越深。由此形成社会地位状态与风险脆弱性的自我强化的恶性循环。要跳出这个恶性循环和陷阱,弱势人群需要依靠外部风险分担机制作用,以抵御风险冲击、减轻风险损失。另一方面,在博弈和交易行为选择和决策过程中,农民往往面对的或是经济实力和生产要素占优势、或是信息占有与支配占优势、或是交易谈判能力占优势、或是政策制度占优势的利益主体,农民基于自身利益的本能保护,更多的是被动进行选择或决策,在利益受到损害时又更容易作出消极非理性行为,并最终被迫成为农村社会风险成本或损失的直接承担者。

农民组织在保护和提高农民基本权益、促进农民和农业发展等方面发挥了重要作用。特别是伴随20世纪我国农业产业化经营发展,按照"自愿参与、自我管理、自负盈亏"原则所新兴起来的农民协会、行业协会、技术协会等农民中介组织,在引导和带动参与市场竞争、维护和保障农民权益等方面发挥了更加明显的作用。但由于这些自发形成的中介组织在生产要素控制、自我发展条件积累、自我管理经营等方面存在的先天不足,同样,一方面,因为组织行为失范、决策错误引致农村社会风险;另一方面,因为其弱势地位,而成为农村社会风险成本和损失的被迫承担者。

农村集体经济组织在我国农村土地制度改革过程中,扮演农地产权所有者角色,充当农地承包经营制度改革实际执行者和具体操作者,履行"统一经营管理"职能。农村集体经济组织主要依靠其委托代理人——村干部履行其职能。一方面,村干部因个人素质和政策理解执行能力限制等,具有明显有限理性特征,在行为选择和决策过程中,有可能因行为过失和失当而给农民和农村社会发展造成损失，带来风险；另一方面，村干部作为个体的理性经济人，总是以个人或假借集体组织名义谋求个人利益最大化，就有可能损害农民利益和农村发展大局，带来农村社会风险。此外，由于历史积累和经营管理不当等原因，不少地方农村集体经济组织在农村经济改革发展过程中，事实上存在着债务风险。

农地规模经营主体是在农地流转发展过程中形成的，以种植大户、工商资本和农业产业化龙头企业等为代表的，主要从事规模化现代农业生产经营的社会群体。这类主体对农村社会风险的影响主要表现在：一是农地规模经营主体基于自身投资利益最大化考虑，在流转交易博弈中总是千方百计降低农地流转价格以节约交易成本和沉没成本，进而造成流转农民承包权益保障和实现风险；二是受农产品市场和农业资源双重约束，规模经营主体因经营管理不当所带来的自身投资风险以及为转嫁投资风险而给流转农民带来权益实现风险；三是受集体经济组织及代理人、农业生产经营环境变化和政府政策影响，所形成的投资风险。

地方政府在农村经济体制改革和农村社会发展中，既是国家宏观政策执行者和地方决策制定者，也是农村社会发展管理者和服务者，其行为选择和决策对农村社会风险具有重大影响。一是政府本身无法履行其职能，而是主要依靠其代理人——政府官员行使职权、承担职责，由于官员行为和决策的有限理性，在日益多元复杂的农村社会发展和利益关系处理中，往往因为官员自身能力素质、立场观点、社会认识、觉悟、思维习惯与处事风格等主客观原因，难以完全排除其行为选择和决策失误的可能，一旦这种可能变为现实，将致使农村社会主体利益蒙受损失，承担政策和制度安排风险。二是个别官员在代理行使农村社会管理职能过程中基于自身或小团体利益，在地方政策制定和国家宏观政策实施过程中出现功利主义或实用主义选择性行为，甚至出现设租寻租行为，伤害其他农村主体利益，引致农村社会风险。三是地方政府及其派出机构的职能转变是一个系统工程，而系统预期目标与官员个体有限理性之间的差异，难免使政府职能转变过程中出现错位或差错的可能，甚至越俎代庖，过多干预农村经济社会发展具体事务，而社会管理和服务职能没有得到充分显现，形成农村社会风险。四是地方政府公共服务和社会保障供给不足，农村社会发展环境得不到有效改善，农业产业化经营得不到有力支持，农民基本权益得不到有效保障，致使形成农村社会风险。

综上所述，由于农村社会主体对农村社会信息占有不完全性、行为选择和决策的有限理性、制度预期目标与利益主体目标之间的差异性等原因，农村社会风险将在一定范围长期存在。

二、农村社会风险类型及成因

伴随农村社会发展方式转变和现代农业兴起发展，我国农村进入高风险社会发展时期，同样将面临新兴市场化国家所遭遇的"中等收入陷阱"、"贫困陷阱"、"人口陷阱"的挑战，经济增长回落或停滞、民主乱象、贫富分化、腐败多发、过度城市化、社会公共服务短缺、就业困难、社会动荡、信仰缺失、金融体系脆弱等诸多社会风险和矛盾不同程度存在，农业发展固有的资源、环境、人口、投资、消费等经济发展动力和条件保障约束进一步突出，农村社会风险和社会矛盾进一步显现，成为我国全面加强社会主义新农村建设和构建和谐社会的内生障碍。现阶段，我国农村社会风险突出表现在农民利益损失、社会信用危机、社会阶层两极分化、价值观念偏离、农村居民边缘化等方面。

（一）农民利益损失风险

所谓失范是指在社会结构和个体行为方面，由于缺乏适当的行为规范的有效调控，导致社会主体的行为动机和决策选择时出现失范现象，原有的价值观念和行为目标难以被社会成员接受，当新的价值观念和行为目标尚未完全确立时，更容易使社会成员处于情绪低迷、信心不足、信仰缺失的心理状态，进而诱致行为失范。而行为失范则是指社会主体行为选择和决策与法律法规、道德规范、风俗习惯等社会基本准则不一致、不协调甚至冲突。根据不同标准，失范行为可以划分为不同类型。根据行为性质，失范行为可分为越轨行为、违法行为和犯罪行为；根据行为主体，失范行为可分为个体失范行为、群体失范行为等。社会主体行为失范其直接后果是对社会及其他主体利益的侵害；农村社会主体行为失范，农民利益就会受到伤害。

事实上，在农村经济和社会发展实践中，由于农民、农民组织、农村集体经济组织、农地规模经营者和地方政府组织等农村社会主体行为失范，直接引致了农民权益风险。

农民自身行为失范主要指农民由于行为选择能力、决策信息占有等方面的局限，所致其行为选择和决策与社会基本规范不一致、不协调甚至冲突。农民失范行为大体分为三种类型：一是基于自身利益诉求得不到正常表达或表达渠道不畅通，所致非正当甚至违法、失德或消极不作为行为，如农地流转中违规抛耕撂荒行为，又如农地流转利益维护中的集体上访等群体性事件；二是基于预期收益目标与实际既得利益差距，所致违法、违约等失范行为，如农地流转交易中的违约行为、产品市场交易中不正当竞争行为等；三是基于现实利益损失与利益维护能力之间差异，所致行为与决策选择不当行为，如农地流转谈判弄虚作假行为等；四是基于投资收益所致农地经营中不当竞争行为，如违规使用农药、化肥所致农产品农药残留超标等。不管是哪种行为，都可能导致农民自身权益损失风险。一方面，因为决策失误或行为不当，导致自身权益风险；另一方面，由于自身弱势地位最终成为其他利益主体利益损失的转嫁对象或实际损失承担者。

农民组织特别是新型农民合作组织大多是按照"自愿参与、民主管理"原则组织起来的、以提高农民和农业生产组织化的非营利性组织，是在现代农业发展过程中，适应农户兼业化、农业商业化、农业产业化、农业市场化以及农业生产和价值实现过程的分工和专业化程度不断深化发展需要的组织形式，对于改善农民和农业生产经营组织化格局发挥了积极作用，成为"开启小规模农业走向现代化之门的一把钥匙"（黄祖辉，2008）。但由于自我发展能力、生产要素配置能力、社会地位认同以及内部治理结构等约束，新型农民组织虽然具有了合作经济的制度形式，但却没有发挥出合作经济组织应有的功能，没有出现农民经营组织化程度由松散到紧密、从低级到高级的变革过程；在农民组织化方面，合作经济组织也没有完全改变农民合作困境，农民组织化程度并没有得到实质性提高；从组织性质来看，虽然合作经济组织在数量上有了迅速增长，但并没有使传统小农经济性质发生实质性改变，也没有出现预期的农业现代化的革新和演变。同时，也正是因为农民自我组织能力不足，实践中的农业合作经济组织大多是非农组织（如农业产业化龙头企业、涉农工商资本等）所发起和引领的，由于非农组织自身投资成本效益内在驱动和工农产业投资比较经济效益外在压力，导致了新型农民组织行为决策扭曲、行为失范乃至与社会规范冲突。概言之，由于新型农民组织发展异化以及主体非农化，新型农民合作组织行为失范成为农村社会风险形成和凸显的内生要素，并最终成为损害农民权益的重要因素。

农村集体经济组织产生于 20 世纪 50 年代农村社会主义改造时期的农业合作化运动，先后经历了合作化运动时期（从初级合作社到高级合作社）、人民公社时期（三级所有、队为基础的政社合一组织）、改革开放时期（农村基层自治组织与经济组织合二为一）三个发展阶段。现阶段农村集体经济组织是在完成社改乡、大队改村、生产队改村民小组之后主要从事集体经济经营管理、农村土地所有权行使实现、农地承包经营发包、农村基础设施建设和农村发展服务的组织，具有独特的政治性质和法律性质，履行农村社会发展管理和服务双重职能。由于历史负担过重、自我发展能力不足、事权与财权界定不清等约束，农村集体经济更多地偏好于履行农地所有权权能，忽略了农村社会发展管理和服务职能的履行，特别是在农地承包发包、农地流转交易过程中，更容易滋生随意变更承包关系、设租寻租等失范行为，引致农村社会风险，并进而侵害农民承包权益。

农地规模经营者主要指从事农地规模经营的种植大户、涉农工商资本、农业产业化龙头企业等。农地规模经营主体基于自身农业投资成本收益考虑，无论是为了降低交易和沉没成本还是提高投资经营效益，在交易和生产经营行为选择和决策过程中，都有可能产生行为失范，造成农村社会风险，影响农村社会稳定，伤害农民承包权益。农地规模经营主体行为失范主要表现在：一是产前行为失范，即规模经营主体凭借农地经营资本投入、农地流转信息占有、农地经营内部治理等优势，在选择农地流转对象、计算农地流转价格、确定农地产权股份等行为和决策过程中，迫于市场竞争外部压力和牟取最大化投资收益的内在驱动，容易产生压低农地流转价格、垄断农地流转信息、减少农地产权股份份额等不当竞争行为；二是产中行为失范，即在农地生产经营管理中，利用劳资关系中资方的优势，在生产劳动选择性雇用、交易合同履行中出现违约、市场不当竞争等行为失范；三是产后行为失范，即规模经营主体在生产经营红利分配、生产经营风险分担、流转农地增值分配、流转农民就业安置等方面行为失范，导致流转农民"失地"、"失权"、"失利"、"失业"、"失望"风险。

地方政府管理行为失范是指政府及其代理人在农村经济社会管理服务过程中出现的行为选择和决策与政府职能、社会预期以及社会规范不协调、相矛盾甚至冲突。政府行为失范的根源在于政府及代理人——官员自身利益的内在驱动、政府决策的有限理性以及政府职能界定不清。政府行为示范主要表现为：第一，职能界定不清，宏观决策、管理、服务能力相对不足，形成以公权强制参与甚至干预农村经济和社会发展的具体事务，出现职能范围界定和行为决策失范；第二，政府及其代理人——官员有限理性决策所致公共决策行为失范，如农地流转管理中越俎代庖、集体组织参与农地流转，以公权强制推进农业产业化发展和征用农村用地等；第三，政府部门及其代理人个人利益驱动所致农村社会公共管理和服务行为失范，如政府以公权强制规定不合理流转农地规模经营和增值收益分配比例，政府基于外部 GDP 增长压力和内部财政捉襟见肘而实施土地财政政策，少数不法官员通过农地流转等农村社会管理事务设租寻租，牟取个人不法私利等。地方政府管理行为失范具有三个特点：一是由于农村管理政事不分的历史原因，政府管理行为失范往往以职能形式出现，导致依法治理困难；二是政府决策机制往往以"集体决策"作挡箭牌，难以真正追究当事人责任，政府问责流于形式；三是在贯彻落实中央政策中实用主义行为普遍，行政违法具有隐蔽性特点。地方政府管理行为特别农地管理行为失范的危害主要表现在：耕地面积大量减少、农民利益受到严重侵害、地方政府某些官员腐败机会增大、政府的形象和法律尊严受到损害。

（二）农村社会信用危机风险

随着农村市场经济发展、经济增长方式转型，农村社会结构发生了深刻变化。在传统社会管理监控机制不再适应新的社会结构和运行模式变革需要，而新的社会管理监控建制尚未完全建立的背景下，由于社会经济主体自我法治意识淡薄、经济利益内在驱动强劲，社会信用危机就成为社会发展中突出问题。事实上，现实社会中的大多数诚信事件也是因为某种利益刺激所致。2011 年下半年，《小康》杂志社中国全面小康研究中心联合清华大学媒介调查实验室，在全国范围内开展了"2011 中国人信用大调查"。调查的结果显示，2010～2011 年中国信用指数为 62.7 分，从 2005 年至今的走势看，中国信用指数始终处于低位运行态势。数字背后，是越发凸显的社会信任危机。[①] 为此，2011 年，十七届六中全会通过的《中共中央关于深化文化体制改革、推动社会主义文化大发展大繁荣若干重大问题的决定》明确要求，"把诚信建设摆在突出位置，大力推进政务诚信、商务诚信、社会诚信和司法公信建设，抓紧建立健全覆盖全社会的征信系统，加大对失信行为惩戒力度，在全社会广泛形成守信光荣、失信可耻的氛围"。

农村社会主体自身利益内在驱动固然是农村社会信用危机形成的根源，但外部社会信用管理失调和监管机制缺失也是重要方面。从诚信主体来划分，社会诚信包括政府诚信、企业诚信和个人诚信三个组成部分，如果说企业诚信和个人诚信是社会诚信的基础，那么政府诚信则是社会诚信的导向和保障。孔子曰："上好信，则民莫敢不用情。"只有法治被政

---

① 李慧：《如何弥合社会诚信"断裂带"》，《光明日报》2012 年 2 月 12 日。

府及其官员信仰，它才会被民众恪守；只有诚信的人不再吃亏，谎言才会无处藏身；只有先有诚信的政府，才会有诚信的社会；只有先有诚信的监管体系，才会有诚信的企业。换言之，政府诚信是社会诚信的主导。① 这是因为政府既是社会信用制度的制定者、执行者和维护者，又是社会公共信用的示范者。如果政府不讲诚信，就不可能正确引导和管理社会诚信，企业诚信就难以保障，个人诚信更无从谈起。

所谓"政府失信"是指政府机关及其工作人员在职能履行和职权行使过程中所出现的不诚信现象。诚信意识淡薄、资源控制高度集中、政府特别是地方政府财力相对有限、政府机构和官员政绩考核评价机制不尽合理以及诚信约束机制不健全和失信惩罚成本低廉，是政府失信的主要原因。政府失信有损于党和国家在公众中的形象，有损于党群关系正常化，更重要的是将导致社会信任危机。而社会信任危机将导致社会诚信链条的中断和损害，破坏了市场机制和市场经济规则，直接增加交易成本。政府失信已成为影响我国农村经济社会发展秩序和稳定的重要问题，成为诱发农村社会信用危机和风险的重要因素。政府失信主要表现在：一是政府决策失算。一些地方政府没有建立科学合理的决策机制，不考虑当地实际情况，完全以少数领导者的意志为转移，随意决策、盲目决策，严重影响了决策的科学性，削弱了决策的严肃性。另外，由于一些"新官不理旧事，新官不认旧账"现象存在，导致政府政策朝令夕改，缺乏稳定性与持续性，致使政府信用在民众心中渐渐流失。二是政策执行失德。令行禁止应该是政府信用最直接的体现和最基本要求。然而在政策具体执行过程中，少数地方和部门领导要么"重视在嘴上，措施在纸上，行动在会上"，要么对自己有利的就用足用活，反之，则采取上有政策、下有对策的方式，或软托硬抗，或相互推诿，致使政策贯彻不力、执行走样，最终导致政府对上级不能履行职责承诺，对群众无法兑现政策承诺。三是政府行为失范。一些地方政府机构职能转变不到位，没有明确职能权限，越位、失位、错位，不作为、乱作为现象严重，该管的没管好，不该管的紧抓不放，在同一事情上，既当"裁判员"，又当"运动员"，包揽天下，过多介入生产性、竞争性微观经济领域，导致权力寻租，滋生腐败，严重影响政府信誉和形象。四是政府信息失真。例如，一些地方政府为夸大工作实绩，刻意虚报国民经济发展数据指标；为维

---

① 周正孝：《社会诚信缺失首责在政府》，《瞭望新闻周刊》2011 年 8 月 7 日。

护地方和小团体形象，故意隐瞒或歪曲重大突发性公共危机信息的发布，政府与民众之间出现严重的信息不对称，致使公共信息失真。政府失信既妨碍了民众对政府的有效监督，也破坏了政府与民众之间的信任与合作，严重损害了政府乃至国家的信用形象。政府失信既有社会信用环境、历史传统的原因，也有少数政府官员的个人道德品质问题。但根源在于现行行政管理体制、行政领导体制不合理。一是行政管理体制不规范，政府职能转变不彻底，导致政府职能过大、权力行使过滥，形成了政府信用能力有限与信用范围无限的矛盾。尽管理论和政策上对政府的职能权限作了原则性规定，但实践操作层面一些地方政府超出职权随意干预经济社会活动依然司空见惯。另外，政府职能转变本身也是一个探索过程，受到各种因素制约，各地表现也参差不齐。当政府实际信用能力有限而政府职能无限扩张，政府承担信用责任范围过大时，必然导致政府陷入信用危机。二是现行的行政管理体制缺乏健全有效的政府信用责任机制。科学有效的政府失信责任追究和惩罚机制的缺乏，难以对政府失信主体的失信行为从根本上进行有效打击。三是政府官员选任机制的弊端导致政府官员行为偏差。自上而下的选拔委任政府官员的权力配置方式，客观上形成了官员只需对上负责的局面。同时，这种选拔机制会引诱一些机会主义者将对民众负责排除于其信用责任范围之外。四是政府信息公开制度不健全，导致政府与民众互信沟通渠道不畅。目前政府信息公开制度缺乏对民众信息需求预测系统，不能准确预测社会民众对于公共信息的需求内容和范围；社会公众自由获取政府信息，特别是政府信用信息的经常性机制没有建立，并且公民获得政府信息的程序缺乏保障和救济。另外，政府信用信息公开制度的缺失，导致社会民众对政府信用信息缺乏了解，无法对政府信用作出正确判断，成为政府和民众无法有效沟通的重要障碍。

在现阶段农村社会诚信风险中，企业诚信和个人诚信问题本质是一致的，两者之间最大差别就在于法人和自然人的身份差异，总体上可归结为社会经营主体诚信问题，这里重点研究企业失信问题。所谓"企业失信"主要是指涉农工商企业、乡镇企业以及农业产业化龙头企业等经营主体信用缺失。近年来，由企业失信引起的重大事件呈多发趋势，成为影响消费心理失衡和社会稳定的重要因素。根据中国产品质量协会发表的《2004～2010社会力量推动质量信用体系建设白皮书》统计数据显示，我国企业每年因为失信造成的经济损失高达5855亿元，而其中因为制假售假、产品质量失信的经济损失就达 2000 多亿元。① 而据中国企业联合会完成的《中国企业诚信状况调研报告》显示，当前我国企业失信行为主要包括拖欠款、违约、侵权、虚假信息、假冒伪劣产品等，其中拖欠款问题最为突出。500 多家被调查企业中，有近 80％的企业都曾遇到过拖欠款难题，在企业失信现象中排第一位。涉农和农村企业同样面临债务窘况，"三角债务"一度成为制约我国乡镇企业发展的一个重要因素，更可怕的是把债务当作一种习以为常的心理和行为，忽视长期负债对企业信用评价中的负面作用。涉农和农村企业之所以产生失信行为，既有企业内部治理结构不严谨的原因，也有外部管理机制不健全的原因；既有企业信用意识不强的主观原因，也有生产工艺和技术水平局限等客观因素。归纳起来，企业失信原因主要有五个方面：一是既得投资利益驱动。少数企业基于既得投资收益的内在驱动和迫于市场竞争的外部压力，往往不是通过增强企业核心竞争力实现科学发展，而是急功近利，通过不正当竞争甚至不法手段实现增加市场占有份额、降低生产成本、提高投资收益的预期目标，如制造和发布虚假信息、侵犯和盗用知识产权、制造和销售伪劣产品等。二是现代信用观念滞后。在传统小农经济模式背景下，社会管理过程中尽管也曾强调诚信原则，但毕竟与市场经济模式下所强调的"效率优先，兼顾公平"的诚信基础和原则还是有本质差异的。换言之，传统社会所倡导的诚信原则更多的是突出人际关系协调处理中应坚持的原则办法；而市场经济社会所要求的诚信既是人际关系处理原则，更是经济活动的基本准则。在市场经济发展起步较晚、市场机制尚未完全形成、适应市场经济发展要求的社会管理体制还不够健全的背景下，作为农村社会经营主体重要力量的涉农和农村企业的信用观念与现代信用管理要求存在明显不适应。比如，家族为主的管理信用理念与现代企业管理信用理念之间的不适应；又如，经验为主的产品质量信用理念与现代标准化全面质量管理信用理念之间的不适应；再如，传统销售信用观念与以顾客为中心的现代营销信用理念之间的不适应，等等。三是生产经营条件客观约束。农村企业信用风险既有经营主体主观故意的原因，也有生产经营条件客观约束的因素。比如，就企业产品质量诚信而言，尽管企业经营主体没有产品质量失信的主观动机，有的企业甚至

---

① 徐建华：《我国每年因失信造成经济损失高达 5855 亿元》，《中国质量报》2011 年 4 月 14 日。

还恪守和践行"质量是企业生命线"的经营理念，但由于农产品加工工艺、生产技术、检验检测条件、储藏运输能力、环境自然因素等客观约束，使企业生产出"合格的伪劣产品"，造成企业产品质量失信后果。四是社会信用管理机制缺失。市场经济起步较晚、市场管理机制不尽完善、农村社会信用管理错位缺失，是造成农村企业失信的外部诱因。农村社会信用管理机制错位和缺失主要表现在：企业信用失范预防制度设计不全、信用过程管理约束不严和信用失范事后惩治不力三个方面。一方面，我国农村市场经济机制体制建设大多时候是在"摸着石头过河"的宏观环境中，以"先试点、后推广"的方式组织实施的，往往是按照"出了问题后整改"的逻辑推进各项改革，"带着问题"求发展，明显缺乏信用制度系统事前设计，对社会经营主体失范、失德行为缺乏有效预防和约束。事前信用制度体系设计缺乏是导致农村企业诚信失范行为的制度根源。另一方面，正因为信用事前制度体系设计缺乏，社会诚信管理缺乏事前标准，使得企业诚信过程管理在制度上缺乏统一标准和尺度，诚信管理制度及施行的约束力和威慑力明显不足；在诚信过程管理执行主体上，因部门机构设置交叉重叠、职责界定不清，导致政出多门、相互推诿、互不作为。诚信过程管理长效机制不健全是诱致和纵容企业失信的关键因素。另外，由于诚信失范行为惩治和失范责任后果追究不力，过高的诚信失范收益率和过低的甚至零诚信失范成本，客观上助长了企业和个人诚信失范的侥幸赌博心理，纵容了企业和个人诚信失范不法行为，扭曲了社会诚信引导和激励机制。惩治不力是企业和个人诚信失范泛滥的重要原因。五是政府失信行为的影响。政府诚信是社会诚信的重要标杆和导向，对企业和个人诚信产生直接影响。现实经济生活中，大量存在的诸如政策多变、不守承诺、随意性大、暗箱操作、虚报统计数据等政府失信行为及影响，直接引致企业和个人失信。比如，自下而上的政府统计数据失真，首先要求企业数据与政府数据保持一致，势必导致企业上报数据失真；又如，政府政策多变，也迫使企业"上有政策、下有对策"，直接导致企业忽视自身发展需要而迎合政府政策需求，否则，企业很难获得"良好"外部特别是政策发展空间，等等。政府失信是企业和个人失信的重要制度和组织原因。

（三）农村两极分化风险

农村社会风险的另一种重要表现形式就是农村社会贫富悬殊过大及因此出现的两极分化社会分层倾向。农村社会贫富悬殊既表现为农村居民内部差异，也表现为外部城乡居民之间的差别。只不过，在绝大多数情况下，因城乡居民之间贫富差距不断扩大，更容易引起人们同情和关注，而忽视了农村居民内部之间的差距。事实上，农村居民内部因区域和行业不同，也有明显差异，具体表现为同区域不同行业之间、不同区域同行业之间、不同区域不同行业之间的差异。而城乡居民之间贫富差距则表现为城乡居民之间人均年收入、人均年消费水平、人均年社会福利保障之间的差距。因此，农村两极分化风险既表现为从国民体系中的城乡居民贫富差别扩大、农村居民底层化风险，也表现为农村居民内部两极分化风险。

第一，城乡居民贫富悬殊扩大，农村居民底层化趋势明显。由于长期实行工业化优先发展战略和与之匹配的城乡分治社会管理格局，以致我国长期处于城乡资源配置、经济社会发展能力不对等的非均衡发展状态。加之改革开放以来，我国所遵循的"先农村、后城市"、"先易后难"、"先体制外、后体制内"、"先东部沿海、后内陆地区"的改革路径，我国经济社会发展一直处于城乡失衡状态，城乡居民之间的贫富差距不断扩大，城乡差别进一步凸显。我国现阶段城乡居民之间的贫富差距主要表现为城乡居民年收入、城乡居民年消费能力和水平、城乡居民社会福利等方面的差距。

一是城乡居民年人均收入差距整体上呈不断扩大趋势。根据国家统计局公布数据来看，到 2010 年，城乡收入差距依然比较高，城乡收入比是 3.55，假如考虑到可比性因素，城乡收入差距在 4～6 倍①。城市人均可支配收入的水平和农民人均纯收入的水平相比，平均相差在 20 年以上，繁华大都市与西部农村的差距，更是在 50 年以上，因此收入差距是城乡贫富差距的最主要表现。另外，根据 2001～2010 年国家统计局发布的《中华人民共和国国民经济和社会发展统计公报》显示：我国城乡居民贫富悬殊差距仍在扩大，城乡居民收入增长速度也存在明显差异（见表7-1）。比如，城乡居民年人均收入比由 2001 年的2.90：1扩大到 2010 年的3.23：1。另外，反映城乡居民消费水平和结构以及贫富程度的恩格尔系数虽然逐年下降，但城乡居民之间的系数本身及下降幅度的差异也有扩大趋势。

---

① 潘家华、凤瑞、魏后凯：《城市蓝皮书：中国城市》，北京，社会科学文献出版社，2009，第208页。

表 7-1　2001~2010 年城乡居民收入情况统计表　　　　单位：元

项目 \ 年份		2001	2002	2003	2004	2005	2006	2007	2008	2009	2010
年人均纯收入	城市居民	6860	7702	8472	9421	10493	11760	13786	15781	17175	19109
	农村居民	2366	2476	2622	2936	3255	3587	4140	4760	5153	5919
年均消费水平	城市居民	5309	6030	6511	7182	7943	8697	9997	11243	12265	13471
	农村居民	1741	1834	1943	2185	2555	2829	3224	3661	3934	4382
恩格尔系数（%）	城市居民	38.2	37.7	37.1	37.7	36.7	35.8	36.3	33.7	36.5	35.7
	农村居民	47.7	46.2	45.6	47.2	45.5	43.0	43.1	43.7	41.0	41.1

注：数据根据 2001~2010 年《中华人民共和国国民经济和社会发展统计公报》和《中国统计年鉴》整理而成。

二是城乡居民消费水平和结构差异不断扩大。目前，我国农村居民生活消费水平整体低于城镇居民，并且消费结构仍以基本生活资料为主。据 2009 年《农村经济绿皮书》指出，中国农村居民生活消费水平落后城镇居民至少 10 年，并且这种差距一直处于扩大状态。比如 1978 年我国的城乡居民生活消费支出是 2.68∶1，而到 2010 年这一数值扩大到了 3.07∶1。2010 年，农村居民人均生活消费支出为 4382 元，城镇居民该项支出则为 13471 元。换言之，1 个城镇居民的消费相当于 3 个农村居民的消费。① 同时，城乡居民消费偏好也在发生变化，从 2001~2010 年统计数据来看，城镇居民除 2002 年高于 2001 年外，其余年份都是依次下降的，由 2002 年的峰值 78.3% 下降到 2010 年的 70.5%，是一条向右下方倾斜的曲线；而农村居民消费偏好从 2005 年全国大面积减免农业税开始，以后每年都高出城镇居民，呈倒"U"形曲线，2006 年达到峰值 78.9%。另外，就是在 2006 年取消农业税、2007 年开始执行"四项补贴"和增加"农业发展财政支出"项目背景下，城镇居民消费水平增长速度还与农村居民增长速度基本相当，消费差距并没有明显缩小，如 2001 年城乡居民消费比为 3.05∶1，到 2010 年城乡居民消费比还有 3.07∶1；

① 北京大学中国经济研究中心：《中国城乡消费差距——基于分位回归分解的经验分析》，《政策性研究简报》2009 年第 30 期。

从 2001～2010 年连续状态看，结论也基本相似，10 年中城镇居民消费
水平年均增长 9.8％，而农村居民消费水平也只年均增长 10.9％。此外，
农村居民生活消费结构不合理，恩格尔系数偏高（见表 7-2）。从整体消费
结构来看，我国农村居民食品支出比重高于城镇居民，2010 年，农村居
民恩格尔系数为 41.1％，高出城镇居民 5.4 个百分点。从耐用消费品拥
有量来看，2007 年每百户农村居民拥有的洗衣机、移动电话数量不足城
镇居民的一半；从农村居民的衣着消费来看，2008 年农村居民人均衣着
消费支出为 212 元，不足城镇居民的 20％；从农村居民住房条件来看，
也有待改善，改革开放以来，仍有 3000 多万农户没有新建过住房，2000
万农户住在茅草房和土坯房中，近 1000 万农户人均居住面积不足 10 平
方米。[①]

表 7-2　2001～2010 年城乡居民恩格尔系数及差别统计表　　单位：％

项目＼年份	2001	2002	2003	2004	2005	2006	2007	2008	2009	2010
城镇居民恩格尔系数	38.2	37.7	37.1	37.7	36.7	35.8	36.3	33.7	36.5	35.7
农村居民恩格尔系数	47.7	46.2	45.6	47.2	45.5	43.0	43.1	43.7	41.0	41.1
城乡居民恩格尔系数差	9.5	8.5	8.5	9.5	8.8	7.2	6.8	5.8	4.5	5.4

　　注：数据根据 2001～2010 年《中华人民共和国国民经济和社会发展统计公报》和
《中国统计年鉴》整理而成。

　　三是城乡居民社会福利差距明显。根据中国人民大学劳动民事学院
教授郑功成的研究，在福利项目支出方面，占全国人口 20％的城镇居民
享受着全国福利性财政支出 95％以上的份额，而占全国人口 75％以上的
乡村人口的财政性福利支出不足全国性财政福利支出的 5％。从总体上
来看，城镇已初步建立起水平较高且较完整的社会保障体系，养老保险
金已基本实现了社会统筹，并建立了国家、企业和个人共同负担的基金
模式，各项保险制度都在原有制度上进行了改革和完善。但是在广大的
农村地区，社会保障仍然是以国家救济和乡村集体办福利事业为主，除

---

① 中国社会科学院农村发展研究所、国家统计局农村社会经济调查司：《中国农村经济形
势分析与预测（2009～2010）》，北京，社会科学文献出版社，2010。

养老保险和医疗保险进行了改革试点以外，其他保险项目基本上没有建立起来。[1] 无论是优抚、"五保"，还是救灾、救济，都是以特定的农民为对象的，数量也很少，大多数农民并没有享受到社会保障。这种非均衡的城乡社会保障政策，直接造成城镇居民与农村居民在社会保障资源享用与权利分配过程中的不平等，农民群体往往在医疗、教育和就业保障方面遭遇排斥和挤压，无法分享到应有待遇，致使农村社会保障的发生体系不健全，保障水平层次低。

城乡居民贫富悬殊差距不断扩大是多方面因素综合影响的结果。既有体制机制因素，如户籍制度和就业制度的城乡分割；也有政策原因，如长期施行"重工轻农"的投资、财政、金融、价格管理等不协调政策；还有发展速度和水平方面的根源，我国仍处于典型的二元经济结构社会，社会经济发展整体速度农村慢于城市，工业化进程农村慢于城市，城镇化率农村慢于城市，基础设施如道路、饮水、能源、通信、交通等建设速度和水平农村明显差于城市。

通过对表 7-1、表 7-2 中统计数据和国家历年来有关农村发展政策制度安排的具体分析，产生城乡居民贫富悬殊差距的因素可以归结为五方面：其一，由于长期实行城乡分治社会管理体制，特别是城乡居民户籍制度和就业制度的限制，农业剩余劳动力转移迟缓，农业生产率相对偏低，现代工业快速发展和传统农业经营之间劳动生产率差别进一步扩大，导致城乡差别扩大。到 2010 年，我国农业增加值占 GDP 的比重已下降到 10.2%，但农业就业人员仍然占全部就业人员的 36.7%。另外，从连续动态过程来看，从 1992 年到 2010 年，我国农业增加值占国内生产总值比重由 21.8%下降到 10.1%，而农业就业人员占全部就业人员比重仅由 58.5%下降到 36.7%。换言之，36.7%的农业劳动力只创造 10.2%的产值，农业就业结构演进明显滞后于产业结构调整。[2] 事实上，一直以来，我国农业劳动生产率总体上是低于工业劳动生产率的。另外，由于现代工业发展，我国农业劳动生产率也呈逐步下降趋势的同时，工业的劳动生产率则是逐步上升的。如果按 1990 年的不变价格计算，工业劳动生产率与农业劳动生产率的比值由 1990 年的 4.8∶1 上升到 2010 年的 12.9∶1。其二，由于长期实施工业化战略，工农产品的价格"剪刀差"扩大，尽管国家也一直在努力调整工农产品价格差异，特别是 20 世纪 90 年代中期以

---

① 刘彦：《城市与农村福利财政差异》，《中国新闻周刊》2006 年第 48 期。
② 韩长赋：《加快推进农业现代化努力实现"三化"同步发展》，《求是》2011 年第 19 期。

来工农产品价格差异曾一度缩小，但由于市场定价机制和国家价格政策影响，近年工农产品价格"剪刀差"再度扩大，恶化了农业贸易条件和发展基础。自 1997 年以来，农产品收购价格指数、农村工业品价格指数、农业生产资料价格指数虽然都在下降，但是农产品价格下降的幅度远远快于农业生产资料价格下降的幅度，使得工业品和农产品的价格"剪刀差"再度形成，而且有进一步扩大的趋势。其三，国家城乡投资规模和结构投向不合理，进入 20 世纪 90 年代以来，农村投资增长速度放慢，投资比重下降。尽管近年来，国家在不断加大农村基础设施建设建设投入力度，支农惠农的农业经营投入呈扩大趋势，但相对城镇投入来看，还明显不足，加之历史欠账比较多，农业投入还远未达到现代农业发展预期和要求。2004～2011 年，我国农村固定资产投资（不计算农户个人投资）由 643.3 亿元增加到 6792.4 亿元，年平均增长幅度为 19.5%；而城镇固定资产投资（计算社会资本投资）则由 57977 亿元增长到 295140.5 亿元，年平均增长幅度为 51.1%，明显高于农村固定资产投资增长幅度。2011 年，农村集体固定资产投资比重仅占全社会固定资产投资的 2.24%。国家投资规模和结构向城镇倾斜，导致城乡差别扩大。其四，国家财政资金支持布局不合理，国家财政资金流动从农村拿的多、给予的少，历年国家财政用于农业支出仅占 10% 左右。2006 年取消农业税之后，国家从 2007 年开始增设"四项补贴"和"农村社会事业发展支出"项目，国家财政用于农业支出比重才从 2006 年的 7.9% 增加到 2007 年的 8.7%。2010 年，中央财政用于"三农"支出预算共计 8183.4 亿元，比上年增加 930.3 亿元，增长 12.8%，占全国财政支出的 9.0%。尽管如此，农业支出占国家财政支出份额还是非常低的。其五，金融信贷机制不合理。从金融机构信贷资金的流动情况看，对于农村居民而言是资金流出大于流入，农业信贷呈净流出状态，其流出渠道主要是农村居民存贷款差额。到 2010 年，农村信贷资金净流出额已经高达 4048 亿元。农村资金净流出的根源在于农村金融机构自身利润追求和农村金融服务体系不健全。国有独资银行进行商业化改革后，为降低经营组织成本，减少了地方分支机构，有的甚至把分支机构从农村撤出，直接抑制了农业信贷投入。同时，现有支农金融机构中的中国农业发展银行、农村信用社等机构因国家政策调整和市场激励，中国农业发展银行因职能结构调整已基本停止原有农村政策性金融服务支持，而其商业运营机制尚未完全建立；农业银行商业化改革后，商业银行的"盈利性、安全性、流动性"的经营原则与农业生产的"分散性、波动性、长期性、高风险性"相违背，农业银行以竞争视角将资金投放从农村转向城市，使得农村金融市场本来就不充足的国有资本变得更为稀缺；农村信用合作社也因追求商业利润而基本放弃组织成本高、效益低的农业经营投入信贷投资。另外，农村金融体系中又增加了从农村吸收资金的渠道——邮政储蓄"抽水机"，只从农村抽血，不给农村输血。各大商业银行向城市集中，农业金融机构市场利润追求，使农村出现严重的信贷投资不足，从金融服务体系方面扩大了城乡差别和农村区域差别。

第二，农村居民内部贫富悬殊也在拉开。农村居民内部区域和行业之间的贫富悬殊，是指不同区域、不同行业之间农民的贫富差别。具体可分为：同区域不同行业之间、不同区域同行业之间、不同区域不同行业之间的农村居民贫富差异。按照我国现行常用的东、中、西部经济区域划分方法和种植业、畜牧业、渔业、副业的农业内部产业划分方法，我国农村居民内部贫富差距可以分为东、中、西部地区分别从事种植业、畜牧业、渔业、副业之间的农民贫富差别。当然，还可以根据实际需要，从更小的区域划分进行不同区域和行业之间农村居民贫富差别比较。事实上，不同区域之间的农村居民贫富水平、同一区域不同行业和不同时间都是不平衡的。具体来说，就是省与省之间、同省不同地区之间、同省不同时间之间农村居民贫富情况也是有差别的。这可以从研究者所选取的东、中、西部地区 10 个代表性省市 2001～2010 年的农民年均纯收入统计情况可以看出（见表 7-3）。这种农村居民内部收入差距的原因在于区域级差地租不同、行业比较效益不同、经济发展水平外部环境不同以及不同区域农村居民自我发展基础和能力不同所致。

表 7-3　2001～2010 年东、中、西部部分省市农村居民收入情况统计表

单位：元

省份＼年份	2001	2002	2003	2004	2005	2006	2007	2008	2009	2010
山 东	2805	2948	3150	3507	3931	4368	4985	5641	6119	6990
上 海	5871	6224	6654	7066	8248	9139	10145	11440	12483	13978
浙 江	4582	4940	5389	5944	6660	7335	8265	9258	10007	11303
广 东	3770	3912	4055	4366	4690	5080	5624	6400	6907	7890
山 西	1956	2150	2299	2590	2891	3181	3666	4097	4244	4736
河 南	2098	2166	2234	2553	2871	3261	3852	4454	4807	5524
湖 南	2299	2398	2533	2838	3118	3390	3904	4513	4909	5622

续表

年份 省份	2001	2002	2003	2004	2005	2006	2007	2008	2009	2010
青 海	1557	1669	1794	1958	2151	2358	2684	3061	3346	3863
贵 州	1412	1490	1565	1722	1877	1985	2374	2797	3005	3472
云 南	1534	1609	1697	1864	2042	2250	2634	3103	3369	3952

注：表中数据根据 2001～2011 年《中国农村统计年鉴》整理而成。

　　区域级差地租首先是不同区域因土地肥沃程度、地理位置等自然条件对农业生产的影响，进而刺激农业生产经营者不断增加农业生产投入，使得区域农地经营收益之间的差异不断扩大。按照马克思地租理论，级差地租主要有因自然条件不同所形成的级差地租Ⅰ和因经营投入和生产技术因素所形成的级差地租Ⅱ。很显然，一般条件下，东、中部平原丘陵地区土壤条件较好，但因人口稠密所致人均拥有承包经营面积有限，被迫进行精耕细作，增加资本和技术投入（如化肥、农业机械、良种等），以提高产量，从而获得更多的收入；相反，西部山区大部分地区由于土壤肥力低下，灌溉条件恶劣，地广人稀，只能进行粗放式经营，广种薄收。这就因为级差地租Ⅰ的不同和生产进而导致了级差地租Ⅱ的产生，在形成农业生产经营良性循环的同时，进一步扩大了农村居民收益的区域差别。同样，可以推断，城郊农民与远离城市农民之间的收入差别。同时，如果再考虑各地区基于不同的农业发展需求和政策支持，将从制度安排上进一步扩大区域农业发展水平和农业经营收入差别。另外，区域自然条件优越地区农民更有利于推广和采用先进农业技术，将进一步扩大区域农民行业收益差别。

　　农业内部行业比较效益不同对农村居民贫富差别影响也是很明显的。一般情况下，从事畜牧业、渔业生产的农民收入要明显高于从事种植业农民的收入。一方面，由于自然条件的区域空间布局的不可选择性一定程度上决定了农民从事生产经营行业也相应具有不可选择性，即平常说的所谓"靠山吃山，靠水吃水"。换言之，自然地理位置差异决定了区域农民所从事行业差异，进而决定农民相应收入差别。在现代农业发展背景下，农民尽管可以借助于农业科技发展设施农业，消除或部分消除种植业区域自然条件约束，并通过解除农业生产的季节性约束，改变上市时间，提高种植业经营收入水平，但这种改变无疑是通过增加生产经营投资沉没成本和机会成本实现的，并且受到投资规模和技术平的约束，远非自然环境恶劣的边远贫困地区农民发展能力所及。另一方面，农民受经营规模、生产习惯、技术水平和自身知识储备等约束，农民调整原本所从事行业也要付出相应代价，而这种代价能不能被农民接受也存在不确定性。

区域经济发展水平不同对于农村居民贫富差别也有明显作用。区域经济水平除在级差地租形成中具有一定作用外，还对当地农业发展水平和生产经营方式、支农惠农政策产生作用，进而影响农村居民收入水平，引致农村居民收入差距。这种差别既反映在同一地区不同地方的影响，更反映在东、中、西部不同地区的比较方面。很显然，对于同一省份而言，近中心城市和远离中心城市的农村地区农业生产经营组织方式就会有明显差异，城市近郊农业发展水平明显高出远离城市地区农业发展水平。更明显的是，经济发达的东部沿海地区和贫困落后中、西部地区的农业发展水平差别更大。更深层次的是，经济发展水平不同，政府和社会对农业发展的认识不同，政府支持农业发展态度不同，社会力量参与现代农业发展观念和能力不同。事实上，经济发达地区对农业发展支持力度要明显大于经济欠发达地区，具体表现在农业发展定位与政策、支农财政投入、农村社会福利保障、农业科技支持等方面。这里以东部浙江、中部湖南、西部贵州三省为例，分别加以说明。从农业发展定位和政策目标方面看，三省农业发展定位和政策目标不同：浙江"十二五"农业发展规划强调"着力构建高产、优质、高效、生态、安全，第一、第二、第三产业融合联动的现代农业产业体系"；湖南"十二五"农业发展规划强调"全面提高农业综合生产能力、抗风险能力和市场竞争能力"；而贵州"十二五"农业发展规划强调"把'三农'工作作为全省工作的重中之重，把扶贫开发作为'三农'工作的重中之重，把农民增收作为'三农'工作和扶贫开发的重中之重，夯实农业农村发展基础，大力推进城乡统筹发展"。显而易见，三省对于农业发展目标定位有质的差别：浙江强调农业产业体系建设；湖南强调产品竞争力；贵州则强调扶贫攻坚。从支农财政投入方面看，整体上东部省份财政支农力度要大于中、西部省份，三省2011年财政预算执行情况报告显示，三省仅农林水事务财政投入差别就较大，分别为：浙江1190亿元、湖南389.9亿元、贵州275.3亿元。从农村社会福利保障方面看，东部地区也优于中、西部地区，以三省2011年"新农合"政府补助标准为例，浙江人均285元、湖南省人均200元、贵州人均200元。从农业科技投入来看，各地区贯彻落实2012年中央"一号文件"有关"持续加大农业科技投入，确保增量和比例均有提高"的要求的力度不同，东部发达地区因耕地面积少、经济实力雄厚，农业发展方式转变的实践需求更强烈，政府自觉性更高，财政投入能力更强，经济贡献率更高。三省《2011 年财政预算执行情况和 2012 年预算草案的报告》显示，浙江 2012 年科技投入预算新增 23700 万元、湖南新增 9500 万元、贵州新增 5600 万元。综合上述分析可见，区域经济发展水平的差别和不平衡必将加剧不同区域农村居民之间的发展能力和贫富水平差别。

（四）价值观念偏离风险

本书所研究的农民价值观念偏离风险，是指农民价值观念偏离特定时期社会主导或核心价值观念和体系，并最终引致价值危机、信仰危机、价值失范的可能性或不确定性。在农村市场经济发展和社会转型变革过程中，农民价值观念也将经历由破到立的变迁过程。这个过程应该是吸收传统价值观念精华、充分反映时代精神和进步要求、朝着社会主义核心价值体系不断努力和完善的过程。但在传统小农经济价值观念不再适应市场经济社会发展新的需求、而新的价值观念尚未完全形成的当代中国农村社会，由于市场经济冲击和社会转型变革要求，如果价值主体自我内省能力不够强、外部培育和引导机制不健全、团队或自我组织教育和监督不到位，农民价值观念就有可能出现偏离社会主义核心价值观念和体系的风险。而所谓的价值观念，是指在某种世界观指导下对各种事物、行为以及可能作出的选择等进行评价的标准和据此采取的某种行为的态度及倾向，人类社会的各种规范，其本质是特定的价值观或价值标准的具体体现。因此，价值观念实际上是由相互联系、彼此约束的三个层次构成：一是在某种世界观指导下对事物和行为的价值态度和取向，即价值原则；二是所形成的相对固定的评价事物和行为的价值标准，即价值规范；三是以特定价值取向和标准为指导所外化的价值实践，即价值理想。另外，根据价值主体对事物和行为性质的认识和评价，可以对价值观念作出不同界定和不同类型归类，其中最基本的划分是把价值观念分为三种：一是对生命自身认识的本体价值观；二是对社会关系认识的社会价值观；三是对利益关系认识的利益观。根据价值观的三个基本层次界定和三种基本形式划分，现阶段我国农村居民群体价值观念可以分为：对本体自我认识的价值态度、价值评价标准及自我价值实现和理想；对社会关系认识的价值态度、价值评价标准、应对处理方式方法和基本理想；对利益关系的价值态度、价值评价标准以及处理模式方法和理想。相应地，农民价值观念偏离风险就主要表现在三个层次上的三种价值观与社会主导价值观偏离的可能性和不确定性。

事实上，农民价值观念偏离风险，在我国现阶段农村社会已不只是一种理论上的可能性分析和危言耸听，而是一种应该引起广泛关注和重视的、制约农村社会持续发展的客观事实。换言之，我国部分农民不论是在三种基本形式的价值观的哪个层面上，都还存在与社会主导价值特别是社会主义核心价值体系不相适应、甚至背离的现象，与构建社会主义和谐社会的总体要求格格不入。具体表现为三种类型价值观上的偏差：一是在主体价值认识上，所表现出来的信仰缺失，封建迷信思想沉渣泛滥，西方宗教乘虚而入、活动频繁，新读书无用论等；二是在社会关系价值认识上，所表现出来的极端个人主义、仇富仇官心态、家庭邻里关系紧张、集体观念淡漠等；三是在利益关系价值认识上，所表现出来的极端功利主义、拜金主义、享乐主义、目光短浅、是非义利观念不清等。

农民价值观之所以会偏离，或面临偏离风险，原因可以说错综复杂。既有宏观的社会背景原因，如我国农村正面临新旧社会经济发展方式转型、农村社会管理调控不到位、农村社会价值传导和培育机制不健全等；也有微观价值主体农民自身原因，如因农民实际文化科技素质偏低所决定的自我内省能力不足、因学习组织不够和机会不多所导致的自我学习和发展能力不足等原因；还有中观的农民所处的社会管理组织和农民自组织的自我教育功能不强、相互监督约束机制不完善等原因。简言之，农民价值观偏离是因为主体心理不适应、外部引导不及时、组织教育不到位、社会管理不完善等所导致的。

主体心理不适应是农民价值观念偏离的内生主导原因。理性行为理论认为，人的行为是理性的，是由其行为意向所决定和支配的，而行为意向是人们对所从事特定行为的预期量度。只有当人们对所处环境、行为规则要求有全面把握和理解，并根据自身实际需要和态度对行为结果有了合理的预期和估价，才会产生行为意向，最终导致行为产生和改变。现阶段我国农民之所以会产生价值行为偏离甚至价值失范行为，其原因在于价值主体农民自身行为价值预期偏差所引致的行为意向偏离。之所以会产生行为价值预期偏差和行为意向偏离，是因为价值主体农民在农业发展转型阶段所表现出来的心理不适应。这种不适应性突出表现在：农业发展方式转型特别是现代规模经营农业所倡导的价值要求和与传统家庭经营农业相适应的价值观念之间的矛盾与冲突。现代农业是以先进技术和装备为基础的，以规模化、集约化、组织化为基本特征的农业生产经营方式，与之匹配的价值体系核心是以现代管理经营理念为指导、以团结协作精神和先进科技文化观念为基础、以开放合作竞争的价值态度为支撑的现代农业市场经济价值体系。显然，现阶段农民自身文化科技素质水平、农业生产经营组织方式，以及在长期传统农业背景下所形成的价值观念与现代农业的价值要求是不适应的。这种不适应性决定了现阶段农民基于原有传统价值观念所形成的行为意向模式是难以适应农业发展方式转型特别是现代农业发展要求的，必然要经历打破旧的、传统的思维模式并建立适应现代农业发展需要的行为价值意向模式的心理冲突和阵痛过程，而这种新旧价值心理冲突最终结果将直接决定农民对现代农业价值要求的适应性程度。但绝大多数农民因受自身价值知识体系、农业生产经营习惯模式以及心理思维定势结构等约束，很难迅速完成心理调整和价值观念转变，而表现出心理不适。特别是当转型变革和现代农业发展过程中伤及农民暂时既得利益时，就会表现出一种反应式的抵触和反感情绪，进一步刚化农民价值心理不适和焦虑，弱化农民价值观念形成和发展的自我内省能力和内在动力，进而产生不合理的行为价值意向，甚至产生价值失范行为。

外部引导不及时是农民价值观念偏离的客观社会因素。根据价值观形成的一般规律，价值观的形成既要受内生要素制约，又要受外部环境影响，价值观的形成和变革既是一个无意识的外部塑造或潜意识模仿过程，也是一个价值主体主动积极的内部塑造或自我塑造过程，正确的外部价值引导是价值观念形成和变革的重要力量。另外，就价值观念自身所具有的相对独立性而言，农民价值心理和价值行为意向总具有一定的时滞性，更多的情况是滞后于社会经济发展需要，从而决定了农民在社会转型阶段的价值心理冲突成为不可避免。解除这种矛盾和冲突既有赖于价值主体自我觉醒和内省，更需要社会积极引导予以推进和校正。加强社会积极引导，首先应该旗帜鲜明地提出一种能为社会群体所接受和践行的价值原则、价值规范和价值理想，为转型期农民价值观念更新提供一个航标。从现阶段我国价值观体系发展实际来看，这个航标应该是中国特色的社会主义核心价值体系。也就是说，要在包括农村在内的全社会大力提倡和弘扬社会主义核心价值体系，使马克思主义指导思想、以爱国主义为核心的民族精神和以改革创新为核心的时代精神成为农民价值观念形成和发展的基本价值原则；使社会主义荣辱观成为农民价值观念形成和发展的基本价值规范；使建设有中国特色的社会主义成为农民价值观念形成和发展的共同价值理想。其次，加强社会积极引导，还应该选择适合农民心理需要并被农民所接受的宣传教育方法，"使水流到需要水的地方"。如上所述，在转型期、在全社会大力弘扬社会主义核心价值体系背景下，农民价值心理是矛盾和不适的，迫切需要外部力量予以支持和引导，其中一个非常重要的方面就是有一种符合他们心理需求的价值传导方式方法。因此，社会主义核心价值体系建设要求和农民价值观念更新需要是选择社会引导科学方式方法的基本准则。事实上，社会主义核心价值体系是在吸收中华民族传统价值观念合理内核的基础上形成和发展的，这既是农民价值观念转变的重要基础，也是做好社会积极引导工作的切入点。问题的关键点和难点在于如何以社会主义核心价值体系克服农民现有价值观念中所存糟粕、提升农民价值观念层次，使之符合社会主义核心价值体系主导方向。列宁在《怎么办》一书中所阐述的"灌输理论"为我们提供了工作思路。因此，通过报刊、广播、电视、网络等媒体，通过树立价值模范和典型，通过"抓两头、促中间"，通过共产党员先锋模范带头作用，通过农村学习组织建设等方式，加大社会主义核心价值体系宣传教育，净化价值观念外部环境，促进农民价值观念转变。最后，加强社会积极引导，还应该找到切合农民实际需要的媒质，让广大农民在转型改革中得到实惠。社会发展转型的出发点和落脚点就在于不断提高农民物质文化生活水平，促进全面发展。因此，应以改革解决广大农民所关心的最实在的切身利益问题，促进农民转变价值观念，使社会主义核心价值体系成为农村主流价值观念。

组织教育不到位是农民价值观念偏离的外部组织因素。组织内部教育是组织成员个体价值观念形成和发展的重要力量。一方面，个体价值观念的形成和发展必须通过农民组织系统内部教化才有可能全部完成；另一方面，个体价值观念只有通过农民组织的教育、引导、规范和约束，才可能自觉地与社会主流价值观念保持一致，实现个人价值观与组织价值观协调发展。因此，农民价值观念形成和转变与其所处组织及其教育高度相关。我国现阶段农民组织教育不到位首先表现为农村集体经济组织对于农民价值教育的功能弱化。自改革开放以来，我国农业生产发展主要施行"集体所有、家庭经营"的基本制度，尽管集体经济有所发展，如大批乡（镇）、村办企业发展等，但相对农村经济发展整体水平和家庭经营效益层面而言，集体经济组织自身发展能力和对农村经济发展的控制力都明显不足，集体经济组织在自身发展能力削弱的同时，也削弱了农村集体经济组织对农民所应承担的组织自我教育功能。其次，表现为农民自我组织教育功能滞后于农民价值观更新发展需要。改革开放以来，我国农民自组织得到相应快速发展，如各种形式的行业协会、专业协会等，这些组织大多是按照"自愿参与、民主管理、自负盈亏"原则组建起来的，在提高农民和农业生产组织化程度、保障和维护农民权益、促进农村经济发展等方面都曾发挥重要作用。但这些组织由于发起者自身政治思想水平、关注利益为主导的组织价值观念、组织内部管理相对松散等特点，决定了这些组织对于其成员的自我教育特别是价值观念教育相对不足，还难以快速适应农民价值观念转变和发展的需要。农民组织自我发展能力缺陷特别是对其成员个体价值教育职能履行不到位，使得农民组织难以对成员个体价值观念形成、更新和发展进行全面教育和正确引导，更难以主动对农民价值观念偏离进行事先预防和事后矫正。

社会管理不完善是农民价值观念偏离的外部环境因素。价值观念的形成和发展有赖于社会环境支持，同时也反映社会环境变化。社会管理既是社会个体价值观念形成的重要外部环境，也是价值观念形成和发展的有效调控手段。改革开放以来，我国社会由单一结构逐步向多元方向发展，社会建设和管理能力明显增强。但随着我国经济发展方式转型、政治经济文化体制改革逐步深入、对外开放全方位深层次发展，社会发展进入剧烈变革的时期，不仅历史上长期积累起来的深层次社会问题会凸显出来，而且还会出现一些新的社会问题和不确定因素，新旧社会问题相互影响，使得社会系统性的风险加大，社会阶层对立和矛盾加剧，社会管理监控机制矛盾更为突出，社会隐含和潜在的风险增多。社会保障体制不完善、公平效率失衡、社会治安复杂化、社会贫富悬殊加大、官僚体制腐化等社会问题不断显现，使得社会管理体制不足以为农民价值观念形成、转变和发展提供一个完全纯洁和积极向上的社会环境，社会不稳定和不和谐因素在一定程度上和范围内误导农民价值观念形成，甚至偏离社会主导价值观念。

（五）农民被边缘化风险

农民是现代农业发展主体，也应该是现代农业、农业分工发展以及农村经济转型改革的最广大、最直接的受益者。但由于我国长期实行工业化发展战略和城乡分治社会管理体制，加之城乡资源共享不公、社会保障体系差异以及科技、文化、教育发展能力水平失衡，现阶段农民正面临被边缘化风险，且有加剧趋势。农民被边缘化风险是指农民与市民相比，财富悬殊越来越大、社会地位越来越低、发展能力越来越弱、发展环境越来越差，面临逐步远离国家和社会发展中心和主流的风险。农民被边缘化风险表现在政治、经济、科技、文化、教育以及社会保障等方面。一是在政治上，无论是自身职业权益还是国民待遇，都面临风险。

从职业权益看，原本应该是职业身份的农民，还远没有完全摆脱因歧视性城乡分治及其制度惯性所形成的传统政治身份桎梏，农民政治话语权得不到充分尊重，推行基层民主、实行村务公开、执行村级民主选举，一定程度上保障了农民政治权益，但事实上的农民自治制度和村级民主选举成为少数利益集团攫取小团体利益甚至牟取私利的工具，以致农村拉票贿选、集体腐败案等丑闻不断爆发，农民政治权益难以保障；从国民待遇看，城市化发展进程加快和工业化中期快速发展，城市经济快速发展，农民社会地位保障、政治诉求表达、政治权益实现等因社会转型和农业贡献率明显下降而变得困难重重，农业基础地位事实上被忽视，农民政治权益事实上被轻视，政治上普遍缺少参与机会，政策上主要被动执行，行政上完全被动管理①，农民政治边缘化风险加大，"给农民以国民待遇，给农民以基本权利"不再只是简单呼吁，而已成为现阶段我国农民的基本政治诉求。二是在经济上，经济权益难以满足农民需求。农业产业先天弱质性决定了农民经济地位和经济效益的弱质性，农业比较效益低、农民农业经营收入少、农村经济发展相对滞后。长期以来，制约我国社会发展的"三农"问题始终没有得到最终解决，农业基础地位没有得到有效保障，农民生活水平没有得到根本改善，农村社会发展制约瓶颈没有被完全解除；加之，城市化和工业化发展进程中所出现的农地征用问题、农村环境恶化问题、农村富余劳动力就业问题等影响，农民经济边缘化风险因素客观存在。三是在教育上，尽管近年国家通过加强和巩固义务教育、实施"阳光工程"、解决农民工子女上学等措施促进教育公平发展，但由于长期教育资源配置不均、城乡教育资源壁垒，城乡教育差别仍然大范围存在；加之，教育成本分摊机制约束，教育事实不平等有扩大趋势，农民教育边缘化风险依然存在。四是在文化上，尽管国家通过"家电下乡"、"文化下乡"等措施加大农村文化资源倾斜力度，农村文化建设也取得长足进步，但农村文化发展相对滞后格局没有得到根本转变，农村文化产品和服务还不能满足农民群众日益增长的精神文化需求，农民群众的文化权益得不到保障、基本文化需求得不到满足，农民文化边缘化风险还大量存在。五是在科技上，尽管我国农业科技成果硕果累累，甚至某些领域达到或超过国际领先水平，但真正用于农业生产实践和农业发展的少之又少，究其根本，是现行农业科技及服务体系与我国农业发展要求不相适应，突出表现在：科学研究与经济发展和

---

① 林光彬：《社会等级制度和"三农"问题》，《读书》2002 年第 2 期。

生产实践脱节，农业科研、教育、推广应用之间缺乏统筹协调，农业技术推广面临"网破、线断、人散"窘境，农业科技资金投入严重不足，等等。与此相应的是，农民科技素养低、科技能力弱、科技贡献小，与建设创新型国家、建设创新型城市和发展战略性新型产业要求显得格格不入，农民科技边缘化风险越来越大。六是在社会保障上，目前，我国城乡社会保障差异巨大，已经成为我国社会经济发展的突出矛盾之一，也严重制约着广大农民公平分享社会经济发展取得的成果的权利。在城镇，我国基本建立了包括以养老、医疗、工伤、生育、最低生活保障、社会救助、特殊人群社会福利保障、住房等为基本内容的社会保障体系；而在农村，虽然近年国家政策也有大力支持和倾斜，但相对城镇而言，保障体系还不很完整，如工伤保险、生育保险、住房保障等社会福利项目都还没有。同时，城乡社会保障差异除了体现在项目覆盖上外，还体现在保障水平和筹款方式上，在保障水平上，农村人口的保障水平远远低于城市人口，而在筹款方式上，农村更多的还是来自个人缴纳。因农村经济发展水平和城乡居民收入差异，农民面临社会保障能力和水平边缘化风险。农民被边缘化风险的存在，客观上增加了农村社会风险和不稳定因素，成为制约农村和谐社会构建和持续发展的重要因素。

第二节　农地流转与农村社会风险

农地流转制度改革创新既是我国现阶段农村土地经营制度改革的主要内容，也是社会管理制度改革的重要方面，涉及农村社会发展各方面。这场改革无疑是对农村社会发展方式变革的极大促进，但正如任何一项制度创新一样，农地流转制度改革和创新也将引致一些社会发展不确定性和社会不稳定因素，增加农村社会发展风险，特别是因利益关系调整、利益格局变革以及农地流转管理体制不完善，将有可能加剧农村社会现有社会风险。比如，因农地流转使经营规模更加集中，有可能加剧农村社会两极分化风险；又如，因农地流转行为不规范，有可能加大损害农民承包权益的风险；再如，因农地流转管理体制问题，有可能增加农民被边缘化风险，等等。因此，开展农地流转与农村社会发展之间的风险问题研究，将对如何保障和促进农地流转和农村社会持续发展产生深远影响。

一、农地流转与农民利益保障风险

农地流转将对农民利益产生三个方面影响：一是农地流转过程中农

民承包权益保障和实现问题，如流转价格和补偿标准问题等；二是农地流转过程中农民承包经营权所蕴含的农民基本保障权及其实现问题，如农民农地流转后的生活和就业问题等；三是农地经营权所衍生的农民长期发展权及其实现问题，如农民自身发展能力培育问题等。如果农地流转机制和管理到位，农民三种利益都将得到有效保护和实现，而如果农地流转机制不健全、农地流转行为管理不科学，农民三种利益都将受到损害。事实上，我国农地流转发展时间不长，管理经验积累相对不足，尽管从国家制度设计层面来看，农地流转及其管理非常合理，但由于实际执行过程中难免因为机制体制不尽完善和管理经验不足，而对农民三种利益造成伤害，产生农民利益保障风险。

　　首先，从农民承包权益实现和保障来看，如果农地流转完全按照市场规律要求施行的话，那么农地流转行为发生就应当经历当事人双方邀约和应约过程来完成，流转双方各自根据自身利益实现需要而进行讨价还价博弈，只有当流转双方达成都可接受的条件，流转行为才可能实际产生。当然，这只是一种理论假设和分析，而在现实农地流转实践中，由于农地流转双方实力不均衡、讨价还价能力不对等、流转信息不完全，农地流转行为就很难完全按照市场规律要求产生，特别是在农民在与农地规模经营者谈判中往往是处于多对一的不利条件下，更多的时候希望有第三方参与，以维护和保障自身基本承包经营权。而乡村组织无论是在农地流转中的农地所有者身份，还是在农村社会管理中的管理者角色，都使得乡村组织更容易顺理成章地成为农民所期望的第三方，进而参与和干预农村农地流转。另外，从我国现有农村社会治理机制结构来看，乡村组织无论是从法理还是从行政机制延伸方面，都与农村社会管理有必然联系，因长期行政管理机制影响，村组织并没有完全成为农民自治组织，仍然是公权组织的延伸或附属，职能界定不清的官僚体制弊端和思维定势作用都有可能使得乡村组织及其代理人自觉或不自觉地具体参与甚至干预农地流转。因此，从某种意义上来说，乡村政府参与和干预农地流转既是我国农村农地流转市场发展的一种特殊需要，也是我国传统农村社会管理体制和结构下的必然选择。由此可见，问题的关键在于如何充分发挥乡村组织在农地流转中的积极引导和科学管理作用，规避因行政干预过多所引起的农民利益损失风险，促进农地流转健康发展。现在的问题是，在我国现阶段农地流转实践中，农地流转行为并没有完全按照市场规律要求发生，更多是在乡村组织及其代理人的直接参与甚至干预下发生的，其参与和干预动机既有可能是借助组织更强谈判能力而最大程度上保护农民承包经营权益；也有可能是地方机构及其代理人为了贯彻落实国家有关"多种方式加快农地流转，实现农地规模经营"政策要求，积累政绩；还有可能是通过"官"商合作，在集体组织农地流转过程中寻求小团体甚至个人私利。无论哪种形式动机，其行为结果都可能是一样的，即忽视了农民利益保障和流转行为选择要求，势必造成农民承包权益实现和保障风险。

其次，从农地承包经营权所蕴含的基本生活保障和就业保障权的实现和保障来看，在长期农地流转实践中所潜存的两种"误解"直接损害农地承包经营权对于农民所蕴含的基本生活和就业保障功能，造成理论界所提出的"失地"、"失权"风险。一种"误解"是把农地承包权与农地经营权混为一谈，另一种"误解"是把农地流转当作承包土地流转，两者的共同特点是都把农地流转作为农民农地承包经营权一次性转移甚至是买卖，而忽略了农民所持有的农地承包经营权的财产收益权本质及其所具备的剩余索取权特性和要求。但两者也有所差别，前者虽然把农地流转视为农地经营权流转，但没有把承包资格权与承包地经营权区分开来，直接剥夺了农民作为其集体组织成员才能具备的农地承包资格权；而后者则既没有把农地流转当作是经营权流转，也没有把农地流转当作农地承包资格权和经营权的流转，而是把农地流转当作承包权和经营权载体——土地的流转。无论是从理论上还是客观事实来理解，农地流转只能是农民农地经营权的流转；否则，是无法理解和实现坚持农地家庭承包经营基本制度不变与加快农地流转之间的理论逻辑和政策基础的。"坚持农地家庭承包经营基本制度不变"强调要在坚持集体所有权不变的基础上维护和保障农民承包权益及其蕴含的生活和就业保障功能；而"加快农地流转"则强调通过农地流转促进农地规模经营以"更有保障地"实现农民农地承包权，更加全面地实现农地承包经营权对于农民的生活和就业保障功能。而现实农地流转实践中所存在的两种"误解"不管是因为客观不理解的理解错误引起的，还是以主观故意和实用主义态度所作出的选择性理解造成的，都不可避免地会损害农民对于集体土地所特有的承包权和经营权，并最终造成农民利益风险，如农地流转后农民生活和就业保障问题等，因为这种误解都会直接导致农民在流转中被"一次性买断"其所持有的承包权和经营权。

最后，从农地经营权所衍生的农民长期发展权及其实现来看，正是现实农地流转实践中所存在的农民承包权和经营权被"一次性买断"的风险，继而导致了农民长期发展权被剥夺的风险。农地经营权所衍生的农民长期发展权主要是指农民所持有的农地承包权和经营权都是农民赖以获取生存和发展权益的物质基础和保障。换言之，现阶段我国农民以集体成员身份通过农地承包权所获取的承包权和经营权是农民赖以发展的为数不多的财产基础。如上所述，当农民在乡村集体组织直接参与和组织推动的农地流转中，农民农地承包权和经营权及其生活和就业保障都无法得到充分满足，农民依托农地承包经营权求得长期发展就更难得到保障，致使农民长期发展权益同样处于风险境地。

综上所述，农地流转特别是乡村组织直接参与和干预的农地流转，使农民利益尤其是农地承包利益进一步增加了损失风险。因此，转变乡村组织职能，充分尊重农民在农地流转中所拥有的"自愿、有偿"选择和决策权，进一步发挥农地流转市场的引导和调节功能，才有可能预防和规避因农地流转所带来的农民利益损失风险。另外，正是由于农地流转有可能损害农民利益，农民在农地流转行为决策和选择过程中，就有可能产生抵制情绪和惜地行为，进而无法形成有效农地流转供给，影响农地流转市场发展，延缓现代农业发展进程，最终致使我国农业发展陷入"农民利益损害→抵制惜地→有效供给不足→流转市场难以形成→现代农业发展受阻→农民利益进一步受损"的低水平循环陷阱。

二、农地流转与农村社会信用危机风险

在现阶段，我国农民参与农地流转在大多数情况下都是处于不利地位的，要么面临"分散的多对一"不利交易处境，即农民一旦参与农地流转就有可能是多个分散的农民直接面对一个拥有资金、技术、信息优势的农地规模经营主体；要么就是在乡村组织直接干预甚至越俎代庖的情况下参与流转，而由于乡村组织及其代理人受客观决策有限性和主观私欲困扰的双重影响，使农民处于不利地位甚至蒙受利益损失。农民的这种不利处境，在有效的市场引导和制度规制都不十分完善的背景下，使原本脆弱的农村社会信用面临更多、更大的风险。农地流转信用风险既有农地流转系统内部交易双方的契约信用行为失范的原因，也有来自系统外部管理或引导信用行为中不合理的因素的影响。

首先，从农地流转交易主体双方来看，由于交易系统内部主体效益预期不一致、谈判力量不均衡、信息占有不对称、违约追责成本比较高等原因，有可能导致和助长流转交易主体双方交易和信用行为失范，产生农地流转交易信用风险。农地流转交易信用风险既包括交易过程中的交易行为信用风险，也包括交易主体双方交易合约履行信用风险。尽管

近年来，我国农村农地流转签约率有大幅度上升，但仍然有相当数量流转行为并没有签订合同，仍然主要依赖口头约定，交易行为约束力不强，由于交易双方信用能力和水平不同，以及流转双方交易预期效益差异和交易博弈动机差异，农地流转交易行为信用风险就不可避免地存在。事实上，大量农地流转纠纷主要是交易行为失范所造成的。另外，流转双方交易预期效益和交易博弈动机差异，进一步导致了农地流转交易合约履行信用风险。具体对于流转交易主体农民而言，其流转违约情况主要有三种：一是因为就业渠道和环境改变而违约，比如，原已进城农民工返乡后，因就业和生存需要而导致违约；二是因农产品价格市场变化致使农地流转收益低于农地经营收益的幅度较大而违约，因现行农地流转定价机制没有充分考虑市场变化情况，如果农产品市场价格上涨幅度超过流转农民承受范围，就导致违约；三是因农地流转市场价格变化且幅度较大而导致农民违约。而对于农地规模经营主体而言，不能履行或不能完全履行流转合约的情况有两种类型三种形式：一种类型是因不可抗拒的客观因素影响，如自然灾害等，致使农地规模经营主体丧失履约能力而违约。另一种类型是农地规模经营主体因片面追求投资效益而导致的主观故意违约，这种违约行为表现出两种形式：第一种形式是不履行流转合约所规定的、应对流转农民所尽的合同义务；第二种形式是违反国家有关农地流转"三个不得"规定，使流转后农地经营朝"非粮化"甚至"非农化"方向发展，违反农地流转基本政策要求和农地流转宗旨。

其次，从农地流转管理主体来看，由于管理主体——乡村集体组织参与或推动农地流转的预期目标与农民参与农地流转预期目标不一致、乡村集体组织自身事权和财权不匹配，以及乡村集体组织及其代理人私欲膨胀等原因，有可能导致和助长流转管理主体管理行为失范，产生农地流转管理信用风险。乡村组织在农地流转管理过程中信用失范主要有三种情形：一是有的乡村组织以实用主义价值观选择性地执行国家农地流转政策，甚至假借国家有关鼓励农地流转发展政策，对推动农地流转表现出前所未有的积极性，主要是为了暗度陈仓，曲线解决日益突出的工业和建设用地紧张问题[①]，这在经济发达地区和中心城市周边地区表现更为突出，农地流转"非农化"问题日益严重，并最终导致农地流转管理行为失范和管理信用风险。二是有的乡村组织以片面的政绩观主导甚至直接干预农地流转，主要是为了攫取农地流转利益分配中的主动权和

---

① 翁仕友：《农地流转欲"拨乱反正"》，《财经》2011 年第 1 期。

控制权，以满足地方财政发展和绩效考核需要。特别是党的十七大首次提出建立农地承包经营权流转市场之后，各地在推动农业现代化、土地适度规模经营中形成了一股"流转热"，有的还出台高规格文件和考核评价标准，推动基层政府大举介入，主导农地流转，乡村组织成为直接推手，虽然促进了农地流转市场发展，但由于管理经验不足、管理信用缺失、管理行为失范带来的农地流转纠纷案件也直线上升；另外，由于缺乏流转统筹，制定流转优惠政策，引导大量工商资本进入后，大肆圈占农民耕地，出现了农地流转价格过低、流转期限过长等问题，有的还违反国家农地流转用途管制规定，擅自改变流转农地用途，"非农化"、"非粮化"现象普遍发生，危及国家粮食安全。三是有的乡村组织及代理人——乡村干部因小团体甚至个人利益驱动，在推动农地流转过程中与工商资本勾结，联合侵害流转农民利益，使得乡村组织与流转农民关系紧张、矛盾加剧，致使地方政府与村民组织出现管理信用危机。据不完全统计，在当代中国农地流转纠纷案件中，绝大多数是因为流转主体信用不足所造成的，而乡村组织及代理人行为不端或信用丧失所造成的矛盾和纠纷又占绝大多数。

最后，从农地流转信用风险的影响来看，农地流转信用风险不仅是影响农地流转主体行为决策和农地流转市场发展的重要因素，而且将更深层误导农村社会信用观念和信用体制的运行管理，进而加剧农村社会信用风险。在我国现阶段农村经济社会发展中，鼓励和促进农地流转发展是关系农村千家万户最现实、最直接、最具体利益的宏观决策和制度创新，其过程管理质量和最终实践效果对农村社会经济发展都将产生深刻影响。按照一般事物作用关系和制度作用机制原理，在同一个系统中，越是最基础的因素，关联度越高、辐射面越广、联动作用越大。因此，农地流转信用质量和水平不只是对农地流转市场本身发展产生影响，还将对农村社会其他信用关系产生高关联度的辐射和影响。因此，加强农地流转过程信用建设既有利于农地流转市场发展，也有利于农村社会信用体系建设。

三、农地流转与农村两极分化风险

我国理论界在研究和讨论农地流转问题时，就有一种担心，担心经济实力和自我发展能力都不占优势的农民如果按照市场法则参与农地流转，就有可能导致农地过度集中，而农地过度集中必然加剧农村社会两极分化。从某种意义上而言，这种担心并不多余，既有理论分析上的可能性，因为市场调节的局限性之一就是在优胜劣汰的同时可能导致两极分化；也有现实客观依据，因为现行农地流转因管理不善而导致了农民"失地"、"失权"等。但我们不能因为农地流转管理中所存在的问题和农地流转促进规模经营而出现农地过度集中风险，就否定甚至阻碍农地流转发展，因为农地流转是在我国农地制度安排下实现和推进现代农业发展的前提基础。而以加快农地流转发展为核心的农地制度创新就正如任何一种制度创新一样，都将是一种利益格局的重新调整，都将有风险存在的客观可能。因此，我们认识和把握农地流转与农村社会两极分化风险关系问题时，关键在于能够正确认识风险、积极防范风险，绝不能因噎废食。

事实上，我国现阶段的农地流转确实还存在影响和加剧农村两极分化风险的可能性。首先，从理论分析上看，如果产权交易市场健全和完善，产权交易信息充分且具有足够的博弈空间，交易中一般不会出现贱卖资产的情况；但如果在产权交易初期，在资产价值还未能通过市场的反复交易而明确的情况下，农民缺乏足够的交易信息，对资产价值认识不足和对交易对方出价估计不准，就可能会发生仓促的交易行为，甚至出现资产贱卖情况，加之信息不对称，作为农地规模经营主体的种田能手和种粮大户就可能会从农地流转交易中获得巨大利益而成为农村中的暴富阶层。另一方面，承包的土地不仅仅是当今农村农民的生产资料或经营资产，也是农民的生存和就业保障，农民失去承包土地，意味着农民失去其生活和就业保障，如果社会不能提供农民另谋生路的空间和机会，就有可能造成部分农民在农地流转中的迅速赤贫化。其次，从我国现阶段农地流转实际来看，农民自愿参与农地流转的行为和方式本身也还存在缺陷。例如，基于亲缘地缘关系的流转人情化、基于技术含量低和波动性大的非农就业后的流转短期化、基于"熟人社会"口头约定的流转随意化等。这些不足既容易使农民陷入流转被动不利局面，也为农地流转风险和农村社会两极分化风险形成埋下了祸根。最后，国家"鼓励农地流转，适度发展规模经营"的惠农政策容易被一些别有用心和喜欢搞"政绩工程"的乡村官僚政客曲解和利用，假借促进农地流转发展和国家鼓励政策之名，利用公权和信息优势，罔顾流转农民经济承受能力和区域经济发展水平，肆意行政干预，强制推进农地流转，损害承包农民权益，甚至官商勾结联合侵占农民合法权益，导致部分农民因农地流转而"失地"、"失权"、"失利"、"失业"，陷入贫困陷阱；与此同时，乡村组织为吸引工商资本加入农地流转，扶持农地规模经营大户典型，并千方百计为其经营提供便利，使少数规模经营大户迅速暴富。这种扬此抑彼的政治化官僚做法势必会进一步拉大农村居民之间贫富悬殊，加剧两极分化。

四、农地流转与农民价值观念偏离风险

首先，农地流转对于农村居民价值观念偏离社会主义核心价值观念风险的影响表现为部分农地流转激进主张者和官僚推动者对农村城市化发展的一种误判，对农民科学发展观念的一种误导。因为在政治化和行政化的大规模农地流转的主张者和官僚推动者那里，他们对中国城市化发展前景往往带有一种乐观的判断和估计，并且这种乐观判断和估计一方面使得他们认为自己的一切工作都只是在顺应或加快中国城市化进程和发展，进而主张通过行政干预推进农地流转和农地规模经营，加快农村城市化、农业工业化和农民市民化进程；另一方面，这种乐观判断和估计，又使得他们当然地认为现阶段农村社会自发进行的农地流转具有一系列不符合经济规律和市场经济要求的"缺陷"，而需要借助外力进行改造，需要政府将其引导到一条更加规范、更大规模的道路上去。但是，这种观点忽视了农地流转与其嵌入的社会系统之间的关联性，忽视了农地流转应该与农民自身经济承受能力、区域经济发展水平所决定的就业及社会保障承载能力之间的匹配性。事实上，农户之间自发进行的农地流转所表现出的各种貌似不合理的行为特征都只是一种外在表象，它更多的是农民基于社会内部机制和自身价值观念所作出的一种选择，而这种对社会机制的认识和观念具有相对独立性，在相当长时期内是稳定的、发展进程是缓慢的，即使是在外界推动作用下也难以在短时期内发生改变。因此，不能简单地、理所当然地认为农民在农地流转中的决策和选择是愚昧落后的表现，其本质恰恰是农民基于自己生存安全和就业保障的理性思考和长远考虑。在这个意义上，那些盲目乐观以及激进政策的主张者和政治化官僚需要转换思考问题的视角，加强对现阶段农民的认识和理解，摈弃长期行政管理所养成的"救世主"的姿态和身份，不再以理性自居，当然地为农民作出选择，而是真正理解承包农地对于农民生存发展的特殊意义，尊重农民的自主选择，从而以科学发展观将农民引导到科学发展的道路上来，促使他们自觉地把价值观念统一到社会主义核心价值体系建设上来。

其次，农地流转对于农民价值观念偏离社会主义核心价值观念风险的影响还表现在部分规模经营者因社会责任意识缺失所带来的对流转农

民价值观的负面影响。作为农业投资者的农地规模经营主体对于投资效益的追求原本是无可厚非的，但绝不能以追求经济效益最大化为由而忽视其自身应尽的社会责任，更不能以单方面的纯粹经济效益观念和行为来影响和误导农民价值观念。为此，农地规模经营主体应该从经济效益、社会效益和生态环境效益有机统一的高度，推进农地规模经营和现代农业发展。农地规模经营主体既要从维护国家粮食安全大局、严格遵守国家有关农地流转"三个不得"要求、切实保障农地经营用途不变、杜绝农地流转经营"非农化"和"非粮化"，也要从切实维护和保障承包农民基本财产权益出发，严格履行农地流转合约，并根据农地流转市场供求变化，自觉承担农民就业和生活保障应尽义务；还要从建设农村和谐社会和弘扬社会主义核心价值体系要求出发，自觉承担工业反哺农业、城市带动乡村的社会责任，在现代农业发展成果共享中引导农民核心价值观转变和发展。换言之，农地规模经营主体要以合理的投资效益、良好的社会道德、科学的生态环境效益观念赢得流转农民信任，培育农地流转有效供给，促进农地流转市场和农民核心价值观念健康发展。

最后，农地流转对于农民价值观念偏离社会主义核心价值观念风险的影响还表现为农地流转市场发展的负面影响。农地流转市场发展使得农地流转及流转后的经济利益关系成为农地流转主体之间的基本关系。在农地流转双方力量不均衡的背景下，如果这种关系得不到有效调控，就有可能成为妨碍双方平等合作关系发展的内生障碍，进而影响双方对流转行为的认识和态度，甚至成为误导双方核心价值观念背离社会基本要求和主流价值理念的诱因。而现实中的农地流转行为和农地流转市场发展，恰恰是在缺乏有效合理的社会调控和管理环境中推进的，行政权力干预、工商资本唯利是图、流转农民自我风险防范能力不足，都将引致农村社会特别是农民价值观念偏离社会主义核心价值体系建设要求，而使得市场经济负面影响得以在农村社会肆虐。加强社会主义核心价值体系建设，加强农民核心价值观念教育，克服小农思想影响，增强科学发展观念和能力，成为构建农村和谐社会的重要内容和当务之急。

五、农地流转与农民被边缘化风险

现阶段我国农民被边缘化风险主要表现为农民的经济地位、社会保障地位、政治地位等方面被边缘化的风险。农地流转对于农民被边缘化风险的影响又主要表现为农地流转对农民经济地位、社会地位以及政治地位及其边缘化的影响。

首先，农地经营权是我国现阶段农民最基本的生产资料和最主要的财产形式，农地流转如果不能充分实现和保障农民农地承包经营权，势必对农民经济效益及经济地位产生影响。根据我国《土地管理法》和《农村土地承包法》规定，农地承包经营权是农民凭借集体成员身份通过承包经营方式所获得集体土地的承包权、占有权、经营权、收益权以及部分处置权，在当时背景下被认定为合同债权；1992 年，我国制定颁布的《物权法》则明确赋予农地经营权以用益物权性质；2012 年，国务院在专题研究农地流转相关问题时，温家宝同志进一步明确指出，农地承包经营权就是农民财产权。而农地流转的实质就是农民农地承包经营权的流转交易，因为其流转载体农村土地所有权性质始终都未发生改变，即依然是集体所有制。从农地产权法理来看，农地流转只是农地经营权、使用权在农民和规模经营主体之间的转移和变更，农村集体组织的所有权、农民的承包权并没有发生改变。换言之，农民依然对流转农地拥有财产权，即仍然享有对承包农地的收益权和剩余索取权。因此，如果农地流转不足以保障农民对承包农地的财产权，那么农民就有可能丧失赖以维持生活和就业的基本权利，进而使其在经济地位上面临被边缘化风险。

其次，农地承包经营权对于我国现阶段农民而言，仍具有基本生活和就业保障功能，如果农地流转不足以实现和保障承包农地对于农民的生活来源和就业保障的功能，同样会使农民面临丧失基本社会保障的风险。从我国现阶段农村经济发展、农民基本生存和就业保障来看，尽管社会可供就业机会、政府财政保障体系都得到不同程度的改进和完善，但因社会经济发展水平和政府资源有限的双重约束，农村社会保障体系建设与国家制度预期、农民愿望以及社会期许相比较都还有较大差距，依法所获的农地承包经营权仍然是农民获取生活资料和就业机会的最基本保障。也就是说，如果社会经济发展水平还不足以为流转富余农民提供充分就业机会、政府经济实力和能力还不足以建立完善的农村社会保障体系，那么，农地承包经营权所承载的社会保障功能仍然是维持农民生活和就业的最基本保障。而现实中的农地流转及其补偿水平往往是既不能足以保障农民长期基本生活需要，也不能为流转后农民提供充分就业机会，削弱了农地承包经营权对于农民的基本保障功能，动摇了农民社会保障基础，增加了农民基本社会保障边缘化风险。

最后，农地承包经营权也还是我国现阶段农民行使基本政治权利和享有基本社会管理服务的重要基础，如果农地流转还不能足以维护农民基本财产权利和就业机会，就会使得流转后的农民将游离于农村与城市之间，成为既不被城市吸纳，也不被农村自治组织重视的政治边缘化群体，因为我国现阶段各种权利分配和资源共享都是以承包农地数量确定的。因农地流转富余出来的农民数量急剧增加，他们为了生活和就业，大多都选择外出寻找就业机会和出路，从而脱离农村基层组织管理服务，放弃或丧失参与农村社会管理的基本权利；另外，由于富余农民就业能力与城市就业岗位技术水平要求之间的不适应，特别是在与城镇下岗职工和大学生的就业竞争中受到城市和工业资本歧视，大多只能选择体力要求为主、工作环境脏乱差、就业待遇不高的岗位和职业，基本不可能具备参与城市管理的能力和素质，使得绝大多数农民工最终难以融入城市组织管理体系，成为城市游民，农民政治边缘化因农地流转而加剧。

第三节　农村社会风险综合管理与防范

农村社会风险因农村社会转型发展而客观存在，农地流转及其市场化发展进一步增加了农村社会风险。全面认识农地流转与农村社会风险之间的内在联系，准确把握农地流转对农村社会风险的客观影响，科学研究和防范农村社会风险特别是农地流转所致农村社会风险，是促进农地流转和现代农业健康发展的客观需要，是构建农村和谐社会的重要内容，是推动农村经济和农民科学发展的现实基础。研究农村社会风险绝不是讳疾忌医，而在于促进农村社会和农地流转更加健康平稳快速发展，更不是对农村社会转型改革和农地流转发展的质疑和否定。[1] 我国农村社会风险既具有一般风险的基本特点，也具有与我国国情相适应的独特特点。因此，管理和防范农村社会风险特别是因农地流转所致农村社会风险，既要遵循一般风险管理和防范的基本原则，也要充分尊重我国农村发展的具体实情和特点，按照矛盾普遍性和特殊性相结合的理论原则和方法论要求，从现有农村社会管理机制和社会发展实际出发，因地制宜，将现有以危机管理为主改变为以风险管理为主的管理方式，强化风险和风险管理意识，创新农村社会管理机制，以风险管理和防范支持和保障农村社会和农地流转健康发展。

一、强化风险意识，变危机管理为风险管理

（一）危机管理：现阶段农村社会风险管理的基本模式

正如上述分析所言，随着经济快速发展和社会发展转型深入，我国

---

[1]　朱强、李民：《论农地资本化流转中的风险与防范》，《管理世界》2012 年第 7 期。

农村社会已全面进入风险社会，正处于高风险期和危机频发期，风险影响范围广、风险发生频率高、风险负面作用大、风险形态复杂多样。但由于长期政治官僚管理体制和城乡分治管理模式影响，我国农村社会管理对于农村不确定性和风险因素管理主要是实施危机管理模式。也就是常说的，"补救式"的事后危机管理，既缺乏事前有效预防，也没有事中适时干预，明显具有应对战略上的短视性、干预过程的波动性和干预时间上的滞后性，在社会风险日益增多而所有社会风险因素关联度高、风险事件环环相扣的背景下，这种以危机管理为主的风险管理模式既会造成社会资源的巨大浪费，也会恶化风险因素而强化风险，本身具有极大的风险性。

现阶段我国农村危机管理主要有两种方式。一种方式是抢救式的，即只有在农村社会出现具体的危险情况时才进行一些抢救性管理。按照危险管理的思维逻辑认为，非正常事件或者重大危险，如特大旱灾的发生概率极小，没有必要花费很大代价提前做好应对概率很小的危机防范准备。很明显，这是一种将农村社会风险简单化的侥幸思维和逻辑，没有或者没有足够认识到现代社会风险的不确定性和巨大危害性。另一种方式，也是最典型的方式，就是"大案"管理模式。所谓"大案"管理模式，是指只有当农村社会中存在的风险因素演化为现实的、具体的重大危机事件时，才可能进入农村社会管理者的视线，才会促使管理者采取措施解决危机。很明显，"大案"管理模式存在两种逻辑错误，一是管理者将所有目光都集中在具体的大事件上，忽视了具体风险因素，哪怕是最小的风险因素的社会危害性。事实上，任何风险因素都有可能对社会发展产生消极影响，甚至也有可能日积月累而成为影响社会大局稳定的重大因素。同时，绝大部分重大事件都是由很多个小事件综合作用形成的，甚至可以直接分解为若干个具体的小风险事件。二是管理者把目光和思维集中在对具体现实事件的处理上，这固然很重要也很必要，既可以现场解决事件当事人眼前所面临的问题，也可以在短期内控制甚至平息事件，而获得良好社会效果和评价，但这种"头痛医头、脚痛医脚"的管理思维和模式既缺乏对孕育这些具体现实案件的社会风险因素的全面认识，也没有对这些社会风险因素转化为社会危机事件的基本条件给予足够关注，不可能从根本上对社会危机标本兼治。另外，这种处理危机事件的方法和模式，明显带有利益危害性和时间滞后性，从客观上为少数别有用心之人煽动群众不满情绪、扩大事态和影响提供了机会。

危机管理之所以成为当前农村社会风险的主要管理模式，首先源自于传统社会管理体制的影响。在长期计划经济管理模式影响下形成的、以资源配置和管理为核心的社会管理体制，更加注重采用计划和控制手段管理和促进农村社会事务及其发展。这种控制为主的社会管理体制在宏观管理思维上，表现出"重管理、轻服务"的价值取向；在基本管理模式上，表现出"重关系协调、轻制度规范"的熟人理念；在具体管理行为上，表现出"重事后补救、轻事前防范"的行为偏好。其次，与市场经济冲击下农村总体性社会管理弱化相关。随着市场经济发展，经济发展成为社会广泛关注的焦点和工作着力点，社会管理相对落后于经济发展水平和速度，社会管理相对弱化，特别是在农村经济社会发展中更为明显。尽管近些年农村社会管理问题得到政府关注和重视，特别是农村社会保障体系建设取得明显成效，但社会管理机制仍然落后于农村社会经济发展水平，社会管理疲软乏力、社会风险因素增多、社会问题层出不穷，已成为农村发展的制约瓶颈，在社会管理长效机制缺乏背景下，应急式的危机管理成为农村社会管理的当然选择。再次，与基层组织建设有所松懈关联。农村社会管理应该是以农村基层组织为主体，直接选举在一定程度上满足了农村社会自治需要，但由于集体经济组织经济实力削弱所导致的自我管理和发展能力下降，农村基层组织发展相对涣散，难以满足农村经济主体的预期和需要。尽管党和国家启动了以创先争优和建设学习型组织为核心的基层组织建设活动，当然主要限于党组织建设，农村行政管理组织和中介组织建设远不能适应农村社会和经济发展要求。最后，与管理队伍素质参差不齐有关。现阶段我国农村管理队伍主要是从农民中直接选举产生的，文化科技素质、风险意识和责任都相对比较差，难以应对复杂多样的农村社会风险管理需要。尽管近些年国家启动了"大学生村官"行动，一定程度上改善了农村社会管理队伍结构，但依然难以满足农村社会风险管理需要。一方面，大学生主要集中在学校学习，缺乏对农村社会管理事务的基本经验和理性认识；另一方面，大学生缺乏对社会风险管理基本知识和理论把握，即使是有所认识和把握，更多地也是在现有乡村管理组织和官员指导下开展活动，固有的以传统经验式危机管理为主的农村社会风险管理模式并没有在短时期内从根本上得到改变，甚至因为大学生的"书生意气"和管理经验不足，即使是因循危机管理模式也难以取得更好效果。

（二）风险意识：创新农村社会风险管理模式的前提

观念改变决策、思路决定出路。转变农村社会管理观念，强化农村社会风险管理意识，创新农村社会风险管理机制体制，是改进当前农村社会管理模式的基本条件和前提。胡锦涛同志在庆祝建党 90 周年大会的讲话中强调指出："要加强和创新社会管理，完善党委领导、政府负责、社会协同、公众参与的社会管理格局，建设中国特色社会主义社会管理体系，全面提高社会管理科学化水平，确保人民安居乐业、社会和谐稳定。"农村基层组织肩负着推动农业发展、带领农民致富、维护农村稳定的重要职责，是加强和创新农村社会管理的最基本、最直接、最有效的力量。农村基层组织必须转变社会风险管理观念，强化全面风险管理意识，增强风险管理能力。首先，必须清醒地认识到农村社会管理有风险，树立风险存在意识。随着经济市场化、城乡发展一体化、经营管理规模化、生产方式现代化发展，农村社会管理必然呈现风险化特点。其次，也应该认识到风险可以利用，树立风险经营意识。农村社会风险是社会管理机制体制缺陷、风险经营主体经验估计不足、社会管理和生产经营过程行为失范等原因造成的，要在实践中加强风险管理理论学习，善于在风险环境中提高生产经营和管理水平。最后，要认真对待风险，树立风险防范意识。任何社会风险在一定条件下都可发酵，都可能转化为社会危机，都可能对经济发展和社会稳定造成损失和负面影响，必须时刻加强风险认识、预测，增强风向防范意识和能力，变危机为机遇，变弊为利。具体到社会风险管理实际工作中，就要求农村社会管理组织和管理者必须注意引导和教育农村群众，全面增强终身学习、民主决策、科学发展、改革创新、勤政廉政和服务为民六种意识，努力提高新形势下的风险管理能力和水平，不断创新农村基层社会管理工作局面。

增强终身学习意识，就是要求农村基层社会管理工作者，必须从实际出发，切实提高学习能力，学以立德，学以增智，学以创业，在学习中转变农村社会风险管理观念、增强风险管理能力。一是加强理论学习，认真学习党和国家关于农村社会发展的路线方针政策和风险管理论，提高理论水平和文化素养，为做好农村社会管理特别是风险管理奠定理论基础。二是注重知识更新，加强市场经济、法律法规、领导科学、现代科技特别是农村风险管理方面知识的学习，切实提高社会风险管理水平和为民服务的实际本领。三是注重学用结合，要用风险管理理论知识指导解决影响农村社会和谐稳定的突出问题，在农村社会风险管理实践中边干边学，提高风险管理方法和技巧，增强预防和化解农村社会风险的能力。

增强民主决策意识，就是要求农村基层组织和社会管理者在决策过程充分估计风险因素，科学判断风险转化条件和形势发展，增强民主决策能力，提高管理效率和效益。农村基层组织和管理工作者必须增强科学决策意识，不断提高决策能力。一是深入开展农村社会管理调研，主动"接地气"，坚持一切为了群众，真心服务群众，深入实际调查研究，掌握准确而全面的信息，并进行系统的归纳、整理、比较、论证，形成符合实际、尊重群众意愿的风险管理意见和方法。二是发扬民主，把群众是否满意作为检验社会管理工作的根本标准，创造条件吸收群众参与决策过程，让群众评判工作得失。风险管理决策前认真吸纳群众意见建议；决策中善于倾听各种不同的意见，不断补充完善方案；决策后勇于面对现实，真心听取反馈意见，该修正的修正，该中止的中止，真正实现决策的民主、科学和高效。三是遵循程序，依法管事管人，严格遵守决策行为规程，加强制约和监督；坚持听证、公示制度，广泛征询各方面意见，保障群众参与权；坚持论证评估制度，对专业性、技术性较强的重大事项认真进行专家论证、技术咨询和决策评估，降低决策风险。

增强科学发展意识。加强和创新农村社会管理特别是农村社会风险管理，是贯彻落实科学发展观、全面建设小康社会与构建和谐社会的基本条件和前提。建设小康社会与和谐社会的重点和难点在农村。只有坚持发展，在发展中防范和化解农村社会风险，才能从根上解决农村社会风险问题。一是坚持以加强党的建设促进农村社会和管理队伍发展，坚持把促进农村经济发展作为加强农村基层组织建设和社会风险管理的第一要务，引导农村基层党员干部和社会工作管理者立足岗位开展创先争优，在强村富民过程中不断增强党组织的凝聚力、战斗力和风险防范能力。二是坚持共同富裕目标，带动群众谋发展，努力把党和国家在农村的各项方针政策真正落实到群众中去，更新群众观念，激发群众的发展热情，依靠群众的力量来加快发展和防范风险。三是创新思路谋发展，要在发挥资源优势、盘活集体资产、搞好生产和流通、防范风险等方面动脑筋、做文章，探索创新适合当地农村经济发展的新路子和好路子。

增强改革创新意识。在新形势下，有效协调社会关系、规范社会行为、解决社会问题、化解社会矛盾、促进社会公正、应对社会风险、保持社会稳定，必须树立改革创新意识，用新观念引领新发展，用新思维解决新问题，用新机制化解新风险，用新方法开创新局面。一是坚持辩证思维，善于用创新思维、换位思维、逆向思维，深入研究当前农村社会管理中各项工作面临的新情况、新问题，努力寻求破解难题、化解风险的办法。二是坚持吸收创新，善于把上级精神和农村社会管理实际结合起来，把"干"与"学"、"干"与"谋"统一起来，创造性地开展农村社会管理工作；善于把别人的先进管理经验与当地农村社会管理实际结合起来，博采众长为我所用，创新农村社会管理和发展新路子。三是善于创新方法，坚持刚柔相济，既用好硬办法，严格管理、依法办事，又善用软办法，春风化雨、润物无声，把农村社会风险管理在萌芽中化解，在转化中利用，化危机为机遇，化风险为动力。

增强勤政廉政意识，就是在农村基层组织和农村社会管理者队伍建设中，管理者特别是党员干部要率先廉洁履职；就是在加强和创新社会管理过程中，增强防范意识和风险意识；就是在新形势下做好群众工作，密切党群、干群关系，形成改革创新合力；就是在社会管理中做到"立身不忘做人之本，为政不忘公仆之心，用权不谋一己之私"，增强服务意识。一是廉洁从政，通过抓好村务公开、党务公开、政务公开，进一步扩大基层民主，更好地实现群众的知情权、参与权和监督权，真正做到廉政勤政、依法行政。二是公道正派，谋事公心、处事公平、待人公正、主持公道，特别是在处理关系群众最直接、最现实、最关键利益等问题上，要一碗水端平，在群众中树立形象，赢得声誉。三是坚持原则，要有"硬"与"敢"的精神，碰到难事敢干，遇到坏事敢管，自觉抵制歪风，弘扬正气，维护稳定。

增强服务为民意识，就是要求农村社会管理组织和管理队伍切实转变职能，改进管理方法，切实为农村经济社会发展、社会风险管理、农民生活和发展提高服务质量。社会管理主要是对人的服务和管理，归根结底是为群众生活和发展做好服务。"只有把群众放在心上，群众才会把我们放在心上，只有我们把群众当成亲人，群众才会把我们当亲人。"只有始终坚持以人为本、执政为民，才能有效保证农村基层社会管理的正确方向，才能真正全面提高农村社会和农民发展质量。一是坚持换位思考的工作方法，以心换心增感情，要多替群众着想，听得进群众意见，经得起群众抱怨，不断增强与群众的血肉联系，做好群众的知心人和贴心人。二是坚持密切联系群众的基本原则，深入实际听民声，经常到群众中了解情况、听取意见，及时掌握群众的所思所想、所急所盼，争取把社会风险、社会矛盾、利益纠纷发现和处理在萌芽状态。三是坚持为人民服务的宗旨要求，为民服务，设身处地排民忧，真心实意为群众办实事、做好事、解难事，让群众的生活环境更舒适一些、生活质量更好一点、社会安全感更强一些、幸福指数更高一些。

（三）风险管理：农村社会管理模式转变的总体趋势

2011年5月，中共中央政治局会议明确提出：加强和创新社会管理要坚持"关口前移、源头治理"的基本原则。所谓"关口前移、源头治理"就是在社会管理的全过程中，把管理的重心由传统的对危险事件爆发后的应急和控制，转移到对风险前期的预防和管理，转移到风险识别与风险认识上来，变危机管理为全面风险管理。这既是现代社会发展和社会风险管理模式创新的基本要求，也是农村社会管理转型发展的基本需要。全面风险管理的本质就是在风险因素尚未转化为社会危机之前，准确判断风险源头，合理估计风险不确定性，正确认识风险性质，果断预防和化解风险因素，促进农村社会和谐发展。广大农村作为我国经济社会稳定发展的蓄水池，已经全面进入风险社会，迫切需要创新原有的社会管理模式，从单纯进行危机管理转换为以风险管理为核心的社会管理体制。当然，强调风险管理并不意味着全面否定和放弃危机管理，在一定时空范围内，在迫不得已的条件下，危机管理仍然是解决社会管理问题、化解社会矛盾、弥补社会管理体制不足、补救社会危机损失和危害的有效方法。换言之，全面风险管理就是更加突出和强调风险预防管理的基础地位，注重事前干预、过程防范，强调任何危机管理都必须服从风险管理大局，并与风险管理理念、管理方法、应对措施等全面对接。

很显然，现代风险管理理念和模式与当前农村危机管理模式截然不同。首先，从管理基本理念和思维来看，风险管理是一种事前干预式管理，强调防患于未然，突出风险因素认识、预测、评价和防范管理，关注社会主体长期根本利益；而危机管理则是一种事后抢救式管理，强调危机处理的快速及时、全面有效，注重当事人即期利益关系调整。其次，从管理过程和基本防范来看，风险管理是一种着眼于长期持续发展的管理模式，强调顶层制度设计，重在预防，注重风险因素估计，主张边实践边调整，关注制度实施和社会发展的可控性；危机管理是一种短期维持型管理模式，强调事件即期缓解和平息，注重当前矛盾处理调解，关注事件处理的群众满意度和社会影响。最后，从管理效果来看，风险管理是一种以事前干预为主的管理模式，强调风险因素预测和管理，注重制度和政策实施的实际效果和风险因素转化条件研究，管理效果更为科学合理，社会动荡和负面影响较小；危机管理则是一种事后处理问题的模式和方法，强调事件处理过程和方法的科学性和主动性，注重事件处理的时效性和有效性，管理效果具有补救性特点，不可避免地对社会管理造成一定社会动荡、资源浪费和负面影响。因此，实施全面风险管理是促进农村社会稳定、维护农民利益、建设小康与和谐社会的实践需要，是创新农村社会管理体制和运行模式的基本要求。

二、管理关口前移，创新农村社会风险管理

根据党和国家对农村社会管理工作和体制"关口前移、源头治理"的基本原则要求，结合影响农村社会风险特别是农地流转所致风险的主要因素以及风险基本形式和特点，创新农村社会风险管理模式已成为构建农村和谐社会的当务之急。创新农村社会管理模式的关键在于提高农民素质，解决农民非农发展出路问题；核心在于调整利益关系，解决农村社会发展中的公平与效率问题；重点在于健全信息网络，解决农地流转和农村社会管理信息不对称问题；难点在于加强农村基层组织建设，解决农村社会管理主体缺位和错位问题。

（一）提高农民素质，促进农民非农发展

农地流转能否得到有序发展，农村社会风险能否得到有效防范，前提条件是能否妥善解决流转农民非农就业发展出路问题；而解决农民非农就业和发展出路问题的关键在于提高农民综合素质，增强农民就业创业能力。

提升农民综合素质，加强农村社会风险管理，重点在于完善以就业技能教育为核心的农民教育体系。随着农村市场经济发展和现代农业体系建设，传统小农社会内生的经验式生产方式和以仁孝礼义为基础的伦理道德观念已经很难继续发挥其在现代农业发展和社会风险管理中的作用。

首先，必须以农民就业创业能力建设为核心，加强农民业务能力教育培养。一是充分整合利用现有农村教育资源，加强对农民的就业技能教育和培训，增强农民就业创业能力，提高农民就业水平，增加农民收入，以促进就业发展化解农地流转及农村社会管理风险。二是以风险防范理论和技能教育为重点，加强农民风险意识教育，提高风险认识，增强风险规避能力。三是以完善农村教育资源及体系为基础，形成政府主导、教育结构实施、社会广泛参与的农村教育体系建设格局，继续实施"阳光工程"，切实增强农民就业创业能力和社会风险管理本领。四是以现代管理经营知识和理论为核心，加强农民经营管理理念和技能教育，培养"有知识、懂管理、会经营"的社会主义新型农民，注重在经营管理实践中培养农民认识风险、防范风险的经验和技能。

其次，必须以农村社会主义核心价值体系建设为中心，加强农民思想政治教育，以思想道德观念转变和伦理道德素养提升来更新农民经营管理理念，增强农民风险意识，培育能适应现代农业发展、农村社会管

理以及社会主义新农村建设要求的新型农民。一是加强以马克思主义理论和科学发展观为指导的思想政治教育，引导农民正确认识和处理当前利益与长期利益、近期发展与长期发展的关系，以科学发展促进社会风险管理，增强农民持续科学发展的自觉性和责任感。二是加强以爱国主义为核心的民族精神教育和以与时俱进为核心的时代精神教育，引导农民正确认识和处理个人利益与集体利益、个人先富与共同富裕的关系，培养农民共同防范社会风险的团结协作精神，增强农民民族自豪感、集体荣誉感和时代紧迫感。三是加强以建设有中国特色社会主义为共同理想的理想信念教育，增强农民自觉与国家发展、民族兴旺同艰苦、共患难的价值责任感和理想信念，确保农民价值理念与社会主义核心价值体系保持一致，以共同理想信念增强农民认识和防范农村社会风险的紧迫感和责任感。四是加强以"八荣八耻"为基本内容的行为规范教育，自觉履行社会发展责任，合理享受农地流转权利，全面履行流转义务，自觉维护农地流转行为的严肃性和合法性，以规范的农地流转行为和社会参与行为，防范和化解农村社会风险和矛盾。

最后，必须以现代公民意识教育为重点，加强农民法制观念教育，提高农民以法律武器解决实际问题的能力，为农村社会风险管理奠定良好社会基础。提高农民综合素质的一个重要的内涵就是培育具有公民意识和责任感的新型农民，从而明确个人的基本权利和义务关系，树立正确的公平正义观，以加强农村法制教育提高农民的法治意识，以增强法治意识提高风险防范和管理能力。一方面，要通过正面教育引导农民树立法制观念，善于运用法律渠道维护自己的合法权益；另一方面，要通过宣传教育引导农民认识到在享受权利的同时，也应该承担相应的义务，敦促农民自觉地在法律的框架下思考和处理问题，严格遵守国家法律和社会行为规范，自觉接受和维护社会主义正义观，从根本上消除农村社会风险生存和转化的土壤。

（二）协调利益矛盾，促进农村公平发展

《中共中央关于构建社会主义和谐社会若干重大问题的决定》明确提出，"统筹协调各方面利益关系，妥善处理社会矛盾。适应我国社会结构和利益格局的发展变化，形成科学有效的利益协调机制、诉求表达机制、矛盾调处机制、权益保障机制。坚持把改善人民生活作为正确处理改革发展稳定关系的结合点，正确把握最广大人民的根本利益、现阶段群众的共同利益和不同群体的特殊利益的关系，统筹兼顾各方面群众的关切"。这既是对全社会管理的基本要求，也是对农村社会管理工作的基本要求。事实上，农村社会管理过程中之所以会存在风险，归根到底是社会主体之间利益差别和利益矛盾综合作用的结果和新的利益格局的基本要求。因此，加强农村社会风险管理，在农村全面构建社会主义和谐社会，其核心在于正确认识和判断农村发展过程中的主体利益差别，合理调解和处理各主体之间的利益矛盾，最终形成合法合理、并为广大人民群众所接受的利益新格局。在农村经济体制改革不断深入、农村社会发展转型过程中，农村社会利益主体多元发展，这既激发了农村社会主体活力、培育了农村社会发展动力，也增加了相互之间利益矛盾，区域之间、行业之间、群体之间的利益诉求、利益差别、利益矛盾千差万别、错综复杂。在旧的利益格局被打破、新的利益格局尚未完全形成的过程中，如果缺乏农村社会管理体制创新，势必会增加农村社会发展风险，影响农村社会稳定大局。

在我国现阶段农村新的利益格局形成过程中，各社会主体间利益关系呈现出新的特点。第一，利益主体多元化发展。一方面，在农村经济体制改革稳步推进、农业产业结构全面调整、农业产业化经营快速发展、乡镇企业转型发展过程中，我国农村社会主体内部就业分工多元发展，传统意义上的农民除部分继续从事农业生产经营外，相当一部分就近转移到农村内部第二、第三产业，"亦农亦工"、"半农半工"成为现阶段农民就业主要方式；另外，还有数以亿计的农民进城务工，形成了"农民工"新的社会阶层。另一方面，农村新的利益阶层不断涌现。为适应城乡一体化和现代农业发展，农村新的利益阶层不断增加，如农产品加工企业的科技人员和创业人员、受聘于乡镇企业的技术管理人员、个体工商户、农民企业家、农村中介组织从业人员、农地规模经营主体等。利益主体的多元化，必然导致利益需求多样化。[1] 第二，利益差别扩大化。在农村市场经济发展中，利益主体的不断分化，不同主体之间利益差距也呈现出扩大的趋势，突出表现在分配领域的收入差距扩大；一是农村区域差距扩大，二是行业收入差距明显。第三，利益矛盾对立化。当前我国农村社会总体上是和谐稳定的，但随着利益主体分化、利益差距扩大等多方面因素的影响，农村内部利益矛盾逐渐增多。主要表现为经济利益矛盾突出、群体性事件不断增多、对立程度增强、处置难度加大等。从现已发生的农村群体性事件来看，绝大多数是属于征地拆迁、合约履行、资源配置、收入分配等经济利益方面问题。

---

[1] 《千差万别求相宜——如何统筹协调各方面利益关系》，《人民日报》2007年10月18日。

当前农村利益关系出现的新特点，一方面，反映了农村经济体制改革以来，广大农村社会主体特别是农民在生活质量和水平不断提高的基础上，对自身利益有了进一步的追求；另一方面，主体间利益差别和矛盾使得农村社会发展风险增加，各方面利益协调兼顾难度加大，更需要从社会管理服务需求出发，重视各种利益关系统筹协调，化解利益矛盾和社会发展风险，既保护农村社会主体追求利益的积极性，又有效协整各种利益关系，为促进农村经济发展、创新农村社会管理、防范农村社会风险、维护农村公平正义、稳定农村社会发展大局营造良好内部环境。

改革开放以来，我国在统筹城乡社会建设、调整农村利益格局、完善农村社会保障体系、创新农村社会管理机制、改善农村发展环境等方面做了大量工作，进行了有益探索，也取得了明显成效。但相对国民经济发展水平和农村社会管理要求而言，目前这些工作还处在起步阶段，运行机制、制度法规、管理方法等都还有待进一步完善，特别是面对改革攻坚阶段和发展关键时期，农村利益调整越来越触及一些深层次的矛盾和问题，工作难度更大，风险因素更多，各种利益协调政策措施的制定和实施，更应该注意坚持统筹兼顾，整体设计，既要考虑农村经济社会发展需要，更要充分考虑不同群体、不同阶层的利益要求，统筹不同地区、不同行业、不同职业的利益关系，最大限度地反映和体现农村社会主体的利益诉求；要特别重视加强制度建设和管理体制创新，建立和完善一套能够不断解决利益矛盾、妥善化解社会风险、有效促进社会和谐的利益调节机制。首先，要建立健全诉求表达机制，积极畅通诉求表达渠道，不断完善诉求协调处理机制，特别注重通过民意调查、信息公开、听证论证、协商谈判等具体制度和方法，拓宽社情民意表达渠道；通过完善农村社会管理组织和人员、党代表、人大代表、政协委员联系群众制度，组织他们到群众中去，倾听群众呼声，了解群众诉求，关心和解决群众最关心、最直接、最现实的利益问题；建立和完善农村信访信息系统，搭建多种形式的沟通平台，积极发挥各类媒体的监督和引导作用，重视农村社会组织在反映诉求、规范行为等方面的作用，使农村群众利益诉求表达逐步走入制度化、规范化、法制化的轨道。其次，要健全利益协调机制。利益诉求表达只是前提条件，协调利益关系才是根本。一是通过利益引导机制来教育和引导农村群众正确认识和对待当前社会利益差别的现象，正确处理个人利益和集体利益、局部利益和整体利益、当前利益和长远利益的关系。二是健全利益约束机制，通过法律和道德对人们获取利益的行为进行约束，促使个人或群体形成正确的价值观和利益观。三是健全利益调节机制，通过财政税收、行政干预、政策法规等调控手段，调整和缩小人们之间的利益差距，调整利益分配格局，增强不同利益群体之间的认同感和公平感。四是利益补偿机制，着力解决群众反映强烈的现实利益问题，坚决杜绝损害群众特别是农民利益的行为。再次，要进一步完善矛盾调处机制，着力健全农村社会舆情汇集和分析机制，完善矛盾纠纷排查调解处工作制度，实现人民调解、行政调解、司法调解的有机结合和相互衔接，综合运用法律、政策、经济、行政等手段，通过教育、协商、疏导等办法最大限度地缓解社会冲突，减少社会对立，把矛盾化解在基层、解决在萌芽状态。同时，要通过完善利益分配制度、规范利益分配行为、改善利益分配机制等措施，科学有序地调整各种利益关系，努力缩小不同阶层、不同群体的利益差距，减少利益纠纷和矛盾。最后，要进一步完善权益保障机制，建立健全农村社会保障体系，建立和完善权益保障的法律法规和政策制度体系，保障和促进农村社会公平有序发展。

(三)健全信息网络，完善风险管理机制

农村社会风险管理最核心的是利益矛盾的协调管理，最基础的是社会信息管理。完善农村社会风险管理机制，除了前面所论述的要完善利益诉求表达、利益关系协调、利益行为约束、利益矛盾调处机制外，还应该综合运用现代科技、政治、经济、文化等手段建立和完善农村社会信息管理系统，并通过管理科学、稳定有序、运行良好的信息管理实现信息资源的合理开发和有效利用，进而实现对农村社会风险的有效控制和管理。完整的信息管理系统是一个由信息采集、信息传输、信息处理和信息反馈等环节构成的、前后继起且连续循环运动的闭合系统，并按照"信息输入→信息存储→信息输出"的基本模式运行。

事实上，相当一部分农村社会风险的形成和转化很大程度上是因为信息采集不完全、信息传输不畅通、信息处理不及时、信息反馈不到位所引起的。由于信息采集不完全，农村社会主体占有信息资源地位不对等，导致利益行为失范；由于信息传输不畅通，农村社会主体获取信息资源机会不均等，导致利益关系失衡；由于信息处理不及时，农村社会主体享有信息资源效果不均衡，导致利益分配失当；由于信息反馈不到位，农村社会主体控制信息资源能力不适应，导致利益调处失灵。农村社会信息管理成为防范农村社会风险的重要渠道。

伴随国际政治多极化、经济全球化、文化多元化发展，我国社会经济格局也已发生深刻变化，知识化、信息化、现代化逐步成为支撑和推动社会发展的重要力量。国民经济发展转型、社会建设稳步推进、现代农业快速发展，我国农村社会发展主体多样化、思想多元化、技术现代化特征越来越明显，信息及信息化管理越来越成为农村社会管理的重要资源和手段。建立健全社会信息管理网络和系统成为完善农村社会管理和风险管理的重要内容和手段。

　　建立健全农村社会信息管理网络和系统，首先，是畅通信息采集渠道，全面掌握农村社会管理信息，促进农村社会主体信息占有地位上的平等对等。信息收集是加强农村社会信息化管理的第一步，也是最重要的一步，信息收集数量质量直接关系到整个信息管理工作的质量。为此，既要做好原始信息收集整理，也要做好加工信息收集汇总，为农村社会管理和风险防范决策服务。一方面，要按照"全面、准确、有效"原则要求，及时、迅速、全面、广泛地搜集农村社会原始信息，并通过反复核实、筛选检验，最大限度地提高信息真实性，准确全面反映农村社会管理需求，为农村社会管理和风险防范决策提供可靠依据。另一方面，要广泛建立信息来源渠道，保障信息全面及时有效。通过定点观察、个别走访、集体访谈等方式方法，积极开展农村社会管理调查研究，直接从农村社会和社会管理实践中收集第一手资料，做到信息收集贴近群众、贴近生活、贴近实际，深入而广泛地了解农村社会及社会管理需求需要；通过建立健全信息收集网络、定期听取社会信息汇报、派驻专门队伍等方式，完善信息渠道；通过开展群众听证质询、专家论证咨询、设立专门机构等方式，多渠道、多方式开发信息，提供决策和咨询服务；通过文献资料查询、社情舆情分析、典型案例剖析、网络和新闻媒体报道转载等形式，做好加工信息收集汇总，为社会管理和风险防范提供决策信息和参谋服务。

　　其次，是改进信息传输方式方法，提高信息传输效率效果，保障农村社会主体信息获取机会上的平等均等。改进信息传输方式方法既有时间上的要求，即信息传输的时效性；也有空间上的要求，即信息传输对象的广泛性；还有安全上的要求，即信息传输的保密性。一是利用以计算机和网络为基础的现代信息传播技术手段，建立和完善农村社会信息传输和查询服务平台，为改进信息传输手段、提高信息传输效率提供物质条件基础和保障；二是利用现代媒体技术，建立和完善农村社会管理信息发布、信息披露、信息公开制度，提高信息传输服务速度、广度和深度；三是加强信息传输管理，增强信息传输对象的目标性和内容的针对性，保障信息传输准确性和安全性；四是充分发挥新闻发布、来信来访、咨询服务等传统信息传输手段的积极作用，破除信息壁垒和信息封锁，扩大信息传输的覆盖范围，提高信息传输的时效性和有效性。

再次，是优化信息处理手段，保障信息处理及时有效，保障农村社会主体分享信息资源效果的平等均衡。农村社会管理信息处理是根据管理目标要求对所获取农村社会信息进行识别筛选、分类排序、加工再造、发布应用的综合过程。信息处理是农村社会信息管理的核心内容，直接决定管理质量和水平。为提高信息处理能力和信息处理的科学性，应该突出抓好四个环节的工作。一是根据农村社会信息管理目标和任务要求，做好信息识别和筛选。做好信息处理的前提是做好信息识别和筛选，就是坚持实事求是态度，客观地对海量信息的真伪性、有用性进行辨认与甄别，唯其如此，才可筛选出符合农村社会管理和风险防范要求信息。二是根据农村社会信息管理的重点和难点问题，对筛选信息进行合理分类排序。处理好、应用好信息，不能头发胡须一把抓，还应该根据农村社会管理和风险防范的重点和难点，对信息处理的难易程度和轻重缓急作出准确判断，并科学地进行分类和排序，为正确信息处理做好准备。三是根据农村社会信息管理过程和程序要求，做好"去粗取精、去伪存真、由此及彼、由表及里"的信息加工再造，针对各类信息提出不同处理意见，并拟定信息处理措施和方法。四是及时发布信息处理意见和方案，快速有效处理信息，并在管理实践应用中总结推广。

最后，是健全信息反馈机制，加大信息处理过程和结果监控，增强信息处理决策的科学性和有效性，提高农村社会管理效率和效益。根据现代管理反馈原理，建立健全灵敏、准确、有力的信息反馈机制，是保障和提高信息处理质量和管理效果的重要途径。"灵敏"是指具备敏锐的"感受器"，能够及时发现运动变化过程中的实际管理状况与预期管理目标之间是否吻合；"正确"是指具备高效能的分析系统，能够对各种消息、情报、数据等信息准确及时地作出"去粗取精、去伪存真、由此及彼、由表及里"的过滤和加工；"有力"是指具备强有力执行系统，能够把分析整理得到的信息及决策转化为主管人员强有力的行动，以修正原来的管理措施和办法，使之更符合新的管理实际、更具执行力，以达到管理和控制系统的预期目标。

（四）转变乡镇职能，创新农村社会管理

转变乡镇机构职能、增强服务能力、提高管理水平，既是创新农村社会管理机制的实践需要，也是完善农村公共服务体系的重要内容，还是加强农村社会风险管理的有效保障。

　　我国农村社会相当一部分风险因素是由于乡镇职能转变不彻底、职责范围界定不清晰、管理错位缺位、服务能力不足等所造成的。比如，农地流转发展过程中，行政干预过多；又如，促进农民增收过程中，不作为、不科学作为，职能错位、缺位现象严重；再如，农村经济社会发展中，公共服务能力不够、服务水平不高等，都是直接导致农村社会风险存在的根源。特别是在农村政治经济体制改革不断深入、农村社会转型发展背景下，乡镇机构职能转变和管理体制改革势在必行。近年来，党和国家对农村乡镇体制改革提出了明确要求，但由于受传统政治体制惯性影响以及干部认识不高、财政支持不力、队伍结构不合理、职能界定不清晰等因素制约，绝大多数乡镇体制改革还不深入，效果还不明显，明显滞后于农村经济社会发展需要。

　　强调转变乡镇职能，并非放弃乡镇政府管理职能，而是寓管理于服务之中，在服务中协调利益关系，在服务中提高管理能力和水平。第一，要转变思想观念，使乡镇管理机构从复杂烦琐的具体事务中解脱出来，实现乡镇职能和工作重心的转移，以科学、合理的公共决策和系统、完善的公共服务为促进农村经济发展和农民增收创设良好外部环境。具体说，就是实现由原来全方位领导和管理乡镇经济组织、乡镇企业、农业生产，向为现代农业发展、农村社会稳定和农民增收服务转变。第二，要根据农业产业化、服务专业化要求，转变工作方式，改进工作作风，实现由原来"领导包片、干部蹲点"的包办型管理方式向"抓产业、抓服务"的服务型管理方式转变。通过深入开展农村经济发展调研，了解民情民意，把握乡情村情，吃透国家政策和区域经济社会发展需要，为农村经济发展服好务，为促进现代农业发展出高招，为农民增收致富想办法，为化解农村社会风险出点子；通过良好的工作作风引导农村社会风气，实现农村社会风气好转，促使农民形成与社会主流价值观念相一致、与农村经济社会发展相匹配的核心价值观念；通过良好的服务态度密切党群干群关系，以求真务实的服务风范改善党和政府在群众中形象，把贯彻落实党和国家农村发展政策要求与区域农村发展实际结合起来，以良好的发展成果、以丰厚的物质收益赢得民心，树立党和政府在群众中的威信；通过系统科学的公共理论服务引导农村发展观念转变，实现农村原来资源消耗型、经营粗放型发展向资源节约型、环境友好型的科学发展道路转变，不断增强农民走可持续科学发展道路的自觉性和责任感；通过完善的服务体系推进农业现代化进程，不断改善水利、交通、通信、金融等公共服务设施条件，努力形成亲民护商、简捷方便、宽严相济的管理服务格局，为现代农业发展创设最好环境。第三，要健全农村社会管理服务规章制度，严格依法办事、依法管理，着力解决农民最关心、最直接、最现实利益问题，不断降低农村社会风险。风清气正的社会风尚、公平有序的社会秩序、和谐安定的社会局面、文明规范的社会服务，都需要完善的制度体系予以支持和保障。通过加强基层民主法制和制度建设，充分发扬基层民主，调动广大农民的生产积极性、创造性，不断提高劳动生产率，促进农村经济持续稳定发展，保证广大农民能够参与村民自治和各项管理活动，使广大农民群众能真正享有法律赋予的各项民主权利。一是以《村民委员会组织法》为准则，严格实施农村直接选举制度和自治制度，进一步加强村民委员会责任分工、议事规则、办事流程等内部管理制度建设，保障和推进农村基层组织建设；二是制定和实施乡村政务、财务、建设规划等内务公开制度，完善村民民主监督机制，健全监督程序，切实保障村民民主决策、民主管理权力；三是规范社会保障、合作医疗、卫生环境、农地流转、资产管理等国家政策实施行为和程序，切实维护村民合法权益。第四，加强农村基层组织和队伍建设，改进和完善乡村治理结构，构建与和谐社会建设相适应的农村社会管理模式。一是通过实施"大学生村官"、村委会竞争上岗、公开选拔培训等措施办法，进一步改善乡村管理队伍结构，提高管理服务能力，提升管理服务水平；二是按照事权与财权匹配原则，合理界定和划分乡、村组织职能职责范围，明确干部责任分工，敦促乡村干部为农村经济社会发展、为农民收入增加出实招、办实事、求实效；三是加强乡村干部教育培训，不断提高政策理解水平和执行能力，提高管理业务素质和风险防范能力，提高服务经营水平和统筹发展能力；四是按照服务型政府建设要求和村民自治要求，创新乡、村两级组织管理方式和运行模式，提高管理效率和效益，完善农村社会管理和风险防范机制。第五，要加大中央财政转移支付和省、市、县财政支持力度，实现乡镇事权与财权匹配，变"压力型"政府为服务型政府，为乡镇履行公共服务职能提供物质基础和外部环境保障。

第八章　农地流转与农村生态风险

当还在乡村中学课堂学习"伦敦酸雨"、"莱茵河污染"、"北极冰川融化"等环境问题案例时，我就曾庆幸自己生活在青山绿水、草长莺飞的生态环境中，总觉得环境污染离我们是那么遥远！而当 2012 年我回到阔别20 余年的乡村时，感觉一切都已面目全非，环境破坏竟然那么真实地显现在我眼前：房前潺潺流水的小溪早已变成臭气熏天的污水沟；儿时嬉戏的小河长满了不知名的外来野草，不时还飘着腐烂的家禽、家畜尸体；屋后成行成畦的茶山变成了荆棘丛生的荒山；就连那我曾辛勤耕耘的良田沃土竟也变成了板结酸化的菜地、荒地……

看到这些，再来看那摆满冰箱、彩电、电话等现代生活设施的农家小院，我已不再那么兴奋；我在为农村生活条件改善、农村经济发展而欣喜时，却无形中夹杂了几分沉重：农村生态环境问题、农村生态环境风险，就那么真切地展现在我们面前。

我在赞叹农村城市化、农业现代化、农民市民化发展成果时，更在思索：我们的农村经济改革发展究竟还缺少一点什么。

回顾 30 多年农村经济体制改革特别是农地制度改革历程，我国基本上是按照"以劳动者积极性释放刺激生产力发展、以劳动者权益保障促进生产力发展、以现代规模经营支持生产力发展"的基本逻辑推进的。提高生产效率和经济效益始终是改革发展的基本主线，这对于发展中国家的农村经济发展而言，绝对是无可厚非的，但长期对农村改革的社会效益特别是环境生态效益关注太少，也不能不说是改革的不足之处。不过，值得庆幸的是，我们党和国家已清醒地认识到了这一不足，在《中共中央、国务院关于推进社会主义新农村建设的若干意见》中明确提出，"加大力度防治农业面源污染"，"积极发展节地、节水、节肥、节药、节种的节约型农业"，"大力发展循环农业"。

尽管现实发展与制度预期还存在一定差距，但我们展望以"坚持农地基本经营制度不动摇、通过农地流转促进现代农业发展"为核心的新一轮农村土地制度改革，发展仍然是主题、是第一要务，"调结构、转方式"依然是主线、是基本方向，城乡经济社会统筹发展和农村经济、社会、文化、生态协调发展，将成就社会主义新农村建设的美好明天。

客观地认识和分析现实农村经济发展中存在的生态环境问题和风险，特别是客观地认识和分析农地流转发展对于农村生态环境建设带来的不确定性，其目的在于呼吁全社会更加广泛地关注农村发展中的环境问题与生态风险，其宗旨在于促进农地流转和农村经济社会更加和谐发展。

第一节　农村生态风险现状分析

在农村城镇化步伐不断加快、农业现代化迅速发展、农民生活条件持续改善的同时，我国农村环境污染也在不断扩大，生态风险日益严重，并呈现出：点源与面源并存、新态与老态交织、生产与生活重叠、城市与乡村交叉的复杂局面和特点。农村生态环境问题已成为影响我国农村社会建设、农业生产发展、农民生活质量的重要因素。从全面建设小康社会的战略高度来重新审视和治理农村生态环境问题、从建构和谐社会的实践需要来认真对待和管理农村生态环境风险，已显得越来越重要而迫切。为此，《中共中央、国务院关于推进社会主义新农村建设的若干意见》中明确要求，"建立和完善生态补偿机制"，"加大力度防治农业面源污染"，"积极发展节地、节水、节肥、节药、节种的节约型农业"，"大力发展循环农业"，"按照建设环境友好型社会的要求，继续推进生态建设，切实搞好退耕还林、天然林保护等重点生态工程，稳定完善政策，培育后续产业，巩固生态建设成果"。

一、农村生态环境风险的主要形式

根据农业生产的组织方式、污染成因以及作用机理，现阶段我国农村生态环境风险大体上可以分为现代种植业引致生态风险、现代养殖业引致生态风险、居民生活引致生态风险、工业企业引致生态风险、城市污染扩散引致生态风险以及基础设施建设引致生态风险六大类。

（一）现代种植业发展所致农村生态风险

在现代农业和设施农业发展过程中，农业生产经营集约化、规模化和机械化程度大幅度提高，农业生产效率和效益也随之明显提高，与此相适应，农业生产方式也由经验式精耕细作为主的传统方式快速向大规模技术化为主的现代生产方式转变。耕作机械、农药化肥、除草剂、生长剂、农膜大棚等现代生产资料和设施在农业生产经营之中得到广泛应用，既提高了农业生产效率和效益，也造成了农村生态环境污染。一是农药化肥施用导致的环境污染和生态风险。农药化肥使用对于提高农业生产产量具有积极作用，但长期大量使用化肥农药则会造成农村环境污染。仅据湖南省近年统计，全省年均化肥施用量约 700 万吨、农药用药量约 10 万吨，几乎施用于所有田地，并且呈逐年上升趋势，但实际利用率却只有 20%～30%。① 大量流失的化肥和农药如果直接流入江河湖泊就会造成地表水水体富营养化和污染，如果渗入地下则会造成土壤和地下水污染。② 长期大量使用化肥还会造成土壤、地下水及作物中硝酸盐积累偏高，长期饮用含硝酸盐的水会导致人畜慢性中毒，此外，化肥中所含的重金属、放射性物质及其他有害物，也会对农业环境造成污染和危害。农药有效利用率都比较低，过量使用或不当使用，将使大量农药飘浮在空气中或降落到地面，一部分进入土壤、水体、生物体内，造成农产品农药残留超标，致使农产品品质下降，直接危及国家粮食安全和人类健康。与此同时，长期使用农药还将使害虫产生抗药性，常常不得已而加大剂量和浓度，在消灭虫害的同时也杀死了虫害天敌，破坏农业生态链。二是农膜使用导致的环境污染和生态风险。据湖南省统计，全省每年农膜使用量高达 10 多万吨，虽然在一定程度上优化了作物生长环境，可废弃残膜又已成为农村环境的新的污染源。据金玲、王文杰等学者调查统计：使用农膜 1 年的地块，每亩残留废膜片大约 2.17 公斤，使农作物减产 6.43%；连续 5 年使用农膜地块，每亩残留废膜 21.69 公斤，使农作物减产 24.70%；塑料大棚每亩残膜更是高达 100 公斤左右，而且要耗时 100～200 年才能完全降解。③ 残膜的主要危害在于降低土壤通透性，抑制农作物根系发育和养分吸收，致使农作物减产，农膜中的有害分解物质也会污染农产品品质。三是秸秆处置不当导致的环境污染和生态风险。据湖南省统计，全省每年各类农作物秸秆约 5000 万吨，40% 以上被就地焚烧，既浪费资源，又污染环境。四是使用其他化学品导致的环境污染和生态风险。农业生产还使用了大量如除草剂、生长剂等农用化学品，其残留物既污染农产品，又污染农村土壤、地表地下水体。同时，大量有机化学制剂的使用还可能对农作物基因和农业生态链产生危害。五是使用现代农业机械导致的环境污染和生态风险。农业生产中农业机械使用越来越广泛，大量汽油和柴油也加重了土壤、水、空气和农

---

① 王海文：《新农村建设中农村生态环境问题的实践思考——以湖南省为例》，《环境科学与管理》2009 年第 2 期。

② 陈仲伯、李万：《湖南省水土资源开发利用与保护对策研究》，《经济地理》2000 年第 6 期。

③ 金玲、王文杰：《农业环境污染问题及解决对策》，《农业经济》2008 年第 4 期。

产品的污染，对国家粮食安全和人类健康构成巨大威胁。

农业设施的快速发展，特别是大量现代农业技术手段的使用，一方面，改善了农作物生长条件，提高了农业生产效率和效益；但另一方面，现代农业技术本身就是一把"双刃剑"，其副产物将直接影响农村生态环境，加之生产者因技术掌握水平不够而过度或不当使用，更加重了农村环境污染和农村生态风险。

（二）现代养殖业发展所致农村生态风险

充分利用自然条件大力发展养殖业，已普遍成为各地调整农业产业内部结构、增加农民收入的重要手段。近年来，通过市场机制催化和各地政府引导，现代养殖业快速发展，生产经营现代化、规模化、集约化程度大幅提高，规模养殖大户、集中连片养殖区域越来越多。这对于优化农业产业结构、增加农民收入、促进农村经济发展都产生了积极影响。但由于思想认识、经营理念、技术条件等主客观因素约束，现代养殖业发展也带来了农村生态风险。一是畜禽养殖产生的环境污染和生态风险。我国现阶段农村畜禽养殖基地大多建在居民区附近，小规模家庭饲养更是人畜杂居，畜禽排泄物、畜禽食物残渣及清洗养殖场地废水等，大多数未经处理直接排放，大量渗漏和溢流，污染了地表水体、浅层地下水体和居民生活环境。据国家环保总局调查统计，我国畜禽粪便年产量约19亿吨，相当于工业固体废弃物产生量的2.4倍，仅规模化畜禽养殖基地产生的粪便就相当于工业固体废弃物30％。而在养殖业规模比较大的湖南省这一比例更高达4倍以上。同时，据调查显示：全国90％的规模化养殖场未经过环境影响评价；60％的养殖场缺乏干湿分离这一最必要的污染防治措施；80％的养殖场缺少必要的污染治理投资；绝大多数规模化养殖场没有相应的配套耕地消纳其产生的畜禽粪便。① 根据2012年元月湖南省养殖业工作会议公布数据显示，2011年，湖南省规模养殖大户已达到36万户，出栏生猪8060万头、年末存栏4770万头；奶牛等大牲畜以每年约11万头递增，家禽养殖量则以每年3545万羽的速度上升。② 据纪熊辉、鲁艳红等人统计数据：1头生猪在半年的养殖期内大约产生污染物2.1吨，1头成年奶牛年产污染物约20吨，以此推算，湖南

---

① 王翰林、刘观宏：《畜禽粪便污染发出红色警报》，《科技日报》2002年2月21日。

② 《2011年湖南省生猪年出栏8060万头，年存栏4770万头》，http://www.powerpigs.net/news/201201/46415.html，2012年1月6日。

省畜禽养殖业污染物排放量十分惊人。① 另外，大规模畜禽疾病爆发，也在增加农村生态风险。例如，2010 年，爆发的生猪蓝耳病不仅大幅度影响生猪养殖，而且对农村生态环境产生恶劣影响，特别是对于疫区影响更加直接明显。此外，还由于部分不法养殖户的违法行为，大量使用瘦肉精，更直接对食用者身体产生危害。媒体曝光的牛奶奶源污染、病死畜禽及加工品进入市场、"地沟油"生产加工销售，在农村也一定范围存在，已直接影响我国食品安全和人民健康。二是水产养殖产生的环境污染和生态风险。随着人民生活水平提高，淡水、海水水产品需求量大幅增加，直接刺激了鱼、虾、蟹及特种养殖业快速发展，但同时由于养殖技术含量和水平不高，加之大量使用合成饲料和疾病防治药物，并实行单一品种集中养殖以及过度捕捞，势必会造成大量地表水水体污染和水生生物生态链失调，加剧农村生态风险。另外，由于水产养殖饲料过度使用和化肥地表渗漏，污染了湖泊、池塘、河流等地表水体，使得水域生态系统富营养化，导致水藻生长过盛、水体缺氧、水生生物死亡等，而这些如处理不及时很有可能通过水生生物食物链进一步扩散和加深污染，甚至引起食品安全问题。例如，近些年在洞庭湖区域集中养殖的珍珠，就因造成大面积水源重金属污染而被政府部门叫停。生态健康养殖已不再只是一个纯粹理论概念，而已成为一种新型养殖生产理念和实践需要。

（三）居民生活污染所致农村生态风险

农村经济迅速发展，新农村建设加速推进，农村居民收入明显增加，生活条件和生活质量明显改善。但由于配套设施建设滞后和农村居民传统生活习惯影响，农村居民生活污染与日俱增。特别是小城镇和农村居民聚居点建设规模和速度加快，农村居民生活污染物大幅度增加，农村生态污染新态与老态交叉影响、现代与传统相互作用，明显超出农村环境自我平衡能力能够承受的范围。同时，由于农村环境治理设施落后和环境管理能力不足，造成了严重的脏、乱、差问题，直接影响居民生活质量，增加了农村生态风险。

据国家统计局 2012 年 2 月 22 日发布的《中华人民共和国 2011 年国民经济和社会发展统计公报》数据显示：2011 年，全国农村居民人均纯收入 6977 元，比上年增长 17.9%，扣除价格因素，实际增长 11.4%；

---

① 纪雄辉、鲁艳红、郑圣先：《湖南省畜禽粪便污染及其综合防治策略》，《湖南农业科学》2006 年第 3 期。

农村居民人均纯收入中位数为 6194 元，增长 19.1％；农村居民食品消费支出占消费总支出的比重（恩格尔系数）为 40.4％。① 从这组数据可以看到，全国农村居民年人均纯收入大幅度提高，农民消费的恩格尔系数进一步下降，农民用于衣着、居住、购买生活设施设备及其他用品和服务的消费支出明显高出食品消费支出，农民生活方式发生了显著转变。但同时也应该看到，由于农村居民生活方式中的陈规陋习和环境保护能力不足等局限，农村生活垃圾大量增加，农村环境污染日益严重。以湖南省为例，据该省环保局统计，2010 年，全省农村产生生活垃圾约 2000 万吨，人均年产生活垃圾约 300 公斤，且逐年递增。据调查，湖南省大多数乡镇缺乏垃圾处理设施，96％的村庄没有排水渠道和污水处理系统，无害化卫生厕所普及率仅为 32.31％，农村各种废弃物随意抛撒，生活污水随意倾倒进河湖或沟渠，致使蚊蝇滋生、臭气弥漫，"污水乱泼、垃圾乱倒、粪土乱堆、柴草乱垛、畜禽乱跑"现象较为普遍。另外，生活用品包装产生的"白色垃圾"、生活中一次性产品的使用，既浪费资源，也不环保，农村居民生活产生的污染已越来越令人担忧。

（四）工业企业发展所致农村生态风险

乡镇企业和个体工商企业发展对于促进农业产业结构调整、拓展农民就业渠道、增加农民收入、繁荣农村经济，都曾起到积极作用。随着农村乡镇企业、村办企业和个体工商企业的快速发展以及越来越多的开发区、工业园区在农村的兴建扩建，工业企业的污水和垃圾污染迅速加剧。而且大部分企业生产设备简陋、技术含量低、经营粗放，生产过程中大量排放"三废"。根据环境保护部和国家统计局 2009 年发布的《中国环境经济核算研究报告》数据显示，2009 年全国环境退化成本和生态破坏损失成本合计 13916.2 亿元，其中一部分就是农村工业企业产生的。据湖南省统计，因"三废"污染的农田面积已超过 67 万公顷，直接经济损失达 20 亿元，湖南 82％的江河湖泊已受到不同程度的污染，部分河段水质已达不到鱼类生长环境标准，有的污染严重的已完全失去利用价值。湖南省乡镇企业废水、化学需氧量（CDO）和固体废物等主要污染物排放量已占工业污染物排放总量的 30％以上。② 特别是大多数乡镇和村办工业企业规模小、结构不合理、生产效益低、环保投入严重不足，低水平

---

① 国家统计局：《中华人民共和国 2011 年国民经济和社会发展统计公报》，http://www.gov.cn/gzdt/2012-02/22/content_2073982.htm，2012 年 2 月 22 日。

② 陈国生：《湖南农业可持续发展面临的生态危机及应对措施》，《云南地理环境研究》2005 年第 3 期。

循环使得农村环境污染治理难度大，给农村生态环境带来巨大风险。

（五）城市污染扩散所致农村生态风险

许多城市特别是一些中小城市，环境污染处理设施设备落后，对工业"三废"和城市居民生活污水和垃圾处理能力不足，城市近郊和农村便成为转移城市生活垃圾及工业企业废水、废气、废渣的"后花园"，直接增加了农村生态环境风险。另外，在城市工业企业产业结构调整升级和环境综合治理过程中，一些污染严重的工业企业，如造纸、水泥、炼焦、化工等重污染工业企业在城区被强制关停转产，这些在城市难以为继的污染企业却利用农村地区一些乡镇招商引资门槛低和环评要求把关不严格的机会，大量从城市迁往农村，使得这些污染严重的工业企业能冠冕堂皇地"上山下乡"，严重污染了农村土地、水源和空气，进一步加剧了农村生态环境风险。

（六）农村基础建设所致农村生态风险

在国家加强农村基础设施建设和全面推进社会主义新农村建设过程中，大部分农村地区新建、改建、扩建了大量房屋道路、堤坝池塘、沟渠河道、桥梁隧道、供电供水等农村基础设施，一方面，明显改善了农村居民生产和生活环境；另一方面，由于建设过程中缺乏统筹规划和科学管理，造成工程项目彼此孤立和配套不够，甚至因为政府受政绩工程观念影响，实行了许多不切实际的大拆大建，建筑废物以及原有旧房、旧渠、旧堤、旧桥等拆除后的废旧建筑材料（如砖、瓦、水泥块、木材、旧家具等）缺乏有效管理和回收处理机制，加之承建商为节约建设投资成本，随意丢弃现象严重，长期暴露在外的建筑废弃物经风化腐化后其有害物质随地表径流渗入农村土地、注入江河池塘，严重污染农村土壤、空气、地下地表水体，增加了农村生态环境风险。原本惠及民生的基础建设工程，因生产和管理不善，演变为农村生态环境灾难。

二、农村生态环境风险的主要成因

（一）农民环境保护能力不足

第一，环境保护意识比较差。由于长期受传统小农观念和经营方式影响，相当一部分农民在生产组织过程中往往只顾眼前利益，缺乏长远计划，对环境保护的重要性和紧迫性认识不够、意识不强，对一些原本可以及早预防的环境污染及其严重后果估计不足，甚至放任自流，保护环境自觉性不高，加之缺乏环境保护的相关专业知识，国家有关环境保护法律法规和政策在农村难以得到真正落实，有的甚至处于盲区状态。

另外，正因为农民环境保护意识淡薄，对外来环境污染行为及其损害的监督不力、维权意识不高、维权能力不强，在一定程度上纵容了不法经营者。

第二，农民生产方式和技术落后。我国现阶段农业生产基本上仍处于粗放经营状态，一方面，资源消耗大、利用率不高，环境破坏严重；另一方面，对生产生活所产生的污染既缺乏有效预防，也处置不当。以农田灌溉为例，仍主要采用大水漫灌方式，水资源利用率不到40%，农药化肥的利用率也仅为20%～30%，既浪费了资源，也造成大面积环境污染。另外，部分农村地区存在诸多落后的生产陈规陋习，相当一部分农民不懂得按科学操作规程使用农药和肥料，加上施肥、施药配套技术和设施设备不完备，农用化学品被大量浪费，直接污染土壤和环境，并导致农作物病虫害加重。少数农民为降低生产成本甚至人为购买和使用低劣化肥、农药和种子，导致土壤恶化，作物品质下降。还有部分农民传统的不良耕作方式也导致了大量土壤有机质矿化、盐基饱和度降低、结构破坏，引起土壤退化污染。

第三，农民的生产生活垃圾处理能力不足。由于农村垃圾具有个别规模小、分散广泛等特点，一方面，个体容易忽视，另一方面，对垃圾整体处理技术和设备提出了较高要求。但由于目前大部分农村地区缺乏对农村垃圾处理的设施和措施，社会缺乏进行专门研究和治理的机构指导，垃圾随意丢弃现象严重，农村垃圾处理基本靠环境自净，处理能力极为有限，治理难度和成本非常高，进一步加剧了农村污染和生态风险。

（二）农村环境保护机制不活

目前，我国农村环境保护体制存在着"纵向垂直负责，横向多头管理"的明显缺陷。这种切块分割式的管理体制，一方面，使得决策主体、投入主体、执行主体、监督主体职责划分不很明确，上下左右互相牵制、相互掣肘，造成了农村环境保护决策迟缓、投入不足、处置不当、执行不力、监管不到位的混乱局面；另一方面，这种模糊的管理运行机制导致了部门之间、官员之间"权、责、利"的不匹配，有利则互相争权，无利则互相推诿，各行其是，考核评价不到位，权责主体不明确，责任管理和责任追究机制不健全。尽管现在许多地方乡镇一级政府也设立了环境保护机构，成立了专门班子，但由于人员和经费不足，多处于控制状态，加之监管不力、人员配备不齐、职责划分不清，环境保护技术和相应的资源设备缺乏，环境保护职能难以真正履行，保护和管理机制缺陷使农村环境污染得不到有效预防和控制，增加了农村生态环境风险。

（三）农村环境保护服务不够

第一，公共服务体系建设滞后。我国大部分地区尚未制定农村环境保护的专门规划，缺乏对农村环境保护的全局性、长期性、系统性、战略性考虑和设计，国家和政府制定出台的一些环保政策法规也主要局限于宏观顶层设计范围，具体措施不多、操作性不强、针对性不够，缺乏相应的具体实施和保证机制。由于农村环境综合整治范围广、任务重、周期长、投入多、收益少，导致各级政府和领导大多重视不够，更加偏好于抓能够充分显示其政绩和工作能力的经济发展速度和 GDP 增长幅度，对环境保护等社会公益性事业关注不多、热心不够，正是这种认识偏差，导致各级政府和领导对农村环境保护工作态度消极、工作方法简单、工作力度不够、工作成效不明显。加之，现行政府和官员绩效考核评价体系、监督管理制度、投入保障机制也缺乏硬性要求和明确导向，更使得政府和官员对农村环境保护缺乏主动性和积极性，投入的资金、技术、时间、精力明显不足，明显难以满足农村环境污染治理和生态风险防控的需要。

第二，社会服务支持体系基本空缺。长期以来，我国缺少农村环境保护专项资金投入和生产准入门槛要求，政府部门在农村环境保护管理机构设置、管理人员配备、条件设施建设等方面明显关注和重视不够，农村环境保护知识教育培训、环境保护信息咨询、环境保护科技研发和应用推广、环境保护风险投入等公共服务资源明显不足，难以满足新形势下农民和生产组织机构对农村环境保护的公共服务需求。农村环境保护公共服务资源的严重匮乏，既难以培育和形成农村环境保护的氛围和环境，也难以提高生产主体加强环境保护和风险防范的自觉性和积极性，使得现阶段农村环境污染综合防治和风险防范仍基本处于一种自发无序状态，将进一步提高农村环境污染防治成本和难度。

（四）农村环境保护制度不全

第一，有关农村环境保护的法律法规体系还不完善。尽管近年来，农村环境及污染问题已引起政府和社会高度关注，也基本形成了以 8 部环境保护法律、15 部自然资源法律、800 多项国家环境标准为整体框架的环境法律和标准体系，但主要集中在工业治理、城市发展和资源利用等方面的环境保护，农村环境保护立法方面还是明显不足，主要散见于个法律规程之中，特别是一些经常性的但非常重要的农村环境保护领域，如农村养殖业污染、农用塑料薄膜污染、农村生活和农业污水污染等方面的立法基本仍处于空白状态，农村环境保护和生态风险管理无法可依现象还比较常见。

第二，现有农村环境保护的法律法规约束性不明显。从现行已经颁布的法律法规来看，尽管也有一些农村环境保护方面的专门法规，但大多停留在宏观制度层面，对农村环境保护缺乏针对性和可操作性，约束力不强；还有一部分关于农村环保的法律法规条款主要分散在其他法律法规之中，缺乏系统性、科学性、操作性和约束性，制约了农村环境保护法制化建设和发展，加大了环境执法难度，弱约束、违法成本低，客观上纵容了污染农村环境行为。

第三，农村环境保护标准体系还很不健全。我国农村环境保护标准化建设还处于起步阶段，特别是畜禽养殖污染防治、面污染防治、农村污水排放、垃圾分类收集与无害化填埋等标准尚未完全制定实施，致使环境执法标准不一、执法不公现象时有发生，既影响环境执法形象，也加剧了农村环境污染和生态风险。

第四，农村环境保护法规滞后于形势发展。农村环保法制建设与改善农村环境的现实需要存在不配套或滞后性，损害农村环境的民事赔偿尚无法律依据，处罚惩治力度远小于城市，执法不严、执法不力、执行难现象较为严重。加之，少数地方基于既得利益而推行地方保护主义，进一步加大了农村环境污染治理难度和生态风险。

（五）农村环境保护保障不力

由于农村环境污染源分散、责任主体不明确、治理难度大、治理成本高，各级政府大多没有引起高度重视，在环境保护方面还明显存在"重城镇、轻农村"的观念和倾向，导致对农村环境污染治理和生态风险防范的组织机构、人员队伍、条件设施、经费投入、保护治理机制等严重不足，农村环境污染治理和生态风险防范保障明显不够。

第一，组织机构和人员队伍保障不够。目前，我国大多数农村乡镇政府还没有设立专门的农村环境保护和治理机构，即使少数地方设立了专门机构，也因环境保护专业人才缺乏而成为一种有名无实的空设机构，监管职责职能履行不到位。

第二，条件设施保障不够。由于长期没有高度重视农村生态环境保护和治理，尽管在社会主义新农村建设过程中也曾建设了垃圾投放点等基础设施，但由于面源区域分散、治理线路较长、治理成本大、治理技术要求高以及后续管理跟上不及时等原因，农村环境保护条件设施仍相对匮乏，明显滞后于农村环境保护需要。

第三，经费投入保障不够。乡镇政府原本应该是农村环境保护的管理主体，但乡镇机构综合改革后的事权与财权之间的不匹配，中央转移投入杯水车薪，乡镇政府在农村环境保护投入方面更显力不从心，环境保护和治理经费投入明显不足。

第四，保护治理机制保障不够。由于农村环境资源公共产品属性和"产权虚置"，社会组织、涉农企业和私营业主等主体环境保护责任划分不清晰以及农村环境保护事业投资无法获得预期利润，社会组织、涉农企业和私营业主对农村环境保护投资缺乏内在激励，致使政府主导、行业企业自律、社会积极参与的农村环境保护和综合治理机制体制难以真正形成。从实践来看，由于农村环境保护保障缺乏，我国绝大多数农村环境保护和治理基本上处于无组织、无队伍、无经费、无装备的"四无"境况，垃圾污水处理仍然处于"污水靠蒸发，垃圾靠风刮"的原始状态。农村环境污染和生态风险越来越成为制约农村经济和社会发展的重要因素。

三、农村生态风险的总体态势

近年来，随着社会主义新农村建设和小康社会建设全面推进，农村环境保护工作得到党和国家高度重视，农村环境综合治理深入开展。农村环境治理机构和人员配备逐步完善，农村环境污染得到有效控制。农村生态风险在一定程度上得到降低，农村环境治理，特别是一些重点流域、重点行业领域都得到较大改观，但与"统筹城乡社会发展"、"统筹人与自然和谐发展"的要求，与加强社会主义新农村建设，特别是农村全面构建和谐社会的要求还存在明显差距，形势不容乐观。

（一）农村环境保护总体形势依然严峻

通过多年综合治理，我国农村环境已有明显改善。但根据国家环境保护部门环境监测司发布的 2011 年《中国环境状况公报》显示，"随着农村经济社会快速发展，农业产业化、城乡一体化进程不断加快，农村和农业污染物排放量大，农村环境形势严峻。突出表现为部分地区农村生活污染加剧，畜禽养殖污染严重，工业和城市污染向农村转移"。2011年，国家环境保护部组织对全国 364 个村庄开展了农村监测试点工作，结果表明：环境空气质量达标的村庄占 81.9%；农村地表水为轻度污染，农村土壤样品超标率为 21.5%，垃圾场周边、农田、菜地和企业周边土壤污染较重。[①]

① 国家环境保护部：《2011 年中国环境状况公报》，http://www.chinaenvironment.com，2012 年 6 月 19 日。

　　首先，农村面源污染将进一步加剧。今后相当长时期，围绕全面建设小康社会的总体目标，我国经济社会将进一步加快发展，工业化和城市化进程进一步提速，人口将进一步增加，资源开发力度、农产品需求将进一步增长，农村环境保护面临的压力越来越大。同时，我国农村环境保护工作薄弱，环境保护法律法规不健全，环保设施和资金投入严重不足，监管能力不强，农村环境保护和管理短时期内还难以适应农村经济社会发展需要。另外，由于我国农村社会主体环保责任意识和自我保护能力不足、农村环境问题积累多和整治成本高昂、农村环境保护技术和公共服务供给不足等，区域分布散、污染途径多、总体数量大、影响范围广的农村污染治理形势严峻，农村生态风险加重。

　　其次，城市污染将进一步向农村转移。从目前城市污染转移情况来看，大体可以分为三类，即工业污染、城市生活污染和旅游污染。一是工业三废污染向农村转移。近年来，随着"以工促农、以城带乡"机制的建立和完善，既促进了农村经济社会发展，也增加了农村环境保护压力，特别是由于城乡互动频繁和城市普遍加强了环境保护监管，许多污染企业无法在城市立足，借此机会搬出中心城区而迁往郊区和农村，造成工业污染向农村转移。二是城市生活污染向农村转移。随着城市化进程加快，城市规模迅速扩大，城市人口急剧增加，环境保护压力明显增大，加之城市空间明显缩小、原有的城市生活污染处理设施设备明显不足，一些城郊地区已成为城市生活垃圾的堆放地和生活污水的排放地。初步统计，全国因固体废弃物堆存而被占用、毁损的农田面积已超过 200 万亩。① 三是旅游污染向农村转移。以"农家乐"、"乡村游"为主要形式的乡村旅游产业快速兴起和发展，对促进农村经济发展、优化农业产业结构、增加农民收入无疑具有积极意义，但同时也给农村带来了巨大环境压力。一方面，与乡村旅游相关的餐饮、住宿、购物等相关产业给乡村带来了生活污染和交通污染；另一方面，与乡村旅游发展配套的人文景观和娱乐设施开发建设造成生态环境破坏，增加了农村生态环境风险。

　　因此，只有统筹城乡环境保护，只有统筹农村经济与环境保护协调发展，把农村环境保护工作提到更加重要的位置，下更大的力气，做更多的努力，全面综合治理，才能遏止农村环境污染扩大的趋势，才能改善农村环境保护和质量，才能降低农村生态风险；同时，只有充分发挥

---

① 国家环境保护部：《2011 年中国环境状况公报》，http://www.chinaenvironment.com，2012 年 6 月 19 日。

环境保护和生态风险管理在推动农村经济保持平稳较快发展中的先导、扩容、增效和倒逼作用，以环境容量优化区域布局，以环境管理优化产业结构，以环境成本优化增长方式，通过这些措施才可能真正实现农村经济社会转型发展，才可能全面推动农业绿色持续发展，才可能有效提高农民收入和发展能力。

（二）农村环境治理取得初步进展

近年来，党和国家高度重视农村环境保护和农村生态风险管理，先后制定出台了《关于加强环境保护重点工作的意见》和《国家环境保护"十二五"规划》等一系列指导性文件，召开了第七次全国环境保护大会，进一步明确了当前和"十二五"时期农村环境保护目标任务、工作重点及政策措施。农村环境保护的战略地位更加突出，指导思想更加明晰，重点任务更加明确，保障措施更加有力。特别是通过各级地方政府和环保部门大量卓有成效的工作，农村环境保护和综合治理工作取得初步进展，农村生态风险管理得到加强。

第一，农村环境治理机制灵活多样。在党和国家有关农村环境保护的统一战略部署下，各地结合社会主义新农村建设需要和当地实际，积极探索和创新农村环境保护思路和机制。比如，浙江实施了"千村示范，万村整治"和"农村环境五整治一提高"工程；江苏开展了农村"六清六建"活动；山东实施了农业"两减三保"计划，减少农业面源污染；辽宁、湖北、宁夏等地设立农村环境保护专项资金，逐步建起了以政府投入为引导、社会多种投入为源泉、城乡联合共建为补充的多元化投入机制，加大农村环境治理投入力度。[①]

第二，农村环境监测管理初见成效。全国开展了连续五年的"整治违法排污企业，保障群众健康"环保专项行动，在农村地区关停了一大批破坏资源、污染环境、产品质量低劣、技术装备落后的"十五小"企业，在113个地区开展了生态环境监察试点，农村环境污染和生态风险监测更加系统科学。城市环境保护管理组织体系逐步向农村延伸，城乡环境保护和治理得以统筹发展。例如，辽宁、江苏、广东、河北等地加强县及以下环境保护组织机构建设，河南漯河市在乡镇设环境保护专职干部、在行政村设监督员，湖南长沙探索和推进农村环境保护村民自治。生态示范创建成效显著，各地开展了"生态省—生态市—生态县—环境优美乡

---

① 国家环境保护部：《2011年中国环境状况公报》，http://www.chinaenvironment.com，2012年6月19日。

镇—生态村"等一系列环境生态示范创建活动，使农村环境保护融入基层的经济社会发展全局。①

第三，农村环境保护基础得到加强。全国启动实施了土壤污染状况调查和农业污染源普查，制定了《农村生活污染防治技术政策》、《畜禽养殖业污染防治管理办法》、《畜禽养殖业污染排放标准》，开展了《土壤污染防治法》、《畜禽养殖污染防治条例》和《农村环境保护条例》等法律法规的调研起草工作，农村环境保护治理法制化、标准化建设得到保障和发展；农村环境保护宣传教育不断深化，环境保护部门向全国各地发放《农村环境保护宣传挂图》、《农村环境保护实用技术》和《新农村环境保护读本》等宣传科普资料，推广普及农村环境保护知识和实用技术，农村社会主体环境保护意识、自觉性、主动性、积极性得到加强；农村环境污染治理投入进一步加大，垃圾集中投放点、沼气等清洁能源、农村环境保护等设施得到完善，农业生态风险得到初步控制，农民生产生活环境明显改善。②

第二节　农地流转与农村生态风险

农地流转对于农村生态风险的影响具体表现在两个明显相反方向：一是农地流转促进了农地规模经营，提高了农地经营规模效益，增强了农地经营主体治理农村环境污染和防范农村生态风险的意识、能力和技术水平；二是农地流转在促进农地规模经营的同时，因农地规模经营主体认识和行为偏差、外部管理和服务机制不健全约束而加深加剧了农村环境污染和生态风险。

一、农地流转提高了农村生态风险管理和防范水平

首先，农地规模经营主体风险防范意识增强。农地规模经营主体之所以会增强生态风险防范意识，主要是因为内在利益要求和外部压力加大。一是内在利益激励。农地规模经营主体基于自身内在经济利益需要，对国家有关环境保护、节能减排的政策要求理解更深刻、把握更准确；对生态环境风险及其对于自身生产和利益的负外部性影响认识更具体、体会更强烈，环境保护和生态风险防范管理的内在要求明显提高，主动

---

① 国家环境保护部：《2011 年中国环境状况公报》，http://www.chinaenvironment.com，2012 年 6 月 19 日。

② 王春兰：《环保部：农村环境污染扩大呈现趋势》，《人民日报》2008 年 9 月 23 日。

性和积极性得到显著加强。二是外部压力加大。无论是项目准入批准，还是产品生产销售，政府因经营主体集中而对其产品生产及经营行为的环境保护、资源消耗的要求更严、管理更到位，社会对其产品生产和经营管理行为的环境保护期望更高、约束更明显；同时，这种政府的严格标准要求和社会的高期望值通过政府职能监管、社会舆论监督，更容易转化为农地规模经营主体的内生需求和自觉行动。因此，集中集约的农地规模经营较之分散粗放的家庭经营而言，经营主体环境保护和生态风险防范意识明显提高。

其次，农地规模经营主体风险防范能力增强。农地流转所推进的农地规模经营发展，提供了农地经营规模效益，增强了经营主体环境保护和生态风险防范能力。一方面，农地规模经营及规模效益在强化经营主体环境保护和生态风险防范意识的同时，也增强了经营主体对环境保护和生态风险防范的实力；另一方面，农地规模经营及其规模效益使规模经营主体所面临的生产经营条件、环境、服务得到明显改善，生产效益明显提高，增强了融资和生态风险防范能力。

再次，农地规模经营主体风险防范技术提高。一方面，农地规模经营主体风险防范能力增强，为采用现代环境保护和生态风险防范技术提供了物质条件；另一方面，通过农地规模经营和现代农业发展，以及市场经济磨砺，积累了环境保护和生态风险防范技术基础和管理经验。而且，规模化经营更便于集中应用和推广现代农业技术和环境保护技术，提高技术应用和环境效率。

最后，集中集约的农地规模经营既节约了政府在环境保护方面的投资和运行成本，也促使政府部门更加完善对农村环境保护的管理和监督机制，为有效防范农村生态环境风险营造良好外部环境。

二、农地流转加剧了农村生态风险

农地流转在促进农地规模经营和现代农业发展，提高了规模经营主体农村生态环境风险管理和防范水平的同时，也在客观加剧农村生态环境风险，甚至使农地规模经营与农村生态风险防范陷入低水平循环陷阱。这种影响主要表现在两个方面：一是规模化集中经营使农村生态环境风险负外部性影响范围更广、程度更深、危害更大；二是农地流转和农地规模经营发展使得农村生态风险因素增多，风险成因更为复杂、风险防范难度进一步加大。

（一）农地流转加剧了农村生态风险损害与负外部性

农地流转对于农村生态风险的第一个负面影响是加剧了风险损害及

生态风险的负外部性。所谓农村生态风险的负外部性，是指农地经营主体决策和行为影响了其他人或社会，并且不为其外部不经济行为承担和支付成本费用，相反地，使被影响者支付了规避和防范农村生态风险的额外成本费用（如农村环境污染治理的直接花费、因污染使有用自然资源减少而增加的额外生产成本费用、救治因污染所致人类健康危害的费用等）并且无法获得相应补偿的现象。农地流转发展一方面使农村生态环境污染对规模经营者造成的损失更加集中、明显，影响更大；另一方面，使农村生态环境陷入"公地悲剧"。

首先，农村生态环境所具有的公共产品属性，使农地规模经营主体对于农村生态环境资源的占有和使用无须付出应付成本和费用，使因农地流转发展所造就的农地规模经营主体肆无忌惮地占有和享用农地和农村生态环境资源，进而加剧农村生态环境"公地悲剧"。农村生态环境就如"公共牧场"一样"那由最大人数所共享的事物，却只得到最少的照顾"；相反，因个别利益驱动，使农村生态环境"悲剧"成为"持续进行，永无休止的悲剧"①。农地规模经营主体基于自身投资收益和降低生产成本的内在需求驱动，加之生态环境的公共属性，使得规模经营主体在统筹经济效益与环境效益、个体利益与整体利益、眼前利益与长远利益的关系过程中，往往因短视而偏好于经济效益、个体利益和眼前利益，而加剧农村生态环境风险。

其次，农地流转发展，使农地规模化集约经营发展得到有效保障的同时，进一步削弱了原始的农村生态环境自我恢复能力，使农村环境污染损害对象更加集中，程度更为严重，负外部性更加明显。如果这种负外部性不能够得到有效遏制，将使得农村经济发展所赖以存在的环境持续恶化，最终使农村经济社会失去发展的基础和条件，并导致市场和政府双重失灵。在分散的家庭经营模式下，个体环境污染范围相对较窄、社会危害较小、个体治理难度较低，在相当长时期的农村生态环境自我恢复平衡基本能实现对环境治理的需要；但随着农地流转和农地规模经营发展，农村生态风险对于个体和社会的影响范围越来越扩大，影响面源越来越复杂，影响程度越来越深刻，治理难度越来越加大，社会危害性进一步加大。

最后，农地流转发展，在促进农地规模经营发展的同时，农地规模

---

① Garrett Hardin: "The Tragedy of the Commons", *Science*, Vol. 162, No. 3859, December 13, 1968: 1243-1248.

经营主体所承担的农村生态环境污染治理成本更高，生态环境风险所致利益损失更大、危害更深，严重削弱了规模经营主体治理环境的能力和实力。相反地，因为农地规模经营主体的利益和社会损害进一步固化和刚化了农村生态风险对于农地流转发展和农村经济发展的瓶颈制约作用。农地流转和农地规模经营发展，使规模经营主体既要面对和承担自身生态环境破坏带来的损失的同时，也要承担自身生态环境破坏对社会及其他社会主体的生态环境保护责任，还要承担其他规模经营主体因无偿占有农村生态资源所致的环境破坏损失和额外成本。过高的生态环境治理成本和忽视环境保护的短视行为造成的损失降低了规模经营主体经营效益，削弱了环境治理和再生产能力，抑制了农地流转和农村经济发展。

（二）农地流转增加了农村生态风险因素

农地流转发展对于农村生态环境风险的另一个负面影响在于过度激励经营主体追求规模经济效益，而忽视农村环境保护和环境生态效益，加之过高的农村环境治理成本制约，导致农地流转和农地规模经营将在一定范围内会增加农村环境生态风险因素，加剧风险对经营主体和社会的损害程度，加速风险因素的危机化转化。

首先，农地流转和农地规模经营有可能增加农村生态风险因素。一是农地流转和农地规模经营发展，使原来分散的家庭经营模式下隐性的、仍处于环境承载范围内或可通过生态系统自我修复的风险因素转化为显性风险因素而大规模集中化暴露出来，增加农村生态风险因素多样性和复杂性。比如，小规模农作物生产中存在的空气、地表水体、土壤等轻度污染；比如，家庭经营模式下的生产性白色垃圾；又如，小范围、小规模化肥农药使用等。但随着农地流转特别是农地规模经营发展，使原本分散的、小规模的甚至是通过自然生态系统可以修复的轻度污染转化为集中化、规模化的重度污染，成为影响农村环境和农业发展的制约因素。二是由于规模经营主体主观放纵甚至人为原因增加生态环境风险因素。比如，有些农业产业化初期的生产性污染，完全可以通过事前预防、过程干预等方式加强管理和防范，甚至可以完全规避，但由于规模经营者对既得利益的过分追求、直接生产成本简单降低等片面认识和人为放纵，甚至破坏性使用农业生产资源，竭泽而渔现象时有发生，使农村环境生态风险因素复杂化，并且进一步导致小风险因为得不到及早有效控制而演变为大风险甚至生态危机。三是由于规模化经营而产生因现有技术条件和认知水平局限而无法预见和管理的风险因素。规模化经营使生产技术条件及应用都有极大改善，特别是现代生物技术在特种动植物养殖过程中大量应用推广，在一定范围和短时期内有效防控了动物疾病，但同时也增强了动物耐药性而使病毒变异甚至产生的新型病菌污染，超出环境承载和人们正常生态防控的能力范围，甚至引发农村生态危机。例如 2003 年的 SAS 病毒、2011 年的蓝耳病等，都与此有关。[①] 四是农地流转和农地经营"非农化"、"非粮化"发展，加快了城市污染向农村转移过程。农地规模经营者基于自身投资收益考虑，往往偏好于"非农化"、"非粮化"产业和经济发展，以乡村旅游、花卉等经济作物栽培为主的休闲观光农业、都市农业迅速发展，对于优化农业产业结构、活跃农村经济、增加农民收入都有积极意义，但也客观上转移了城市污染，如大量生活垃圾产生、白色污染加剧等，使农村污染城市化，增加了农村生态风险诱发因素和治理防范难度。

其次，农地流转和农地规模经营增加了农村生态风险防范难度。农地流转发展促进了大规模、集约化农业发展，特别是大面积使用化肥农药，使农村污染成规模化扩张趋势，虽然改变了地域分散、覆盖面广的农村面源污染格局，但高度集中、大规模的农村环境污染直接增加了农村污染治理成本和难度；加之，农村环境的公共产品属性，规模经营主体统筹农地经营与农村环境治理的内在利益激励受到约束，内动力明显削弱。这也是近年来相当多的龙头企业往往只有到因环境污染所致产品和生产面临危机后，才会重视农村生态环境治理和生产污染治理的根源所在。同时，因农地流转发展，农地经营规模化程度提高，使原本大量的、分散的农村生态风险承担者更加集中到少数规模经营主体，负面影响对象的高度集中化纵向上使风险影响后果更为严重，甚至引发生态危机；横向上农村生态风险所致的社会波动更为强烈，规模经营主体为了自身利益往往通过产品定价和经营收益分配等方式转移和转嫁风险压力和损失，直接侵害消费者和流转农民权益，影响农村社会稳定，对社会造成严重危害。

第三节　农村生态风险管理与防范

在传统的城乡分治的二元经济和社会结构下，农村成为推进我国工业化和城市化发展的重要贡献者，也顺理成章地成为了城市污染的牺牲者。然而，随着农村经济发展、农业产业结构调整，来自农村的环境污

---

① 张建新：《蓝耳病典型临床症状》，《中国动物保健》2011 年第 11 期。

染业已成为继城市污染综合治理后的重要污染面源，越来越严重的农村生态风险甚至已危及国家生态安全体系建设和发展。综合治理农村环境面源污染被赫然写进党的"一号文件"，成为国家生态安全体系建设的重要构成部分。加强农村生态风险管理，特别是加强在农地流转迅速发展背景下的农村生态风险管理成为推进社会主义新农村建设和全面构建和谐社会的重要内容。结合上文分析，本章从增强规模经营主体风险意识、健全农村生态风险防范标准和管理机制、加强农村生态风险防范设施和条件建设、完善农村生态风险防范能力和技术保障等方面提出自己的设想，以期为理论研究者和政府决策部门提供参考。

一、提高规模经营主体风险管理和防范意识

思想是指南，观念是先导。有什么思想观念就有什么实践行动。加强农村生态风险管理首先必须解决农村经营主体，特别是农地流转发展后的农地规模经营主体的农村生态风险管理和防范意识问题。事实上，农地规模经营主体生态风险防范意识方面存在的风险，才是农村生态风险管理和防范的最大风险。

当前，我国农地规模经营主体在农村生态风险管理和防范意识中存在三大突出问题。一是农地规模经营主体对农村生态风险管理和防范的重要性认识不到位，危机感不强。由于社会期望和自我价值更偏好于农地经营规模效益，而忽视生态环境保护和效益，对于生态保护的艰巨性、重要性认识不足，以致绝大多数农地规模经营主体在发展路径选择上往往表现出"就汤下面"、"因陋就简"的实用主义价值取向和传统思维模式；在经济增长方式选择上，表现出既不注重资源能源节约，也不注意环境生态保护的片面化、短期化、粗放化的增长模式和经济效益至上的一元化价值倾向，甚至不惜牺牲生态环境获取暂时经济效益，以高能耗赢得经济规模发展，对农村生态环境保护对于推动农村经济乃至国民经济社会科学发展的重要意义认识不到位，对农村生态风险及其危害的严重性认识不到位，缺乏生态安全危机感和社会责任感。二是农地规模经营主体对农村生态风险本身的不确定性缺乏充分认识和准确估价，事前管理防范思想准备不够。成长于传统农业经济背景下的农地规模经营主体普遍缺乏现代市场经济的历练，生产经营理念传统封闭，对于农村生态风险及其不确定性缺乏应有的认识和驾驭能力，既缺乏对农村生态风险危害性的清醒认识，更不懂得合理利用风险赢取发展机会。大多数农地规模经营主体往往都是在农村生态风险及其后果给生产经营造成具体损失

损害时才会注意和重视环境保护和风险抢救，亡羊补牢固然重要，但事前管理干预更是取得事半功倍成效的良方。三是农地规模经营主体对农村生态风险管理和防范的社会责任意识淡薄，经营伦理观念陈旧落后。由于风险意识不强和主观认识不到位，加之农村生态环境固有的公共产品属性，使得相当部分农地规模经营主体既无法统筹经济效益与生态环境效益协调发展，也不能实现经济发展与社会责任的有机统一，富有社会责任感的生产经营伦理观念难以形成和固守，对农村环境保护和生态风险缺乏起码的责任感和危机感，甚至在生产经营中自觉或不自觉损害农村环境，加剧农村生态风险。农地规模经营主体这种主观意识上的偏差，直接导致农村生态风险管理实践中的偏差：农村生态风险管理价值取向偏离国家生态安全建设要求，片面追求经济效益成为部分规模经营主体的主流价值观；农村生态环境建设和管理的法制观念淡薄，依法治理农村生态环境和防范生态风险的自觉性和积极性不够；对农村生态风险管理的社会责任感意识不强，生态伦理道德观念薄弱，罔顾农村生态环境建设要求、极端追求个人经济利益的行为时有发生，严重影响农村生态安全建设和农村经济的科学发展。

增强农地规模经营主体农村生态风险意识，既要从提高个体主观思想认识和转变价值理念上努力，也要注意从完善外部约束机制方面努力。结合当前农村生态风险及管理现状，按照中央关于加强"农村生态环境面源污染治理"等有关要求，应特别注意加强四个方面工作：一是综合利用农村教育资源开展农村生态风险管理防范知识普及和教育，切实提高农地规模经营主体对农村生态风险的认识，转变生态环境保护观念，增强农村生态风险管理防范的自觉性和主动性，养成农村生态环境保护从我做起、从细节做起的思维习惯和行为模式，提高农地规模经营主体生态风险防范的意识和能力。二是坚持以科学发展观为指导，突出农村经济发展主题，抓住农村经济发展"调结构、转方式"主线，以科学发展推动解决农村发展中的生态环境问题，通过经济效益、社会效益、生态效益协调发展提高农地规模经营效益，使农地规模经营主体在综合经济效益提高中增强农村生态风险防范意识和责任意识，从内在利益激励源头上加大农村生态风险管理和防范力度。三是完善农村生态环境保护外部约束机制，制定实施农村生态风险防范责任制和责任追究制度，以实施农业生产和农村建设项目《环境影响评价法》和《固定资产投资项目节能评估和审查暂行办法》等为基础，加强农村生态风险分析、预测和评估，从农村和农业投资项目、市场准入等方面完善农村生态环境保护外部约束机制，引导、培育、牢固规模经营主体农村生态风险防范意识。四是加快农村生态环境治理和农村生态安全法制化进程，加大监督查处力度，严肃处理生态安全事故，充分发挥查处典型恶性案件对农村生态风险防范的警示、保障和促进作用，推进农村生态安全法制化建设，以严格、严肃、严明的法律手段约束和督促农地规模经营主体增强农村生态风险防范意识和社会责任意识。

二、健全农村生态风险防范标准和管理机制

根据 2012 年 5 月 25 日国家环境保护部公布的《2011 年中国环境状况公报》显示，2011 年，我国农村环境整治和生态保护切实加强，全年共安排 80 亿元农村环保专项资金，受益人口覆盖 3729.06 万人；农业面源污染防治全面开展，累计减少不合理施肥 580 万吨；中央补助投资水土保持和生态建设工程 34.48 亿元，完成水土流失综合治理面积 5.1 万平方公里，治理小流域 3300 条；抗旱节水基础设施建设加强，节水农业技术在 23 个省（区、市）示范推广，改善灌溉面积 97 万公顷，新增年节水能力约 24 亿立方米，新增粮食生产能力约 19 亿公斤；总投资 311 亿元，解决了 5560 万农村居民、838 万农村学校师生的饮水安全问题；全年各地开展不同形式和规模的环境卫生集中整治活动 10 万余次，农村环境"脏、乱、差"等突出问题有了明显改善，群众健康意识、环境意识和文明意识逐步增强；全国农村环境质量监测试点工作继续推进，监测范围进一步扩大；重点开展以农村污水、垃圾、粪便无害化处理、土壤卫生、病媒生物防制等为主要内容的农村环境卫生监测工作，全国 700 个县共设立监测点 14000 个；农村改厕项目有效实施，无害化卫生厕所覆盖 347 万户农户；联合编制了《全国土壤环境保护规划（2011～2015）》，明确"十二五"时期土壤环境保护总体思路、重点任务、重点工程和保障措施，优先保护耕地和集中式饮用水水源地土壤环境，强化土壤污染物来源控制，严格污染土壤环境风险管控；印发了《关于进一步加强农村环境保护工作的意见》，明确了"十二五"农村环保工作的总体思路、主要目标、重点任务和政策措施；已建设农村清洁工程示范村 1400 多个；农村清洁工程试点取得成效，示范村农田化肥农药减施率达 20％以上，秸秆资源化利用率达 80％以上，生活污水资源化处理利用率、农田废弃物收集率和人畜粪便处理利用率均达 90％以上，基本实现了农业生产无害化、农业废弃物资源化和农村生活清洁化；安排资金 43 亿元，建设户用沼气 144

万户、大中型沼气池 572 处、小型沼气池 4215 处、服务网点 13847 处。[①] 农村生态风险控管得到加强，农村生态环境得到明显改善，既得益于国家财政补助投入和环境设施建设，更得益于逐步完善有效的农村生态风险管理体系和机制。

根据国家环境保护部制定的《环境保护标准目录》，我国已基本建立起包括《农药使用环境安全技术导则》、《农业固体废物污染控制技术导则》、《化肥使用环境安全技术导则》、《食用农产品产地环境质量评价标准》、《畜禽养殖业污染防治技术规范》、《抗虫转基因植物生态环境安全检测导则（试行）》在内的农业生产技术和农村生态环境保护标准体系，对于指导农村生态风险防控、农村环境污染治理都发挥了积极作用。但随着农业生产发展，相当部分农村生态环境保护关键领域标准体系还不健全，甚至仍存在空白和盲点，难以适应农村生态环境保护事业发展需要，特别是农村养殖业污染、农用塑料薄膜污染、农村生活和农业污水污染处理排放、农业生产能源消耗水平评价、农业项目环境影响评估等方面更为突出。农业生产和农村生态环境保护标准体系的进一步健全和完善既是推进我国农村生态安全建设和农村生态环境保护法制化建设的迫切需要，也是彻底改善农村生态环境面貌和质量的根本制度保障。

另外，农村生态环境保护和农村生态风险防控管理体系也亟须加强。尽管经过近些年农村面源污染治理，逐步开展了以农村环境质量监测试点、农村环境卫生专项治理、农村生态环境综合治理等为主体的农村生态环境保护治理专项行动，初步启动实施城市生态环境保护机制体制向农村延伸工程，也取得了一定实效，但农村生态风险防控仍缺乏长效管理机制予以支持保障，仍难以满足农村生态环境建设管理需要。

当前，加强农村生态风险防范必须重点抓好五个方面工作：一是进一步完善农村生态风险防控组织机构，加强人员队伍建设，并按照责权统一原则明确机构和人员责任范围，加大农村生态环境监测、综合治理和生态风险防控力度，加强对农村经营主体风险防范的指导引导；二是加大农村生态环境保护基础设施建设力度，加大农村生态环境保护和治理投入，完善农村生态风险防控公共服务体系和条件设施，为农村生态环境保护治理和生态安全建设提供有力保障；三是参照工业项目"环评"、

---

① 国家环境保护部：《2011 年中国环境状况公报》，http://www.chinaenvironment.com，2012 年 6 月 19 日。

"能评"管理办法和要求，加大对农村招商引资新上开发项目、农村基础设施建设项目、乡镇企业技改和新上项目、农业产业化示范化项目的环境影响评估和节能评估，建立环境生态保护信息档案，全面跟踪管理，最大限度减少非农产业发展对农村生态环境的负外部性影响；四是依据农村经营主体生产经营范围和性质，明晰农村环境资源产权，界定经营主体环境保护责任边界和范围，实行责任制和责任追究制，强化农村经营主体环境保护社会责任和风险意识，加强环境保护监管和生态风险防控，形成政府主导、经营主体负责、社会广泛参与的农村生态环境保护和生态风险防范格局；五是建立和完善农村生态风险预警和协防机制，施行大型规模经营主体生态环境保护定期检测报告制、关键领域跨区域和跨部门重点防范协作制、主管部门工作绩效考核问责制，完善农村环境质量监测体系，畅通农村环境保护信息渠道，健全农村生态环境保护监督防控机制，推进农村生态环境联防联治、群防群治。

三、加强农村生态风险防范设施和条件建设

制约我国当前农村生态环境保护质量、影响我国农村生态安全的重要因素是农村生态风险防范设施和条件建设落后，难以满足具有空间分散、时间连续、规模不大、面源广泛等特点的农村生态风险防范的需要。这种条件滞后性突出表现在四个方面：一是农村生活垃圾和污水处理设施缺乏。我国农村绝大多数地区的居民生活垃圾和污水处理条件基本上仍然处于随意丢弃、任意排放、自然净化阶段，即使近年也有不少农村地区建设了垃圾集中堆放设施，但由于集中处置设施不配套、处理不及时而成摆设，甚至成为污染集中排放点。二是设施农业发展中产生的生产垃圾，如农膜、建设垃圾等回收处理配套设施缺乏、公共服务体系不健全。三是乡镇企业"三废"处理设施条件落后，特别是规模小、能耗高的农产品加工、造纸等农村企业污染处理设施条件更差。四是农村垃圾分类处理设施条件落后，集中填埋、焚烧等处置办法或因雨水渗漏风化，或因扬尘烟雾造成农村生态二次污染。

我国农村生态环境保护设施条件建设落后的成因是复杂的，既有历史遗留的问题，也有现实发展不够的因素；既有政府投入相对不足的问题，也有农村经营主体重视不够的原因。归纳起来主要有四个方面：一是基础薄弱，历史遗留问题多。长期以来，我国实行城乡分治的社会管理体制，在生态环境保护和生态安全建设方面，存在"重工业、轻农业"、

"重城市、轻农村"、"重抢救、轻防范"的政策和投入倾向，农村生态环境保护基本条件设施建设方面投入严重不足，历史欠账比较多。但随着现代设施农业、休闲观光农业发展和农业产业结构调整，生态风险问题逐渐暴露，原有的以自然净化为主的农村环境保护和治理条件设施远难以满足现代农业背景下的农村生态环境保护需要，条件设施建设不足成为制约农村经济社会持续发展的重要隐患。二是经费投入不够。一方面，在传统的、分散的、经验式家庭经营农业发展中，农村生态环境问题没有明显暴露，没能引起政府高度重视和社会广泛关注，加之改革开放初期国民经济发展投资热点和重点比较多，致使农村生态环境保护和治理投入相对较少；另一方面，由于传统农业背景下的农村生态污染表现出空间分布比较散、时间持续比较长、治理成本比较高、治理难度比较大、社会危害相对小等特点，政府、农户和社会对环境治理的投入滞后于农村生态环境恶化趋势，使得农村环境保护和治理经费投入捉襟见肘。三是农村经营主体重视不够。由于农村生态环境污染是一个渐进过程，潜伏周期比较长，加之环境生态资源公共产品属性影响，农村经营主体，如农民、企业主、农地规模经营者等，很多时候对农村环境资源占有和利用过度或失当，农村环境保护意识不强、自律不严、措施不力、投入不足，环境保护配套设施条件建设明显滞后于主体自我经营和农业生产发展。四是政府和社会监管不力。一方面，由于农村经济发展滞后、农业投入不足，政府部门对新增农业资源开发项目环境影响评价把关不严、跟踪监测不够；另一方面，农村社会大多对招商引资项目特别是一些从城市转移到农村的项目的环境破坏性影响认识不够，对经营主体环境保护设施配套建设不力等行为容忍度较高，从客观上纵容了不法经营主体在农村环境保护特别是环境设施建设方面的不作为、乱作为，致使政府监控和社会监督机制失灵。

要按照"以人为本、科学发展"、"政府主导、社会参与"、"统筹规划、分步实施"原则，进一步加强农村生态环境保护和生态风险防范设施条件建设。当前，应着力解决四个方面问题：一是把农村生态环境设施建设纳入新农村建设整体规划和指标体系，统筹农村环境保护设施建设和农村经济社会协调发展；二是划分责任，分类处理，逐步建构公共服务设施政府投入为主、经营配套设施企业为主、鼓励社会积极参与的农村生态环境保护投入机制；三是发挥政府主导作用，继续推进以农村清洁工程、环境质量监测、环境卫生监测、节能减排工程为重点的农村环境公共基础条件建设，完善农村环境公共服务设施体系；四是以涉农项目"环评"、"能评"为抓手，加大环境影响及配套设施条件建设跟踪监测，发挥农村乡镇企业和农地规模经营主体在"三废"处理及配套设施建设中的主体作用，推进农村点源污染监测和综合治理设施建设。

四、完善农村生态风险防范能力和技术保障

加强农村环境保护、防范农村生态风险，一条很重要的途径就是提高农村环境技术水平和保障能力。农村环境技术既包括硬技术，如农村污染控制设备、环境监测仪器、清洁生产技术等，也包括软技术，如环境设备操作及运营方法，废物管理以及旨在保护环境的各项工作与活动，如环境规划、环境评价、环境标志设计、环境信息系统的研制与维护等。近年来，我国农村环境保护和生态风险防范问题之所以会越来越突出，一个很重要的原因就是农村环境保护技术发展既不能满足农村环境综合治理的需要，也不能被广大农村经营主体掌握和运用。从技术水平看，环境装备技术主要面向城市点源污染治理需要研发制造集中成套装备，而针对农村面源污染处理需要的装备研发不够；环境监测技术主要集中在国家保护的重大重点领域，而覆盖农村社会的环境质量和环境卫生监测及技术支撑仍处于局部试点起步阶段；环境管理运营技术也主要集中在城市领域，农村环境管理技术研究十分稀缺，公共技术服务大大滞后于农村生态安全建设需要。从技术应用来看，我国农村环境保护技术推广还十分落后，环境保护技术知识普及还任重道远，远没成为人们生产生活的内在需求需要。

因此，按照第七次全国环境保护大会提出的"在发展中保护，在保护中发展"的总体要求①，根据我国现阶段农村生态环境保护实际和需要，进一步完善农村生态环境保护能力和技术保障，应该重点解决农村生态环境保护和治理中普遍存在的技术支持不足、技术推广不够等问题。一是按照"城乡统筹、梯次推进、加强面源污染防治和农村环境整治"的要求，积极发展适应农村环境保护治理需要的装备制造技术；二是按照"预防为先、及时应对，着力消除污染隐患，妥善处理突发事件"的要求，大力加强覆盖农村社会全部的环境质量监测和环境卫生监测系统建设，提

---

① 赵娟、李培：《李培：坚持"在发展中保护，在保护中发展"环保方针》，http://cpc. people. com. cn/GB/66888/77791/18141557. html，2012 年 6 月 11 日。

高环境监测综合能力和技术；三是按照"努力不欠新账、多还旧账，加大水、空气、土壤等污染治理力度"的要求，大力发展适应农村循环经济发展需要的节能环保装备、专业管理、工程设计、施工运营等技术和产业，提高农村生态环境保护产业自我发展水平和技术服务能力；四是加强专业队伍建设，充分利用农村教育、广播、电视、网络等资源，全面开展农村环保技术宣传，加大技术推广应用，提高农村社会主体环境保护意识和能力。

第九章　农地流转与农业自然风险

农业生产的地域性、生物性、周期性特点决定了农业生产受自然条件和外部因素约束明显，而不可抗拒的自然力变异突发必然导致农业生产蒙受自然灾害损失，进而增加农业生产不确定性和自然风险性。根据我国海陆区位和自然条件特征，我国把农业生产自然灾害分为气象灾害、海洋灾害、洪水灾害、地质灾害、地震灾害、农作物病虫灾害和森林生物病虫灾害七大类。相应地，农业自然风险也因自然灾害成因和影响分为七大类别风险。而影响农业自然风险的因素既包括自然条件突变影响，也受自然条件承载能力影响，还受人类防御自然灾害能力影响。在现代农业和城市化快速发展过程中，大量城市污染转移和农业生产中的生物有机制剂及化肥农药过泛过量使用，使农业生态环境遭到严重破坏，农业污染日渐严重，既破坏了原有自然条件平衡结构，又降低了自然环境条件承载能力，还增加了环境脆弱性和灾变因素，进而使农业自然风险演变为自然灾害的可能性大幅提高，管理和防范农业自然风险成为支持和促进现代农业发展的重要保障。

我国农业自然灾害具有分布区域广泛性、发生频繁不确定性、后果严重性和可减性、周期不重复性等特点，特别是在当代生态环境破坏严重背景下，自然灾害总体呈多发频繁、影响后果越来越严重的态势。根据其成因，自然风险可以分为自然条件突变和人为因素引致两大基本类型。自然条件突变主要表现为自然生态失衡所致突发性自然变故，如地震、洪涝、干旱等灾害；而人为因素主要指因人力因素所致自然变异而产生的自然灾害，如生态链破坏所致农作物病虫害、森林病虫害等。

农地流转和农地经营规模化、集约化发展，对于农业自然风险的影响主要表现在三个方面：一是规模经营和规模效益提高，提高了经营主体管理和防范农业自然风险的水平，增强了抵御自然灾害的能力；二是农地规模经营特别是自然资源的破坏性利用，增加了农业自然风险和自然灾害的可能性；三是农地流转与农地规模经营使农业自然风险影响范围更加集中，后果更为严重。

防范农业自然风险，首先，要加大对自然环境的监测，提高对自然变异的预报能力，尽可能减少灾害损失；其次，要提高农业资源综合利用能力，实现农业生产与农业自然环境保护协调发展，尽可能减少人为因素对农业自然条件破坏；最后，要完善灾害救治应急系统和机制，扩大农业保险覆盖范围，做好灾害综合防范，最大限度降低农业自然风险，变害为利。

第一节　农业自然风险概述

一、农业自然风险的内涵

（一）农业自然风险的基本概念

所谓农业自然风险是指在农业生产经营过程中由于自然力的不规则变化所引起的种种造成农业生产经营损失的不确定性或风险，也就是通常所说的，农业自然灾害形成和发生的不确定性所引致农业生产经营损失的可能和机会。农业自然风险的突出表现形式就是农业自然灾害。由此可以看出，农业自然风险形成主要是以自然灾害形成和发生为基础，具体包括两大构成要素：其一，引发风险的事件主要是因为自然因素发生异变所形成的；其二，必须是使农业生产经营主体为被害客体，即对农业生产经营造成损失的不确定性。同时，根据自然因素异变诱因和特点，农业自然风险既有爆发式风险，如大风、洪涝、台风飓风等所致灾害风险；也有渐进式的风险，如土壤盐碱化、沙漠化等灾害风险。

就当前而言，我国农业自然风险具有以下明显特点：第一，农业自然风险具有明显地域性。由于各地区自然条件不同，农业生产经营风险也表现出地域性特点，如气候资源、地质特点、植被分布等不同，风险表现不同。第二，农业自然风险具有空间分布广泛性。也就是说，不管是海洋还是陆地，地上还是地下，平原、丘陵还是山地、高原，只要有农业生产经营活动，农业自然灾害风险就客观存在。第三，农业自然灾害具有频繁性和不确定性特点。我国是一个自然灾害发生种类比较多的国家，每年发生的大大小小的自然灾害都比较多。特别是近年来，我国自然灾害的发生次数还呈现出增加的趋势，而自然灾害的发生时间、地点和规模等的不确定性，又在很大程度上增加了人们抵御自然灾害的难度。第四，农业自然灾害具有一定的周期性和不重复性特点。我国主要农业自然灾害中，无论是地震还是干旱、洪水灾害的发生都呈现出一定的周期性。人们常说的某种农业自然灾害"十年一遇、百年一遇"实际上就是对自然灾害周期性的一种通俗描述，农业自然灾害的不重复性主要是指灾害过程、损害结果的不可重复性。第五，各种农业自然灾害都具有危害性特点。不管是哪种形式的农业自然灾害都会对农业生产经营产生负面影响，并且这种负面影响往往是非常严重的，甚至是毁灭性的。据统计，全球每年发生可记录的地震约 500 万次，其中有感地震约 5 万次，造成破坏的上千次，而里氏 7 级以上足以造成惨重损失的强烈地震，每年也发生 15 次左右；干旱、洪涝灾害更是十分普遍，全球每年这两大灾害造成的直接经济损失十分严重，高达数百亿美元。据统计，仅 2011 年我国低温、干旱、洪涝自然灾害直接经济损失就达 432 亿元。[①] 第六，农业自然灾害具有不可避免性和可减轻性特点。在现有农业生产力发展水平条件下，开展农业生产经营活动，就不可避免地会对自然产生负面影响，人与自然之间就会存在矛盾，农业自然灾害就不可能在短时期内消失，从这一点看，农业自然灾害具有不可避免性。另外，自然界本身运动变化也具有一定生命周期，就有异化可能，自然灾害也就存在可能，从这个角度而言，农业自然风险同样具有不可避免性。但是，人类智慧是能够认识和掌握农业自然灾害形成机理，并将在越来越广阔的范围内进行防灾减灾，特别是能通过采取避害趋利、除害兴利、化害为利、害中求利等技术措施，完全有可能最大限度地减轻自然灾害损失。因此，从这个意义上来说，自然灾害又具有可减轻性特点。

（二）农业自然风险的基本类型

在我国特有地理位置和自然条件背景下，国家科学技术部、国家发展和改革委员会、国家商务部课题组研究表明，我国农业自然灾害主要有气象灾害、海洋灾害、洪水灾害、地质灾害、地震灾害、农作物病虫灾害和森林生物病虫灾害七大类。与此对应，我国农业生产经营也有可能面临七大类风险，只不过是在不同地区、不同时期，农业生产经营面临具体风险类型及表现略有差异而已。

气象灾害风险是指气候因素突变所致气象灾害风险，也是我国农业生产经营中面临最多、分布最广、影响范围最明显的一种自然灾害风险。气象灾害风险具体又可划分为雨涝、干旱、冰雪、大风、热带气旋、雾、雷电等 20 多种。

海洋灾害风险是指我国沿海地区受海洋自然因素变异所致灾害风险，具体又可分为台风飓风、海浪海啸、海岸灾害以及厄尔尼诺、拉妮娜等

---

① 　姚润丰：《今年我国干旱和洪涝灾害致直接经济损失 432 亿元》，http://news. xinhua-net. com/fortune/2011-06/30/c_121607662. htm，2011 年 6 月 30 日。

形式。最近几年来，海洋性灾害越来越频繁，对我国特别是东部沿海各省市农业生产经营影响越来越大，后果越来越严重。

洪水灾害风险是指气候自然因素突变所致洪涝灾害的风险，主要分布在沿江河、海等降水量比较大的地区，但近年在降水量比较小的省份也越来越多发生洪涝灾害，如新疆、甘肃等地区。洪水灾害具体可分为暴雨、山洪、泥石流、冰山融化洪水和冰凌冰汛等形式。

地震灾害风险是指地质构造发生剧烈震动等突变所致灾害风险。这主要分布在各地震带沿线地区。具体可分为构造地震、陷落地震、矿山地震以及水库地震等灾害形式。

地质灾害风险是指受外力影响地质地貌发生突变所致灾害风险。这既有自然因素突变所致灾害，如因暴雨所致山体滑坡、塌陷等；也有因人为因素所致地质条件突变所致灾害，如大量抽取地下水并因地下水位下降所致局部地区地质塌陷灾害、矿产资源开采致使地下水位下降所致地表塌陷灾害等。

农作物生物灾害风险是指农作物生长自然环境发生突变所致生物灾害风险。主要包括农作物病害、农作物虫害、农作物草害、鼠害、蝗害等形式。据统计，我国主要农作物水稻、小麦、玉米的病害分别有240种、50种和40多种，虫害分别有252种、100多种、52种。另外，草害有8000多种，特别是外来草害物种越来越多。

森林生物灾害风险是指森林资源所面临病害、虫害、鼠害等风险。据统计，我国森林病害有2189种、虫害5020种、鼠害160多种。此外，我国森林还面临自然的和人为的火灾风险。

二、中国现阶段农业自然风险成因分析

我国是世界上农业自然灾害类型最多、受灾害影响最严重的国家之一，农业自然灾害风险始终是影响和威胁我国农村经济健康发展、农业产业结构调整升级、农民收入增加以及国家粮食安全乃至社会稳定的重要因素，历来受到国家和理论界重视。国家针对各类型灾害成立了专门管理机构，制定了管理办法和应急措施，加强灾害预防和管理；理论界专门开展农业自然灾害研究，形成了大量研究成果。近年来，农业自然灾害研究更加深入，实现了农业自然灾害研究与农村社会经济运行管理紧密结合。例如中国人民大学马九杰、崔卫杰、朱信凯等专家通过对国家统计局农村社会经济调查总队的数据进行统计分析认为，自然灾害对

我国粮食综合生产能力、粮食安全具有显著影响[1]；又如四川大学王国敏教授等认为，我国自然灾害频发是自然因素与人为因素合力的结果，既与气候、季节、地域、自然环境、风险管理能力有很强的关联性，也与风险管理体制缺失有很强的关联性。[2] 同时，自然灾害对于经济社会的发展也具有很强的相关性，甚至直接影响经济发展和社会稳定。农业是关系到国民经济健康发展的基础产业，更关乎国计民生大业，如果农业遭受重大自然灾害，不仅会使农业生产相关利益主体面临生产停滞、财产损失乃至生命危险等风险，而且会影响到整个国民经济发展和社会稳定。例如1976年唐山大地震，1998年长江、松花江流域特大洪涝灾害，2008年四川汶川大地震等灾害，其惨烈程度至今让人记忆犹新，自然灾害的后果不仅只是灾区的直接经济损失，还有个体心灵创伤和社会心理情绪影响，甚至波及全社会稳定；又如，2006年，我国南方农村大范围发生的大规模的高热病、蓝耳病疫情，直接导致2007年全国猪肉价格大幅飙升，推动和拉动其他农产品和上下游产业产品价格大幅上涨，进而使物价上涨扩大到国民经济各行各业，给国民经济发展秩序造成了巨大的通货膨胀压力。另外，农业自然灾害后果还表现在它将致使部分农民因灾致贫、返贫，致使部分农业产业化经营主体蒙受财产损失甚至破产，造成新的社会贫富差距扩大，影响国民经济发展和社会稳定。据世界银行20世纪有关专题研究结果表明：80%以上的穷人并不是"总是穷"，而是"有时穷"，其重要根源就在于这部分人根本无力抵御突然而至的各种自然灾害冲击，从而陷入贫困或返回贫困的境地。[3] 因此，开展农业自然风险特别是农地流转和农地规模经营发展背景下的农业自然风险研究，建立和完善农业自然风险综合管控与加大农村社会保障相结合的机制体制，对于促进我国现代农业发展和社会主义和谐社会建设，具有重要理论和现实意义。

（一）中国农业自然灾害风险特点

总体而言，我国农业自然灾害风险并没有随着我国农村经济社会发展而减少，相反，农业自然灾害风险系数仍然保持较高水平。我国农业自然灾害风险影响主要体现在以下几个方面。

---

[1] 马九杰、崔卫杰、朱信凯：《农业自然灾害风险对粮食综合生产能力的影响分析》，《农业经济问题》2005年第4期。

[2] 王国敏：《农业自然灾害的风险管理与防范体系建设》，《社会科学研究》2007年第4期。

[3] 巩前文、张俊飚：《农业自然灾害与农村贫困之间关系——基于安徽省面板数据的实证分析》，《中国人口、资源与环境》2007年第4期。

第一，复杂多变的自然条件使农业自然灾害类型复杂多样。我国是一个幅员辽阔、气候多样、地形复杂多样的国家，客观具有各种自然灾害形成的自然条件。从国土面积看，我国土地面积绝对总量大、耕面积少、人均面积小、土地自然质量差，单位面积土地承载压力大，并因工业化和城市化发展这种压力还有不断扩大趋势，增加了土地自然脆弱性。从土地资源类型来看，我国土地类型多样、区域差异显著，南北地跨赤道带、热带、亚热带、暖温带、温带和寒温带，从东到西分布有湿润地区（占总面积 32.2%）、半湿润地区（占 17.8%）、半干旱地区（占 19.2%）、干旱地区（占 30.8%），加之地形条件复杂，山地、高原、丘陵、盆地、平原等各类地形交错分布，又处于大陆性气候与海洋性气候的交互地带，各大气候系统对我国都有影响，天气多变，地理生态环境多变，地形起伏大，地貌类型多，有着各种灾害发生的生态条件。与世界其他国家相比，我国的自然灾害种类几乎包括了世界所有灾害类型。同时，我国东临太平洋，大陆海岸线 1.8 万公里，是个海陆兼备的国家，海相灾害与陆相灾害均有可能发生。我国又是一个农业大国，成灾类型多。我国大部分地区处于地质构造活跃带上，地质结构复杂，地震活动随处可见。我国还是一个受季风气候影响十分强烈的国家，受夏季风影响，导致寒暖、干湿度变幅大；年内降水分配不均，年季变幅大，干旱发生的频率高、范围广、强度大，暴雨、涝灾等重大灾害常常发生；冬季的寒潮大风天气常常导致低温冷害、冰雪灾害等。[①]

第二，自然灾害发生频率特别是大中型自然灾害发生频率提高，使灾害影响和危害程度呈逐渐上升态势。在我国五千年的农耕文化史中，农业生产曾遭受了各种各样自然灾害的侵袭，其自然灾害的灾史之长、灾域之广、灾种之多、灾情之重也是世界罕见的。据史料统计记载，从公元前 206 年至 1949 年的 2155 年中，共发生水灾 1029 次、较大的旱灾 1056 次，死亡万人以上的自然灾害平均 10～20 年出现一次。因此，史有"三岁一饥、六岁一衰、十二岁一荒"之说。[②] 新中国成立以来，我国自然灾害发生频率明显提高，到 20 世纪 80 年代，我国灾害发生频率达到 70%，而到 90 年代，我国灾害发生频率达到了最高点，高达 90%。进入 21 世纪后，我国灾害发生频率仍然很高，平均频率为 77.8%。同

---

① 徐雪高、沈杰：《我国农业自然灾害风险现状、成因及应对机制》，《天府新论》2010 年第 1 期。

② 谷洪波、冯智灵：《论自然灾害对我国农业的影响及其治理》，《湖南科技大学学报（社会科学版）》2009 年第 2 期。

时，自然灾害危害日益加大，大中型灾害发生频率也在不断提高。据统计，我国 20 世纪 50 年代发生大灾 1 次，60 年代上半期发生中灾 1 次、特大灾 1 次，70 年代发生中灾 4 次、大灾 2 次，80 年代发生中灾 3 次、大灾 4 次，90 年代发生中灾 1 次、大灾 5 次、更大灾 2 次、特大灾 1 次。进入 21 世纪后，我国重大灾害也频繁发生，2000～2011 年发生中灾 4 次、大灾 4 次、更大灾 2 次、特大灾害 1 次。上述数据说明：新中国成立 60 多年来，我国自然灾害的发生频率不仅在加快，而且大中型灾害发生频率也在加快，灾害影响和危害程度不断扩大。[①]

　　第三，灾害影响范围日益扩大，使灾害损失程度日渐加重。我国农业自然灾害发生的另一个影响是范围越来越广，损失越来越大。从全国农作物年平均受灾面积来看，由 20 世纪 50 年代的 24998 千公顷增加到 21 世纪的 46817 千公顷，增加了 0.87 倍；从区域受灾率来看，由 20 世纪 50 年代的 16.7% 增加到 21 世纪的 30.3%，增加了近 1 倍；从全国农作物年平均成灾面积来看，由 20 世纪 50 年代的 10466 千公顷增加到 21 世纪的 26495 千公顷，增加了 1.53 倍。从成灾率来看，由 20 世纪 50 年代的 41.9% 增加到 21 世纪的 56.0%，增加了约 14 个百分点。另外，改革开放以来，我国农业的受灾率和成灾率仍居高不下，分别维持 30% 和 50% 左右。[②] 尽管人们抗拒自然灾害的技术水平不断提高，抗击灾害物质手段不断增多，抗击灾害能力不断增加，但由于灾害事故发生的频率和强度有加剧的趋势，特别是随着农村经济体制改革不断深入，农地流转快速发展，农业生产专业化、区域化、规模化、集约化进程加快，农业生产经营风险不仅较以前增大了，而且范围更加集中了，危害程度加深了，从而导致自然灾害事故的破坏力和造成的经济损失愈来愈大。新中国成立 60 多年来，各种自然灾害造成的直接经济损失总计约 25000 亿元，并呈不断上升趋势。据统计，我国自然灾害损失 20 世纪 50 年代为 480 亿元、60 年代为 570 亿元、70 年代为 590 亿元、80 年代为 690 亿元。按 1990 年可比价格计算，20 世纪 90 年代以后，年均自然灾害直接经济损失已经超过 1000 亿元。2001～2006 年间，因自然灾害造成的直接经济损失年均已达 1784.7 亿元。[③] 仅 2010 年，全国各类自然灾害受灾人数 4.3 亿人次，紧急转移安置 1858.4 万人次，因灾失踪死亡 7844

---

　　① 谷洪波、冯智灵：《论自然灾害对我国农业的影响及其治理》，《湖南科技大学学报（社会科学版）》2009 年第 2 期。

　　② 王国敏：《农业自然灾害的风险管理与防范体系建设》，《社会科学研究》2007 年第 4 期。

　　③ 同上。

人，直接经济损失 5339.9 亿元。[①]

（二）中国农业自然灾害风险成因

农业自然灾害风险最终成为农业自然灾害，主要受两个方面因素影响：一是自然灾害本身冲击大小和危害程度；二是农业经营管理主体的风险抗击冲击能力强弱。如果农业自然灾害的冲击很小，或者虽然冲击很大，但风险主体抗击风险冲击的能力很强，那么农业自然灾害也不可能完全形成农业自然风险。相反，尽管自然灾害冲击力比较小，但由于风险主体抗御风险冲击力比较弱，也可能致使冲击力较小的农业自然灾害酿成较大的农业自然风险。因此，分析和研究农业自然灾害风险形成机理，要从自然灾害冲击和风险主体抗击冲击能力两方面综合观察。但由于自然灾害发生主要是自然力突变所致，具有明显外生性特征，在这里，我们主要从农业生产经营管理风险主体特别是政府、农业规模经营主体、农户以及农业社会保障主体等抗击风险冲击能力的视角来进行分析和研究，以期更具有现实意义和理论价值。由此，我们认为，防御自然灾害设施条件弱化、防御自然灾害管理体制不健全以及防御自然灾害主体能力实力不足是最终导致农业自然灾害风险的关键因素。

首先，抵御自然灾害硬件设施系统逐渐弱化，是近年农业自然灾害频发的保障性根源。水利设施是我国抵御自然灾害的重要硬件设施系统之一，新中国成立以来，我国农田水利建设先后经历了三个建设高潮阶段：第一阶段是自 1958 年到 20 世纪 60 年代中期，主要是兴建大批中小型水库拦蓄地表水源，提高河道防洪能力，发展农田灌溉，建设了一大批水利工程，为新中国水利事业发展打下了良好基础。第二阶段是 20 世纪 70 年代到 80 年代，北方以打井开采利用地下水、发展井灌为主；南方地区则以大力发展机电排灌技术、扩大灌溉面积、增强排涝除渍能力为主。第三阶段是 20 世纪年 90 代以来，以大力推广节水灌溉技术为重点，加大对大型灌区开展以节水为中心的续建配套和改造，加大对中低产田进行农业综合开发改造，着力实现农田水利建设从外延扩张为主转向提升内涵为主，加强灌溉经营管理，提高节水用水效率。[②] 前两个农田水利建设高潮阶段主要是在人民公社时期内完成的，充分体现了"三级所有，队为基础"集体所有、集体经营制度的政治和组织优势，实现了集

---

① 卫敏丽：《2010 年全国因各类自然灾害死亡失踪 7844 人》，http://news. xinhuanet. com/2011-01/14/c_12980844. htm，2011 年 1 月 4 日。

② 马九杰、崔卫杰、朱信凯：《农业自然灾害风险对粮食综合生产能力的影响分析》，《农业经济问题》2005 年第 4 期。

中主要力量办大事的政治和经济制度预期。第三阶段是通过《农业法》确定农村义务工、劳动积累工适用范围和数量，推进农田水利建设的。《农业法》规定，农村义务工，主要用于防汛、义务植树、公路建勤、修缮校舍等，按标准工日计算，每个农村劳动力每年应承担 5～10 个义务工；劳动积累工，主要用于本村的农田水利基本建设和植树造林，并主要安排在农闲时间出工，按标准工日计算，每个农村劳动力每年应承担 10～20 个劳动积累工。随着农村税费改革推行和全面取消农业税后，我国农村农田水利建设面临十分头痛的问题：一方面要减轻农民负担，另一方面难以保障农田水利等基础事业建设需要。从人力投入因素来看，农村义务工和劳动积累工取消后，农民对农田水利建设的投工投劳数量明显下降，难以满足基本建设需求；从财力保障因素来看，取消农业税费后，地方政府特别是乡镇政府财政收入大幅减少，农田水利建设事权与财权无法匹配，政府有心无力；从物质保障因素来看，农田水利基本建设中特别是大型水源工程，如河道整治、道路桥梁涵闸建设等，大都具有区域性、流域性的特点，大面积、大范围、大调度的农田水利建设项目绝非一乡、一镇、一村的能力所能做到。但如果按照现行"一事一议"制度要求，对于跨区域建设项目中所覆盖的各受益乡镇村而言，很难统筹解决是否投入、投入多少等问题，建设项目推进工作难度大大增加、组织成本大大提高，甚至导致农田水利建设投入不足和投入主体缺位等现象，加之中央财政转移投入对于庞大的农村农田水利建设需求而言明显不足，最终致使农田水利设施老化失修、蓄水能力和有效灌溉面积下降、农业自然灾害风险抵御系统能力降低。这不能不说是导致我国农业自然风险防御能力下降、自然灾害频发、成灾率居高不下的重要原因。

其次，防御农业自然灾害的社会管理系统不健全，是导致农业自然灾害频发的管理机制根源。从国际经验看，农业保险和灾害救助是防御农业自然灾害和加强农业自然风险管理的最有效措施。在国家政策和财力支持下，我国农业保险经历了两次比较快的发展：第一次是 1993 年以前，在政府特别是中央财政主导下，我国农业保险较快发展，麦场火灾保险、棉花保险、烟叶保险等近百种险种在全国大面积推广。但随着始发于 1993 年的国家金融体制改革的深入，中国人民保险公司向商业性保险公司转轨，政府支农惠农保险资金大量转移退出，加之国家对农业保险发展缺乏足够配套的引导政策支持，农业保险业务迅速萎缩。据统计，2004 年，我国农业保险保费收入仅为 3.9 亿元，与 1992 年 8.7 亿元相比，减少了 4.8 亿元。① 第二次是国家针对自然灾害损失严重的实际状况，从 2004 年开始又加大了对农业保险的支持力度，各种不同经营模式和性质的农业保险公司才重新走回农村市场，特别是上海安信农业保险公司、吉林安华农业保险公司、黑龙江阳光互助保险公司、法国安盟保险公司等相继被批准筹建，农业保险才又走上快速发展轨道。据中国保险监督管理委员会官员在 2012 年 3 月 22 日全国农业保险工作会议上介绍，2007 年以来，我国农业保险五年累计保费收入超过 600 亿元，年均增速 85%；五年来，农业保险共计向 7000 多万农户支付保险赔款超过 400 亿元；2011 年我国农业保险保费收入达 173.8 亿元，同比增长 28.1%，为 1.69 亿户次农户提供风险保障 6523 亿元，农业保险已覆盖全国 31 个省、自治区、直辖市的农、林、牧、副、渔业的各个方面，成为全球第二大农业保险市场。② 但由于我国农业保险发展起步迟、保障内容多而复杂，农业保险市场发展仍然还存在很多不足。从农业保险市场需求看，农民收入整体不高、对农业保险的认知认同程度较低，农业保险有效需求不足；从农业保险市场供给看，农业保险付赔率高、风险大、理赔难、市场分散、组织和营销成本高，农业保险公司缺乏开展的积极性。当前，我国农业保险整体上仍然面临"供需双冷"的窘境，农业保险业务发展明显滞后于农村经济发展。另外，农业自然灾害救助也是我国加强农业风险管理的重要方式。农业自然灾害救助所具有的应急性、集中性等特点，对于缓解自然灾害损失压力、支持灾后重建等都发挥了重要作用。但在我国现有财政力量相对不足和农业自然灾害救助体系尚未完全形成的背景下，农业自然灾害救助特别是政府救助还存在明显不足，集中表现在两个方面：一是农业自然灾害不确定性与政府财政年度预算存在着难以调和的矛盾，难以适需满足救助需求；二是财政资源有限性决定了政府对农业自然灾害救助往往只是局限于"临时性"和"应急性"的救助③，难以从长远思考和设计能真正满足农业自然风险管理需求的长效机制。正是由于我国当前这种农业自然风险管理制度供给和运行机制保障服务不足，削弱了农业生产经营管理主体防御自然灾害冲击的能力，加重了农业自然灾害成灾率和社会危害程度。

---

① 马永伟：《马永伟：农业保险要发挥好补偿作用》，http://politics. people. com. cn/GB/1026/3225294. html，2005 年 3 月 7 日。

② 王文帅、高星：《中国农业保险五年累计保费收入超 600 亿元》，http://news. xinhua-net. com/fortune/2012-03/22/c_122870172. htm，2012 年 3 月 22 日。

③ 刘荣茂、邱敏：《我国农业自然灾害与农业政策性保险》，《灾害学》2007 年第 3 期。

再次，农业经营主体管理防范农业自然风险能力实力不足，是农业自然灾害频发和损失加重的主体性根源。农业自然风险转化为事实自然灾害一个重要因素是农业经营管理主体防御灾害冲击的能力不足。从我国目前农业经营主体来看，其能力和实力明显难以满足抵御农业自然灾害和风险的需要。一是主体思想认识不够，防范管理意识不强。虽然我国不同时期、不同地区农民都曾不同程度地感受到了农业自然灾害和风险的冲击及影响，但农业自然灾害和风险的不确定性、灾害风险防范的长期性和高成本性以及相对于灾害风险巨大危害性的自身力量的有限性，都制约了我国农业经营主体对于防范农业自然风险和抵御农业自然灾害冲击的正确认识，更多的是滋生了不健康心态和情绪。或基于灾害风险的不确定而抱有侥幸心理，或基于灾害风险的巨大危害性而感觉无能为力、听天由命，或基于灾害风险防范高成本性而抱有消极观望等待心态，等等。农业经营主体这些不健康心态和情绪势必会导致事前不注重灾害风险防范、事中缺乏有力应对灾害风险的心理准备和措施办法、事后缺乏自我救助能力，进而削弱了农村社会整体抵御灾害风险冲击的能力。二是主体社会责任感不强，防范管理水平不高。在传统农业经济社会背景下的我国农民在抗击自然灾害过程中，更多是基于自身实际利益和趋利避害本能而选择自己的风险规避行为决策，这对于个体行为选择的合理性而言原本无可厚非，但从全社会视角而言，农民抵御自然灾害的社会责任感缺失是导致自然灾害损失的重要社会根源。一方面，由于农民缺乏基于社会责任而对灾害风险规避应有的正确认识和事前防范准备，以致在面对自然灾害冲击时所表现出的社会冷漠和缺乏担当，削弱了社会整体抗击自然灾害冲击能力，无疑助长了灾害风险肆虐；另一方面，也正是农民缺乏对防御灾害冲击的社会责任意识，使之无法在生产生活实践中自觉地系统思考自身行为决策可能对诱发自然变异的客观影响，忽视了从细节上防范自然灾害风险的自觉设计，以致众多的、个别的损害行为积累最终酿制和催生了自然灾害发生。事实上，我国现阶段很多自然灾害就是因为生产生活污染和破坏性利用自然资源行为所引致的，与其说是"天灾"，不如说是"人祸"。三是主体实力不强，抵御冲击能力不够。现阶段我国农民自身经济实力、人文科技素质、灾害管理防范知识准备以及防御灾害冲击设施条件都还明显不足，抵御自然灾害冲击能力不强，自我救助和抗击灾害能力远没有达到"有备无患"的条件和水准，加之社会保障体系尚不健全，以致因灾致贫、返贫现象时有发生。因此，从抗击灾害冲击能力系统建设视角来看，现阶段我国农民管理防范农业自然风险能力实力普遍不足，是农业自然灾害频发和损失加重的主体性根源。

最后，农业自然灾害预警机制和农业自然灾害防治救助体系不健全，也是致使我国自然灾害频发和损失加重的社会体制根源。尽管政府和国家一直注重灾害管理和防范能力建设，在天气、洪涝、干旱等灾害防范预警方面取得了很多突破，但相对灾害系统管理防止要求而言，还显不足，反应机制体制还不够灵敏，技术水平和保障条件还明显不足，还不能科学、准确、快速发布自然灾害预警，灾害预警体系尚不健全。另外，从农业自然灾害救助系统来看，我国现行的农业自然灾害救灾体制最大弊病是"政出多门"。在现实灾害救助过程中，往往是各级民政部门负责灾民的日常生活救助，而生产经营损失、基础设施损失和重建则涉及发改委、水利、交通等多个管理部门。这种灾害救助管理工作的条块分割，既不能快速有效满足灾害救助需要，也不利于农业自然灾害救助工作的统一指挥和调度。加之，各管理部门之间缺乏信息沟通协调，往往导致各级政府对灾情和灾害救助工作全局信息掌握不准确、灾害救助行动反应慢、决策缺乏科学依据，致使灾害救助资源得不到最合理有效的利用，并最终影响灾害救助整体效果和社会稳定。因此，进一步建立和完善我国农业自然灾害防治和救助体系，优化农业自然灾害救助资源配置利用，提高农业自然灾害应急反应能力和灾害救助行动速度效率，是有效管控农业自然灾害影响范围、最大限度减轻自然灾害损失的重要措施和保障。

三、中国农业自然风险管理的特点

长期以来，我国人民在与自然灾害斗争中积累了丰富的管理和防控经验，也取得了明显成效，逐步建立和形成了以政府管理和政府救助为主导、社会保险与社会救助相结合的农业自然灾害管理防控体制，这对于应对自然灾害冲击、缓解灾区人民损失压力、支持灾后重建都曾发挥巨大作用，并且这种机制具有与世界上其他国家明显不同的特点：一是政府和公权的主导作用；二是社会保险的补充作用；三是社会的协调作用；四是生产自救核心。

（一）政府主导：充分发挥公共权力在灾害防治中的组织调控优势

新中国成立以来，我国政府逐步形成了以"政府统一领导，部门分工负责，上下分级管理"的救灾工作管理体制为核心的中国当代自然灾害救助制度。[①] 尽管我国灾害救助工作方针在不同时期提法有所不同，但其

---

① 孙绍骋：《中国救灾制度研究》，北京，商务印书馆，2004。

基本精神是一致的，其核心是抓好生产自救，即通过恢复和发展灾区生产克服自然灾害带来的生活困难。并以此为基础，建构了我国新时期救灾工作方针的基本内涵：救助有限，生产无穷；勤俭节约；充分发挥集体组织和群众的积极性；对灾区群众和集体无力解决的困难，政府给予必要的帮助。事实上，我国在应对自然灾害特别是重大自然灾害过程中，更多的时候也是注重发挥公共权力在灾害防治中的综合组织调控职能，选择"举全国之力支援灾区建设，促进灾区发展"的救助政策和策略，充分显示了政府主导模式下的"集中力量办大事"的政治优势。特别是从1998年长江和松花江流域特大洪涝灾害防治、2008年汶川大地震抗震救灾以及2011年旱涝灾害救助来看，更加充分体现了政府的主导作用和公共权力在灾害防治中的组织优势与调控职能，快速而有效地在全社会范围内进行了广泛的灾害救助社会动员，凝聚了灾害救助力量，协调了各部门、各地区、各利益主体关系，畅通了灾害救助物资、资金、信息流通供应渠道，提高了灾害应急处置效率和效果。

与此同时，为进一步发挥政府和公共权力在灾害防治中的主导作用，我国还制定颁布了《防震减灾法》、《国家自然灾害救助应急预案》等法律法规文件，规范灾害救助相应事项，规范设立了各类自然灾害相应的管理部门和机构，使农业自然灾害救助管理流程更加规范、责任划分进一步明确、方案规划也更加完善。

在计划经济背景下形成并发展的政府主导的集中救助模式对于集中财力物力防治重大灾害无疑具有制度优势，但随着我国市场经济体制逐步完善，国家法律法规体系不断完善，社会主义法治建设全面推进，特别是科学技术日新月异发展，广大人民群众对灾害救助的时效性、规范性、保障性和人性化的要求越来越高，创新灾害救助工作内容、方式、手段和能力，已越来越成为新形势社会灾害防治体系建设的迫切要求。特别是在处理好灾后重建与社会协调发展、灾害救助资金筹集与成本分担机制、灾害应急救助与长效机制建设、灾后生活保障与生产自救的全面贯彻落实等方面都有待进一步探索和改善，如何切实做好灾害救助、真心实意地为受灾群众解燃眉之急，雪中送炭，为他们的生活撑起一片蓝天，将成为我国灾害救助机制改革的基本方向和努力目标，逐步建立和完善政府领导、民政主管、部门配合、社会参与、功能齐全、科学高效、覆盖城乡的综合减灾防灾综合管理体系。

（二）社会保险：有效发挥市场机制在灾害防治中的补偿救助功能

我国农业保险自1982年恢复试行以来，以1992年为界，经历了由高速发展到滑坡的过程。1982～1992 年，农业保费收入由 23 万元增加到 8.6 亿元，年均递增 127%；1982～2004 年，农业保险总计约 9479 亿元，保费收入 106.36 亿元，累计赔款支出 91 亿元，为 19 亿亩粮食作物、5800 万头牲畜提供了保险保障。但从 1993 年中国人民保险公司改制为商业保险公司以后，农业保险业务迅速进入持续萎缩期。1992～2000 年，全国农业保费收入由 8.6 亿元减少至 4 亿元，8 年间减少53.6%，年均递减 10.1%。2002 年，全国农业保险保费收入为 6.4 亿元，仅占全国财产险保费收入的 0.82%，占农业生产总值的 0.04%，农业保险业务萎缩已成为明显影响和制约农业风险和灾害防范能力建设的重要因素。① 与此同时，随着农业保险业务量萎缩，大量地方农业保险机构也被普遍撤销，除中华联合保险公司和中国人民保险公司上海分公司保留了农业保险部外，其他省级分公司则先后撤销了相对独立的农业保险经营机构，农业保险的发展再次陷入新的困境。为此，2004 年，中央"一号文件"又正式把发展农业保险作为促进农业和农村经济发展的重要保障，我国农业保险迎来了新的发展高潮。中国保监会在黑龙江、吉林、上海、新疆、内蒙古、湖南、安徽、四川、浙江 9 个省（区、市）启动了农业保险试点，积极探索符合各地实际的农险经营模式，特别是"上海安信"、"黑龙江阳光互助"和"吉林安华"三家专业农险公司开业，标志着我国农业保险发展迈出了重要一步。事实证明，我国农业保险需求和市场都非常巨大，还有很大发展空间，实现了三次跃升。2005 年，我国农业保险扭转了持续萎缩局面，当年实现保险收入 7.5 亿元，同比增长89%；到 2008 年突破保险收入 100 亿元大关，实现农业保险原保险保费收入 110.7 亿元，比上年增长 1.1 倍，农业保险赔款 69 亿元，增长 1.1倍，受益农户 1098.7 万户次；2010 年，我国农业保险首次突破保险赔付 100 亿元大关，达到 100.69 亿元；2011 年，农业保险收入达到 173.8亿元，实现 6532 亿元风险保障。② 目前，全国有近 90% 的省（区、市）通过多种形式和渠道发展农业保险，已经开办农业保险险种达 160 余种，涵盖了包括种养业、农民家庭财产、人身伤害、医疗健康等涉及农民生产生活的各个领域。③ 另外，在新一轮农业保险业务发展高潮中，我国还逐步形成了五种基本农业保险模式，即以黑龙江、吉林、上海等地为代表的"专业性农业保险公司经营模式"，以新疆为代表的"保险公司自办

---

① 龙文军：《对当前中国农业保险面临的矛盾的认识》，《农业经济问题》2003 年第 4 期。
② 徐鹏：《我国农业保险发展研究》，《南昌高等专科学校学报》2012 年第 1 期。
③ 王晓燕：《浅谈农业谈我国保险的发展问题》，《安徽农业科学》2008 年第 7 期。

模式"，以江苏为代表的"政府与保险公司联办共保模式"，以浙江为代表的"共保经营与互助合作模式"和以四川为代表的"商业保险公司代办模式"。农业保险补偿已成为农民灾后恢复生产和灾区重建的重要资金来源。

尽管近年我国农业保险迅速发展，但由于我国农业保险发展起步较迟，且几经涨落，加之农业保险本身所具有巨灾风险大、经营管理成本高、赔付标准难以统一等影响，我国农业保险仍明显落后于现代农业发展需要和农民农业生产风险管理防范需求。为此，我们应借鉴国外成功经验，按照农业保险准公共产品属性，通过农民保费补贴、保险公司保费管理补贴、保险经营税收减免优惠、提供农业保险再保险、设立巨灾保险基金等措施和办法，进一步加大政府对农业自然风险的财政补贴和支持，逐步建立保费分担合理、财政支持有力的符合我国农业发展实际和需要的政策性农业保险体系，既注重发挥市场主体通过市场机制发展农业保险的杠杆调节作用，又注意调动农村经营主体自愿参加农业保险的积极性，全面增强抗击灾害风险能力。

（三）公益参与：全面弘扬公益力量在灾害防治中的人道救助精神

加强农业自然风险管理，增强抵御自然灾害能力建设还有一条非常重要的渠道，就是建立政府主导下的农业自然灾害公益救助体系，吸引和鼓励更多社会团体和力量参与农业自然灾害救助。事实证明，在农业自然灾害风险管理特别是巨灾救助中，社会公益力量已发挥重要作用，并具有很大发展潜力和空间，对于整合全社会农业自然灾害救助资源、提高救助资源使用效率和效益、缓解政府救助财政压力、促进社会公平正义、彰显以人为本和民生为重的社会治理理念、弘扬社会主义人道精神和民族精神都具有积极意义。

"一方有难，八方支援"是中华民族传统美德，是我国抗击农业自然灾害的强大精神动力和成功经验，是我国政府汇聚农业自然灾害救助力量、增强抗击农业自然灾害冲击能力、完善农业自然灾害救助体系的重要举措。通过多年实践，特别是经历了 1998 年抗洪抢险、四川汶川大地震抗震救灾、云南抗旱救灾、湖南抗冰救灾、玉树地震抗震救灾等重大灾难洗礼之后，中国公益力量在农业自然灾害救灾赈灾中表现得更加理性和成熟，逐步成为解决灾民生产生活困难、支援灾区灾后重建的重要力量，发挥着越来越重要的作用。根据国家民政部公开统计数据，截至 2009 年 2 月 12 日，社会各界向汶川地震灾区捐赠款物共计 417.42 亿元。另据民政部统计，1998 年抗洪抢险斗争中，全国各地调用抢险物料总价值 130 多亿元；民政部、中华慈善总会、中国红十字会和各地民政部门收到的各界捐款 35 亿元、捐物折款 37 亿元。① 慷慨无私、大爱无疆的社会公益自觉救助行动已成为中华民族抗击自然灾害的义举壮举，成为我国抗害救灾、防范巨灾风险的重要力量和渠道。

更难能可贵的是，我国各族人民在全面抗击自然灾害斗争实践中形成了"万众一心、众志成城，不怕困难、顽强拼搏，坚韧不拔、敢于胜利"的伟大抗洪精神和"挺得住、压不垮、站得直、向前行"的伟大抗震精神，使中华民族一切高贵美好的品格气节在共同抗击自然灾害的斗争中交相辉映，实现了时代精神和民族精神的大交融，社会主义、爱国主义和集体主义的大融合，革命英雄主义和人道主义的大汇聚；充分显现了"以人为本、生命第一的人本精神"、"万众一心、众志成城的团结精神"、"一方有难、八方支援的救助精神"、"自强不息、不畏艰难的拼搏精神"；增强了全国人民抗击自然灾害风险的团结协作能力和强大精神动力。

（四）生产自救：突出发挥灾区力量在灾害防治中的主体保障作用

对于农业自然灾害救助而言，外力的援助始终都是暂时的、有限的，而只有生产自救才是长远的、无限的，外力救助只有与生产自救紧密结合才会发挥最大效用。因此，我国政府一直高度重视灾后生产自救，并明确把它作为灾害救助基本方针和灾害救助体系建设的核心。1998 年抗洪抢险、5·12 汶川大地震抗震救灾、2008 年抗击冰雪灾害、2010 年云南抗旱救灾、2011 年玉树抗震救灾……都曾谱写了一曲曲"一方有难，八方支援"的温情赞歌，坚强有力的外部支持对于转移安置灾民、解决灾民暂时生活困难、化解灾害损失压力发挥着特殊而重要的作用，但最终取得抗击农业自然灾害最后胜利还是取决于灾区生产自救能力。强调生产自救，一方面，重点是支持和鼓励灾区人民综合利用自然和社会条件恢复生产、开展自救；另一方面，是强调政府和社会力量在援助援建工作中，要注重结合灾区生产生活实际，统筹处理眼前生活安置和长远攻坚克难的关系，在为灾区人民提供眼前必需的生活用品的同时，要充分考虑为灾区恢复生产、方便灾区人民生产自救提供必要的援助，创造必要的条件，就如同高明的医生既要为严重失血者输血、解决生命危险之虞，更要通过科学合理治疗让失血者恢复自身造血功能、强健体魄一样。强调生产自救，是因为生产自救是一项长期系统工程，在推进过程中，既要注重整体统筹规划，也要抓住生产恢复发展重点和关键环节，加强

①　王涛：《"中国富豪"：如何在慈善榜定位》，《中国工商时报》2007 年 9 月 5 日。

社会保障，促进就业创业，从企业产业、文化科教、生产生活设施、社会服务等各方面为建设美好家园奠定基础、提供保障。强调生产自救，是因为生产自救是一项需要全社会参与的义举壮举，既要注重调动灾区群众生产自救主动性、积极性，也要进一步探索和创新对口支援、重点援建、政策支持等外部援建援助机制，提高援助援建工作的针对性和有效性，使自主生产救助与外部援建有机结合。

四、中国现阶段农业自然灾害管理机制评价

总体来说，通过 40 多年建设和发展，我国农业自然灾害救助机制日趋成熟，管理机构设置更加科学，社会参与更加广泛，救助能力和水平也明显提高。但由于农业自然灾害救助特别是农业保险等市场机制还不尽完善，农业自然灾害救助体系建设方面还存在一些问题。

首先，法律支持体系不完善。在我国，农业自然灾害救助方面的相关法律规章制度还不健全，尤其是对于农业自然灾害救助及应急管理还缺乏明确的界定，特别是对于责任归属、执行标准等的界定存在明显缺陷。即使是现已出台的法律法规，也存在诸如灾害处置、灾害赔偿等实践问题，如 1998 年颁布的《防震减灾法》，关于地震后过渡性安置、灾后管理、救灾资金和物资的监管等许多内容，都还需要进一步充实和完善。

其次，管理体系不健全。当前农业自然灾害防范应急管理体系方面尚未形成一个完整的制度性框架。每当遇到农业自然灾害，往往都是由政府行政部门随时组织起来应对灾害，缺乏对农业自然灾害事前科学防范、事中有效调控、事后妥善处置机制，致使在农业自然灾害防御和救助实践中经常出现应急处置不及时、救助处置没秩序的混乱局面，如在处置 2008 年南方冰雪灾害过程中，就曾暴露出管理体系不健全的问题。

最后，基础保障不足。信息系统是农业自然灾害应急处置机制的技术核心，但我国现阶段各部门灾情信息系统技术标准不统一，口径不一致，无法实现信息共享；缺乏综合性的信息平台，对于整体的灾情信息把握不足。比如，我国 2011 年上半年旱涝急转灾情的提前预警环节的缺失，就明显导致了农业自然灾害救助工作的应急响应迟缓。资源是保证农业自然灾害应急处置机制运转的物质基础，但我国目前农业自然灾害应急救助物资储备规模不大、调剂能力较弱，特别是地方农业自然灾害救助物资仓储设施不足、库存应急物资少，难以满足农业自然灾害救助需求；加之，各地方财力强弱有别，也难保障农业自然灾害救助资金快速及时到位。

此外，我国目前处置应对重大灾情的主要依靠力量是军队和武警，地方政府虽然成立了"应急办"等专门机构，加强自然灾害等突发事件管理，但普遍缺乏装备精良、反应迅速、技术过硬的专业救灾队伍，也是影响我国防御农业自然灾害能力建设的重要原因。

第二节　农地流转对农业自然风险的影响

农地流转对于农业自然风险及其管理防范的影响主要反映在两个方面：一是农地流转发展在促进农地规模经营、提高农地资源使用效率和效益的同时，强化了农地规模经营主体对农业自然风险的管理和防范意识，增强了抗击农业自然风险的能力和技术水平。二是农地流转发展在促进农地经营规模化集约化发展的同时，更容易诱导农地规模经营主体被暂时既得经济利益激励，产生"以农地流转扩大经营规模和提高投资效益"的农地经营管理"隧道短视"；加之，我国现行农地规模经营风险管理总体水平不高、风险防控机制还不十分够健全，更容易导致规模经营主体破坏性利用农地和农业自然资源，甚至产生以牺牲农业自然条件和环境攫取即期经济效益等短期行为，使农地规模经营陷入低水平循环陷阱，进而加剧农业自然风险。

一、农地流转促使农业自然风险管理防范水平提高

（一）强化了经营主体的风险防范意识

在经历了艰辛的农地规模经营实践、激烈的市场竞争洗礼和严酷的农业自然风险考验之后，农地规模经营主体基于内在利益需求和迫于强大的外在压力，明显增强了农业自然风险防范意识。

首先，规模生产经营利益的获取和维护激励农地规模经营主体强化农业自然风险防范意识。内在利益激励始终是投资者创新经营理念、规范经营行为、改进经营方式、增强经营能力的本原动力。农地规模经营主体基于自身内在经济利益获取和维护需要，对国家有关农业自然灾害风险管理、农业生产自然环境保护等政策法规要求理解更深刻、把握更准确、实践更自觉；对农业自然风险特别是巨灾风险及其对于自身利益获取和维护所生产的负外部性影响认识更具体、体会更强烈、思考更深入，农业自然风险管理防范的内在要求明显提高，主动性和自觉性显著加强。

其次，国家有关加强抗击农业自然灾害风险能力建设政策措施要求

农地规模经营主体强化农业自然风险防范意识。从加强全社会抗击农业自然灾害风险能力体系建设的整体要求看，国家在有关农业自然灾害风险管理防范的政策法规和制度措施实施过程中，必然要求作为灾害风险直接损失对象的农地规模经营主体强化农业自然灾害风险防范意识，增强抗击农业自然灾害冲击能力，承担应负的社会义务和责任。因此，国家无论是在农地规模经营项目准入批准，还是在规模生产经营产品销售管理，都对农地规模经营主体提出了有关管理和防范农业自然灾害风险的具体要求。比如，国家基于尽可能减少农业自然灾害风险诱发因素、提高农业资源使用效率和效益等考虑，在农地规模经营项目准入管理方面，对农地规模经营项目投资主体提出了农业自然生态保护、农业自然资源能源消耗等明确要求，制定了更为严格科学的管理措施和办法，并通过严格组织实施促使农地规模经营主体强化农业自然风险防范意识。

最后，利益相关社会主体的利益需求和社会压力集团的外部监督促使农地规模经营主体强化农业自然风险防范意识。农地规模化经营发展加速了农业生产经营市场化发展，加快了城乡一体化发展进程，密切了各社会利益主体关系，特别是农业产业化经营发展使农业发展分工更加明确深化，利益链主体彼此约束和影响更加紧密而强烈。另外，农业是国民经济基础产业之一，这种产业基础地位和属性决定了农业与其他产业之间存在紧密联系，而这种产业彼此依存的紧密关系决定了其相应利益主体之间的彼此依附关系，"一荣俱荣、一损俱损"的产业及相关利益主体关系决定了共同防御和抗击农业自然灾害风险的利害关系，这种利害关系使得社会其他利益主体必然要求农地规模经营主体强化农业自然风险防范意识，增强抗击农业自然灾害风险能力。同时，农业自然灾害本身所具有的空间分布广、覆盖范围大、社会危害深等特点，也迫切需要各利益联盟加强相互合作，联合增强抵御农业自然灾害风险冲击的能力。基于此，各社会利益主体基于自身利益保护而迫切要求和期望农地规模经营主体能更加严格保护农业自然生态环境、提高自然资源使用效率效益、减少损害农业自然环境行为，最大限度降低农业自然灾害爆发概率。与此相适应，高期望值的社会预期和要求还将转化为更加健全的社会职能监管、社会舆论监督机制，进而促使农地规模经营主体变外部压力为内生需求和自觉行动。因此，集中集约的农地规模经营较之分散粗放的家庭经营而言，经营主体农业自然风险防范和农村生态环境保护意识明显提高。

（二）增强了经营主体的风险防范能力

农地流转加速发展，农地经营组织化和规模化程度提高，农业生产效益和比较效益明显提高，增强了农地规模经营主体防范和抗击农业自然灾害风险的实力和能力。首先，农地流转发展使农地经营规模化、集约化程度不断提高，农地经营规模效益和比较效益充分显现，这种内在利益激励和驱动，既强化了农地规模经营主体保护农业自然环境和防范农业自然风险的经营理念和意识，也增强了经营主体保护农业自然环境和抗击农业自然风险防范的经济实力和能力。其次，国家农地流转政策支持力度的加大和农村基础设施配套建设的不断加强，特别是社会主义新农村建设的不断推进和深入，农地规模经营主体所面对的生产技术装备、经营条件设施、宏观制度环境、社会公共服务得到显著改善，农业生产经营内外部环境不断优化，现代农业支撑保障体系逐步建立和完善，抗击农业自然灾害风险的条件设施得到保障和改善，防范和抗击农业自然灾害风险的技术水平能力和经济实力得到极大提高。最后，农地规模化经营还通过市场纽带增强了农业生产内外部分工部门和生产经营主体之间的经济联系和技术协作，密切了各利益相关主体相互合作和联系，有利于凝聚抗击农业自然灾害风险力量，形成抗击农业自然灾害风险的良性互动机制，增强农业自然灾害风险的防范和抗击合力。

（三）提升了经营主体的风险防范技术

农地流转发展，农业生产能力和经营管理水平提高，促进了农业自然灾害风险防范技术进步。首先，农地流转和规模化经营发展促进了以农业产业化经营和设施农业为基本形式的现代农业发展，而现代农业发展特别是大批现代农业技术的推广使用，明显改良了农业生产设施装备和条件，促进了农业生产力进步，为采用现代农业自然环境保护和农业自然灾害风险防范提供了物质基础条件和技术设施装备，改善了现代农业自然灾害风险防范的技术和装备条件，增强了抗击农业自然风险技术能力。其次，农地流转加快，农地规模经营和现代农业发展，变革了"靠天吃饭"的传统农业生产格局，降低了农业生产的自然依赖性，削弱了农业自然风险约束，特别是在长期抗击农业自然灾害的斗争实践中，农地规模经营主体积累了丰富的农业自然环境保护和农业自然灾害风险防范技术基础和管理经验。最后，农地规模化经营更便于集中应用和推广现代农业生产技术和自然环境保护技术，提高现代农业自然风险防范技术应用和环境保护资源使用效率。此外，集中集约的农地规模经营既节约了政府在农业自然环境保护和抵御农业自然灾害方面的投资和运行成本，也促使政府部门更加完善了对农业自然灾害的风险管理和监督机制，为有效防控农业自然灾害风险营造了良好外部环境。

二、农地流转有可能削弱农业自然风险防范能力

农地流转对于促进农地规模经营和现代农业发展、提高规模经营主体农业自然灾害风险管理和防范水平无疑都起到了积极作用，但同时也应该看到因为规模经营主体经营理念与经营方式选择之间的不匹配，有可能削弱农业自然灾害风险防范能力，甚至使农地规模经营与农业自然灾害风险防范陷入低水平循环陷阱。这种负面影响突出表现在两个方面：一是规模经营主体受近期既得利益过度激励，而掠夺性使用农业基础设施特别是农田水利设施，有可能降低原本有限的农业自然风险防范设施条件的综合利用效率；二是在石油农业发展基础上的农地规模化经营和农业资源高度集中利用，在提高农业自然风险防范门槛要求的同时，还极有可能增加农业自然风险诱致因素、提高风险发生概率。这两个方面因素的综合作用，将在很大程度上降低和削弱农业自然风险防范能力。与此同时，也还有可能因规模化生产经营使得农业自然灾害风险损失范围更加集中、程度更加厉害。因此，在加速农地流转发展、促进农地规模经营和现代农业发展同时，加强农业自然灾害风险防范已成为我国现阶段农业发展的当务之急。近年来，我国农业自然灾害频发一个重要的潜在原因就是由于农业经营方式改变不能适应或者超出了农业生态环境承载能力要求所形成和诱发的。

（一）农地流转导致农业自然灾害风险能力降低

农地流转快速发展、规模化程度不断提高，农地经营主体受规模效益的内在刺激，在千方百计提高农业生产比较效益的同时，因现代农业经营理念和方式选择不能适应农业自然环境保护要求，有可能加剧农业自然灾害风险。

首先，因受规模利益过度激励，农地经营主体在千方百计提高农作物产量和农业生产经营比较效益的同时，忽视农村生态环境保护，有可能破坏农业自然灾害自然防范机制，降低自然灾害防范能力。比如，适应规模经营需求而大量使用农业生产机械，而以石油能源消耗所支持的机械化耕作方式在提高农业生产效率的同时，也增加了大量废物排放量，特别是因大量二氧化碳排放所形成的温室效应，不仅改变区域气候条件，恶化区域气候环境，还极有可能诱发洪涝、干旱等农业自然灾害。又如，大面积、大批量使用化肥、农药，在降低农作物病虫害损失的同时，不仅污染农村水体和土壤，还有可能导致生物天敌灭亡和农业生物链破坏，进而形成"病虫害大面积出现→农药大量→自然天敌灭亡和病虫害耐药性

增强→病虫害进一步加剧"的恶性循环,从而导致农业自然病虫害风险增加。如 1985～2005 年岳阳爆发五次鼠灾①、2007 年无锡蓝藻事件②,都是我国当前积重难返的农村自然环境灾难的缩影。这些农业自然灾害爆发原因中一个重要因素就是农业资源过度利用甚至是破坏性利用致使农业自然生态链条被破坏。因此,在农地流转加快和农地规模经营发展过程中,如果长期忽视农业自然环境和生态效益甚至不惜以牺牲农业生态环境为代价、简单地运用现代技术手段而片面追求农地规模经营及其效益提高,必然导致农业自然灾害风险因素增加、风险成灾概率大幅提高,而大面积农业自然灾害爆发必然造成农地规模经营主体财富损失和社会资源的巨大浪费。此外,农业自然环境破坏加剧,自然环境自我净化和修复能力也不断下降,使农地规模经营与农业自然风险防范和农业自然环境保护陷入低水平循环陷阱。

其次,农地流转加快和农地规模经营发展,规模经营主体在统筹处理经济效益与资源环境效益、个体经济利益与社会环境利益、眼前既得利益与长期发展的关系过程中,因受选择资源型产业"隧道短视"思维影响和自我投资能力约束,加之生态资源公共产品属性影响,往往忽视农业自然风险管理长期投资和可持续发展,甚至掠夺性利用现有有限农业自然灾害风险防范设施,致使抗击农业自然灾害风险设施不足或超负载运行,进而削弱农业自然风险能力。比如,在我国现阶段农业自然风险防范条件设施建设中,仍然是政府投资占绝对优势,社会参与程度不高,农地规模经营主体作为自然风险管理投资的直接受益者投资动机和能力严重不足,制约了农业自然风险防范设施条件的建设和发展。又如,在农地规模化经营发展中,经营主体基于风险管理投资沉没成本节约在风险防范设施建设中往往习惯于因陋就简、将就凑合,忽视基础条件长期建设和维护;甚至对现有公共防洪等设施过度使用以致设施超负荷运行,降低农业自然风险综合能力。抗击灾害设施条件不足,无疑会提高农业自然风险成灾率和损失程度。③

最后,农地流转加快,农业生产经营规模化发展,农业自然风险侵害主体集中、损失程度加深、负外部影响更加明显。如果这种外部性不能够得到有效控制和矫正,将使得农村经济发展所赖以存在和发展的农

---

① 苏晓洲、丁文杰:《洞庭湖鼠患敲响生态警钟》,《瞭望新闻周刊》2007 年 7 月 16 日。
② 何淑英、徐亚同:《太湖蓝藻的成因与启示》,《上海化工》2007 年第 9 期。
③ 徐雪高、沈杰:《我国农业自然灾害风险现状、成因及应对机制》,《天府新论》2010 年第 1 期。

业自然资源枯竭和农业生产发展环境持续恶化，最终使农村经济社会失去发展基础和条件，并导致市场和政府双重失灵。相比较而言，在家庭分散经营模式下，农业自然风险损害范围相对较窄、社会危害较小、个体治理难度较低，以致在相当长的常态时期内，农业自然资源和生态环境自我修复和平衡基本能满足农业生产经营和防御农业自然灾害风险需要。但随着农地流转和农地规模经营发展，由于规模经营主体统筹资源利用与规模效益之间能力局限，使得规模化现代农业生产经营背景下的农业自然灾害风险对于个体和社会的影响范围越来越扩大、影响面源越来越复杂、影响程度越来越深刻、治理难度越来越加大，社会危害性进一步加大。①

（二）农地流转促使农业自然灾害风险管理门槛提高

农地流转加快，农地经营规模化发展，农业社会分工深化，农业自然灾害发生频率加快和危害程度加深，农业自然风险防范管理要求和技术门槛进一步提高，农业自然灾害防控能力水平和条件设施要求更加复杂。

首先，农地流转快速发展，农业生产经营规模化程度提高，农业规模效益和农地资源利用效率不断提高，农地规模经营主体所承受的农业自然资源保护特别是农业生态环境污染治理范围更加集中、治理成本更加高昂、投资规模更加扩大，规模经营主体风险管理投资日益减少。换言之，农业自然风险防范的技术要求综合性、治理成本高昂性、治理机制的协同性，从客观上抑制了规模经营主体对于农业自然灾害风险防范的投资愿望和积极性，农业自然灾害风险防范投资数量严重不足、成本分担机制不合理。一方面，因农业生产经营周期有效性和农业自然风险投资产品公共性抑制了规模经营主体投资积极性，在政府公共投资不足的背景下，农业自然风险管理与农业规模经营终将处于一种不协调发展状态，规模经营主体风险管理投资愿望进一步弱化；另一方面，因农村自然环境复杂多变、灾害损失日益加重，现阶段农业自然灾害呈现成因多元性、损害多重性、防控的复杂性，农业自然风险防范管理难度加大，技术门槛不断提高。另外，随着社会进步发展，人们对灾害防治预期提高，农业自然灾害已不再单纯是农业自然环境突变，而大多表现出综合性灾难特点，常言所说的"防大灾必防大疫"就明确要求在自然灾害救助

---

① 魏德功：《现代农业园区成长期的功能特征与风险防范》，《广西大学学报（哲学社会科学版）》2005 年第 5 期。

过程中必须加强诸如医疗卫生、生态环境、基础设施配套重建等工作，这又从客观上进一步弱化了规模经营主体防范农业自然灾害的主观愿望和客观责任感。规模经营主体投资主观预期与现实愿望之间的矛盾抑制了农业自然风险防范投资行为，投资不足将降低农业自然风险防范能力建设。

其次，伴随现代农业发展，农业生产规模化集约化程度提高，农地规模经营主体利益和风险社会损害进一步强化和刚化了农业自然风险对于农地流转发展和农村经济发展的瓶颈制约作用。农地流转和农地规模经营发展，使农地规模经营主体既要面对和承担农业自然灾害的损失，也要承担因自身经营对农业自然资源和生态环境破坏性利用所形成的对社会及其他社会主体的自然资源和生态环境保护责任，还要承担其他规模经营主体因无偿占有农村生态资源所致环境破坏损失和额外成本。过高的农业自然资源利用和生态环境治理成本以及长期形成的忽视环境保护的短视行为造成的损失降低了规模经营主体经营效益，削弱了农业经营主体对农业自然灾害风险的防范能力，抑制了农地规模经营主体自我持续发展能力和抗击自然灾害风险能力。特别是自然灾害的巨灾性和残酷无情常常使经营主体"一灾返贫"，从负面刚化了农业经营主体生产和投资积极性，抑制了农村经济发展，降低了经营主体自我风险管理能力。

最后，由于农地规模经营和现代农业发展，农业自然资源和环境保护交互作用和影响，农业自然灾害风险不再是传统意义上的单纯自然灾害，而往往是由于自然突变因素与人为破坏因素的相互作用，使得农业自然灾害风险与人为诱因风险并行存在、相互糅杂，甚至彼此互为因果、前后相继、推波助澜，既增加了农业自然灾害风险破坏性影响，又增加了农业自然灾害风险防范技术能力要求和综合治理管控难度。[①]

（三）农地流转导致农业自然灾害风险因素增加

农地流转发展对于农业自然灾害风险管理的另一个负面影响表现为农地规模经营主体因过分追求片面规模经济效益，而忽视农业自然资源保护利用和生态环境效益，加之，过高的甚至个体无法承担的农业自然灾害风险防范治理成本的客观制约，以致农地流转和农地规模经营有可能在一定范围和程度上增加农业自然灾害风险因素、加速风险因素危机化转化进程、加剧自然灾害风险对农地经营主体利益损失和社会危害程度。具体内容参见本书第八章第二节"农地流转增加了农村生态风险因素"中的相关阐述。

---

① 王国敏：《农业自然灾害的风险管理和防范体系建设》，《社会科学研究》2007 年第 4 期。

第三节 农业自然风险管理与防范

应对和防范外部破坏性极强的农业自然风险，关键在于增强和提高人类抗击农业自然灾害风险能力。加强抗击自然灾害能力建设，既要加强基本条件保障建设，也要提高风险抗击主体自身能力，还要提高抗击风险技术水平，更要完善全社会协同参与的运行机制体制。从当前我国农业发展水平和能力来看，就是要突出抓好四个方面工作：一是加强农业基础设施建设，强化条件保障，增强风险抵御能力；二是培育农村市场主体，完善农业自然风险成本分担机制，降低风险损失；三是推进科技创新，增强风险防范技术水平，提高农业自然风险综合治理能力；四是建立和完善预警机制，注重事前干预和管理，增强农业自然风险防范的针对性和有效性。

一、加强农业基础设施建设，强化风险防御条件保障

尽管近些年来国家对农业基础设施建设投入不断增加，我国农村农田水利设施也有了较大程度改善。但总体来说，由于历史欠账较多，特别是家庭承包经营以后，相当长时期内农业基础设施投资不足，农业基础设施建设相对于现代农业发展而言，总体上依然薄弱，既难以满足现代农业发展的实践需要，也难以保障防范农业自然风险的客观需要。针对我国目前农业基础设施依然薄弱的特点，今后应该服从和服务于"高产、优质、高效、生态、安全"农业发展目标，进一步提高农业设施装备水平，特别要重点抓好以下几个方面工作。

第一，加强水利工程建设。"水利是农业的命脉"。2007年中央"一号文件"《中共中央、国务院关于积极发展现代农业扎实推进社会主义新农村建设的若干意见》也明确提出，要用现代物质条件装备农业，提高农业水利化、机械化和信息化水平。具体说，就是要进一步加强灌区续建配套和节水改造、排涝泵站等工程建设，提高抗旱排涝能力和水资源的利用效率；就是要加大病险水库除险加固的力度，提高防洪和供水能力；就是要重视江河堤防加固和蓄洪区安全建设，提高江河防洪标准；就是要加强水土保持工程建设，减轻水土流失；就是要在水资源比较丰富的流域和地区，建设一批新的水库和灌区，扩大灌溉面积；就是要在水资源短缺的流域和地区，搞好节水增效工程建设，在水资源利用上，同时还要改进灌溉方式，防止过度利用地表水和地下水，避免对江河下游生

态和地下水环境造成不利影响。①

第二，推进耕地质量改善和保护。耕地数量和质量是保障国家粮食安全的最基本条件，要在确保"18亿亩耕地数量红线"的基础上通过耕地整理、轮作休耕、鼓励有机肥使用等措施保护和提高耕地质量。② 通过实施大型商品粮生产基地工程、优质粮食产业工程、农业综合开发工程、沃土工程、基本农田保护建设、农业科技园建设等项目和工程，从多方面改善农业生产基础条件，统筹建设旱涝保收、高产稳产的高标准、高质量农田；通过实施有机肥积造和水肥一体化设施建设，改善水、肥、气、热等生产因素在农田耕作过程中的耦合条件；通过保护性耕作方式推广，支持和鼓励农地经营主体实施秸秆还田和增施有机肥，提高耕地自然肥力，保护和提高耕地质量。

第三，大力发展农业机械化。农业机械在降低劳动强度、提高生产效率、防御自然灾害等方面都具有重要作用，也是现代农业发展的必备设施。通过进一步加大农机具补贴力度，加大现代先进农业装备推广，改善农业耕作设施和风险防范装备；通过加大先进农业机械化装备研发和推广应用力度，不断提高机耕、机播、机管、机收、机运水平，适应区域现代农业发展实际需要；通过重点发展大中型拖拉机、多功能运用型高效联合收割机及各种专用农机产品，适应规模化生产发展需要；通过加快农机行业技术创新和结构调整，大力发展适应节水节肥、水稻插秧、土地深松、化肥深施、秸秆粉碎还田和汽化需要的新型现代技术农业机械，降低农业设施风险。

第四，增强农业可持续发展能力。农业可持续发展能力建设既是全面、科学、可持续保障国家粮食安全的需要，也是提高规模经营效益和农业自然风险防范能力的需要。增强农业可持续发展能力的关键就是要统筹提高农业生产力与保护农业生产经营环境间的关系，提高农业生产经营效益。当前，工作重点就是通过加强天然林资源保护、山地退耕还林、湖区退耕还湖、大西北风沙源治理、三线防护林体系、湿地保护与修复、石漠化地区综合治理以及三江源和青海湖等生态林业生态工程建设，提高农业持续发展能力，降低因环境改变所致农业自然灾害风险。同时，还通过退耕还牧、轮养修养等措施加强草原生态治理工程建设，

---

① 《中共中央、国务院关于积极发展现代农业扎实推进社会主义新农村建设的若干意见》，http://www.gov.cn/gongbao/content/2007/content_548921.htm，2007年1月29日。

② 黄贤金、朱道林、于丽娜、毛志红：《耕地"提质"正当时——耕地质量建设与管理大家谈》，《中国国土资源报》2012年1月5日。

既增强畜牧业发展能力，又优化主要大江大河上游生态环境和植被，降低风沙、泥石流、土壤沙化等农业自然灾害风险。

第五，提高动植物病虫害防治水平。动植物病虫病害综合防治是农业生产经营增产增效的重要手段，也是防控农业病虫害灾害风险的主要渠道。通过积极实施植保工程、动物防疫体系等工程建设，加快完善动植物病虫害监测预警、检验监督、控制扑灭、技术支撑以及物资保障系统，增强防范动植物病虫害灾害风险能力；通过积极有效防控蝗虫、稻飞虱、小麦条锈病等病虫害以及高致病性禽流感等畜禽疫病和人畜共患病，减少农业自然灾害风险损失；通过发展健康生态养殖技术攻关、高效水产养殖示范等工程，防控重大水生动植物病害，降低风险损失；通过提高动植物检验检疫能力、加强动植物检验检疫中心条件建设、加大高素质专业技术人员培养等措施，有效阻止和控制外来检疫性有害农业生物传入和蔓延，降低输入性农业自然灾害风险。

二、推进农业保险体系建设，增强风险抵御保障能力

农业保险体系建设是化解和抗击农业自然风险的有效手段，是抗击农业自然风险能力体系建设的重要组成部分。大力发展和完善农业保险对于降低农业生产经营风险，建立农民增收长效机制，促进我国农业和农村经济发展，保障国家粮食安全乃至经济安全，都具有非常重要的作用。近年来，通过政府加大支持，我国农业保险体系建设得到较快发展。一方面，党和国家高度重视和关注农业保险发展。2006 年，国务院颁布的《关于保险业改革发展的若干意见》（国发〔2006〕23 号）明确提出，要"逐步建立政策性农业保险与财政补助相结合的农业风险防范与救助机制，探索中央和地方财政对农户投保给予补贴的方式、品种和比例，对保险公司经营的政策性农业保险适当给予经营管理费补贴"。2007 年，中央"一号文件"又明确要求"积极发展农业保险，按照政府引导、政策支持、市场运作、农民自愿的原则，建立完善农业保险体系。扩大农业政策性保险试点范围，各级财政对农户参加农业保险给予保费补贴，完善农业巨灾风险转移分摊机制，探索建立中央、地方财政支持的农业再保险体系。鼓励龙头企业、中介组织帮助农户参加农业保险"。另一方面，我国政府按照"自主自愿、市场运作、共同负担、稳步推进"原则，在内蒙古、吉林、江苏、湖南、新疆和四川六省区开展政策性农业保险试点，已取得明显进展。[1] 国家层面，农业保险支持力度逐年加大，支持范围

---

[1]　尹招华：《湖南省政策性农业保险的调查与思考》，《中国财政》2009 年第 5 期。

逐步扩展。2006 年，国家提供农业、农村、农民风险保障 700 多亿元，同比增长一倍多；2007 年，国家进一步加大支持力度，由财政部制定下发了《中央财政农业保险保费补贴试点管理办法》，并安排 10 亿元支农专项资金，用于农民农业保险购买补贴。六个试点省区大胆创新，积极探索成功经验。例如，四川省成都市，在八个区（市）县开展水稻保险试点工作，首批参加水稻保险试点的种植面积约 2 万亩，成都市、县两级政府给予了 6.2 元/亩的保费补贴，农民自己只需要承担 1 元/亩的农业保险费用，这种水稻保险的实施，对防范农业自然风险、促进农业生产经营、保障种粮农民利益，起到较好引导和推动作用。①

但由于我国农业保险发展起步较晚以及农业自然灾害风险种类多、发生频率高、损失大的原因，加之农业生产经营所具有的经营主体散、覆盖范围广、比较效益低、野外作业多等特点和原因，使得农业保险承保、定损、理赔难度大，组织成本高，特别是农业自然灾害风险所具有的巨灾性风险，使得农业保险投资本身风险和成本相对较高，制约了农业保险体系的发展和完善。我国农业保险发展整体呈现出保险金额低、责任范围小、险种业务单一、保费高、投资少和参保意识不强等特点。究其根源在于农业保险经营投资供给不足和保险业务有效需求不旺。因此，加强农业保险体系建设，应做到以下几点。

第一，促进和保障农业保险经营机构健康发展。农业保险机构的经营水平会直接影响到农业保险的发展速度。对农业保险机构来说，一是根据区域农业发展的特点和需要，特别是投保主体风险防范需要设计险种，提高保险业务的针对性，使投保主体在风险防范收益和实惠中增强保险参与积极性，拓展保险业务和责任范围。二是利用再保险避免巨灾发生时给保险人带来的高额赔偿风险，解决高赔付率问题。三是通过建立专门评估机制来区别保险标的不同风险水平，收取相应风险保费，保障保险收益；通过在条款中设计无赔款优待等技术手段减少逆选择带来的不利影响；通过教育和宣传、制定配套农业政策等鼓励广大低风险农户参保，尽量增加风险单位以分摊风险损失，形成规模效益。四是通过在农业经济较发达地区开展农业保险和重点发展经济价值高的农作物和养殖业承保业务，积累管理经验，完善管理体制，提高经营管理水平，增强自我发展能力。

第二，加大政策支持力度，有效控制市场失灵。政策性农业保险是

---

① 　舒抒、吴凤：《给水稻买保险政府补贴 6.2 元/亩》，《成都商报》2007 年 6 月 12 日。

以"政府主导、市场运作、农民自愿"为原则，不同于纯商业保险行为，农业保险市场失灵，需要政府发挥职能进行调节，政策性保险商业化经营是国外调节农业保险市场的成功办法。在具体操作上我们要着重做好以下几方面的工作：一是加强农业保险立法和制度完善，政府应制定相关的法律法规，以保证农业保险的顺利开展；二是继续提高财政对保费的补贴额度，对粮食、油料、肉、禽等关系国计民生的主要农产品宜给予100％的补贴；对其他一些具有地方特色的农产品，在现有基础上再适当提高保费补贴；三是加大对开展政策性农业保险所致亏损经营机构的财政补贴；四是扩大以险养险范围，以其盈利弥补农业保险亏损，促进农业保险可持续发展。

第三，完善再保险机制，分散巨灾风险。农业保险风险较大、赔付较高，是制约农业保险投资的关键。由于保险经营主体面对农业的非系统性风险需要独自承受高额经营成本，遇到特大自然灾害时更是回天无力，没有农业再保险的支持很难发展。因此，政府一方面可以通过财政直接补贴等优惠政策来吸收保险机构以扩大风险分散面；另一方面可建立完善的农业保险再保险机制，以进一步增强抵御大灾风险的能力，支持农业保险的发展。具体可以通过以下两种方式进行：一是国家和地方政府采取财政拨款或补贴方式，建立巨灾专项风险基金，以应对不可预见的重大自然灾害的发生，在巨灾发生时能迅速开展生产自救，在最短的时间里把赈灾款发放到每一位保户手中；二是发展保险衍生产品，增强保险主体自身抗风险能力。

第四，加强宣传，提高农业经营主体保险意识。各级农业保险经营机构应加大宣传，使农业经营主体从多方面认识到减灾的可能性和可行性。目前，人们对保险的认识主要来自大灾后的保险赔付，层次还比较浅，自觉性还不强。政府和保险经营机构应加大宣传力度，提高农业经营主体对农业保险职能的认识，使其深刻体会到，保险是稳定生活、恢复生产、保障经济有效的风险管理手段，进而提高参加农业保险的自觉性和积极性。在实践中，农业保险宣传可以通过农业保险知识普及教育、典型案例分析，突出宣传农业灾害保险在抗灾、救灾与恢复生产、经济建设中不可替代的作用。

第五，创新险种，增强农业保险吸引力。农业保险体系建设和发展在原则上应做到低保费、低保障、宽责任，农民易于接受。因此，农业保险机构应充分遵循保险市场经济规律，加大对保险险种的技术改造和创新，重点开发一些收费低、保额低、责任宽的适销对路的新险种，满足农业经营主体需要；同时，还应根据农业保险的基本类型针对不同目标市场需求设计不同的险种。

第六，建立风险分散机制，筹资设立农业巨灾保险基金。由于农业保险的风险大、区域性强，一旦发生灾害可能会在短时间内给多个区域保险标的同时造成巨大损失，所以农业保险的风险分散十分重要。各国在开展农业保险时都建立有效的农业风险分散机制，通过再保险或者农业风险基金等形式来分散农业保险经营者的风险[①]，这也是农业保险制度的重要内容。目前，做农业再保险业务比较困难，购买商业再保险成本较高，这也是各地在保险试点中遇到的一个普遍性问题。国家提出建立中央、地方财政支持的农业再保险体系，这是我国建立农业风险分散机制的最佳途径。除建立国内农业保险的风险分散机制外，各保险主体还可积极探寻与国际再保险企业的合作，将农业风险向更大范围扩散。

三、推进农业科技创新，增强风险抵御技术水平

随着农地流转的发展，我国农业正逐渐向着生产规模化、品种专业化、经营产业化、服务社会化的方向发展，现代农业技术大规模推广使用。生物遗传技术在农业上的应用已取得重大进展，为种质创新、生态保护、农业灾害防治等创造了新的条件和物质基础。3S技术、网络技术等信息技术的使用，为农业生产向"精准化"发展提供了新的技术支持。进一步加快农业科技创新，将大大提高农业生产能力和水平，降低农业自然风险。

农业最重要的产业特性是生物性，推进农业科技创新，首先必须大力发展生物科技特别是以育种技术、基因工程技术、生物信息技术为核心的现代生物技术，促进现代生物农业发展，降低农业自然生物属性的约束和风险。人口多、人均耕地资源少的国情也决定了我国现阶段无论是转变农业经济增长方式、保护农业自然生态环境、防范农业生物自然风险，还是保障国家粮食安全，都客观上要求我们必须加快现代生物农业技术研发应用，推动现代生物技术农业又好又快发展。另外，从当今国际国内现代农业发展来看，现代生物技术已大规模进入农业产业化经营全过程，成为现代农业发展的核心技术基础。例如，转基因生物技术大量推广应用，大幅度提高了农作物产量和生物性能。据统计，近十年来，全球转基因农作物种植面积增长了50多倍。据国际农业生物技术应

---

①　陈玲：《我国农业再保险制度建立问题的相关问题研究》，《特区经济》2009年第9期。

用服务组织(ISAAA)2012年2月8日公布的报告显示,2011年,全球转基因农作物种植面积达到1.6亿公顷,同比增长8%;其中巴西以19%的增速领跑,种植面积增至3030万公顷。美国一直是全球农业生物技术的领头羊,2011年,转基因作物种植面积达6900公顷,增幅3%,玉米、大豆、棉花和油菜籽四大商业性转基因农作物产量目前在美国已达到90%。[①] 又如,杂交水稻繁育种植技术大面积推广应用,为解决13亿中国人口吃饭问题作出了巨大贡献。根据国务院2012年7月印发的《"十二五"国家战略性新兴产业发展规划》(国发〔2012〕28号)要求,生物农业产业要"围绕保障粮食安全和促进现代农业发展,完善育种科学设施体系,加强生物育种技术研发和产业化,加快高产、优质、多抗、高效动植物新品种培育及应用,推动育繁推一体化的现代育种企业发展,着力提升种业竞争力;积极推进生物兽药及疫苗、生物农药、生物肥料、生物饲料等绿色农用产品研发及产业化,为我国农业发展提供重要支撑",并通过"加快实施转基因生物新品种培育科技重大专项;突破转基因育种、航天育种、分子标记育种、重离子辐照育种等生物育种和绿色农用生物制品关键技术,加快开发重要农业生物新品种,以及农业生产重大疫病防治新型疫苗、生物农药等绿色农用产品"。

其次,要大力发展现代农业装备技术,提高农业机械化、现代化水平,增强抗击农业自然风险能力。我国现代农业发展实践证明,加快现代农业装备技术和设施农业发展,对于改善农业生产条件和作物生长环境、提高农业生产效率和效益发挥了重要作用。由于我国幅员辽阔、区域自然条件和农业经济发展水平差异加大,现代农业装备技术既要适应区域自然条件需要,也要突出农业产业特点。一方面,要结合区域农业技术装备推广使用条件和农业生产工艺特点,促进现代农业装备技术研发和推广应用。我国传统农艺是精耕细作,但各地千差万别,具有不统一性和不稳定性的特点,必须在生产专业化基础上稳定农业生产工艺,使现代农业装备技术与现代农业生产工艺结合起来,形成良好的现代农业装备技术成果转化应用环境。另一方面,要按照效益最大化原则,在加快现代农业装备技术成果转化应用的基础上,提高农业生产部门内部的专业化,规划治理农田水利和道路,提高劳动者文化技术水平,形成现代农业装备技术成果转化应用的综合配套机制和格局,实现现代农业

[①] 孙雷心:《国际农业生物技术应用服务组织发布转基因作物年度发展报告》,《中国农业科学》2012年第4期。

生产装备技术与配套装备技术集成，提高现代农业装备技术转化应用的综合经济效益。

最后，要大力发展农业信息技术，提高农业生产信息化水平，消除农业信息屏障，增强农业自然风险防范能力和水平。无论是农业自然风险管理，还是农业经济市场化发展，都需要有充分的农业信息为支撑，提高农业信息技术水平已成为推进农业标准化、数字化发展的重要基础，发展农业信息科技对于现代农业发展具有十分重要的意义。所谓农业信息技术，就是在农业生产过程中大量使用到的信息科学技术，具体包括获取、记录、加工、存储、传播农业信息的技术。简言之，农业信息技术就是提供农业信息服务的技术。事实上，随着现代农业发展和农村信息化进程加快，农业信息技术在农业生产经营管理中发挥着越来越重要的作用。在传统农业社会，由于市场信息不完全，农地经营者往往只能根据上年度市场价格信息进行生产经营决策和组织生产，加之农业生产过程固有的周期性特点，使得生产经营很难快速适应市场发展需要，呈现出明显的滞后性特点。另外，由于市场信息不完全，农地经营者在价格竞争和市场博弈中始终处于信息劣势，制约了农地流转和农业生产发展。因此，加快农业信息技术发展，充分发挥信息科学技术在农业生产、经营、销售、存储以及管理中的积极作用，既有利于改变农地经营主体的信息地位，增强市场竞争能力，促进农业信息化发展，也有利于现代农业发展支持保障体系建设，提高农业自然风险防范管理能力。

四、完善灾害预警应急体系，降低风险损失

农业自然灾害风险既具有不可避免性，但也是可以预警和防范的。面对不可避免的农业自然灾害风险，加大风险预警和应急机制建设，是降低甚至避免风险损失的有效手段。一方面，要根据农业自然灾害风险成因及类型，加强气象预警、地震监测、海洋灾害预警、农业病虫灾害预警等农业自然灾害风险预警机制；另一方面，要根据预测预警建立相应的应急机制，积极组织抗灾救灾并及时处理灾害发生过程中可能造成的生命财产风险。近年来，我国在农业自然灾害风险防范体系建设方面取得了较大成效，从中央到地方都建立了农业自然灾害专门管理机构和相应预警、应急体系，如大风海浪预报、高温警报、防雾防冻警报等，对于防范农业自然灾害风险发挥了积极作用。

完善农业自然灾害预警体系，首先必须加强和改善气象预警和应急工作。气象与农业发展有着天然的高度关联性。农业科技迅速发展，农

业生产力不断提高，农业对自然条件的依赖有所降低，但土地、气候等自然资源依然是影响农业发展的基础性资源。其中，气象资源对于农业发展的约束更加明显。气候资源一方面为作物生长和农业发展提供良好的自然条件；另一方面，也是受人类污染最为严重和明显的资源，特别是大量二氧化碳排放所形成的"温室效应"，使得全球气候发生重大改变，如全球变暖、冰川融化等，气候特别是灾难性气候已成为制约农业生产发展的重要外部因素。因此，我国明确提出，要坚持把气象资源作为基础性自然资源、战略性经济资源和公共性社会资源来利用，不断完善服务内容，改进服务方式，提高服务质量。一是积极开展农业气象服务工作。在天气和气候预测预报、粮食产量评估和预报等方面，近年来取得了很好的效果，应该总结经验，完善设施，提高水平。同时，在做好农作物重大病虫害气象监测预测实时服务，利用卫星遥感和相关技术开展旱情监测和预测预报等方面，也很有必要和大有潜力，应该进一步加强设施建设和提高服务水平。二是开展气候变化研究，积极应对极端天气气候事件对农业生产带来的危害，这既是当务之急，也是战略性任务，在与其他业务结合的同时，要根据需要和可能，充实、完善设施和创新机制。为科学指导农业生产，还应进一步加强对地区农业气候资源网格的细化工作。三是积极开展人工影响天气工作。在干旱缺水地区，要积极开展飞机、火箭和高炮增雨作业，大力开发利用空中云水资源。同时，要进一步完善防雹作业布局，加强人工防雹工作。在遇到森林草原火灾等重大突发事件时，要充分利用有利的天气条件，开展人工影响天气应急作业。

其次，完善农业自然灾害预警体系，还必须加强和改善地质灾害预警和应急工作。与农业生产和自然气候密切相关的另一种资源就土地资源。而对土地资源造成破坏的自然灾害主要是地质灾害，如火山爆发、地质塌陷裂变突变、地震以及泥石流等。一是根据地质变化规律发展地质监测监控技术，加强地质变化监测监控，提高地质灾害预警及应对能力，及时做好转移安置工作，最大限度降低地质灾害发生风险及风险损失。二是结合气象预警做好相应地质变化监测，做好如山崩、塌方、泥石流等地质灾害预警和应急处置，降低风险发生概率和风险损失。三是结合海洋气象风险预警做好沿海地区潮汐、地震等地质灾害变化风险预警和应急处置。

最后，完善农业自然灾害预警体系，还必须加强和改善生物病虫灾害预警和应急工作。与农业生产密切相关、发生概率较大的自然灾害还有农作物病虫害。农作物病虫害是在农业生产中因农作物生长环境和生长机理发生异变所引发的灾害性变化，既有作物生长周期内部机理异变的原因，也有作物外部生长环境突变的因素。加强和改善生物病虫害预警和应急工作，一是要根据农作物生长周期变化，及时发布病害疫情预警，并选择最合适的防范措施；二是根据作物生长环境变化规律以及外部环境突变可能，及时做好虫情预警，并采取相应应急预案措施，降低病虫害风险发生概率和风险损失。

第十章　农地流转风险评价

通过前面章节分析，农地流转无疑存在风险。但风险发生概率多大、风险损失是否形成，都需要我们对风险进行全面准确的评估和评价。现实生活中，对一个事物、对一个问题的评价很难用一个因素来说明，一般都会涉及多个因素，综合多个因素对事物作出评价判断的方法就是综合评价法。其逻辑通常是建立指标体系来进行估算，把所有的指标都综合成为一个指数，并以这个指数具体说明某个事物的基本状况。近年来，这种多指标综合评价法在生活中得到了广泛的应用，从现有的研究来看，大体可分为静态综合评价法和动态综合评价法两类。本章将在前文各章节关于农地流转诸类风险研究的基础上，采用多指标综合评价法，量化各相关指标，进而对我国若干地区农地流转风险状况进行客观评价。

第一节　农地流转风险评价方法

一、静态综合评价法

静态综合评价法又包括客观赋权评价法和主观赋权评价法。客观赋权评价法主要有：主成分分析法、TOPSIS 法和灰色关联度法；主观赋权评价法主要有：模糊综合评判法和层次分析法。主观赋权评价法和客观赋权评价法各有其优势，也有其缺点：主观赋权评价法可以同时对定量和定性的指标进行评价，具有选择面广、信息全面等特性，能够综合描述某一事物的发展特征。然而主观赋权评价法，带有一定的主观色彩，因此在评价过程中不同的人选择的权重有所不同，可能对结果造成一定的偏差。相比主观赋权评价法，客观赋权评价法可以有效地避免主观色彩因素的影响。不过客观赋权评价法需要拥有一定的数据库，可是很多信息无法用数据来描述，因此在评价过程中会造成很多有用的信息不能体现在模型中，因此也会对结果造成影响。

（一）主观赋权综合评价法

层次分析法（Analytic Hierachy Process，AHP）是由著名运筹学家萨迪（T. L. Satyr）在 20 世纪 70 年代提出的，最初是用于解决"美国的电力分配情况"。如今逐渐发展，成为各个学科研究所需的重要方法之一。是一种定量与定性相结合的分析方法，可以对那些难以用数据表达的指标根据专家的经验予以量化。这大大提高了对事情的评判的标准。因此在风险评价和评估中得到了广泛应用。层次分析法将多目标决策看作一个总目标体系，然后把总目标体系分成两个及以上小目标，再进一步将小目标继续分成若干层次，并通过相关指标来体现，再对这些指标赋予权重，最后通过模糊量化等方法计算出单排序、总排序，以作为多指标、多方案优化的方法。

这种方法简单实用，使复杂的系统简单化，所需数据信息量较少，便于人们接受，能使多目标、多准则又难以全部量化处理的决策问题化为多层次单目标问题，仅仅通过两两比较便能确定同一层次元素相对上一层次元素的数量关系。

模糊综合评判法（Fuzzy Comprehensive Evaluation，FCE）是美国著名学者查德（L. A. Sade）在 1965 年首次提出，该方法第一次把模糊的概念用数学语言来描述。这种方法有效结合了数学和模糊的概念，可以将一些难以量化、边界不清的指标结合经验予以量化。它的特点是可以对每一个被评价的对象进行单独评价，得到每个被评价对象的评价值，不会受到所处对象的影响。因此可以对所有的对象进行排序，从而从所有对象中选择最优的对象。具体评价步骤如下：首先确定被评价的对象的指标体系和评价等级；然后，分别确定每个指标的隶属度向量和权重，从而得到模糊评判矩阵；最后将指标权向量、模糊评判矩阵进行归一化处理，就得到了最终的模糊评价综合指数。

（二）客观赋权综合评价法

TOPSIS 评价法（Technique for Order Preference by Similarity to Ideal Solution，TOPSIS），是由 Hwang 和 Yoon 于 1981 年首次提出的，后来 Laietal 于 1994 年将 TOPSIS 的观念转为应用于规划面之多目标决策（Multiple Objective Decision-making，MODM）问题上。TOPSIS 评价法是有限方案多目标决策分析中常用的一种科学方法。

该方法首先把数据进行规范化处理，然后寻找出目标中最优目标和最差目标，再计算各评价目标与两类目标之间的距离，获得各目标与理想解的贴近度，按理想解贴近度的大小排序，以此作为评价目标优劣的依据。它是一种理想目标相似性的顺序选优技术，在多目标决策中是一种非常有效的方法。该方法评价出的目标贴近度范围是[0，1]，该值越接近 1，表示评价目标越接近最优水平；反之，该值越接近 0，表示评价目标越接近最劣水平。这里的理想解是一种最优的解，这种解可使各属性到达各备选方案中的最优状态。

该方法已经在土地利用规划、战略选择评估、风险项目投资等众多领域得到成功应用，明显提高了多目标决策分析的科学性、准确性和可操作性。

灰色关联度分析法（Grey Relational Analysis，GRA）是由我国学者邓聚龙在 1982 年提出，该方法基于灰色系统的灰色过程，是动态分析的一种。它的主要原理在于观测两个因素之间的变化情况来确定两者之间的关联度大小，即如果两个因子变动趋势一致，则两者相关度就高；两者变动趋势不一致，则两者关联度就低。通过这种不同元素之间关联度大小的比较，确定哪种因素是影响最大的主因素。这种方法优点在于利用简单，仅通过不同因素相关性的比较来判定，是现代统计学中比较常用的评价方法。

主成分分析法（Principal Component Analysis，PCA）是由皮尔逊（K. Pearson）在 1901 年提出，当时主成分分析法主要用于非随机变量，后来，霍蒂林（Hostelling）在 1933 年将此方法应用到随机向量。主成分分析方法的重要原理就是降维，即把多个指标转化为少数或一个指标。它是一个线性变换，这个变换需要把数据重现转换到另外一个新的坐标系统，从而使得任何一个数据投影的第一大方差在第一个坐标上（表示第一主成分），第二大方差在第二个坐标上（表示第二主成分），由此类推。主成分分析经常经过不断减少数据集的维数，使数据集对方差的贡献最大，以达到最终评价目的。

二、动态综合评价法

在现实的经济管理与评价中，经常遇到这样的问题：对同一个对象评价，随着时间的发展与数据的积累，人们拥有大量的按时间顺序排列的平面数据表序列，称为"时序立体数据表"。有时序立体数据支持的综合评价问题，参数值大多是动态的，这类评价被定义为"动态综合评价"问题。[①] 动态综合评价法主要分为两种：一种是综合评价结果的动态化，即采用相同的评价方法在不同的时点对研究对象进行连续的评价，将评价结果构造成一组"序列"，也称狭义的动态化；第二类是评价技术的动

---

① 曲常胜、毕军、黄蕾等：《我国区域环境风险动态综合评价研究》，《北京大学学报（自然科学版）》2010 年第 3 期。

态化，即对构成综合评价的各个环节实行动态化处理，可以是一个环节或全部环节的动态化，如根据现象的发展阶段采用变化的权重、变化的评价标准，甚至变化的评价指标体系，也称广义的动态化。[1] 动态综合评价法往往以静态综合评价法为基础，动态综合评价问题是一类很有现实意义和应用价值的决策问题，但是研究成果尚不多见。

在多指标动态综合评价中，时序立体数据可以看成由指标、评价对象和时间构成的三维数据组成。现代前沿动态综合评价技术有二次加权评价法和前置综合法。它们都是采用时序 TOWA（或 TOWGA）算子，算子的时间诱导分量 $u_i(i \in N)$ 按距评价时刻由远及近的顺序排列；数据分量 $a_i(i \in N)$ 则赋予指标数据值。[2]

（一）二次加权评价法

二次加权评价法是采用两次加权进行综合的方法，第一次加权综合的目的是突出每个指标在不同时刻的重要性，而第二次加权综合是在第一次加权综合的基础上，着重突出时间维度的重要性。[3] 通过采用客观赋权法和主观赋权法，给出时刻指标权重系数，由给定的综合评价模型求出系统在某一时刻所处的综合评价值，并采用 TOWA 或者 TOWGA 算子得到最后评价值。若 $W = (w_1, w_2, w_3, \cdots, w_p)^T$ 表示时间权向量，b_{ik} 表示 k 时刻所对应的 TOWA 或者 TOWGA 对中的指标值 $y_i(t_k)$（$k = 1, 2, \cdots, p$），则系统的最终评价值 h_i 可以表示为：

$$h_i = F[\langle t_1, y_i(t_1) \rangle, \langle t_2, y_i(t_2) \rangle, \cdots, \langle t_n, y_i(t_p) \rangle]$$

$$= \sum_{k=1}^{p} w_k b_{ik}, \quad i = 1, 2, 3, \cdots, n \tag{10.1}$$

或

$$h_i = G[\langle t_1, y_i(t_1) \rangle, \langle t_2, y_i(t_2) \rangle, \cdots, \langle t_n, y_i(t_p) \rangle]$$

$$= \prod_{k=1}^{p} b_{ik}^{w_k}, \quad i = 1, 2, 3, \cdots, n \tag{10.2}$$

（二）前置综合法

首先，我们通过引入 TOWA 或者 TOWGA 算子对数据进行"时间维"的综合。即：

$$x_{ij} = F[\langle t_1, x_{ij}(t_1) \rangle, \langle t_2, x_{ij}(t_2) \rangle, \cdots, \langle t_p, x_{ij}(t_p) \rangle]$$

$$= \sum_{k=1}^{p} w_k b_{ijk} \tag{10.3}$$

---

① 苏为华、陈骥：《综合评价技术的扩展思路》，《统计研究》2006 年第 2 期。
② 郭亚军、姚远、易平涛：《一种动态综合评价方法及应用》，《系统工程理论与实践》，2007 年第 10 期。
③ 同上。

或

$$x_{ij}=G\big[\langle t_1,\ x_{ij}(t_1)\rangle,\ \langle t_2,\ x_{ij}(t_2)\rangle,\ \cdots,\ \langle t_p,\ x_{ij}(t_p)\rangle\big]$$

$$=\prod_{k=1}^{p}b^w ijk^k \tag{10.4}$$

式中：x_{ij} 为综合评价指标；$W=(w_1,\ w_2,\ w_3,\ \cdots,\ w_p)^T$ 表示时间权向量；b_{ijk} 是 k 时刻所对应的 TOWA 或者 TOWGA 对中的指标值 $x_{ij}(t_k)$ $(k=1,\ 2,\ \cdots,\ p)$。通过上述方法，就可以将静态综合评价转化为动态综合评价。

第二节　农地流转风险评价指标体系的构建

一、农地流转风险评价指标体系构建的原则

为了客观全面地评价农地流转风险，我们需要按照一定的原则，建立一套完整、规范的农地流转评价指标体系。这些指标既要客观地反映农地流转风险的大小，又要具有可得性和可操作性，基本原则主要包括以下方面。

（一）科学性原则

指标体系的设置是否科学合理直接关系到评价的质量，为使体系能反映出农地流转发展的内涵与规律，设置的指标要有代表性、完整性和系统性。同时结合必要的专项调查和考证，定性与定量分析结合，并通过综合考核评价，得出科学合理、真实客观的评价结果。所选的指标要素应能准确地反映农地流转风险评价指标体系的本质特征，评价结果应能客观地反映评价指标的大小。

（二）导向性原则

建立农地流转风险评价指标体系主要是为了促进农地流转更加健康有序发展，并通过流转风险的规范化、系统化分析，对农地流转发展起到一定的监控作用和导向作用。同时，通过加大流转农民保障、政府政策引导、创新农地产权、完善流转管理机制，加快农地流转市场发展。

（三）操作性原则

农地流转风险评价指标体系的建立还要注意数据获取的可能性和实施过程的可操作性。因此，在设计指标体系的过程中要尽量避免复杂的指标数据，要注意指标数据容易获取，评价过程简单易行，评价结果真实可靠。

（四）代表性原则

不同区域社会、经济发展由于受到区域间历史条件差异的限制，在指标筛选过程中，要选取具有共性特征的指标，各指标应尽量采用百分比、增长率和单位均值表示，从而使各区域横向可比，使不同区域的农地流转风险评价更具有典型意义和实际价值。

（五）层次性原则

由于农地流转风险是一个比较庞大的复合系统，我们首先必须对其进行分类分层处理，甚至可以把它分解为若干个子系统，并按照一定的方法，将各子系统设计成为包括一级指标、二级指标、三级指标的多级指标系统，并且体现出农地流转风险评价指标体系的一级指标趋于高度综合，二级、三级指标逐步趋于具体可行的特征。

（六）全面性原则

选取的指标同时要尽量考虑全面，指标应该最大限度地展现农地流转风险的各种特征，特别是对于其非常重要的因素不仅不能遗漏，也不能交叉重复，还要保证整体评价时，能够去全面客观地反映农地流转风险的基本特征。

（七）定量和定性指标相结合原则

基于农地流转风险评价的复杂性，如果单一依靠定性或者定量指标，都不可能得出准确的评价。因此，我们坚持定量指标和定性指标相结合，以期作出全面客观的评价分析，获取科学合理的评价结果。

二、农地流转风险评价指标体系的建立

综合前文的分析和众多学者的研究，本文将农地流转风险评价指标体系基本结构设为三个层次：第一层次为综合评价；第二层次为指标类，可设多个指标类；第三层次为指标项，每个指标类可下设若干个指标项。①②③④　建立的指标体系如表 10-1 所示。

---

① 　段满：《太原不锈钢产业集群风险评价与防范研究》，山西财经大学 2011 年硕士论文。
② 　林峰：《可持续发展与产业结构调整》，北京，社会科学文献出版社，2006。
③ 　刘培哲等：《可持续发展理论与中国 21 世纪议程》，北京，气象出版社，2001。
④ 　陈大夫编著：《环境与资源经济学》，北京，经济科学出版社，2001。

表 10-1　农地流转风险评价指标体系一览表

目标层	主因素层（一级指标）	子因素层（二级指标）
农地流转风险	农民权益风险 （六种）	政治权益风险
		经济权益风险
		社会权益风险
		产权结构变动风险
		产权主体规模变动风险
		产权主体代表变动风险
	市场风险 （八种）	市场价格风险
		市场竞争风险
		市场供求风险
		产权风险
		利益失衡风险
		市场过度波动风险
		流转交易环节风险
		流转市场监管风险
	粮食安全风险 （三种）	粮食供给数量风险
		农民获取食物能力的风险
		粮食质量保障风险
	农村社会风险 （五种）	农民利益损失风险
		社会信用危机风险
		农村两极分化风险
		价值观念偏离风险
		农民被边缘化风险
	农村生态风险 （六种）	现代种植业引致生态风险
		现代养殖业引致生态风险
		居民生活引致生态风险
		工业企业引致生态风险
		城市污染扩散引致生态风险
		基础设施建设引致生态风险

目标层	主因素层(一级指标)	子因素层(二级指标)
农地流转风险	农业自然风险 (七种)	气象灾害风险
		海洋灾害风险
		洪水灾害风险
		地质灾害风险
		地震灾害风险
		农作物病虫灾害风险
		森林生物病虫灾害风险

第三节　一种静态综合评价法的风险评价：以模糊综合评价法为例

一、农地流转风险模糊综合评价步骤

(一)确定指标体系的评分

对于指标体系，由于同时具有定性和定量分析，根据前人的研究，我们采用专家评分法，聘请一些相关领域的专家进行打分，得到各个指标的评语集为：

$$W = \{w_1, w_2, w_3, w_4\} \tag{10.5}$$

式中：$w_k(k=1, 2, 3, 4)$分别表示大、较大、较小和小四种评判等级，等级越高表示风险发生的可能性越大。

(二)确定指标体系的权重

关于各个指标权重的确定，我们采用对同一指标层的指标的重要性两两进行比较来确定，相关的操作步骤如下。

第一步，建立判断矩阵。根据上文对产业风险因素进行分析结果，定义主因素层(二级指标层)的集为：

$$U = \{u_1, u_2, u_3\} \tag{10.6}$$

其相应的权重集为：

$$A = (a_1, a_2, a_3) \tag{10.7}$$

同理定义子因素层(三级指标层)集为：

$$u_k = \{u_{k1}, u_{k2}, u_{k3}, \cdots, u_{ks}\} \tag{10.8}$$

式中：$k=1, 2, 3, \cdots, n$。相应的权重集合为：

$$A_k = \{a_{k1}, \ a_{k2}, \ \cdots, \ a_{ks}\} \tag{10.9}$$

式中：s 表示三级指标层所包含指标的数量；u_{ij} 表示该指标层里第 i 个指标与第 j 个指标的相对权重程度的估计值；u_{kij} 表示第 k 个影响因素下的第 i 个指标与第 j 个指标的相对重要程度的估计值，其中 $k = 1$，2，3，$\cdots$，n。U 可以用如下表示式：

$$U = \begin{bmatrix} u_{11} & \cdots & u_{1n} \\ \vdots & \ddots & \vdots \\ u_{m1} & \cdots & u_{mn} \end{bmatrix} \tag{10.10}$$

第二步，计算权重。如果某一个指标的下层指标为 $(u_1, \ u_2, \ u_3; \ \cdots, \ u_n)$，其相对应的 n 阶评判矩阵为 $(U_{ij})_{n \times n}$。因此我们可以通过利用数学方法，首先，计算出判断矩阵的最大特征值和相对应的特征向量；其次，将特征向量进行归一化处理，其值就是相对应指标的权重。但是该方法计算复杂，现实生活中使用较少，通常采取均方差法、主成分分析法和熵值法。这里主要介绍熵值法。

熵值法是使用较广的一种以客观赋权为基础的计算权重的方法，它通过计算指标的信息熵，根据指标的相对变化程度对系统整体的影响来决定指标的权重，相对变化程度大的指标具有较大的权重，此方法现广泛应用在统计学等各个领域，具有较强的研究价值。其具体计算如下。

一是原始数据的收集与整理。假定需要评价某地区 m 年的发展状况，评价指标体系包括 n 个指标。这是个由 m 个样本组成，用 n 个指标做综合评价的问题，便可以形成评价系统的初始数据矩阵：

$$U = \begin{bmatrix} u_{11} & \cdots & u_{1n} \\ \vdots & \ddots & \vdots \\ u_{m1} & \cdots & u_{mn} \end{bmatrix} \tag{10.11}$$

式中：x_{ij} 表示第 i 个样本第 j 项评价指标的数值。

二是数据标准化处理如下：

$$u'_{ij} = \frac{u_{ij} - \overline{u_j}}{S_j} \tag{10.12}$$

其中，

$$\overline{u_j} = \frac{1}{n} \sum_{i=1}^{n} u_i, \ S_j = \frac{1}{n-1} \sum_{i=1}^{n} (u_{ij} - \overline{u_j})^2 \tag{10.13}$$

式中：$\overline{u_j}$ 为第 j 项指标的平均值；S_j 为第 j 项指标的标准差。

三是计算第 j 项指标下第 i 年份指标值的比重 r_{ij}，如下：

$$r_{ij} = \frac{u'_{ij}}{\sum_{i=1}^{m} u'_{ij}} \quad (0 \leqslant r_{ij} \leqslant 1) \tag{10.14}$$

由此，可以建立数据的比重矩阵 $R = \{r_{ij}\}_{m*n}$。

四是计算指标信息熵值 e 和信息效用值 d。计算第 j 项指标的信息熵值的公式为：

$$e_j = -K \sum_{i=1}^{m} r_{ij} \ln r_{ij} \tag{10.15}$$

式中：K 为常数，$K = \dfrac{1}{\ln m}$。某项指标的信息效用价值取决于该指标的信息熵 e_j 与 1 之间的差值，它的值直接影响权重的大小，信息效用值越大，对评价的重要性就越大，权重也就越大，$d_j = 1 - e_j$。

五是评价指标权重的计算。通过采用熵值法计算各个指标的权重，如果权重越大，表示对评价的结果的贡献也就越大，说明该指标的整体影响的重要性越大。定义，第 j 项指标的权重为：

$$w_j = \frac{d_j}{\sum\limits_{i=1}^{m} d_j} \tag{10.16}$$

六是计算样本的评价值。采用加权求和公式计算样本的评价值。

$$U = \sum_{i=1}^{n} r_{ij} \times w_j \times 100 \tag{10.17}$$

式中：U 为综合评价值；n 为指标个数；w_j 为第 j 个指标的权重。显然，U 越大，样本效果越好。最终比较所有的 U 值，即得出评价结论。

第三步，一致性检验。在实际操作过程中，对于判断矩阵 U 我们只能作出粗略的判断，所以很有可能会产生不一致的错误。不过我们可以通过相应的检验办法来进行检验，以降低这种错误概率。这种检验方法又称为一致性检验或者相容性检验。判断矩阵的一致性，是指专家在判断指标重要性时，各判断之间协调一致，不至于出现相互矛盾的结果。出现不一致在多阶判断的条件下，极容易发生，只不过是不同的条件下不一致的程度上有所差别而已。根据矩阵理论可知，如果 λ 满足：$Au = \lambda u$，则 λ 为 A 的特征值，并且对于所有 $a_{ii} = 1$，有：

$$\sum_{i}^{n} \lambda_i = n \tag{10.18}$$

显然，当矩阵具有完全一致性时，$\lambda_1 = \lambda_{\max} = n$。其余特征根都为 0；如果当矩阵 A 不存在完全一致性的时候，就会有 $\lambda_1 = \lambda_{\max} > n$，其余特征根 λ_2，λ_3，λ_4，$\cdots$，λ_n 有如下关系：

$$\sum_{i=2}^{n} \lambda_i = n - \lambda_{\max} \tag{10.19}$$

其中，

$$\lambda_{\max} = \frac{1}{n} \sum_i \frac{(UA)_i}{a_i} \tag{10.20}$$

并且

$$UA = \begin{bmatrix} u_{11} & u_{12} & \cdots & u_{1n} \\ u_{21} & u_{22} & \cdots & u_{2n} \\ u_{31} & u_{32} & \cdots & u_{3n} \\ \vdots & \vdots & \vdots & \vdots \\ u_{n1} & u_{n2} & \cdots & u_{m} \end{bmatrix} \begin{bmatrix} a_1 \\ a_2 \\ a_3 \\ \vdots \\ a_n \end{bmatrix} = \begin{bmatrix} (UA)_1 \\ (UA)_2 \\ (UA)_3 \\ \vdots \\ (UA)_n \end{bmatrix} \tag{10.21}$$

上述结论告诉我们，当判断矩阵不能保证具有完全一致性时，相应判断矩阵的特征根也将发生变化，这样就可以用判断矩阵特征根的变化来检验判断的一致性程度。经常引入判断矩阵最大特征根以外的其余特征根的负平均值，作为度量判断矩阵偏离一致性的指标，即：

$$CR = \frac{CI}{RI} \tag{10.22}$$

式中：RI 表示平均随机一致性指标。

$$CI = \frac{\lambda_{\max} - n}{n - 1} \tag{10.23}$$

检查决策者思维的一致性。CI 值越大，表明判断矩阵偏离完全一致性的程度越大；CI 值越小（接近于 0），表明判断矩阵的一致性越好。

当判断矩阵具有完全一致性时，$CI = 0$；当判断矩阵具有满意一致性时，需引入判断矩阵的平均随机一致性指标 RI 值。对于 $1-9$ 阶判断矩阵，RI 值如表 10-2 所示。

表 10-2　平均随机一致性指标 RI 值

CI	1	2	3	4	5	6	7	8	9
RI	0.00	0.00	0.58	0.90	1.12	1.24	1.32	1.41	1.45

当阶数大于 2 时，判断矩阵的一致性指标 CI 与同阶平均随机一致性指标 RI 之比称为随机一致性比率 CR，当 $CR = \frac{CI}{RI} < 0.1$ 时，可以认为判断矩阵具有满意的一致性，否则需要调整判断矩阵。

二、实证分析：湖南省农地流转风险综合评价

模糊综合评价法理论和计算过程，上面已经做了详细的说明。下面我们通过一个实际例子来研究湖南省农地流转所面临的风险程度。首先，为了确定每个风险评价指标的隶属度，我们聘请了专门从事农村相关领

域研究的 10 名专家对表 10-1 的各个风险评价指标进行评分①，得到如下结果（见表 10-3）。

表 10-3　湖南省农地流转风险评价指标的隶属度

一级指标	二级指标	隶属度			
		大	较大	较小	小
农民权益风险	政治权益风险	0.20	0.10	0.40	0.30
	经济权益风险	0.30	0.40	0.20	0.10
	社会权益风险	0.30	0.20	0.20	0.30
	产权结构变动风险	0.35	0.25	0.30	0.10
	产权主体规模变动风险	0.20	0.20	0.40	0.20
	产权主体代表变动风险	0.10	0.20	0.40	0.30
市场风险	市场价格风险	0.35	0.40	0.10	0.15
	市场竞争风险	0.35	0.35	0.25	0.05
	市场供求风险	0.30	0.40	0.10	0.20
	产权风险	0.20	0.30	0.30	0.20
	利益失衡风险	0.35	0.20	0.25	0.20
	市场过度波动风险	0.30	0.25	0.15	0.30
	流转交易环节风险	0.25	0.30	0.25	0.20
	流转市场监管风险	0.20	0.40	0.30	0.10
粮食安全风险	粮食供给数量风险	0.35	0.35	0.10	0.20
	农民获取食物能力的风险	0.30	0.40	0.15	0.15
	粮食质量保障风险	0.30	0.30	0.20	0.20
农村社会风险	农民利益损失风险	0.10	0.50	0.10	0.30
	社会信用危机风险	0.15	0.15	0.30	0.35
	农村两极分化风险	0.35	0.15	0.15	0.35
	价值观念偏离风险	0.10	0.30	0.40	0.20
	农民被边缘化风险	0.20	0.20	0.30	0.30

---

① 10 名专家分别来自：长沙市、常德市、益阳市、娄底市、株洲市、石门县、桃源县、汉寿县、平江县、宁乡县。

一级指标	二级指标	隶属度			
		大	较大	较小	小
农村生态风险	现代种植业引致生态风险	0.15	0.25	0.30	0.30
	现代养殖业引致生态风险	0.40	0.25	0.15	0.20
	居民生活引致生态风险	0.35	0.30	0.15	0.20
	工业企业引致生态风险	0.10	0.30	0.40	0.20
	城市污染扩散引致生态风险	0.10	0.20	0.30	0.40
	基础设施建设引致生态风险	0.25	0.30	0.25	0.20

同时也请每一位专家对每一组底层指标对其上一层指标的重要性进行两两比较并建立评判矩阵。我们选择了求和法得到每一个指标的权重，结果如表 10-4 所示。

表 10-4　湖南省农地流转风险评价指标的权重

序号	一级指标(u_i)	权重(A_i)	序号	二级指标(u_{ij})	权重(a_{ij})
1	农民权益风险	0.15	1.1	政治权益风险	0.10
			1.2	经济权益风险	0.20
			1.3	社会权益风险	0.20
			1.4	产权结构变动风险	0.20
			1.5	产权主体规模变动风险	0.20
			1.6	产权主体代表变动风险	0.10
2	市场风险	0.25	2.1	市场价格风险	0.20
			2.2	市场竞争风险	0.20
			2.3	市场供求风险	0.20
			2.4	产权风险	0.05
			2.5	利益失衡风险	0.10
			2.6	市场过度波动风险	0.05
			2.7	流转交易环节风险	0.10
			2.8	流转市场监管风险	0.10
3	粮食安全风险	0.25	3.1	粮食供给数量风险	0.40
			3.2	农民获取食物能力的风险	0.30
			3.3	粮食质量保障风险	0.30

序号	一级指标(u_i)	权重(A_i)	序号	二级指标(u_{ij})	权重(a_{ij})
4	农村社会风险	0.15	4.1	农民利益损失风险	0.25
			4.2	社会信用危机风险	0.20
			4.3	农村两极分化风险	0.25
			4.4	价值观念偏离风险	0.15
			4.5	农民被边缘化风险	0.15
5	农村生态风险	0.20	5.1	现代种植业引致生态风险	0.25
			5.2	现代养殖业引致生态风险	0.25
			5.3	居民生活引致生态风险	0.15
			5.4	工业企业引致生态风险	0.10
			5.5	城市污染扩散引致生态风险	0.10
			5.6	基础设施建设引致生态风险	0.15

利用表 10-3 和表 10-4 的数据，可以计算出一级评价指标农民权益风险(B_1)的模糊评价向量为：

$$B_1 = A_1 \times R_1$$

$$= (0.10 \ 0.20 \ 0.20 \ 0.20 \ 0.20 \ 0.10) \times \begin{pmatrix} 0.20 & 0.10 & 0.40 & 0.30 \\ 0.30 & 0.40 & 0.20 & 0.10 \\ 0.30 & 0.20 & 0.20 & 0.30 \\ 0.35 & 0.25 & 0.30 & 0.10 \\ 0.20 & 0.20 & 0.40 & 0.20 \\ 0.10 & 0.20 & 0.40 & 0.30 \end{pmatrix} \quad (10.24)$$

$$= (0.260 \ 0.240 \ 0.300 \ 0.200)$$

同理，可以得到一级评价指标市场风险(B_2)、粮食安全风险(B_3)、农村社会风险(B_4)、农村生态风险(B_5)的模糊综合评价向量分别为：

$$B_2 = A_2 \times R_2 = (0.305 \ 0.348 \ 0.193 \ 0.155) \quad (10.25)$$

$$B_3 = A_3 \times R_3 = (0.320 \ 0.350 \ 0.145 \ 0.185) \quad (10.26)$$

$$B_4 = A_4 \times R_4 = (0.188 \ 0.268 \ 0.228 \ 0.3075) \quad (10.27)$$

$$B_5 = A_5 \times R_5 = (0.248 \ 0.265 \ 0.243 \ 0.245) \quad (10.28)$$

则湖南省农地流转整体风险模糊综合评价向量(B)为：

$$B = A \times R = (0.273 \ 0.304 \ 0.212 \ 0.210) \quad (10.29)$$

由 B_1 可知，湖南省农民权益风险 26% 的隶属度为"大"，24% 的隶属度为较大，30％的隶属度为较小，20％的隶属度为小。根据最大隶属度原则，湖南省农民权益风险程度为"较小"。

由 B_2 可知，湖南省市场风险"大"、"较大"、"较小"、"小"的隶属度分别为 30.5％、34.8％、19.3％、15.5％。根据最大隶属度原则，湖南省市场风险程度为"较大"。

同理由 B_3 可知，湖南省粮食安全风险程度为"较大"。

由 B_4 可知，湖南省农村社会风险程度为"小"。

由 B_5 可知，湖南省农村生态风险程度为"较大"。

由 B 可知，湖南省农地流转综合风险程度"大"、"较大"、"较小"、"小"的隶属度分别为 27.3％、30.4％、21.2％、21.0％。根据最大隶属度原则，湖南省农地流转综合风险程度为"较大"。

三、风险原因分析

(一)湖南省农地流转农民权益风险程度"较小"

我国《宪法》、《农村土地管理法》、《农村土地承包法》、《土地管理法》等法律法规明确规定，我国农村承包土地实行"集体所有、家庭承包"、"统分结合、双层经营"的产权制度和经营模式。近年来，湖南省在落实政策规定，规避政策风险方面下了很大功夫，在着力提高集约化水平，推动统一经营向发展农户联合与合作，形成多元化、多层次、多形式经营服务体系的方向转变中取得积极成效。同时，积极发展了集体经济，增强了集体组织服务功能，培育农民新型合作组织，发展各种农业社会化服务组织，鼓励龙头企业与农民建立紧密型利益联结机制，提高了组织化程度。充分尊重和保障农民在农地流转过程中的话语权、主体性地位和谈判地位，制度设计上杜绝强迫流转、利益分配不当等不良事件发生，从而有效规避了农民权益风险。

(二)湖南省农地流转市场风险程度"较大"

造成市场风险较大的原因很多，本文重点分析了引起市场风险的八个因素，从这八个因素可以看出，对湖南省农地流转市场风险构成较大威胁的是市场价格变动风险、市场竞争风险和市场供给风险。湖南省属于农业大省，市场价格波动对农民的影响最大。由于农民主要依靠农产品为生，如果农产品价格出现较大波动，导致农民的生活得不到保证，而市场竞争和市场供给又进一步影响到农产品的价格，市场竞争过大，导致农产品价格普遍下跌，而市场供给过多，也会导致产品价格下降，这些因素跟农民生活有着密切联系。此外，由于农地流转过程中，利益的失衡、交易环节的不当以及市场监管不到位，也在一定层面上也加大了市场风险程度。不过产权风险和市场过度波动风险对其影响较小。

（三）湖南省农地流转粮食安全风险程度"较大"

影响粮食安全的因素较多，根据湖南农地流转的现状来看，大体可归结为产权因素、市场因素、耕地因素、政策因素以及自然因素等方面。首先，就农地产权而言，农地产权制度安排通过对农业生产要素的有效配置，从而影响农业发展的方向、速度和效率，进而影响粮食安全生产。其次，粮食生产经营者因粮食市场价格变化而作出不同的投资选择也导致了粮食安全问题。再次，在市场经济和城市化快速发展过程中，湖南农地大量被非农占用，耕地面积迅速减少。最后，加上国家对粮食及粮食生产加工品实行控制最严格的"统购统销"、"凭票供应"的计划政策和自然灾害，如洪涝干旱、冰灾等，对湖南农地粮食生产安全也造成了很大的影响。

（四）湖南省农地流转社会风险程度"小"

农村社会风险程度较小，并且对湖南农地总体风险贡献也不大。其实，农村农地社会风险主要和现有的社会政治经济文化制度、社会环境、社会组织有密切的联系。具体来说，近年来，湖南在农民利益损失、信用危机、两极分化、价值观念偏离、农民被边缘化等方面有了一定的改进，从而对农地造成的社会风险有了一定的认识。并且，随着人们对社会风险的认识、评价与管理水平的提高，由农地流转而造成的社会风险的实际发生概率有了明显的下降，是一种可防范风险。同时湖南在建构"党委领导、政府负责、社会协同、公众参与"的社会管理格局方面，提高了对农地流转过程引起的社会风险的整体管理、系统管理、协同管理和合作管理。

（五）湖南省农地流转生态风险程度"较大"

湖南享有"鱼米之乡"的美称。现代化养殖业和种植业方面都较为发达，而现代种植业和现代养殖业也是引起湖南农村农地生态风险的最主要因素，近年来，化肥、农药、生长剂、农膜等的过度使用，在很大程度上加大了对农地的污染。此外，加上农村工业企业发展迅速，一些高污染、高排放的污染企业都转至农村，这些工厂已经遍布了周边的乡镇，占据了大量的农地。特别是大多数乡镇和村办工业企业规模小、结构不合理、生产效益低、环保投入严重不足，加之农村生活垃圾的日益增多和农村基础设施的大量发展都在很大程度上导致了农地的生态环境受到严重危害，超过了农地本身的自净能力。

总体分析，湖南省农地流转综合风险程度为"较大"，主要是由于农地市场风险程度、农地粮食安全风险程度和农地生态风险程度较大而引起的，从计算结果来看，三者较大的风险程度分别为34.8%、35%和26.5%。而农民权益风险程度和农村社会风险程度都比较小，对湖南农地流转总体风险影响还不大。因此要重点加强湖南农地市场风险、农地粮食安全风险和农地生态风险防范，同时兼顾好农地农民权益风险和农地农村社会风险。

四、湖南省农地流转风险的防范与建议

通过以上分析我们得知，湖南省农地流转面临的总体风险为"较大"，为了实现农地流转的可持续发展，相关部门应该采取有效的措施进行风险规避。

（一）健全农地流转的制度体系，建设分权制衡的现代政府

一是农地作为一种稀有不可再生资源，其使用和管理迫切需要完整的制度体系予以约束和调控。按照制度经济学基本理论，制度设计最优目标在于最大限度抑制"搭便车"者。因此我们需要进一步完善农地产权制度，努力建立和完善农地流转过程的管理制度和农地流转后的管理制度。二是农地流转存在于不完全竞争的市场发展进程中，因此政府的宏观调控作用和手段对于保障农地流转市场发展具有十分重要的意义。那么，如何有效地发挥政府的积极引导作用非常重要，这需要加强服务型的政府机关和队伍建设，努力克服行政干预过多的问题，按照"有所为、有所不为"原则，充分发挥市场在资源配置中的主导作用，以高效管理和优质服务来弥补市场"失灵"等不足。三是有必要按照"依法、自愿、有偿"原则，允许农民以转包、出租、互换、转让、股份合作等形式流转土地承包经营权，发展多种形式的适度规模经营，实现农地流转市场化、法制化，并通过市场化、法制化发展促进和保障农民承包权益。四是加快农地流转市场发展，建立农地流转定价机制和供求、竞争机制，从而充分保证农民的最低生活保障和基本权益。

（二）保护流转农地用途，加强粮食质量安全管理

一是可以通过实施分片管理，搞好耕地规划，规范土地流转政策，确保各地区种粮的用途和落实耕地保护责任制度，从而着力保证农民的权利。二是需要提高粮食价格，加大粮食补贴。由于粮食作为一种价格弹性较小的商品，极容易导致谷贱伤农的情况，因此需要政府确保粮食有一个合理的价格非常重要。三是由于一些不合理的农地流转，导致了

农民缺乏基本社会保障，生活艰难。因此进一步完善和制定合理的土地流转价格非常有必要，这也有利于加快农民市民化步伐，增强失地农民的粮食获取能力，确保农民得到生活保障。四是加大粮食安全管理。粮食安全关乎着所有人民的生命安全，也是农地流转后需要重点关注的地方，因此需要严格把关农业中的化肥、农药的过度施用，大力生产一些无公害的粮食。同时，政府部门也应加强农地流转后的粮食质量安全生产的管理，对农药或贵金属超标的粮食，要杜绝销售并实施销毁；对达标的粮食按照粮食的营养、有害物质的含量等标准进行定价，并出台制度使之常规化，以培养粮食生产者的质量意识，确保粮食安全。

（三）完善农地流转市场机制，加强农地流转市场流通管理

农地流转市场机制主要是由农地流转价格机制、农地流转供求机制、农地流转竞争机制三大部分组成，三者之间既相对独立又彼此联系。因此要完善农地流转市场机制需要从这三个方面出发，逐步提升和完善农地流转价格机制、供求机制和竞争机制。实现农地经营权及农地资源与农业资本、农业科技等生产要素的有效配置，提高农业生产要素使用效率和效益，从而适应生产要素最优配置需要，有效规避和解决市场"失灵"等问题。农地流转的市场流通管理也关乎着农地流转的效应与风险程度的高低，而完善农地流转市场流通管理可以从三个方面着手：一是通过明晰农地产权归属，由于农地产权的界定实际较为模糊，导致在流转过程中出现了一些难以解决的问题，导致农地流转的混乱和低效率，因此进一步明确农地产权的归属非常紧迫；二是协整农地流转利益关系，目前农地流转收益分配关系和方式因农地性质不同而不同，这也造成了农地流转利益分配关系比较混乱，矛盾比较集中，进一步增加了农地流转风险，因此需要充分协调好农地流转利益分配关系，降低农地流转风险；三是完善市场监管机制，努力做到土地承包经营权流转不改变土地集体所有性质、不改变土地用途、不损害农民土地承包权益。

（四）强化风险意识，变危机管理为风险管理

随着经济快速发展和社会发展转型不断深入，农村社会已全面进入风险社会，正处于高风险期和危机频发期，风险影响范围广、风险发生频率高、风险负面作用大、风险形态复杂多样。但目前农村社会主要是实施危机管理模式，需要改变其现有的管理模式，同时需要进一步转变农村社会管理观念，强化农村社会风险管理意识，创新农村社会风险管理机制体制，并且要坚定不移地加强和创新社会管理，努力做到"关口前移、源头治理"。总之，农村社会需要变危机管理为全面风险管理，改变

其当前的管理模式，并且创新农村社会风险管理是降低农地流转风险的一个重要方面。具体来说，可以通过应该努力提高农民素质，解决农民非农发展出路，进一步调整农地流转过程中农民的利益关系，有效解决农村社会发展中的公平与效率问题。此外，要在健全信息网络、解决农地流转和农村社会管理信息不对称问题以及农村基层组织建设等方面下大功夫。

第四节 基于动态综合评价法的风险评价：以二次加权评价法为例

一、中部地区农地流转生态风险评价指标选取及量化

生态风险主要由两部分构成，即生态风险受体和生态风险源。生态风险受体就是风险的承担者，生态风险源就是对生态风险受体造成因素的源头。根据本书的第八章对生态风险的分类，我们进一步将生态风险予以细分，得到了农业机械总动力、化肥施用量、农药使用量、农膜使用覆盖面积、畜禽排泄物总量、农村生活垃圾产生量、城市粪便清运量、二氧化碳排放量、工业废气排放量、工业废水排放量、工业固废排放量、工业烟尘排放量、工业粉尘排放量、工业废水中化学需氧量排放量、生活污水中化学需氧量排放量、生活污水排放量、生活烟尘排放量、生活二氧化硫排放量、进出口总额、房屋施工面积、耕地面积、有效灌溉面积、乡村办水电站个数、发电量、水库数、水库总库容量、除涝面积、水土流失治理面积等作为生态风险压力源。如果生态风险压力源越大，受体生态风险也会越大。综合以上指标，构建了生态指标体系，如表 10-5 所示。表 10-6 是各指标的描述性统计。

表 10-5 农地流转生态风险评价指标体系

序号	评价指标	数据来源
1	农业机械总动力	各省农村统计年鉴
2	化肥施用量	各省农村统计年鉴
3	农药使用量	各省农村统计年鉴
4	农膜使用覆盖面积	国研网数据库

续表

序号	评价指标	数据来源
5	畜禽排泄物总量	根据李谷成（2011）的研究方法计算而得①
6	农村生活垃圾产生量	国研网数据库
7	城市粪便清运量	国研网数据库
8	二氧化碳排放量	根据杜立民（2010）的研究方法计算而得②
9	工业废气排放量	中国环境统计年鉴
10	工业废水排放量	中国环境统计年鉴
11	工业固废排放量	中国环境统计年鉴
12	工业烟尘排放量	中国环境统计年鉴
13	工业粉尘排放量	中国环境统计年鉴
14	工业废水中化学需氧量排放量	中国环境统计年鉴
15	生活污水中化学需氧量排放量	中国环境统计年鉴
16	生活污水排放量	中国环境统计年鉴
17	生活烟尘排放量	中国环境统计年鉴
18	生活二氧化硫排放量	中国环境统计年鉴
19	进出口总额	中国统计年鉴
20	房屋施工面积	各省农村统计年鉴
21	耕地面积	中国统计年鉴
22	有效灌溉面积	各省农村统计年鉴
23	乡村办水电站个数	各省农村统计年鉴
24	发电量	中国电力统计年鉴
25	水库数	新中国六十年统计资料汇编
26	水库总库容量	新中国六十年统计资料汇编
27	除涝面积	各省农村统计年鉴
28	水土流失治理面积	各省农村统计年鉴

① 李谷成、范丽霞、闵锐：《资源、环境与农业发展的协调性——基于环境规制的省级农业环境效率排名》，《数量经济技术经济研究》2011年第10期。

② 杜立民：《我国 CO_2 排放的影响因素：基于省级面板数据的研究》，《南方经济》2010年第11期。

表 10-6　农地流转生态风险评价指标体系描述性统计

序号	评价指标	单位	均值	标准差	最小值	最大值
1	农业机械总动力	千瓦	3791.70	2246.02	1471.30	10195.89
2	化肥施用量	吨	250.69	148.72	95.70	655.15
3	农药使用量	吨	88290.16	37669.71	22680.00	139969.00
4	农膜使用覆盖面积	公顷	444913.10	274387.30	4053.00	1032126.00
5	畜禽排泄物总量	万吨	4078.07	2291.23	921.84	9661.98
6	生活垃圾产生量	万吨	571.79	212.80	249.20	1125.80
7	城市粪便清运量	万吨	90.43	90.98	4.90	571.10
8	二氧化碳排放量	万吨	24226.51	9531.80	10300.00	51064.52
9	工业废气排放量	亿标立方米	12090.15	6569.56	4379.00	35190.00
10	工业废水排放量	万吨	73180.69	33144.65	32099.00	150406.00
11	工业固废排放量	万吨	6927.13	3648.05	2457.00	18270.00
12	工业烟尘排放量	万吨	36.32	19.55	13.90	91.00
13	工业粉尘排放量	万吨	33.10	20.02	5.30	76.90
14	工业废水中化学需氧量排放量	吨	174650.00	67139.10	100211.60	343000.00
15	生活污水中化学需氧量排放量	吨	357836.10	124727.50	195400.00	647365.00
16	生活污水排放量	万吨	108134.20	45329.53	56816.00	208273.00
17	生活烟尘排放量	吨	84250.47	54360.91	16000.00	216000.00
18	生活二氧化硫排放量	吨	119054.30	69853.94	48000.00	316000.00
19	进出口总额	美元	384417.30	278640.10	78345.20	1193074.00
20	房屋施工面积	平方米	12407.09	7328.51	3165.91	28677.13
21	耕地面积	千公顷	5897.98	2712.34	2826.75	11838.37
22	有效灌溉面积	公顷	2638.66	1147.84	1088.59	5080.96
23	乡村办水电站个数	个	1182.54	1443.57	14.00	4262.00
24	发电量	千瓦小时	1105.33	569.36	373.49	2191.78
25	水库数	座	4743.46	4108.09	628.00	13326.00
26	水库总库容量	立方米	335.67	236.13	53.91	1001.27
27	除涝面积	公顷	1325.63	1034.31	89.09	3334.90
28	水土流失治理面积	公顷	3832.59	986.05	1955.45	5639.44

二、基于二次加权评价法的生态风险动态评价模型

本文借鉴我国学者郭亚军等（2007）提出的动态综合评价法——利用时序加权平均算子（TWOA）处理的二次加权评价法①，对中部地区（8个省）农地流转生态风险进行动态综合评价。这种方法综合了时间序列和面板特性，因此具有立体结构，估计出来的结果具有一定的参考价值。

（一）TOWA 算子

自从美国著名学者 Yager 在 1988 年提出有序加权算子（OWA）以后，该方法得到了广泛的应用，如在信息分析、管理决策、图像压缩等方面。该方法是一种介于最小与最大算子之间并且集结多种属性决策的信息方法。OWA 能够有效地集结各种数据信息，但也存在一些不足。Yager（1999）在 OWA 算法的基础上进一步提出了有序加权平均算子（IOWA）。后来，国内外学者也在其分析方法上进行了改进，提出了有序加权几何平均算子（OWGA）和组合加权平均算子（CWGA）。我国学者郭亚军（2007）在上述模型的基础上，提出了一种更为普遍的分析方法：时序加权平均算子（TWOA）②，这是一种基于动态综合评价方法，本文将借鉴了该研究方法进行评价。

定义：令 $N=\{1, 2, \cdots, n\}$，称 $\langle u_i, a_i \rangle$，$i \in N$ 为 TOWA，u_i 为时间诱导分量，a_i 为数据分量。于是我们定义时序加权平均算子（TOWA）为：

$$F(\langle u_1, a_1 \rangle, \cdots, \langle u_n, a_n \rangle) = \sum_{j=1}^{n} w_j b_j \qquad (10.30)$$

式中：$W=(w_1, w_2, w_3, \cdots, w_n)^T$ 是与 F 相关联的加权向量，$w_j \in [0, 1]$，且 $\sum_{j=1}^{n} w_j = 1$；b_j 是 $u_i(i \in N)$ 中第 j 时刻所对应的 TWOA 对中的第 2 分量，我们称 F 是 n 维 TOWA 算子。

其实，TOWA 算子的实质是将时间诱导分量 $u_i(i \in N)$ 按某一时间顺利排序后对应的数据分量 $\{a_1, a_2, a_3, \cdots, a_n\}$ 进行加权集成，而 w_j 只与时间诱导分量的顺序的第 j 个位置有关。

（二）动态综合评价方法

1. 数据无量纲化处理

为了避免所选指标的量纲不一致，我们需要对原始数据进行无量纲

---

① 郭亚军、姚远、易平涛：《一种动态综合评价方法及应用》，《系统工程理论与实践》2007 年第 10 期。

② 同上。

化处理，本文采用极值法对原始数据进行处理：

$$x' = \frac{x}{x_{\max}} \tag{10.31}$$

式中：x 为原始指标数据；$x_{\max}$ 为原始指标数据极大值；x' 为经过无量纲化处理过的指标值。

2. 指标权重的确定

关于权重的计算，方法有很多，总体来说分为客观指标权重评价和主观权重评价法。本文采用客观评价法对所选指标的权重进行确定。

3. 数据的一次集结

首先将无量纲化处理过的数据进行数据的一次集结。

$$b = \sum_{i=1}^{n} x' \Omega_i \tag{10.32}$$

式中：b 为每个评价省份在每年的评价值；Ω_i 为第 i 个评价指标的权重。

4. 数据的二次集结

第一，本书选取的数据为：时间、评价指标以及评价对象三者构成的三维立体数据。通过采用动态评价法：TOWA 算子对一次集结后的数据进行二次集结，从而得到：

$$X_{ij} = F\left[\langle t_1, X_{ij}(t_1)\rangle, \langle t_2, X_{ij}(t_2)\rangle, \cdots, \langle t_m, X_{ij}(t_m)\rangle\right]$$
$$= \sum_{k=1}^{m} w_k b_{ijk} \tag{10.33}$$

式中：X_{ij} 为二次集结后的综合评价指数；$W = (w_1, w_2, w_3, \cdots, w_n)^T$ 是时间权向量；b_{ijk} 是低 k 年所对应的 TOWA 对中的指数值 $X_{ij}(t_k)(k = 1, 2, 3, \cdots, n)$。

第二，时间权向量的确定。因为时间权向量表示的是不同年份的重要程度，因此在求解之前，需要多时间权向量进行确定，利用郭亚军（2007）研究方法，给出"时间度"λ 和时间权向量熵 I 的关系如下：

$$I = -\sum_{j=1}^{n} w_j \ln w_j \tag{10.34}$$

时间权向量的熵反映了对数据集结过程中权重，也就是说，熵值越小，其所包含的信息量越多；熵值越大，其所包含的信息量越小。

$$\lambda = \sum_{j=1}^{n} \frac{n-j}{n-1} w_j \tag{10.35}$$

"时间度"λ 体现了 TWOA 算子集结过程中对时序的注重程度，λ 一般位于 0~1，详细取值见表 10-7。如果 λ 越大，表示评价者越是重视时刻 t_n 较远期的数据；反之，如果 λ 越小，表示评价者越重视时刻 t_n 较近期的数据。

表 10-7 "时间度"的标度参考表

赋　值	说　明
0.1	非常重视近期数据
0.3	较重视近期数据
0.5	同样重视所用时期数据
0.7	较重视远期数据
0.9	非常重视远期数据
0.2、0.4、0.6、0.8	对应以上两相邻判断的中间情况

第三，求解时间权向量的准则：

$$\begin{cases} \max\left[-\sum_{j=1}^{n} w_j \ln w_j\right], \\ s.t \quad \lambda = \sum_{j=1}^{n} \frac{n-j}{n-1} w_j \\ s.t \quad \begin{cases} \sum_{j=1}^{n} w_j = 1 \\ w_j \geqslant 0, \end{cases} \end{cases} \quad (10.36)$$

第四，借鉴前人研究以及通过充分征求相关专家的意见，我们可以确定"时间度"（λ 的取值）。确定之后，就可以通过时间度求出时间权向量，进一步运用 TWOA 算子即可求解综合评价指数。

三、实证分析：中部地区农地流转生态风险评价

通过本文给出的动态综合评价法，我们对中部地区 2004～2010 年生态风险进行综合评价。具体的步骤如下。

第一，运用极值法对选取的指标进行无量纲化处理，并且采用"熵值法"得到每一年各指标的权重。

第二，通过线性加权综合模型，进行第一次加权综合，从而得到中部地区每一年的综合评价值，结果如表 10-8 所示。

表 10-8 中部地区 2006～2010 年农地流转生态风险指标综合评价值

地区　　　评价值　　年份	2005	2006	2007	2008	2009	2010
山　西	2.232	2.176	2.182	2.302	2.309	2.335
吉　林	2.018	2.095	2.007	2.091	2.093	2.097

续表

年份 地区 评价值	2005	2006	2007	2008	2009	2010
黑龙江	2.099	2.097	2.095	2.102	2.106	2.113
安 徽	2.165	2.171	2.173	2.188	2.194	2.198
江 西	2.146	2.320	2.353	2.184	2.186	2.193
河 南	2.212	2.371	2.384	2.396	2.485	2.499
湖 北	2.133	2.228	2.234	2.179	2.189	2.207
湖 南	2.164	2.122	2.148	2.225	2.250	2.235

第三，根据每一位专家的意见对 λ 的值进行确定。确定 λ 值后，根据数学规划模型计算得到的时间权向量：$W_1 = (w_1, w_2, w_3, \cdots, w_n)$。经征求有关专家的意见认为取"时间度" $\lambda = 0.1$ 比较适合，此时由式(10.36)的数学规划模型求得时间权向量 $W = (0.0029, 0.0086, 0.0255, 0.0755, 0.2238, 0.6637)^T$。

第四，利用时序加权综合评价法（TWOA 算子）对第一次加权的评价值进行集结，并且运用式(10.36)进行第二次数据集结，从而就得到了中部地区 2006～2010 年生态风险综合评价结果生态风险的最终评价值。结果如表 10-9 所示。

表 10-9 中部地区 2006～2010 年生态风险综合评价结果

地 区	山 西	吉 林	黑龙江	安 徽	江 西	河 南	湖 北	湖 南
评价值	2.351	2.095	2.110	2.195	2.096	2.483	2.202	2.234
排 序	2	8	6	5	7	1	4	3

从表 10-9 可以看出，整体上，2006～2010 年中部各省市农地流转生态风险强度比较均衡，评价值都在 2.0～2.5，但略显差异。河南省和山西省农地流转的生态风险强度相对来说比较高，均在 2.35 以上。其中，两地的农村工业企业快速发展是促使两省农地流转生态风险增大的最主要原因，据统计，近年来河南、山西两省的工业废气、工业废水、工业固废、工业粉尘、工业烟尘排放量都居于中部各省市前列。并且，对于河南省而言，化肥、农药、兽药、农膜等的过度使用也进一步加大了农地流转的生态风险。湖南、湖北、安徽、黑龙江四省农地流转生态风险强度居中，不过，湖南、湖北、安徽、黑龙江四省农地流转的生态风险

较高的原因存在一定的差异性。其中，对于湖南、湖北和安徽三省来说，农药、农膜、化肥的大量使用对这三个省农地流转的生态风险贡献较大。此外，工业废气、生活污水排放量的增多以及基础设施的大量建设进一步加大了湖南、湖北两省农地流转的生态风险。对于黑龙江而言，生活垃圾过多以及生活、工业烟尘排放过多是造成该省农地流转的生态风险较高的主要原因。江西和吉林农地流转的生态风险强度相对来说比较低，均在2.10以下，其中，农村基础设施建设的迅速发展和工业固废排放量过多对江西省农地流转的生态风险贡献比较大。而对吉林省来说，其农地流转生态风险更多的是由农村生活垃圾和生活烟尘排放过多所致。

导致中部地区各省市农地流转生态风险存在的原因尽管有所差异，但不可忽视的是，由于地域的毗邻和生产生活一定程度的同质，中部地区各省市农地流转生态风险的形成因素也具有相同的地方。通过对影响中部各省市农地流转生态风险排名前五的因素进行分析，可以发现，中部各省市农地流转生态风险存在的共性主要表现为以下几个方面。

（一）有机物过度使用，农地污染日趋严重

中部是我国生产粮食的主要基地，也是农地污染最严重的地区，原因在于农地污染具有高度分散、分布范围较广的特点，并且化肥投入以无机氮、磷为主，化肥利用率相对较低。未被利用的氮、磷元素一部分被土壤吸附，一部分通过农田排水、地表径流进入地下水体和地表，这在造成农地污染的同时，也导致了水体富营养化和空气污染等问题。随着人民的生活水平的提高，人类对肉食品的消费不断增加，从统计数据来看，中部地区的畜禽养殖业发展非常快，而畜禽养殖业污染排放也是一个重要的问题。而且，农村对这些畜禽粪便和其他废弃物都没有合理的回收利用，污染物一方面直接污染了原本健康的农地，另一方面也造成周边环境如海域、河流、湖泊水体过度富营养化与污染。加之在养殖过程中，兽药安全性较低，滥用和超标现象严重，饲料中添加违禁药品的现象仍然比较普遍，而这些污染在很大程度上加大了生态风险。

（二）农村工业企业发展迅速，直接加大了农地流转生态风险

在国家政策的引导下，中部实施"中部崛起"指导方针，经过多年的努力，中部地区的经济取得了一定的成就。农村乡镇企业、村办企业和个体工商企业的快速发展以及越来越多的开发区、工业园区在农村兴建扩建。然而在大力发展经济的同时，工业企业的污水和垃圾污染迅速加剧，环境问题日益严重。城市对环境的标准越来越高，招商引资门槛也随之提高。工业作为三大产业中污染最严重的产业，在中部城市已经难

以立足，然而乡镇为了发展本地经济，通过降低环境标准，使得很多高污染、高排放、高耗能工业转移至农村，而这些工业导致工业二氧化碳排放量、工业废气排放量、工业废水排放量、工业固废排放量、工业烟尘排放量、工业粉尘排放量、工业废水中化学需氧量排放量等逐渐增多。从目前的形势来看，这些工厂已经遍布了周边的乡镇，占据了大量的农地，特别是大多数乡镇和村办工业企业规模小、结构不合理、生产效益低、环保投入严重不足，低水平循环使得农村环境污染治理难度大，给农村生态环境带来巨大风险。

（三）农村生活垃圾日益增多，加大了农地生态环境自净压力

中部各省人口居多，并且农村人口占据了很大的比例。生活垃圾也非常之多，"污水乱泼、垃圾乱倒、粪土乱堆、柴草乱垛、畜禽乱跑"现象较为普遍，而生活垃圾中的污水、废气、固体废弃物等对农地污染影响很大。同时，由于农村环境治理设施落后和环境管理能力不足，通常是将生活垃圾直接倒入河流当中，或者以填埋、焚烧等方式处理。这些垃圾处理方式造成了严重的脏、乱、差问题，直接影响居民生活质量，增加了农村生态风险。并且有些垃圾如塑料、塑胶、废弃电池等无法在短期内降解，甚至无法降解，将一直对农地生态环境造成严重危害。

（四）农村基础设施大量兴建和不合理拆迁增多，使农地面积缩减

在国家加强农村基础设施建设和全面推进社会主义新农村建设过程中，中部大部分农村新建、改建、扩建了大量房屋道路、水电站、水库、堤坝池塘、沟渠河道、桥梁隧道等农村基础设施，而这些设施的建设需要占用大量的农地面积，使得农地面积缩减。同时，由于建设过程中缺乏统筹规划和科学管理，造成工程项目彼此孤立和配套不够，甚至政府受政绩工程观念影响，进行了许多不切实际的大拆大建，由此产生的一些废弃物随地乱扔，严重污染农村土壤、空气、地下和地表水体，增加了农村生态环境风险。

（五）人口众多，对农地生态环境保护意识较差

中部地区人口密度较大，而人类是造成农地生态风险的主要载体。众所周知，人口、环境与经济是一个极为复杂的系统，三者之间具有很大的不确定性、多层次性和高度相关性，它们既相互促进又相互制约。人口的增加将加大对农地资源的需求量，导致了过度垦荒、过度砍伐、过度放牧、过度利用水资源等不合理经济活动，造成对农地原始生态环境的破坏，人地矛盾激化。加之人口增长过多的压力，最终就容易陷入"环境脆弱—贫困—掠夺资源—环境退化—刺激人口增长—进一步贫困"

的贫困、人口、环境的"PPE"(贫困—人口—环境)怪圈。农民对农地生态环境保护意识总体较差,导致人们不能及时地对农地生态环境实施保护和利用。

四、中部地区农地流转生态风险防范的政策建议

(一)提高规模经营主体风险管理和防范意识

思想是指南,观念是先导,有什么思想观念就有什么实践行动。因此需要加强农地规模经营主体对农村生态风险管理和防范重要性的认识,同时提高农地规模经营主体对农村生态风险本身的不确定性的充分认识和准确估价以及事前管理防范,进一步增强农地规模经营主体对农村生态风险管理和防范的社会责任意识和经营伦理观念。

(二)健全农村生态风险防范标准和管理机制

由于农村在养殖业、农业、生活方面对农地造成的污染没有得到及时有效的评估,因此在农村生态风险防范方面需要进一步健全和完善农村生态安全建设和农村生态环境保护法制化建设,从而改善农村生态环境面貌和质量。在农村生态风险管理机制方面,一是完善农村生态风险防控组织机构,加强人员队伍建设,加强对农村经营主体风险防范的指导和引导;二是加大农村生态环境保护基础设施建设力度,加大农村生态环境保护和治理投入,确保农村生态环境保护治理和生态安全建设得到有力保障;三是加强对工业企业、农产业的环评和能评的管理和要求;四是依据农村经营主体的生产经营范围和性质,明晰农村环境资源产权,界定经营主体环境保护责任边界和范围;五是建立和完善农村生态风险预警和协防机制,推进农村生态环境联防联治、群防群治。

(三)加强农村生态风险防范设施和条件建设

目前,制约我国农村生态环境保护质量、影响我国农村生态安全的重要因素在于农村生态风险防范设施和条件建设落后,难以满足具有空间分散、时间连续、规模不大、面源广泛等特点的农村生态风险防范的需要。因此,需要加强和完善农村生活垃圾和污水处理设施、农业发展中的产生的生产垃圾的回收处理配套设施、乡镇企业"三废"处理设施等的建设。

(四)完善农村生态风险防范能力和技术保障

加强农村环境保护,防范农村生态风险,一条很重要的途径就是提高农村环境技术水平和保障能力。农村环境技术既包括硬技术,如农村污染控制设备、环境监测仪器、清洁生产技术等;也包括软技术,如环

境设备操作及运营方法、废物管理以及旨在保护环境的各项工作与活动（如环境规划、环境评价、环境标志设计、环境信息系统的研制与维护等）。进一步完善农村生态环境保护能力和技术保障，应该重点解决农村生态环境保护和治理中普遍存在的技术支持不足、技术推广不够等问题，提高农村应对生态风险的能力。

附录 1：湖南省农地流转风险状况调查问卷

尊敬的女士/先生：

您好！

我是湖南省农地流转风险状况评价与防范的论文作者，为了更加深入地了解湖南农地流转面临的风险，特设计了此份调查问卷，旨在为了促进湖南农地流转更加健康有序地发展，并通过流转风险的规范化、系统化分析，对农地流转发展起到一定的监控和导向作用。这份调查问卷仅仅作为统计分析的材料，不作任何他用。非常感谢您的支持与合作！

一、农民权益风险

1. 您认为湖南省政治权益风险如何？（　　　）

A. 大　　　　　B. 较大　　　　　C. 较小　　　　　D. 小

2. 您认为湖南省经济权益风险如何？（　　　）

A. 大　　　　　B. 较大　　　　　C. 较小　　　　　D. 小

3. 您认为湖南省社会权益风险如何？（　　　）

A. 大　　　　　B. 较大　　　　　C. 较小　　　　　D. 小

4. 您认为湖南省产权结构变动风险如何？（　　　）

A. 大　　　　　B. 较大　　　　　C. 较小　　　　　D. 小

5. 您认为湖南省产权主体规模变动风险如何？（　　　）

A. 大　　　　　B. 较大　　　　　C. 较小　　　　　D. 小

6. 您认为湖南省产权主体代表变动风险如何？（　　　）

A. 大　　　　　B. 较大　　　　　C. 较小　　　　　D. 小

二、市场风险

1. 您认为湖南省市场价格风险如何？（　　　）

A. 大　　　　　B. 较大　　　　　C. 较小　　　　　D. 小

2. 您认为湖南省市场竞争风险如何？（　　　）

A. 大　　　　　B. 较大　　　　　C. 较小　　　　　D. 小

3. 您认为湖南省市场供求风险如何？（　　　）

A. 大　　　　　B. 较大　　　　　C. 较小　　　　　D. 小

4. 您认为湖南省产权风险如何？（　　　）

　A. 大　　　　　　B. 较大　　　　　　C. 较小　　　　　　D. 小

5. 您认为湖南省利益失衡风险如何？（　　　）

　A. 大　　　　　　B. 较大　　　　　　C. 较小　　　　　　D. 小

6. 您认为湖南省市场过度波动风险如何？（　　　）

　A. 大　　　　　　B. 较大　　　　　　C. 较小　　　　　　D. 小

7. 您认为湖南省流转交易环节风险如何？（　　　）

　A. 大　　　　　　B. 较大　　　　　　C. 较小　　　　　　D. 小

8. 您认为湖南省流转市场监管风险如何？（　　　）

　A. 大　　　　　　B. 较大　　　　　　C. 较小　　　　　　D. 小

三、粮食安全风险

1. 您认为湖南省粮食供给数量风险如何？（　　　）

　A. 大　　　　　　B. 较大　　　　　　C. 较小　　　　　　D. 小

2. 您认为湖南省农民获取食物能力的风险如何？（　　　）

　A. 大　　　　　　B. 较大　　　　　　C. 较小　　　　　　D. 小

3. 您认为湖南省粮食质量保障风险如何？（　　　）

　A. 大　　　　　　B. 较大　　　　　　C. 较小　　　　　　D. 小

四、农村社会风险

1. 您认为湖南省农民利益损失风险如何？（　　　）

　A. 大　　　　　　B. 较大　　　　　　C. 较小　　　　　　D. 小

2. 您认为湖南省社会信用危机风险如何？（　　　）

　A. 大　　　　　　B. 较大　　　　　　C. 较小　　　　　　D. 小

3. 您认为湖南省农村两极分化风险如何？（　　　）

　A. 大　　　　　　B. 较大　　　　　　C. 较小　　　　　　D. 小

4. 您认为湖南省价值观念偏离风险如何？（　　　）

　A. 大　　　　　　B. 较大　　　　　　C. 较小　　　　　　D. 小

5. 您认为湖南省农民被边缘化风险如何？（　　　）

　A. 大　　　　　　B. 较大　　　　　　C. 较小　　　　　　D. 小

五、农村生态风险

1. 您认为湖南省现代种植业引致生态风险如何？（　　　）

　A. 大　　　　　　B. 较大　　　　　　C. 较小　　　　　　D. 小

2. 您认为湖南省现代养殖业引致生态风险如何？（　　　）

A. 大　　　　　　B. 较大　　　　　　C. 较小　　　　　　D. 小

3. 您认为湖南省居民生活引致生态风险如何？（　　　）

A. 大　　　　　　B. 较大　　　　　　C. 较小　　　　　　D. 小

4. 您认为湖南省工业企业引致生态风险如何？（　　　）

A. 大　　　　　　B. 较大　　　　　　C. 较小　　　　　　D. 小

5. 您认为湖南省城市污染扩散引致生态风险如何？（　　　）

A. 大　　　　　　B. 较大　　　　　　C. 较小　　　　　　D. 小

6. 您认为湖南省基础设施建设引致生态风险如何？（　　　）

A. 大　　　　　　B. 较大　　　　　　C. 较小　　　　　　D. 小

附录 2：东北部、中部地区农地流转生态风险评价指标原始数据

附表 1　东北部、中部地区农地流转生态风险评价指标(1～4)

省　份	年　份	农业机械总动力（千瓦）	化肥施用量（吨）	农药使用量（吨）	农膜面积（公顷）
山　西	2005	2288.7	95.7	22680.0	448751.5
山　西	2006	2399.3	99.6	22866.0	454302.0
山　西	2007	2440.8	100.8	23238.0	465403.0
山　西	2008	2509.9	103.4	23982.0	456142.0
山　西	2009	2655.0	104.3	25310.0	485153.0
山　西	2010	2809.2	110.4	26107.0	474255.0
吉　林	2005	1471.3	138.1	35612.0	104076.0
吉　林	2006	1574.8	146.2	36314.0	116214.0
吉　林	2007	1678.3	154.4	37718.0	140490.0
吉　林	2008	1800.0	163.8	40526.0	149116.0
吉　林	2009	2001.1	174.2	42374.0	130824.0
吉　林	2010	2145.0	182.8	42784.0	131531.0
黑龙江	2005	2234.0	150.9	96169.0	308973.0
黑龙江	2006	2509.7	163.1	91348.0	311560.0
黑龙江	2007	2785.3	175.2	81706.0	316734.0
黑龙江	2008	3018.4	180.7	62422.0	327560.0
黑龙江	2009	3401.3	198.9	66843.0	288476.0
黑龙江	2010	3736.3	214.9	73755.0	315905.0
安　徽	2005	3983.8	285.7	89847.0	579957.0
安　徽	2006	4259.6	295.3	92945.5	611035.0
安　徽	2007	4535.3	305.0	99142.0	673191.0
安　徽	2008	4807.5	307.4	111535.0	502927.0

省　份	年　份	农业机械总动力（千瓦）	化肥施用量（吨）	农药使用量（吨）	农膜面积（公顷）
安　徽	2009	5108.9	312.8	110423.0	436943.0
安　徽	2010	5409.8	319.8	116645.0	425567.0
江　西	2005	1781.3	129.4	82961.3	123871.0
江　西	2006	2143.8	131.0	84918.5	116950.0
江　西	2007	2506.3	132.7	88833.0	103108.0
江　西	2008	2946.4	133.0	96662.0	134631.0
江　西	2009	3358.9	135.8	97593.0	132864.0
江　西	2010	3805.0	137.6	106530.0	132282.0
河　南	2005	7934.2	518.1	117140.0	907010.0
河　南	2006	8326.5	543.9	117424.0	923910.0
河　南	2007	8718.7	569.7	117992.0	957710.0
河　南	2008	9429.3	601.7	119128.0	960380.0
河　南	2009	9817.8	628.7	121409.0	1002251.0
河　南	2010	10195.9	655.2	124867.0	1032126.0
湖　北	2005	2057.4	285.8	133410.8	440130.0
湖　北	2006	2304.2	292.9	134127.5	427490.0
湖　北	2007	2551.1	299.9	135561.0	402210.0
湖　北	2008	2797.0	327.7	138428.0	516890.0
湖　北	2009	3057.2	340.3	138902.0	477370.0
湖　北	2010	3371.0	350.8	139969.0	4053.0
湖　南	2005	3189.9	209.9	106436.0	548509.5
湖　南	2006	3437.1	214.7	107338.0	589925.0
湖　南	2007	3684.4	219.6	109142.0	672756.0
湖　南	2008	4021.1	223.4	112750.0	687498.0
湖　南	2009	4352.4	231.6	115352.0	700125.0
湖　南	2010	4651.5	236.6	118762.0	706695.0

附表2 东北部、中部地区农地流转生态风险评价指标(5～8)

省 区	年 份	畜禽排泄物总量 （万吨）	生活垃圾 产生量（万吨）	城市粪便 清运量（万吨）	二氧化碳 产生量（万吨）
山 西	2005	1333.7	619.7	571.1	27100.0
山 西	2006	1334.8	468.6	103.9	30100.0
山 西	2007	930.4	365.1	113.0	32600.0
山 西	2008	921.8	354.1	95.1	30204.1
山 西	2009	994.6	374.6	75.9	31562.7
山 西	2010	1003.0	361.2	82.2	34087.5
吉 林	2005	2705.3	580.4	120.3	13900.0
吉 林	2006	2886.0	558.0	79.0	15500.0
吉 林	2007	2555.6	568.2	137.5	16700.0
吉 林	2008	2500.4	563.6	132.8	19319.3
吉 林	2009	2647.7	521.3	117.1	19964.8
吉 林	2010	2691.7	499.4	76.3	22562.4
黑龙江	2005	2717.9	1125.8	272.1	14700.0
黑龙江	2006	2747.9	1006.2	208.0	16400.0
黑龙江	2007	2514.5	963.2	189.9	17300.0
黑龙江	2008	2619.4	898.6	184.1	19887.8
黑龙江	2009	2826.8	912.4	179.9	19957.2
黑龙江	2010	2925.1	782.4	166.7	23131.1
安 徽	2005	3719.4	476.6	41.5	16600.0
安 徽	2006	3496.6	405.0	32.3	18800.0
安 徽	2007	2821.7	400.2	27.9	20700.0
安 徽	2008	2998.8	426.9	57.2	24638.2
安 徽	2009	3170.5	432.8	55.7	27727.7
安 徽	2010	3282.8	435.3	57.4	29555.0
江 西	2005	3165.0	264.4	21.4	10300.0
江 西	2006	3248.1	274.5	9.5	11100.0
江 西	2007	2997.4	252.2	77.8	12400.0
江 西	2008	3200.9	249.2	65.3	12668.7

续表

省 区	年 份	畜禽排泄物总量（万吨）	生活垃圾产生量(万吨)	城市粪便清运量(万吨)	二氧化碳产生量(万吨)
江 西	2009	3452.4	280.8	55.4	12874.4
江 西	2010	3609.9	284.0	40.4	15456.9
河 南	2005	9140.5	756.7	81.2	32000.0
河 南	2006	9662.0	722.6	84.5	39300.0
河 南	2007	7088.7	737.5	87.4	43700.0
河 南	2008	7504.9	757.0	58.9	45536.5
河 南	2009	7782.6	679.5	50.4	46839.8
河 南	2010	7970.1	694.6	52.8	51064.5
湖 北	2005	4461.7	885.2	92.0	20200.0
湖 北	2006	4421.7	695.4	15.1	22700.0
湖 北	2007	3999.4	673.2	81.5	24900.0
湖 北	2008	4397.8	680.8	47.2	23884.6
湖 北	2009	4684.8	680.6	23.1	26332.3
湖 北	2010	4765.4	711.1	52.4	30830.3
湖 南	2005	7819.7	486.0	41.4	19100.0
湖 南	2006	7873.8	510.0	40.0	21300.0
湖 南	2007	5988.9	511.2	38.3	23400.0
湖 南	2008	6363.7	542.8	37.3	22970.0
湖 南	2009	6791.6	511.9	5.4	24688.7
湖 南	2010	7010.1	505.2	4.9	26328.0

附表 3　东北部、中部地区农地流转生态风险评价指标(9～12)

省 区	年 份	工业废气排放量（亿标立方米）	工业废水排放量(万吨)	工业固废排放量(万吨)	工业烟尘排放量(万吨)
山 西	2005	15142	32099	11183	91
山 西	2006	18128	44091	11817	84.5
山 西	2007	21429	41140	13819	72
山 西	2008	23180	41150	16213	54.5

续表

省　区	年　份	工业废气排放量（亿标立方米）	工业废水排放量（万吨）	工业固废排放量（万吨）	工业烟尘排放量（万吨）
山　西	2009	23693	39720	14742.9	43.8
山　西	2010	35190	49881	18270	43.2
吉　林	2005	4939	41189	2457	32.7
吉　林	2006	5352	39321	2802	32.9
吉　林	2007	5730	39666	3113	29.1
吉　林	2008	6155	38353	3415	25.6
吉　林	2009	7124	37563	3940.5	27.7
吉　林	2010	8240	38656	4642	21
黑龙江	2005	5261	45158	3210	45.4
黑龙江	2006	5991	44801	3914	44.2
黑龙江	2007	7283	38388	4130	42.2
黑龙江	2008	7796	38910	4472	37.1
黑龙江	2009	9977	34188	5274.7	31.9
黑龙江	2010	10111	38921	5405	29.7
安　徽	2005	6960	63487	4196	25.3
安　徽	2006	8677	70119	5028	25.4
安　徽	2007	13254	73556	5960	23.7
安　徽	2008	15749	67007	7569	24.2
安　徽	2009	15273	73441	8470.8	23
安　徽	2010	17849	70971	9158	20.7
江　西	2005	4379	53972	7007	23
江　西	2006	5096	64074	7393	21.2
江　西	2007	6103	71410	7777	17.9
江　西	2008	7456	68681	8190	15.8
江　西	2009	8286	67192	8898.2	13.9
江　西	2010	9812	72526	9407	13.9
河　南	2005	15498	123476	6178	85.7
河　南	2006	16770	130158	7464	72.5

续表

省 区	年 份	工业废气排放量（亿标立方米）	工业废水排放量（万吨）	工业固废排放量（万吨）	工业烟尘排放量（万吨）
河 南	2007	18890	134344	8851	63.7
河 南	2008	20264	133144	9557	53.2
河 南	2009	22186	140325	10785.8	52.1
河 南	2010	22709	150406	10714	47.4
湖 北	2005	9404	92432	3692	26.6
湖 北	2006	11015	91146	4315	26.9
湖 北	2007	10373	91001	4683	21.3
湖 北	2008	11558	93687	5014	19.1
湖 北	2009	12523	91324	5561.5	17.9
湖 北	2010	13865	94593	6813	14.5
湖 南	2005	6014	122440	3366	45.3
湖 南	2006	5986	100024	3688	41.6
湖 南	2007	8762	100113	4560	37.3
湖 南	2008	9249	92340	4520	30.7
湖 南	2009	10973	96396	5092.8	27.6
湖 南	2010	14673	95693	5773	23.5

附表 4　东北部、中部地区农地流转生态风险评价指标（13～16）

省 区	年 份	工业粉尘排放量（万吨）	工业废水中化学需氧量排放量（吨）	生活污水中化学需氧量排放量（吨）	生活污水排放量（万吨）
山 西	2005	69.5	168000	219000	62997
山 西	2006	64.3	170000	217000	58765
山 西	2007	59.4	158951	215262	63454
山 西	2008	45.2	143556	215290	65761
山 西	2009	42.8	141941	202474	66155
山 西	2010	36.5	137700	195400	68418
吉 林	2005	13.7	161000	246000	56816
吉 林	2006	12.7	168000	249000	57845

续表

省　区	年　份	工业粉尘排放量（万吨）	工业废水中化学需氧量排放量（吨）	生活污水中化学需氧量排放量（吨）	生活污水排放量（万吨）
吉　林	2007	10.8	165455	234549	58191
吉　林	2008	6.9	152111	222190	69428
吉　林	2009	6.6	147168	213633	72151
吉　林	2010	5.3	131100	221100	75775
黑龙江	2005	12.4	137000	367000	68883
黑龙江	2006	12.6	142000	356000	70857
黑龙江	2007	12.9	142646	345395	70584
黑龙江	2008	12	131772	344467	72086
黑龙江	2009	10.1	111891	350081	76320
黑龙江	2010	5.7	112500	332000	79654
安　徽	2005	46.2	136000	307000	93104
安　徽	2006	40.8	142000	314000	96352
安　徽	2007	32.5	139931	311046	101772
安　徽	2008	32.2	126896	305955	101663
安　徽	2009	28.5	128806	295300	106260
安　徽	2010	26.4	114800	296300	113729
江　西	2005	35	111000	346000	69348
江　西	2006	34.8	116000	358000	70444
江　西	2007	33	111428	357344	69856
江　西	2008	29.9	100212	345049	70228
江　西	2009	26.3	103536	331671	79888
江　西	2010	22.4	117800	313300	88135
河　南	2005	70.4	343000	378000	139088
河　南	2006	56.4	318000	403000	147864
河　南	2007	41.5	304532	389372	162123
河　南	2008	28.7	303024	347764	176049
河　南	2009	24.9	297657	328561	193656
河　南	2010	22.7	295600	324100	208273

省 区	年 份	工业粉尘排放量（万吨）	工业废水中化学需氧量排放量（吨）	生活污水中化学需氧量排放量（吨）	生活污水排放量（万吨）
湖 北	2005	33.8	177000	439000	144936
湖 北	2006	32.6	170000	456000	148524
湖 北	2007	27.3	160489	440936	155581
湖 北	2008	21.7	149893	435788	165187
湖 北	2009	18.3	143746	431953	174433
湖 北	2010	14.6	165200	407100	176162
湖 南	2005	76.9	294000	601000	133198
湖 南	2006	73.4	292000	630000	144110
湖 南	2007	65.9	257189	646411	151960
湖 南	2008	55.5	237190	647365	157991
湖 南	2009	57.5	215583	632778	163883
湖 南	2010	39.4	187900	610200	172505

附表 5　东北部、中部地区农地流转生态风险评价指标（17～20）

省 区	年 份	生活烟尘排放量（吨）	生活二氧化硫排放量（吨）	进出口总额（美元）	房屋施工面积（平方米）
山 西	2005	212000	316000	90359	4049
山 西	2006	216000	301000	112064	4648
山 西	2007	213786	268250	147990	5011
山 西	2008	206081	250079	221303	5717
山 西	2009	208596	258842	163150	6544
山 西	2010	189000	102000	220570	7290
吉 林	2005	86000	75000	283386	3166
吉 林	2006	88000	73000	378395	3638
吉 林	2007	93748	62411	493652	4586
吉 林	2008	118029	64311	571685	5436
吉 林	2009	106936	62805	555747	5353

省　区	年　份	生活烟尘排放量（吨）	生活二氧化硫排放量（吨）	进出口总额（美元）	房屋施工面积（平方米）
吉　林	2010	91000	56000	760502	5901
黑龙江	2005	94000	77000	87354	4468
黑龙江	2006	96000	78000	104190	4847
黑龙江	2007	98773	74950	114721	4355
黑龙江	2008	97952	65058	139005	5481
黑龙江	2009	113648	71478	78345	5001
黑龙江	2010	125000	73000	111252	7171
安　徽	2005	45000	56000	280560	9874
安　徽	2006	57000	65000	412620	12121
安　徽	2007	51569	54969	548379	14388
安　徽	2008	49435	53061	701238	16783
安　徽	2009	50396	51560	523140	18691
安　徽	2010	48000	48000	811938	23296
江　西	2005	16000	58000	155379	7281
江　西	2006	18000	64000	296368	8201
江　西	2007	23082	67576	496838	9233
江　西	2008	25815	71952	886991	10669
江　西	2009	24988	74022	770607	12016
江　西	2010	25000	86000	1193074	13670
河　南	2005	71000	153000	149707	10813
河　南	2006	71000	160000	183779	14473
河　南	2007	75533	153697	257840	19016
河　南	2008	81322	171379	320204	21966
河　南	2009	76493	179032	376612	24596
河　南	2010	73000	176000	451982	28677
湖　北	2005	64000	92000	319445	12091
湖　北	2006	38000	107000	466045	14478
湖　北	2007	36817	104138	556076	16680

续表

省　区	年　份	生活烟尘排放量(吨)	生活二氧化硫排放量(吨)	进出口总额(美元)	房屋施工面积(平方米)
湖　北	2008	38042	107497	735954	18273
湖　北	2009	37302	116331	703772	20499
湖　北	2010	48000	117000	1105434	25047
湖　南	2005	86000	164000	128086	13775
湖　南	2006	75000	168000	133752	15893
湖　南	2007	70360	164859	166803	18796
湖　南	2008	70802	165273	193352	21463
湖　南	2009	65518	162076	182177	22442
湖　南	2010	77000	174000	310208	27680

附表6　东北部、中部地区农地流转生态风险评价指标(21～24)

省　区	年　份	耕地面积(千公顷)	有效灌溉面积(公顷)	乡村办水电站个数(个)	发电量(千瓦时)
山　西	2005	4589	1089	87	1312
山　西	2006	4589	1172	79	1526
山　西	2007	4053	1256	70	1761
山　西	2008	4056	1255	169	1797
山　西	2009	4056	1261	169	1874
山　西	2010	4455	1274	168	2151
吉　林	2005	5578	1614	80	433
吉　林	2006	5578	1627	75	443
吉　林	2007	5535	1641	69	495
吉　林	2008	5535	1654	186	501
吉　林	2009	5534	1685	203	542
吉　林	2010	5534	1727	209	605
黑龙江	2005	11773	2394	14	596
黑龙江	2006	11773	2672	15	647

续表

省 区	年 份	耕地面积 （千公顷）	有效灌溉面积 （公顷）	乡村办水电站 个数（个）	发电量 （千瓦时）
黑龙江	2007	11838	2950	15	685
黑龙江	2008	11830	3123	69	723
黑龙江	2009	11829	3406	70	723
黑龙江	2010	11828	3875	71	777
安　徽	2005	5972	3331	509	648
安　徽	2006	5972	3367	555	734
安　徽	2007	5728	3403	600	873
安　徽	2008	5730	3454	772	1093
安　徽	2009	5729	3484	800	1320
安　徽	2010	5728	3520	810	1444
江　西	2005	2993	1831	1816	373
江　西	2006	2993	1836	2025	440
江　西	2007	2827	1840	2233	502
江　西	2008	2827	1841	3420	506
江　西	2009	2827	1840	3492	533
江　西	2010	2827	1852	3517	664
河　南	2005	8110	4864	405	1415
河　南	2006	8110	4910	370	1601
河　南	2007	7926	4956	334	1918
河　南	2008	7926	4989	600	1961
河　南	2009	7926	5033	540	2055
河　南	2010	7925	5081	545	2192
湖　北	2005	4950	2065	609	1290
湖　北	2006	4950	2080	556	1307
湖　北	2007	4663	2095	502	1588
湖　北	2008	4664	2330	1737	1752
湖　北	2009	4664	2350	1709	1818
湖　北	2010	4663	2380	1751	2043

省　区	年　份	耕地面积（千公顷）	有效灌溉面积（公顷）	乡村办水电站个数（个）	发电量（千瓦时）
湖　南	2005	3953	2690	4262	644
湖　南	2006	3953	2694	4129	755
湖　南	2007	3789	2697	3995	860
湖　南	2008	3789	2709	4101	881
湖　南	2009	3790	2721	4096	1028
湖　南	2010	3790	2739	4158	1226

附表 7　东北部、中部地区农地流转生态风险评价指标(25～28)

省　区	年　份	水库数（座）	水库总库容量（立方米）	除涝面积（公顷）	水土流失治理面积（公顷）
山　西	2005	731	53.9	89.1	5184.5
山　西	2006	730	54.0	89.1	5424.3
山　西	2007	740	56.5	89.1	5639.4
山　西	2008	733	56.8	89.2	4969.3
山　西	2009	731	56.8	89.1	5093.9
山　西	2010	733	57.5	89.1	5352.5
吉　林	2005	1238	307.0	1017.9	3334.0
吉　林	2006	1315	310.3	1019.9	3405.2
吉　林	2007	1564	315.0	1019.9	3447.7
吉　林	2008	1631	319.5	981.4	3497.6
吉　林	2009	1642	320.4	1021.3	3545.8
吉　林	2010	1643	320.4	1021.4	3586.6
黑龙江	2005	628	88.3	3270.1	4110.7
黑龙江	2006	679	95.9	3285.4	4259.3
黑龙江	2007	660	155.6	3294.6	4342.4
黑龙江	2008	697	158.4	3305.7	4470.9

续表

省　区	年　份	水库数（座）	水库总库容量（立方米）	除涝面积（公顷）	水土流失治理面积（公顷）
黑龙江	2009	737	175.1	3316.0	4594.7
黑龙江	2010	913	178.7	3334.9	4690.5
安　徽	2005	4872	195.5	2210.0	1955.5
安　徽	2006	4816	196.2	2219.0	1983.6
安　徽	2007	4797	195.6	2226.6	2017.5
安　徽	2008	4797	281.0	2247.2	2059.2
安　徽	2009	4809	280.6	2251.4	2102.3
安　徽	2010	4819	326.5	2269.1	2136.1
江　西	2005	9394	283.2	350.6	3666.3
江　西	2006	9697	286.2	357.7	3810.2
江　西	2007	9783	287.8	365.0	3968.4
江　西	2008	9800	292.8	368.9	4135.5
江　西	2009	9809	293.7	370.6	4334.8
江　西	2010	9809	293.7	375.7	4514.0
河　南	2005	2344	397.1	1903.7	4122.5
河　南	2006	2340	398.9	1914.1	4191.1
河　南	2007	2338	400.6	1902.5	4243.4
河　南	2008	2344	400.8	1908.2	4348.0
河　南	2009	2352	402.3	1936.0	4449.4
河　南	2010	2352	402.2	1959.0	4428.7
湖　北	2005	5807	553.8	1195.6	4099.4
湖　北	2006	5802	558.2	1196.2	4164.6
湖　北	2007	5769	951.2	1200.2	4227.3
湖　北	2008	5794	1000.9	1205.4	4269.2
湖　北	2009	5801	1001.3	1216.6	4449.7
湖　北	2010	5848	992.1	1219.2	4666.5
湖　南	2005	13326	387.6	471.2	2671.1
湖　南	2006	13325	391.9	475.6	2717.1

省　区	年　份	水库数（座）	水库总库容量（立方米）	除涝面积（公顷）	水土流失治理面积（公顷）
湖　南	2007	11466	392.6	479.7	2748.1
湖　南	2008	11815	397.7	441.3	2758.8
湖　南	2009	11824	387.8	484.4	2877.9
湖　南	2010	12092	402.3	486.3	2899.0

人名与术语索引

参考文献

[1]　A. H. Mowbray，R. H. Blanchard，C. A. Williams Jr：Insurance，New York：McGraw-Hill，1995.

[2]　〔德〕马克思：《资本论》，北京，人民出版社，1975。

[3]　〔德〕乌尔里希·贝克：《风险社会》，南京，译林出版社，2004。

[4]　〔美〕德·希·帕金斯：《中国农业的发展》，上海，上海译文出版社，1984。

[5]　〔美〕弗兰克·H. 奈特：《风险、不确定性和利润》，北京，商务印书馆，2006。

[6]　〔美〕哈里·马科维茨：《投资组合选择：有效分散化》，北京，商务印书馆，1996。

[7]　〔美〕小阿瑟·威廉姆森：《风险管理与保险》，北京，中国商业出版社，1990。

[8]　陈锡文：《长期坚持党的农村基本政策，稳定完善农村土地承包制度》，《农村合作经济经营管理》，2002 年第 12 期。

[9]　陈锡文：《慎重对待农地流转》，《经济研究参考》，2002 年第 7 期。

[10]　陈仲伯、李万：《湖南省水土资源开发利用与保护对策研究》，《经济地理》，2000 年第 6 期。

[11]　迟福林：《把土地使用权真正交给农民》，北京，中国经济出版社，2002。

[12]　邓大才：《农村土地流动的风险及规避途径》，《唯实》，2004 年第 7 期。

[13]　丁关良：《农村土地承包经营权初论——中国农村土地承包经营立法研究》，北京，中国农业出版社，2002。

[14]　高进云、乔荣锋、张安录：《农地城市流转前后农户福利变化的模糊评价——基于森的可行能力理论》，《管理世界》，2007 年第 6 期。

[15]　巩前文、张俊飚：《农业自然灾害与农村贫困之间关系——基于安徽省面板数据的实证分析》，《中国人口、资源与环境》，2007 年第 4 期。

[16]　管清友、王亚峰：《制度、利益与谈判能力：农村土地"流转"的政

治经济学》,《上海经济研究》,2003 年第 1 期。

[17] 郭亚军、姚远、易平涛:《一种动态综合评价方法及应用》,《系统工程理论与实践》,2007 年第 10 期。

[18] 冷崇总:《试论农村土地使用权流转》,《上海农村经济》,1999 年第 4 期。

[19] 李谷成、范丽霞、闵锐:《资源、环境与农业发展的协调性——基于环境规制的省级农业环境效率排名》,《数量经济技术经济研究》,2011 年第 10 期。

[20] 刘甲朋、崔嵬:《中国农地流转研究观点综述》,《经济纵横》,2003 年第 6 期。

[21] 刘喜广、刘朝晖:《农地使用权流转经济学解释》,《山东农业大学学报》,2006 年第 3 期。

[22] 罗晶:《农地流转已成涌动热流 背后问题亟待关注》,《中国财经报》,2009 年 8 月 25 日。

[23] 马九杰、崔卫杰、朱信凯:《农业自然灾害风险对粮食综合生产能力的影响分析》,《农业经济问题》,2005 年第 4 期。

[24] 蒙吉军、赵春红:《区域生态风险评价指标体系》,《应用生态学报》,2009 年第 4 期。

[25] 潘家华、凤瑞、魏后凯:《城市蓝皮书:中国城市》,北京,社会科学文献出版社,2009。

[26] 钱忠好:《中国农村土地制度变迁和创新研究(续)》,北京,社会科学文献出版社,2005。

[27] 曲常胜、毕军、黄蕾等:《我国区域环境风险动态综合评价研究》,《北京大学学报(自然科学版)》,2010 年第 3 期。

[28] 宋洪远:《改革以来中国农业和农村经济政策的演变》,北京,中国经济出版社,2000。

[29] 苏为华、陈骥:《综合评价技术的扩展思路》,《统计研究》,2006 年第 2 期。

[30] 孙洪波、杨桂山、苏伟忠等:《生态风险评价研究进展》,《生态学杂志》,2009 年第 2 期。

[31] 孙绍骋:《中国救灾制度研究》,北京,商务印书馆,2004。

[32] 王定祥、李伶俐:《城镇化、农地非农化与失地农民利益保护研究——一个整体性视角与政策组合》,《中国软科学》,2006 年第 10 期。

［33］王东京：《中国经济观察》，第 1 辑，北京，中共中央党校出版社，2004。

［34］王国敏：《农业自然灾害的风险管理与防范体系建设》，《社会科学研究》，2007 年第 4 期。

［35］王海文：《新农村建设中农村生态环境问题的实践思考——以湖南省为例》，《环境科学与管理》，2009 年第 2 期。

［36］温铁军：《"三农"问题与制度变迁》，北京，中国经济出版社，2009。

［37］闫天池：《中国贫困地区县域经济发展研究》，大连，东北财经大学出版社，2004。

［38］姚洋：《土地、制度和农业发展》，北京，北京大学出版社，2004。

［39］于建嵘：《当代中国农民维权组织的发育与成长——基于衡阳农民协会的实证研究》，《中国农村观察》，2005 年第 2 期。

［40］于洋、司辉清：《转基因食品的安全问题》，《中国食物与营养》，2009 年第 2 期。

［41］张红宇、刘玫、王晖：《农村土地使用制度变迁：阶段性、多样性与政策调整》，《农业经济问题》，2002 年第 2 期、第 3 期。

［42］张红宇等：《中国农村土地制度建设》，北京，人民出版社，1995。

［43］赵阳：《共有与私用：中国农地产权制度的经济学分析》，上海，生活·读书·新知三联书店，2007。

［44］郑景骥：《中国农村土地使用权流转的理论基础与实践方略研究》，成都，西南财经大学出版社，2006。

［45］中共中央文献室编：《三中全会以来重要文献汇编》，北京，人民出版社，1982。

［46］朱强、李民：《论农地资本化流转中的风险与防范》，《管理世界》，2012 年第 7 期。

［47］朱强：《基于 TRA 理论的农地流转行为研究——以常德市 322 户农户为例》，《湖南科技大学学报（社会科学版）》，2010 年第 1 期。

后 记

拙作是我主持完成的国家社科基金后期资助项目"农地流转风险与防范研究"(11FJY002)的最终成果，也是我自 2006 年开始研究农地问题以来的又一点心血凝聚。

2006 年，我受学校政策鼓励，重返校园去攻读博士学位，恰逢中共中央、国务院发布《关于推进社会主义新农村建设的若干意见》(2006 年中央"一号文件")不久，我这个农民的儿子深深地感受到了党中央对农村社会发展、农业结构调整、农民收入增长的高度重视和关怀之情。之后，党和国家又相继制定出台了一系列支农、助农、惠农政策，解决好"三农"问题成为各级党委政府工作的重中之重，农村经济社会进入新的快速发展时期。我这个农业经济管理博士生不得不思考："三农"问题成因及发展、破解"三农"问题的制度设计及路径选择等理论和现实问题。经过这些年的学习和思考，我个人认为，在新的历史发展时期，农村经济社会改革全面深入，"三农"问题得到一定程度缓解，但"三农"问题依然存在，其核心仍然是农民问题；在现阶段，农民问题已逐步由收入增长问题演化为农民权益保障和实现问题，而保障和实现农民权益的重点又是农民农地承包经营权的保障和实现问题。也正是基于这种思维逻辑，在导师朱有志教授指导下，我确定了两大研究内容：一是探讨农民农地承包经营权实现机制问题，提出了以农地经营权资本化流转实现农地承包经营权价值、保障农民权益的思路，集中反映在 2010 年完成的博士论文《农地经营权资本化流转研究》之中；二是探究农地流转风险与防范管理问题，细分了农地流转风险类型及成因，提出了防范措施和主张。非常有幸，我的初期研究成果被全国哲学社会科学规划办公室批准立项为后期资助项目。通过两年的后续研究，项目已于 2013 年 4 月被批准结项，在拙作即将出版之际，我诚惶诚恐：生怕有负于党和国家培养之恩，有愧于规划办领导和评审专家指导之情，有疚于导师、同事、同行及亲友们关怀之意，唯有借此机会致以衷心谢意以表达我的感激之情。

首先，我感谢全国哲学社会科学规划办公室各位领导和评审专家对我的指导、湖南农业大学对我的培养、湖南文理学院对我的支持，以及湖南省重点建设学科"产业经济学"、湖南省环洞庭湖区域发展研究基地、湖南省农村居民社会化发展研究基地、湖南省中国特色社会主义理论体系研究中心给予我的资助。

其次，我感谢我的恩师朱有志教授和夫人卢丽娅处长、周清明教授和夫人朱翠英教授、曾福生教授和夫人李明贤教授、乌东峰教授和夫人王国平教授、章喜为教授给予我的辛勤教育、细心关怀和耐心指导。

再次，我感谢项目组同人肖小勇教授、贾先文博士、郭毅夫博士、姚顺东博士、苏静博士给予我的支持，感谢我的师兄弟曹建文博士、肖卫博士、丰凤博士给予我的帮助，感谢湖南文理学院党委书记李民教授、校长魏饴教授、副校长姚春梅教授、党委副书记李敏教授、正校级督导石子球教授等领导和同志们给予我的关心，感谢我的家人给予我的鼓励。

最后，我感谢北京师范大学出版社的大力支持，感谢供我研究借鉴和吸收的各位国内外学者专家的学术研究思想和成果。

朱　强
2013 年 6 月于白马湖畔